AF578433

www.ingramcontent.com/pod-product-compliance
Lightning Source LLC
LaVergne TN
LVHW010545160826
845677LV00013B/3000

* 9 7 8 8 1 9 6 5 2 9 2 2 2 *

تنقیدی مخاطبہ

احمد سہیل

تنقیدی مخاطبہ

احمد سہیل

کتاب دار

نام کتاب : تنقیدی مخاطبہ

مصنف : احمد سہیل

پتہ : ۲۲۵،ٹریل ہولولین، پیلستین، ٹیکسس-75801(امریکا)

اشاعتِ اول : ۲۰۱۷ء

اشاعتِ دوم : ۲۰۲۳

سرورق : شاداب رشید

ناشر : کتاب دار، جلال منزل، ٹیمکر اسٹریٹ، ممبئی۔ ۸

TANQEEDI MUKHATABA

by Ahmed Sohail

Add: 225, Trail Hollow Lane, Palestine, Texas-75801 (USA)
E-mail: sohailkhan_1999@yahoo.com

Ist Edition: 2017
IInd Edition: 2023
Cover Design: Shadab Rashid
Publisher: KITAB DAAR,108/110, Jalal Manzil, Gr. Floor,
Temkar Street, Mumabi - 400 008,
Tel : 9869-321-477

(پرتیک آفسیٹ، گاۓ واڑی، ممبئی سے شائع ہوئی)

اردو کے اُن ناقدین کے نام

جو غیر جانبدارانہ انداز میں سوچنے کے اہل ہیں۔

فہرست

پیش لفظ

مجھے ہمیشہ یہ احساس رہا ہے کہ اردو میں تنقیدی نظریہ اور تحقیقی مناجیات میں خاصا خلا پایا جاتا ہے یا یوں کر لیں کہ یہاں کی اردو تنقید تحقیقی دانشوران اور ادبا برسوں پرانے تذکروں، تبصروں اور تنقیدی روایت کو مورتی کی طرح پوجتے ہیں۔ اردو کی تنقیدی روایت میں عربی، فارسی اور ہندی تنقیدی روایت سے جو تذکرے اردو تنقید پر اثر انداز ہوئے وہ ایک اچھے تسلسل کا حصہ تھے۔ روایت اچھی چیز ہوتی ہے جو انسان کی تاریخ اور فکر سے جڑی ہوتی ہے۔ اگر روایت کا سلسلہ ٹوٹ جائے تو فکر کا سفر ٹوٹ کر بکھر جاتا ہے یا اس میں دراریں پڑ جاتی ہیں۔ اردو میں مغرب کی تنقید سے متاثر ہو کر جو کچھ لکھا گیا اس نے کچھ روشنی تو دکھائی مگر ہمارے یہاں کے 'کچے' ذہنوں نے اس کو بغیر سوچ سمجھے اس پر خاصا شور مچایا گیا اور اپنی توانائیاں غیر ضروری باتوں میں صائع کر دیں۔ ادبی تنقیدی نظریے سے اغماض برتتے ہوئے پسپائیت اختیار کی یوں تنگ نظری اور تعصبات کی وجہ سے جمود کا شکار ہو گئے۔ اردو ادب کی خوش بختی کہ چند اور ذی شعور لکھنے والے تنقید کے میدان میں دشت نوردی کرتے نظر آئے۔ جس سے اب باب میں کئی نئے چراغ جلے۔ ان افراد کی اور تحقیقی کاوشوں نے تنقید کے نئے دروازے کھولے اور ادبی نظریات میں نئی اقدار کا اضافہ کیا۔

کئی برس پہلے راقم نے جدید ادبی تنقیدی نظریئے و مناجیاتی پہلوؤں پر مطالعہ شروع کیا تو یہ بات عیاں ہوئی کہ اردو کی تنقید اور تحقیق خاص کمزور اور لاغر ہے اور ایک حد تک مشکوک بھی ہے۔ جس میں تنقید کا 'اصل جوہر' نظر نہیں آتا تھا۔ مغرب اور دیگر زبانوں سے تنقیدی تصورات کو اردو میں بغیر سوچے سمجھے اردو کے قاری سے بھڑا او دیا گیا۔ مغربی تنقید سے الجھنوں کی وجہ یہ تھی کہ اردو کے قاری کی اس قسم کی تنقیدی تحریروں کو پڑھنے اور سمجھنے کی عادت اور تربیت نہیں تھی اور نہ ہی ان کا ذہن اتنا وسیع النظر تھا کہ وہ مغربی تنقید کی کثیر الجہتی کو سمجھ سکتے، اس محدود طرز فکر کی ایک وجہ ثقافتی آگہی کا فقدان تھا۔

اردو ادب سے دلچسپی رکھنے والا عام قاری تنقیدی نظریئے میں زیادہ دلچسپی نہیں لیتا کیونکہ اس کا

مزاج 'ہلکا ادب' یا 'ادبِ لطیف' پڑھنے کا ہے۔ وہ عموماً تنقید کو نصابی یا تدریسی نوعیت کی چیز سمجھتا ہے۔ اردو کی ادبیات کے نصاب تنقیدی نظریئے کو باقاعدہ الگ مضمون کے طور پر نہیں پڑھایا جاتا۔ یہ درست ہے کہ ہمارے یہاں کے نصاب اسٹیب لشمنٹ کے زیرسایہ مرتب کیا جاتا ہے جو عموماً روایتی اور پسماندہ ہوتا ہے۔ اس دقیانوسی نصاب میں تنقیدی نظریات سے اغماض برتا جاتا ہے اور جدید نظریات سے کنارہ کشی اختیار کی جاتی ہے۔ بدقسمتی سے جدید تنقیدی نظریات کی بابت اور زبان وادب سے اساتذہ کرام بھی کچھ زیادہ دلچسپی نہیں لیتے کیونکہ اس قسم کا نصاب بنانے اور اس کی تدریس میں عمیق مطالعہ، عرق ریزی اور جگر سوزی کرنی پڑتی ہے۔ یہ تلخ حقیقت بھی ہے کہ برصغیر ہندو پاک میں تدریسی عنان اُن لوگوں کے ہاتھوں میں ہے جو مکھی پر مکھی بیٹھانا جانتے ہیں۔ تخلیقی اور تنقیدی مطالعات اور مطالبات سے اس کا کوئی سروکار نہیں ہوتا۔ بس ادب پڑھانا ان کا پیشہ ہے.... یہ جنون ہے نہ شوق.... بس ایک معاشی جبر نے ان کو تدریس کے پیشے سے جوڑ رکھا ہے۔

ایک خوش آئند بات یہ ہے کہ نصابی تنقید سے ماورا کچھ ناقدین ادب نے تنقیدی نظریئے اور اس میں ہونے والی نئی تخلیقات کو قاری سے آگاہ کیا لیکن یہ آگہی عموماً سطحی نوعیت کی تھی۔

کہا جاتا ہے ادبی تنقید کے لیے کثیر الجہت علم، شعور اور وسیع النظری لازمی تصور کی جاتی ہے جب کہ کھوکھلی نکتہ چینی 'مجذوب کی بڑ' اور جہالت کے زمرے میں آتی ہے۔

''تنقیدی مخاطبہ'' میں شامل مضامین کو 'اپنا ورثہ' اور 'مغربی ورثہ' میں تقسیم کیا گیا ہے۔ میرے ان تمام مضامین کے ساتھ کئی یادیں وابستہ ہیں جن کا تذکرہ ضروری ہے۔ 'یگانہ کی شعری کتھا' کے پس منظر میں ستر کی دہائی میں سلیم احمد، فہیم اعظمی، باقر مہدی اور عزت لکھنوی سے وقتاً وقتاً ملاقاتوں اور خطوط کے ذریعے یگانہ کی شاعری پر بات چیت رہی.... ''ترجمہ نگاری، چند پہلو'' ترجمہ نگاری پر میرا چوتھا مضمون ہے۔ خاص کر میں نے اس مضمون میں اپنے سابقہ مضامین، مطالعوں کی مدد سے ترجمے کی تھیوری کی رسائی کے تحت کچھ نئے فکری نکات اٹھائے ہیں۔

''اردو شاعری میں ایہام گوئی کی روایت'' میرے ان چند مضامین میں سے ایک ہے جس کو لکھنے کے لیے کئی سال لگے۔ جس میں الیاس شوقی کی مدد شامل حال رہی اور ان کی ہنرمندانہ تنقیدی مشورے سے یہ مضمون مکمل ہوا۔

مضمون ''کلیم الدین احمد کا تنقیدی شعور'' ایک قسم کا فکر تصادم اور ایک تنقیدی ردعمل تھا۔ مجھے

ایک نئے زاویے سے کلیم الدین احمد کے تنقیدی رویے کمزور اور پھیکے لگے ۔مثلاً ان کا غیر مہذب، جارحانہ رویے، کروچے کا تصور'وحشی صنف' کے نظریات، معاشرتی علوم سے ان کی بنیادی عدم آگہی۔ مجھے ان کی علمیت پر تھوڑے بہت اعتراض رہے ۔مجھے ان کی اعصابی تاثراتی جمالیاتی انداز نگارش ہمیشہ سے پسند رہی ہے کیونکہ کلیم صاحب نے بہت سے کھوکھلے اور جعلی نقادوں کا پول ضرور کھولا۔

"آنگن کا عمرانیاتی شعور" میری زندگی کا یادگار اور چند اچھے مضامین میں شامل رہا ہے۔ یہ مضمون خدیجہ مستور کے انتقال کے بعد احمد ندیم قاسمی مرحوم کی خصوصی خواہش پر لکھا تھا۔اس وقت میں امریکا میں پڑھ رہا تھا اور قاسمی صاحب نے شاید کوئی تین ہفتے فنون کا یہ خصوصی شمارہ پریس میں جانے سے روکے رکھا اور یہ خدیجہ مستور کے خصوصی شمارے میں شایع ہوا۔

"وارث علوی" یہ مضمون لکھنے کی تحریک اس لیے ہوئی کہ وہ ایک کھرے نظریاتی چپقلشوں سے دور ایک دلیر نقاد تھے ۔ان کی اسٹنٹ بازی سے میں مطمئن نہیں تھا اور نہ ہوں اور ان کی تحریریں جدید تنقیدی مناجیات کے چلن سے میل نہیں کھاتی ۔اس کی تنقید نگاری میں انشائی اور فکاہیہ تبصرہ نگاری بھی خاصی ہے۔

"کشن گڑھ-راجستھان کا دبستان مصوری اور بنی ٹھنی"، پر لکھا ہوا مضمون شاید اردو میں پہلا مضمون ہے ۔راقم الحروف نے اپنے آبائی شہر'کشن گڑھ' میں ڈیڑھ ہفتے قیام کر کے 'بنی ٹھنی' پر مطالعہ اور تحقیق کی اور اردو کے قاری کو بنی ٹھنی کے بارے میں فاسد کہانیوں اور متنازعہ نظریات اور باتوں سے معروضی حقائق اخذ کر کے ضعیف اور ناقص معلومات پر مٹی ڈال دی ۔اس موضوع پر ہندی انگریزی میں تحریریں ملتی ہیں جو بہت سطحی اور سنی سنائی باتوں پر مبنی ہیں ۔بس اس پر لکھنے والوں سے سرسری سے بات کر کے جان چھڑائی ہے۔

"پس ردتشکیل متن اور قاری"، میرا ایک ایسا تنقیدی مضمون ہے جس پر مغرب میں ہی نہیں بلکہ اردو میں بھی کبھی نہیں سوچا گیا اور لکھا گیا۔اس مضمون کو انگریزی میں کئی امریکی سیمی ناروں میں پیش کیا گیا۔ ۸۰ء کی دہائی میں اس مضمون پر بحث و مباحثہ بھی رہا۔ادب اور تنقید کی دنیا میں میرے پیش کردہ اس نظریئے کو لوگ 'دویدا شکنی'' اور'' دریدا گریزی'' بھی کہتے ہیں۔ ''چکانو ادب'' پر شاید اردو میں کبھی نہیں لکھا گیا اور نہ ہی اس وسیع موضوع کا نام کسی نے اردو میں سنا ہو۔چکانو ادب امریکا میں پیدا ہونے والے لاطینی امریکا اور بالخصوص میکسی کن نژاد باشندوں کا ادب ہے۔مجھے یہ مضمون لکھنے میں اس لیے بھی

اچھا لگا کہ راقم امریکا کی ریاست ٹیکساس میں اسی معاشرتی اور ثقافتی ماحول میں رہتا ہے اور ان کی معاشرتی، نفسیاتی بود و باش اور ادبی رجحانات کو قریب سے جانتا ہے اور ان کے شعر و ادب اور ثقافتی تقریبات، محافل میں بھی شریک ہو کر ان کی ثقافت کو قریب سے دیکھنے کا موقعہ ملا۔

"طلسمات سے حقیقت تک" گیبریل مارکیز گارشیا پر مضمون لکھنے کی وجہ یہ تھی کہ راقم نے کولمبیا میں گارشیا کا وہ گاؤں دیکھا ہے۔ یہ گاؤں ان کی ناول 'سو سال کی تنہائی' کا ماحولیاتی پس منظر ہے۔ گارشیا پر اردو میں اچھا خاصا لکھا گیا اور اردو میں ان کی تخلیقات کے اچھے ترجمے بھی ہوئے ہیں، عموماً اردو میں اسرائیل اور عبرانی ادب و تنقید پر نہ ہونے کے برابر لکھا گیا ہے۔ "متعدد نظام کا تنقیدی نظریہ" یقیناً جدید تر لسانی او تنقیدی نظریے پر آانا ما ایوان زور ہرک کا اہم کام ہے۔ جن سے میری طالب علمی کے زمانے میں "جدید ادبی تنقیدی نظریئے" پر کئی نشستوں میں بات چیت ہو چکی ہے۔

"تنقیدی مخاطبہ" آپ کے ہاتھوں میں ہے۔ اس کتاب میں بہت سا مواد قاری کے لیے نئی نوعیت کا ہو گا اور بہت سے تصورات اور نظریات اور اس کی فکری تاریخی اور تجزیاتی رسائی سے آپ کو اختلاف ہو اور کچھ باتوں سے مطمئن نہیں ہوں اور یہ ممکن ہے کہ اس کتاب میں بعض مضامین میں ممکن ہے کہ آپ کو کچھ ابہام بھی نظر آئے۔

مجھے دلی مسرت ہو گی کہ میرا قاری "تنقیدی مخاطبہ" پر کسی بھی قسم کی نشاندہی کرے۔ آپ کی آرا میرے لیے ہی نہیں بلکہ دیگر قارئین کے لیے بھی ایک تربیت ہی نہیں بلکہ رہنمائی اور علم و فکر میں اضافے کے باعث ہو گی۔ یوں من و تو کی اس دنیا میں راقم السطور کی تنقید ذات بھی ہو جائے گی۔

مثبت اور علمی اعتراضات اور تنقید کو خوش آمدید کہا جائے گا۔

اس کتاب میں شامل چند مضامین پاک و ہند کے علاوہ برطانیا اور امریکا کے ادبی رسائل میں شایع ہو چکے ہیں۔

"لایعنیت کی بنیادی ساخت" ادب لطیف (لاہور) کسوٹی جدید (بہار)

"یگانہ کی شعری کتھا" اردو (امراوتی)

"ترجمہ نگاری: چند پہلو" شاعر (بمبئی)، سمبل (راولپنڈی)

"کلیم الدین احمد کا تنقیدی شعور" تشکیل (کراچی)، زاویہ (نیو میکسیکو، امریکا)

"آہنگن کا عمرانیاتی شعور" فنون (لاہور)

''اردو تنقید کی بازیافت: وارث علوی'' استفسار (جے پور)

''کشن گڑھ: راجستھان کا دبستان مصوری اور بنی ٹھنی'' استفسار (جے پور)

''جدیدیت، مابعد جدیدیت، تقابل و تجزیہ'' صریر (کراچی)، سمبل (راولپنڈی)

سامراج، نئی نو آبادیات اور ردِ نو آبادیات'' ادب لطیف (لاہور)

''رد تشکیل، تفہیم، تشریح اور مفہوم بندی'' آئندہ (کراچی)

''پس رد تشکیل، متن اور قاری'' آئندہ (کراچی)

''ادب کا متنی نظریہ'' شاعر (ممبئی)

''ادب کی عمرانیات'' ادب لطیف (لاہور)

''ادبی عمرانیات، نظریہ، مناجیات اور اردو ادب'' شب خون (الہٰ آباد)

''باختن کا نظریہ'' شب خون (الہٰ آباد)

''طلسمات سے حقیقت تک: گیبریل مارکیز گارشیا'' ادب لطیف (لاہور)

احمد سہیل

کچھ احمد سہیل کے بارے میں

احمد سہیل اردو کے جدید ناقدوں میں شمار کیے جاتے ہیں۔ان کا اصل نام سہیل احمد خاں ہے اور آبائی وطن راجستھان ہے لیکن تقسیم کے بعد ان کے والدین پاکستان چلے گئے اور وہیں کراچی میں ۲/جولائی ۱۹۵۳ء میں احمد سہیل کی پیدائش ہوئی۔ابتدائی تعلیم کے بعد کراچی یونیورسٹی سے انھوں نے امتیازی نمبروں سے بی اے پاس کرنے کے بعد عمرانیات سے ایم اے کیااور پھر کراچی سے امریکہ چلے آئے اور یہیں مستقل سکونت اختیار کرلی۔ یہاں انھوں نے کینس اسٹیٹ سے فوڈ اینڈ نوٹریشن میں سند حاصل کی اور اس کے بعد ٹرینٹی یونیورسٹی سے تقابلی ادب میں پی ایچ ڈی کی ڈگری حاصل کی۔۱۹۹۹ء امریکہ کی ریاست ٹیکساس کی سول سروس میں ملازمت حاصل کی اور ''ڈپارٹمنٹ آف کریمنل جسٹس'' کے اہم عہدے سے سبکدوش ہوئے۔

اردو کے علاوہ انھیں عالمی ادبیات میں بھی خاصی دلچسپی ہے اور وہ ان میں سے اپنی پسند کی تخلیقات اردو میں ترجمہ بھی کرتے رہتے ہیں۔خاص طور پر ان کی دلچسپی کا موضوع امریکہ کی نیگرو شاعری اور جدید لاطینی امریکہ کی شاعری ہے جس کے کافی ترجمے ان کے مختلف رسائل میں چھپ چکے ہیں۔اس کے علاوہ ان پر تنقیدی مضامین بھی انھوں نے لکھے ہیں۔تنقید دراصل ان کا خاص موضوع ہے اور انھوں نے ڈراما، شاعری اور افسانوں پر خاصے تنقیدی مضامین لکھے ہیں۔ان مضامین کو پڑھتے ہوئے ان کے تنقیدی رویے کا قدرے اندازہ ہوجاتا ہے۔وہ مکھی پر مکھی مارنے کے قائل نہیں ہیں بلکہ اپنی محنت اور تحقیق سے بات کو معتبر اور مستند بنانے کی کوشش کرتے ہیں۔ایہام گوئی پر لکھا ہوا ان کا مضمون اس کا عمدہ نمونہ ہے۔عمرانیات سے خصوصی دلچسپی کے باعث انھوں نے اسی مضمون میں ایم اے کیا تھا اور ان کے ادبی نظریات میں عمرانیاتی پہلو کو بہ آسانی دیکھا جاسکتا ہے۔اس سے ان کے تنقیدی رویے میں ایک نیا پہلو ابھر کر سامنے آتا ہے جو دلچسپ بھی ہے اور معنی خیز بھی۔ان کے علاوہ مختلف ادبی نظریات اور تحریکات پر بھی انھوں نے کئی مضامین لکھے ہیں۔جدید عالمی تنقیدی رویوں اور نظریات میں بھی انھیں غیر معمولی دلچسپی ہے اسی لیے انھوں نے ساختیات، پس ساختیات، تشکیل،

ردتشکیل، جدیدیت، مابعد جدیدیت ، پس نو آبادیاتی نظریات اور ابونک نظریے پر اردو میں کافی مضامین لکھے ہیں۔حالاں کہ اردو کے عام قاری کی دلچسپی ان موضوعات سے کم کم ہی ہے لیکن احمد سہیل نے انھیں حتی المقدور اپنی تحریروں میں دلچسپ بنا کر پیش کرنے کی کوشش کی ہے۔اس کے لیے انھیں خاصی محنت کرنی پڑی ہے جو صاف نظر آتی ہے۔

ان کی پہلی کتاب ''جدید تھیٹر'' ۱۹۸۴ء میں اسلام آباد، پاکستان سے شائع ہوئی تھی۔اس میں انھوں نے مغربی اور مشرقی ڈرامے کا جائزہ پیش کرنے کی کوشش کی تھی۔ان کی دوسری کتاب ''ساختیات، تاریخ ،نظریہ اور تنقید'' نئی دہلی، ہندوستان سے ۱۹۹۹ء میں شائع ہوئی۔شاید کتاب اپنے موضوع کے اعتبار سے جتنی اہم تھی افسوس کہ اتنی اردو کے قارئین تک پہنچ نہ سکی اور جن لوگوں تک پہنچی انھوں نے اس کا خاطر خواہ نوٹس ہی نہیں لیا۔باقر مہدی نے ایک بار مجھ سے اس کتاب کا ذکر کرتے ہوئے اس پر لکھنے کا اپنا ارادہ ظاہر کیا تھا مگر افسوس زندگی نے انھیں اتنی مہلت ہی نہیں دی۔ان کی تیسری کتاب ''تنقیدی تحریریں''، بمبئی، ہندوستان سے ۲۰۰۶ء میں شائع ہوئی تھی۔اس پر بھی علی امام نقوی مرحوم کا ایک تبصرہ رسالہ ''نیاورق'' میں مَیں نے پڑھا تھا اس کے علاوہ کوئی تحریر میری نظروں سے کہیں نہیں گزری۔خیر یہ کسی ایک مصنف کا المیہ نہیں ہے بلکہ اس فہرست میں درجنوں شامل ہیں۔احمد سہیل نے مختلف موضوعات پر اب تک بہت کچھ لکھا ہے۔ان کی اس کتاب ''تنقیدی مخاطبہ'' کی اشاعت کے بعد بھی ان کے پاس اتنے مضامین موجود ہیں جن سے کئی کتابیں ترتیب پاسکتی ہیں۔

احمد سہیل کو لکھنے پڑھنے کا شوق طالب علمی کے زمانے سے ہی تھا۔شروع میں انھوں نے بچوں کے لیے کہانیاں اور نظمیں لکھیں بعد میں اخبارات میں کالم نویسی بھی کی۔کچھ دنوں تک وہ ریڈیو کے لیے پروگرام بھی لکھتے رہے۔انھیں بچوں سے بے حد پیار ہے، آج بھی وہ دنیا کی مختلف زبانوں کی بچوں کی کہانیاں ترجمہ کرکے ہر ہفتے بچوں کو جمع کرکے انھیں سناتے ہیں۔اسپورٹس میں بھی ان کی دلچسپی قابل ذکر ہے۔باسکٹ بال، کرکٹ، شکار، باکسنگ کے ساتھ ورزش اور ماہی گیری کا بھی شوق ہے۔ان کے علاوہ سیاحت ان کا پسندیدہ مشغلہ ہے۔دنیا کے بہت سے ممالک اور تاریخی مقامات کی سیر کرچکے ہیں اور فیس بک پر اُن کی تصویروں سے اپنے دوستوں اور پڑھنے والوں کو محظوظ کرتے رہتے ہیں۔

الیاس شوقی

کس دل سے یگانہ کو بھلا دے کوئی
(یگانہ کی شعری کتھا)

یگانہ اپنے نام کی مناسب سے ''بے مثل'' ہیں۔ان کی ذات سے لے کر ان کے شاعرانہ مضامین کی ندرت،ادائیگی کی جمالیات اور ان کی اپنی ذات کی کرب ناکی نے ان کے شاعرانہ مفاہیم کو نئے معنوی اور فنی اظہاریت کی نئی جہت فراہم کی ہے۔ان کی معاشراتی بیزاری کا جو تیکھا پن ہے وہ ایک طرف قاری کو رلاتا ہے تو دوسری طرف طنزیہ لہجہ قاری کو سراپا تبسم بھی بنا دیتا ہے۔ یگانہ شاعرانہ مکالمہ معروض کے آفاق سے رابطے میں رہتے ہوئے اپنے لاشعوری وجود سے خلق کی ہوئیہ علامتی اور کنایاتی شبیہ کاری کو اس مہارت سے اپنے شاعرانہ اظہار کا حصہ بنا دیتے ہیں کہ یہ میکانی ہوتے ہوئے بھی اپنی شاعرانہ تازگی اور بے ساختگی کے معیار کو برقرار رکھتے ہیں اور شعر کی تشریح قاری پر خود ہی واضح ہو جاتی ہے اور وہ شاعر کے ساتھ اس کی تخلیق شدہ آفاق میں داخل ہو جاتا ہے۔

شہرہ ہے یگانہ تری بیگانہ روی کا　　　　واللہ یہ بیگانہ روی یاد رہے گی

یگانہ کی شاعری میں شاعرانہ ''منطقی شعور و عقل'' کا توازن موجود ہے جو کم شعرا کے یہاں نظر آتا ہے جو ان کی شاعری کا شعور نفس ہے جو لسانی قیود کو اپنے انفرادی فطانت سے مسمار کر کے ایک نئی عقلی اور استدلالی زبان کو خلق کرتے ہیں۔جس میں مرکوز قسم کی افادی معنویت ابھرتی ہے اور شاعری میں منفرد کے رنگ و بو کو بکھیر دیتی ہے اور شاعرانہ معنیات اپنے طور پر ان کے شاعرانہ وجدان سے برآمد ہو کر ان کے شعر کی ساخت کا سراپا بن جاتی ہے اور انسان کی زندگی کی بے ثباتی اور 'کل کی خبر' والی بات کو وہ انسان کی زندگی کی لایعنیت کے پیرائے اظہار میں لاتے ہیں۔

فکر امروز نہ اندیشہ فردا کی خلش　　　　زندگی اس کی جیسے موت کا دن یاد نہیں

یگانہ کو اپنے وجود کے مٹنے کا خوف اور ان کی انانیت نے باہر کی دنیا سے بدظن کر دیا تھا جتنے وہ اندر سے ٹوٹے ہوئے تھے،معاشرہ ان کو اس سے زیادہ تتر بتر اور انتشار میں نظر آتا تھا جس نے ان کی شاعرانہ اظہار میں ناامیدی،مایوسی،انتشار و اضطراب،بے سمتی،تقدیر کا جبر،مغایرت اور بیگانگی نے جگہ

پالی تھی کیونکہ انسان کی زندگی طوفانوں اور آفتوں سے گھری ہوئی ہے۔

ازل سے اپنے سفینہ رواں ہے دھارے پر ہوا ہنوز نہ گرداب کا نہ ساحل کا

ان کی شاعری پڑھ کر احساس ہوتا ہے کہ فرد کہنے کو تہذیبی حوالے سے مہذب ہو چکا ہے اور انسان نے ثقافت کی نئی ہئیت کو تشکیل دینے کا دعوا تو کیا ہے۔ مگر اصل میں فرد کا اس تہذیب میں فرد کا فرد سے کوئی قلبی اور جذباتی رشتہ نہیں اور نہ ہی کوئی انسلاک کی صورت سامنے آتی ہے۔ یگانہ کے یہاں انسانی تجربہ ایک انحطاط پذیر وجودیت اور لایعنیت کا تجربہ فراہم کرتی ہے۔ یگانہ معاشرت کا باغی تو ہے منزل کا واہمہ تو ان کے ذہن میں ہے مگر یہاں تک پہنچنے کا کوئی راستہ نہیں ہے لہذا وہ زندگی کی ماہیت اور جوہر کو تسخیر نہیں کر پاتا کیونکہ ان کا حقیقی شعری وجود، عینی اور رواہماتی شعری وجود سے آپس می ں نبرد آزما ہے۔ یگانہ کے تخلیقی جذبے اور فکر میں جمالیاتی معنویت منفی تو نظر آتی ہے جس کے بطن میں لایعنیت، دہشت ابلاغی جبر، احساس جرم، بغاوت، تکرار و یکسانیت کے علاوہ اضطرابی کیفی حاوی ہے۔ شاید اس کے سبب یگانہ کو مثبت التباس بھی ہو جاتا ہے۔ ان کو اندھیرے میں اجالا نظر آتا ہے۔

دل عجب جلوۂ امید دکھائی دیتا ہے مجھے شام سے یا اس سویرا نظر آتا ہے مجھے

یگانہ کے یہاں زندگی کے ڈرامے کا منظر بہت المناک اور اذیب ناک ہے جہاں فرد کا سفر معدوم ہے اور شعور و لاشعور سے فرد لاعلم ہے اور اپنی ذات مکیں منتشر اور بکھرا ہوا ہے۔

مقصد ہے ان اللہ کے بندے کا مگر ایک ہر ایک کو گو شرح معافی میں یگانہ

یگانہ اردو کی جدید غزل کے بانی، جنھوں نے غزل کے روایتی مزاج سے بغاوت کی، وہ اردو غزل کے پہلے وجودی شاعری بھی ہیں اور غزل کی لسان و بیان سے انحراف کیا۔ غزل تو ان کا اصل اظہار سخن تھا لیکن ان کے لکھے ہوئے قطعات اور رباعیات ان کی شاعرانہ اہلیت اور اظہار و جمال اور لسانی چاشنی کی غمازی کرتی ہے۔ ان کے غزلیہ احساس میں حقیقت کے مروجہ معاشراتی اور انسانی سانحات کی نوحہ خوانی کو نئی جہت کے ساتھ پیش کیا جو اس سے قبل اردو شاعری میں دکھائی نہیں دیتا ہے۔ ان کی زیست غم زدہ میں ''تلخیات'' کے تجربات اور اس کی احساس کے تموج کی نئی شعری جمالیات کو خلق کرتے ہوئے اس میں انسان کی سماجی اور موضوعی دہشت و وحشت کو اس کی اصل ماہیت کے بڑے معروضی تناظر میں اپنے شعری اظہار کا حصہ بنایا جس میں عمیق طنز اور شوخی تحریر سخن بھی ہے جو ان کے شعری مفاہیم میں معنیات کا سبب بنتے ہیں۔ جس میں خودداری، اناذات، حریت اظہار بیباکی کے عوامل کلیدی نوعیت کے ہیں لیکن ان کی شاعری میں یاسیت، بے گانگی میں ویسا مریضانہ تناؤ نہیں

ملتا جو اردو کی روایتی شاعری میں نظر آتا ہے۔ یگانہ وہ باغی ہیں جو موت مانگتے ہیں تو اس میں دلیری اور عزت نفس کا عنصر غالب ہوتا ہے اور اس کو ہی اپنے پیرائے تخیل میں لاکر شاعرانہ اظہار کے سراپے میں اپنے شعری متن کا حصہ بناتے ہیں۔ ان کا شعری شعور کا سفر ماضی کے نامیاتی جوہر کے تشخیص کا مسئلہ ہے۔ جہاں شعور کیف، واہمے، وجدان اور پیکریت نئے شعور کو جنم دیتی ہے۔ یگانہ اپنی کائنات اور طرز زیست اپنے ہاتھوں سے تشکیل دینا چاہتے ہیں جو ان کا معاشراتی جبر ہے تو دوسری طرف وہ مکالمے میں قنوطیت کی ایک نئی تخلیقی شمع روشن کی جو منفی نہیں بلکہ تعمیری اور مثبت ہے۔

یگانہ نے اردو شاعری کو 'نوابی مزاج' کے انائی تصادم کو باہر نکالنے کی کوشش کی جس کی انھیں سزا ملی اور ان کی عرصہ زیست اور لعن طعن کا نشانہ بنایا جاتا رہا۔ انھوں نے لکھنوں مزاج شعر سے انحراف کیا۔ شاعر کی بغاوت ان معنوی میں بغاوت نہیں ہوتی جو عمومی معنویت میں اس کا ادراک، مفہوم اور تشریح کی جاتی ہے۔ معنوعی فردیاتی رعونت کا احاطہ کرتی ہے اور اس ردعمل سے یگانہ کی شاعری میں جس قسم کی شاعرانہ جمالیات ابھری وہ بہت سو کی نظر میں مروجہ شاعرانہ مزاج کی نفاست اور ندرت سے کسی قسم کا صحیح ہو مگر یگانہ کا شاعرانہ فرد اوپری باتوں اور کھوکھلی تہذیب کی ڈولتی اور گومگو صورتِ حال سے واقف تھا۔ ان کی شاعرانہ شخصیت دوسروں سے مختلف اس لیے ہے کہ انھوں نے اردو غزل میں جس قسم کی نسائی جھنکار محسوس ہوتی رہی، اس کو تبدیل کرنے کے لیے انھوں نے غزل میں مکمل طور پر 'مردِ کامل' کا تصور تو نہیں دیا مگر یگانہ اردو شاعری کے 'مردِ دیگر' ضرور بن کے ابھرے۔ ان کے شعور میں ان کی ذات کا 'اصل' کہیں چھپا ہوا تھا مگر اس سے باہر آنے کی راہیں معدوم تھیں۔ یہی پریشانی یگانہ کو مزید پریشان کرگئی اور اس کے خارجی شعور میں زقوم (ببول) کے ایسے کانٹے اگ آئے جنھوں نے تاحیات یگانہ کے مزاج کو حیاتی طور پر مجروح کیا اور اس اذیت ناک صورتِ حال میں وہ جو دوسروں پر ملامت کرتے رہے۔ یہ ان کی ذات کا بھی المیہ تھا۔ مگر مردانہ رکھ رکھاؤ نے ان کے شاعرانہ مزاج میں کرارہ پن پیدا کیا۔

یگانہ کی شاعرانہ زندگی میں ایک دلچسپ ڈرامائی صورتِ حال یہ بھی ہے کہ وہ کبھی جلالی کردار کی صورت میں نمودار ہوتے ہیں تو کہیں لگتا ہے کہ وہ ایک بڑے فکری کاز کے لیے اسٹیج سجائے ہوئے ہیں وہ کبھی بادشاہ کی صورت میں ابھرتے ہیں تو کبھی ان کا شاعرانہ مزاج درگاہوں اور مزاروں میں بیٹھے ہوئے سائل، قلندروں، مجذوبوں اور فقرا کی طرح ہوجاتا ہے، ایک مجذوبی کیفیت بھی ابھرتی ہے وہ شعور کی لے میں بہہ کر کبھی کھل کر وہ کچھ کردیتا ہے جو اسے 'مخصوص معاشرت' میں تحریم تصور کی جاتی

ہے۔ زندگی میں ان کا ہر عمل الجھا ہوا ہے مگر نہ جانے کیوں زندگی کا اوالعزم، ولولہ انگیزی، جسم میں خون کا تیزی سے دوڑنا، آسمان پر کڑکتی بجلی کی سی چمک جو کبھی کبھاران پر گر بھی جاتی ہے اور لمحہ بھر میں غائب ہو جاتی ہے۔ یگانہ کے مزاج کا کڑوا پن، مزاحمت کا دوسرا نام ہے اور زوال پذیر اس معاشرے میں ابھری جہاں انسان اپنے آپ کو دھوکے پہ دھوکے دیے جا رہا ہے کیوں کہ ان کے زمانے کا 'لکھنوی فرد' یہ جانتا تھا کہ وہ جس تدمن کی لاش کندھے پر اٹھائے ہوئے ہے وہ اسے دفنانے سے گھبراتا ہے جب کہ یگانہ اس لاش کو دفنانے کا مطالبہ کر رہے تھے۔ ان کے ذہن میں یہ خدشہ تھا کہ یہ لاش کہیں پھر سے زندہ نہ ہو جائے۔ کیونکہ اس لاش کو مکمل طور پر سپرد خاک کیے بغیر نئی شاعرانہ حسیت فروغ نہیں پا سکتی۔

یگانہ کی شاعری میں کھردرا پن، جھنجلاہٹ کے سبب نئی جمالیات تخلیق ہوتی ہے۔ جس میں نیا آہنگ، نیا لہجہ، نئے خواب اور توانائی کی صورتیں نظر تو ضرور آتی ہیں مگر ان کی انانیت کی انتہا پسندی نے قاری کو ان کی مخصوص انائیت سے قریب کر دیا اور ان کی شاعری میں قاری موجود حیاتی فضا میں دب کر رہ گیا۔ اس کا انفرادی لب ولہجہ، طرز احساس اس کے سچ اظہار کے سبب ان کا سب سے بڑا جرم بن گیا۔ یگانہ مصلحت انگیزی کو پسند نہیں کرتے تھے لہذا وہ جو کچھ کر دیا کرتے تھے جو بڑے بڑے جری لوگ کہتے ہوئے گھبراتے تھے وہ تلخی سمجھتے تھے اور آرزوں کا ریزہ ریزہ ہو جانا ان کو معلوم تھا اور اس کی ماہیت سے بھی وہ واقف تھے لیکن 'فرد عام' کی طرح وہ فریب نظر کا شکار نہیں۔ ان کے مزاج میں چڑچڑا پن تھا۔ آخر اس چڑچڑے پن کی نوعیت کیونکر تشکیل پاتی ہے۔ اس سوال کا جواب آسان نہیں۔ ان کا باطن جس وجودی آگ میں جل رہا ہے۔ جہاں ہر طرف آگ لگی ہوئی ہے تو کس تہذیب و تمدن کی بات کی جائے؟ زیست کا کرب ان کے یہاں 'ہاویہ' (آگ) سے زیادہ اذیت ناک اور تکلیف دہ ہے جس میں جل کر انسان مرتا نہیں، اذیتیں سہتا ہے، مصائب اور آلام سے دو چار ہوتا ہے لیکن اپنے آپ سے چھپا کر خارج کے ماحول سے جھوٹے پھول چننے کو ترجیح دیتا ہے۔ یگانہ کا عہد نئے نظریات اور نو آبادیاتی جبر کا عہد تھا۔ ان کے عہد میں زمانہ تیزی سے کروٹ تو بدل رہا تھا لیکن ان کی شاعری کے عمیق مطالعے کے بعد یہ اساس بھی ہوتا ہے کہ انسان کو جدید نظریوں کے جبروں گھیرا جا رہا ہے۔ یگانہ نے ان نئے جبروں کو لاشعوری طور پر محسوس کیا مگر ایک خوف زدگی بھی ضرور رہی۔ باہر کے جبر ان کو اپنے اندر کے جبر سے کم نہیں لگتے، حرکت اور جمود کے مابین ان کا انسان سکتا ہے، کہیں قنوطیت نظر آتی ہے تو کہیں رجائیت کی رمق ابھرتی ہے وہ جذبات کے اسیر ہوتے ہوئے بھی جبریت کی

راہوں سے گزر کر مبہم منزل کا خاکہ بناتے ہیں۔

زندہ رکھا ہے سکنے کے لیے واہ اچھے دوست سے پالا پڑا

یگانہ کی شعری حسیت افقی بھی ہے اور عمومی بھی ہے لیکن ان کا شعری ہنر ان کی خود ساختہ انا کی بھینٹ چڑھ گیا۔ وہ حق بات و کرتے تھے مگر فرد مکمل طور پر 'عقل کل' نہیں ہوتا مگر یگانہ نے یہ تصور کر لیا تھا کہ وہ مکمل ہیں اور ان کے تصورات نادر ہی نہیں بلکہ انسان کے لیے نئے تصورات حیات ہیں۔ یہی باطل احساس ان کو 'مزاج چنگیزی' سے ودیعت ہوا تھا کہ اپنی کہی ہوئی غلط بات کو درست نہیں کہا جا سکتا۔ اپنے غلط تصور زندگی کا احساس ہوتے ہوئے بھی اس سے دست بردار ہونے کو گناہ تصور کرتے ہیں۔ بس انھوں نے لکھنؤ کی تہذیبی فضا میں اس بات کی کوشش کی کہ مشرقی تہذیب کے اس آخری پڑاؤ پر انھیں اظہار کا حق دیا جائے گا۔ یہی التباس ان کو الٹا گلے پڑ گیا مگر یگانہ نے اس بات کا ادراک نہیں کیا کہ لکھنؤ کے مزاج میں روایت پسندی نہیں روایت پرستی ہے۔ وہ لاشعوری طور پر روایت پسند تھے لہٰذا روایت پرست معاشرے میں عقائد و مذہب سے چھیڑ خانی کرنا ان کو مہنگا پڑا۔ خاص کر یگانہ نے غالب کے رو میں جو رباعیاں لکھی تھیں اس میں غیر مہذب زبان نازیبا اور ناشائستہ لہجہ اختیار کیا گیا تھا۔ یگانہ لطیف شاعرانہ لہجے میں غالب کو مخاطب کرتے ہوئے اپنی مساوی شاعرانہ حیثیت و عظمت کا احساس دلواتے ہیں۔

صلح کرلو یگانہ غالب سے وہ بھی استاد تو بھی ایک استاد ہو

یگانہ کی غالب گریزی اصل میں بات کا بتنگڑ تھا۔ اصل میں لکھنؤ کے کچھ شعرا 'بہاری' شاعر کو ہضم نہ کر سکے جس میں لکھنؤ کے مقامی شعرا سے زیادہ تخلیقی شاعرانہ صلاحیتیں تھیں۔ یوں لکھنؤ کے زیادہ تر 'ناشاعر' اور 'تک بند شعرا' سے شاعرانہ حوالے سے کھٹاس پیدا ہوئی جو بعد میں کڑوے کسیلے کریلے کی طرح اس قدر شدت اختیار کر گئی کہ اس کے دائرے میں غالب کی شاعری بھی آ گئی اور اس لڑائی کا خمیازہ غالب کو بھگتنا پڑا۔ لوگوں نے ان کو ایک سازش کے تحت خواہ مخواہ غالب سے بھڑوا دیا۔ حالانکہ یگانہ کی غالب نے کوئی مخاصمت نہیں تھی۔ بس یگانہ کا یہ کہنا تھا کہ لکنؤ کے شعرا نے غالب کی غلط تقلید کر رہے ہیں لہٰذا سارا لکھنؤ اور اودھ ان کے خلاف ہو گیا۔ یہ سلسلہ بیس (۲۰) سال سے زائد رہا اور یگانہ کو کسی مشاعرے میں مدعو نہیں کیا گیا لہٰذا یگانہ نے غالب کے چاہنے والوں کو 'غالب پرستوں' کی اصلاح سے نوازا تو سارے لکھنؤ کے لکھنے والوں پر اس کا شدید ردعمل ہوا۔

یگا ہن ایک جلالی قلندر ہے جو کھل کر محبت بھی کرتا ہے اور کھل کر آپ کو گالیاں بھی دیتا ہے اور

بڑے پیار سے اپنے دسترخواں پر بیٹھا کر اپنے ہاتھوں سے منہ میں لقمہ بھی رکھ دیتا ہے۔ان کی شعری کائنات ایک ایسا آستاہ ہے جہاں سے اردو غزل،قطعات اور رباعیوں نے نئے رنگ و بو کے پھول کھلائے۔زندگی کی کشاکش سے ان کا عشق خلق ہوتا ہے یہاں اس موقع پر وہ تمام معاشرتی رکھ رکھاؤ جو کھوکھلے اور جعلی ہیں اس سے اپنی دست برداری کا عندیہ بھی دیتا ہے چاہے اس تصادم کے بعد اس کا نتیجہ کچھ بھی ہو۔ان میں ٹکراؤ کی مبازرت کا جذبہ بھرا ہوا تھا۔

یگانہ کا شعری آفاق:

یگانہ اردو کا پہلا وجودی شاعر

یگانہ جدید اردو غزل کا بنیاد گذار

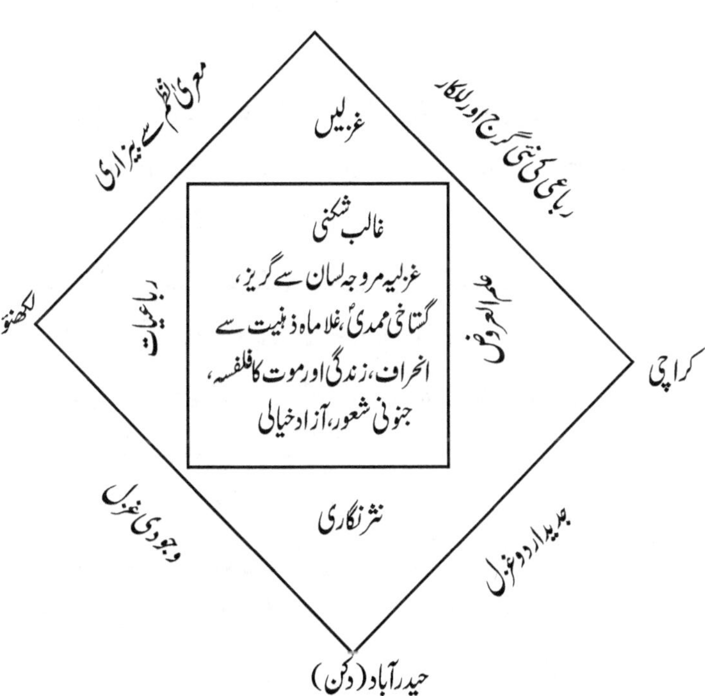

●●

ترجمہ نگاری: چند پہلو

کلیدی تصورات

ترجمے کا نظریہ، ابلاغ تفہیمات، لسانیات اور اردو تراجم

کلیدی اصطلاحات

نسبیتیت، ہدف، متن، بین لسان، بین معینات، مشینی تراجم، مخاطبہ، کہاویات، قاری، مترجم

اردو کے ادبی نظریات کی تاریخی تناظر میں جب بھی بحث شروع ہوتی ہے تو ابتدا اردو تراجم سے ہی ہوتی ہے کیونکہ اردو کے ابتدائی تراجم اور ان کے مآخذات سے ہی اردو کی ادبی تاریخ کو ایک مکمل 'کل' کے ساتھ اور ترتیب وار تناظر میں مطالعہ کیا جاسکتا ہے۔

ترجمے کے نظریاتی مباحث بہت الجھے ہوئے ہیں۔کئی تصورات کو اس حوالے سے اتنا الجھایا گیا ہے کہ ترجمہ کا نظریاتی آفاق ابہام اور پیچیدگیوں سے دوچار ہوا۔ترجمے کو جب بھی مخصوص نظریاتی فریم ورک میں مطالعہ کیا جاتا ہے تو یہ بات ذہن میں ضرور آتی ہے کہ ترجمے کے آفاق کو آفاقی اصولوں، اصطلاحات اور ضوابط اور مخصوص ہائے نظام کے تحت شعور میں لاکر اس کی تفہیم وتشریح کی جائے۔اسے نظریاتی لسانی عملیات کے معروضی وظائف اور اصولوں کی تشریحات بھی تصور کیا گیا ہے۔ترجمے کے نظریے کا ہی اعجاز ہے کہ یہ غیر ملکی زبان کی ہیئتوں، تشکیلا ت اور معنویت کو فکری اجتہاد کے مدد سے لارموز کرتا ہے۔فکر کے نئے دروازے کھولتے ہوئے ایک تمدن کو دوسرے تمدن کے اقدار و نظریات سے متعارف کرواتا ہے۔جس میں تین لسانی رویے شاخت کیے جاسکتے ہیں۔

(۱) زبان کاماخذ (۲) زبان کاحدف (۳) نفس مضمون

مترجم ان ہی تین نکات کی بنیاد پر دیے ہوئے متن میں پوشیدہ لسانی معنویت کو آشکار کرتا ہے جو بہت سوں کی نظر میں تخلیق نو ہوتی ہے۔اس سے زبان کاہدف اور ماخذات ابھرتے ہیں اور ساتھ ہی یہ

بھی محسوس ہوتا ہے کہ زبان کے ہدف کی ساخت بگڑ گئی ہے۔ دراصل یہ ہدف یافتہ زبان کی تبدیلیوں کو رموز یات کے ساتھ متن میں موجود پیغامات کو ایک ثقافتی فضا سے باہر نکال کر دوسری ثقافتی فضا میں رکھ دیتے ہیں مگر ترجمے کی زبان میں اس وقت تک ''عالمی معروض'' کی آمیزش نہیں ہوتی جب تک اس کی تفہیم ترجمہ کرنے والی دوسری زبان کی ثقافت کے شعور کا حصہ نہ بنے لیکن ترجمہ زبان کے جبر سے کبھی چھٹکارا حاصل نہی ں کرتا مثلاً کسی تحریر کا ایک زبان میں ترجمہ ہو کر دوبارہ پھر اسی زبان میں ترجمہ ہوتا ہے۔ جس کو ترجمہ در ترجمہ کا عمل بھی کہا جاتا ہے۔ اس کی مثال ''قصہ چہار درویش'' ہے۔ جو پہلے میر عطا حسین تحسین نے فارسی سے اردو میں ترجمہ کیا لیکن یہ زبان ولسان کی سطح پر زیادہ رواں اور سلیس نہیں تھا کیونکہ اس می ں عربی فارسی کے کئی ایسے غیر مانوس الفاظ کی بھرمار تھی جو تحسین کے اس ترجمے کو قبولیت نہ بخش سکی مگر اس تصنیف کو بعد میں اردو میں میر امن دہلوی نے ''باغ و بہار'' کے نام سے سلیس اردو میں ترجمہ کیا اور اسے مقبولیت حاصل ہوئیہ۔ اسے مغربی ادبی اصطلاح میں بین لسان (Intralingual) کہا جاتا ہے۔ ایک اور صورتِ حال دو زبانوں کے درمیان ترجمے کی ہوتی ہے۔ جو ترجمے کا سب سے عام طریقہ کار ہے اسے انگریزی اصطلاح میں بین لسان (Inralingual) کا نام دیا گیا ہے۔ تیسری قسم نشانیات کا ترجمہ ہوتی ہے اسکے لیے انگریزی میں بین معنیات (Intersemiotic) کی اصطلاح استعمال کی گئی ہے۔ ایک اور ترجمے کی قسم یہ ہے کہ براہِ راست زبان سے ترجمے نہیں کیے جاتے۔ اردو کے بعض اردو بولنے والے جس غیر ملکی زبان سے سب سے زیادہ قریب ہیں وہ انگریزی ہے لہذا عربی، ہسپانوی، فرانسیسی، جرم، پرتگالی، جاپانی، چینی ادب سے اردو میں زیادہ تر ترجمے انگریزی کی وساطت سے ہی ہوئے۔ مگر اس صدی سے کوئی دو عشرے قبل اردو میں ایسے مترجم بھی دکھائی دیتے ہیں جنھوں نے فرانسیسی، جرمن، چینی، عربی، فارسی، ہندی سے براہِ راست ترجمے کیے۔ ترجمے کے سلسلے میں ایک دلچسپ بات یہ بھی سامنے آئی کہ جس میں مترجم اصل متن کو پڑھنے سے قاصر ہوتا ہے یا اس کی اتنی استعداد نہیں ہوتی کہ وہ اس سے معاملہ کر سکے مگر اس کو متن کی اہمیت کا احساس ہوتا ہے تو وہ کسی سے متن کی قرأت کروالیتا ہے۔ اس کی ایک مثال ہندی شاعری ہے۔ اردو کے بہت سے مترجم کو ہندی نہیں آتی وہ کسی سے مسودے کی قرأت کرواکے اس کو اردو میں منتقل کر دیتے ہیں۔

جدید ترجمے کے نظریات میں مخصوص قسم کے موضوعات پر زور دیا جاتا ہے۔ ان موضوعات پر عمیق

مطالعے ہی مترجم کے لیے بہتر تصور کیا گیا ہے۔ کیونکہ یہ ترجمے کے آفاق کا احاطہ کرتے ہوئے ایک روشن خیال عملی علمی تناظر کے علاوہ مناجیات کی نت نئی صورتیں تشکیل دیتے ہیں۔

(۱)لسانی نظریہ (۲) نحو (۳) نشانیات (۴) تاریخ لسان اور تقابلی لسانیات (۵) ترجمے کے نظریات (۶) تاریخ اور زبان کی لسانیات (۷) تجرباتی لسانیات (۸) معاشرتی لسانیات (۹) نظریاتی لسانیات (۱۰) قواعدیات (۱۱) تفہیمات وتشریحات (۱۲) مشینی و برقیاتی-خود کارتراجم

تراجم کی تاریخ پر نظر ڈالی جائے تو معلوم ہوتا ہے، ترجمہ ہی ادب کی تہذیب وتمدن کے ارتقا اور رسائیوں کا کھوج لگانے میں مدد دیتا ہے اور تراجم کے نظریاتی منہاجاتی اور مابعد نظریات احاطے میں لاتے ہوئے ترسیلی، تسلیماتی، تفہیماتی، تفتیشی (Heuristic) اشتقامی، اسطوری اور علمیاتی کی اصناف وغیرہ کی تشریح کرتی ہے۔ افارز (Aphorism) کے اصطلاح کے تحت تراجم کے متن کو مکمل نفس مضمون کے ساتھ چند سطروں می ں منتقل کرنا بھی ہنرمندی ہے۔

ترجمہ بنیادی طور پر لسانی فن ہے، اس کی ابتدا بھی لسان سے ہی ہوئی، زبان کے ساتھ ہی وسعت بھی پاتی اور زبان کے ساتھ ہی اپنا اختتامیہ بھی کرتی ہے۔ ترجمے میں زبان کا ہدف زبان ہی ہوتا ہے۔ ترسیل، تفہیمات، تشریحات واشتقاق وغیرہ کے مسائل بعد میں آتے ہیں لیکن ادب کو ترجمے کے حوالے سے پڑھتے ہوئے قاری اور ادیب کے درمیاں معنیات کی گنجلگ صورتِ حال ابھرتی ہے مگر تفہیماتی تراجم میں معنی میں معنویات کشید کی جاتی ہے اور مفہوم ومعنیات کو نئے انسلاکات کے ساتھ پرکھا جاتا ہے۔ اسے حتمی ''نظریہ تشریح'' کی سعی بھی کہا گیا ہے۔

تراجم کے نظریات میں تین عناصر اہم ہوتے ہیں۔ کیونکہ یہی عناصر تراجم میں اپنی موجودگی کا حاوی طور پر احساس دلواتے ہیں مگر پھر بھی تراجم کے میدان میں یہ مسئلہ ہمیشہ رہتا ہے کہ اس میں ابہام اور تشکیک کا تناسب بھی اچھا خاص ہوتا ہے جو اصلی تخلیقی معروض سے انکار کا سبب بھی بن جاتا ہے۔ کیونکہ جب سے ترجمہ قدیم زمانے سے تحریری طور پر تو نہیں مگر زبانی طور پر ابلاغ ہو رہا ہے۔ جب فرد کے پاس الفاظ نہیں تھے اور الفاظ کی ترتیب دینے کی اہلیت ہر ایک کے بس میں نہیں ہوتی تھی۔

لفظ بولتا ہے، مکالمہ کرتا ہے۔ سوال قائم کرتا ہے، تشریح کرتا ہے اور تفہیم کی راہیں کھولتا ہے۔ ارسطو زبان کو ''ذہنی پیکر'' کہتا ہے۔ لکھے ہوئے الفاظ کی علامتوں کے سبب ہی کی مدد سے تکلمی زبان وجود

میں آتی ہے اور لسانی حوالے سے ہی متن اور تراجم کا مخاطبہ (Discourse) معروضی و دستاویزی ہو جاتا ہے کیونکہ یہ معاشرتی عمل کا حصہ ہوتا ہے۔گڈامر نے اس سلسلے میں بڑی اچھی بات کہی ہے کہ لسانیات بنیادی طور پر زبان اور انسانی وجود کے مابین اتصال کا سبب ہوتی ہے۔تشریح کبھی بھی معروضیت کے بغیر تسخیر نہیں ہو پاتی۔فرد اس لیے زبان استعمال کرتا ہے کہ اس وسیلے سے وہ معنویت، معنیات، مفاہم کو دریافت کرنا چاہتا ہے مگر معنویت کے اس کھیل میں جب بھی تشریح تفہیم کی ضرورت ہوتی ہے تو وہ بعض دفعہ الفاظ بھی غیر متعصب ہوتے ہوئے متعصب ہو جاتے ہیں۔انسانی افعال کی ترسیل ہوتی ہے مگر اس سے مکمل طور پر انسانی صداقتوں وحقائق کی تفہیم نہیں ہو پاتی۔اس عمل کے دوران یہ ضرور رہوتا ہے کہ لسانی نظام میں چھپے ہوئے رموز کو کئی بار لارموز کیا جاتا ہے۔جس میں قواعدیاتی، نفسیاتی، بشریاتی، عمرانیاتی تعلقات کو معنویت کے ادراک میں ایک تکنیکی پیمانے کی صورت میں استعمال کیا جاتا ہے اور اسی عمل کے درمیان معروضات بھی ابھرتے ہیں جو مترجم یا قاری کو تذبذب میں ہی نہیں ڈالتے بلکہ تراجم کی روانی میں رخنے بھی ڈالتے ہیں۔پھر علومیاتی انسلاک سے مبادلیاتی رویے ابھرتے ہیں اور مختلف پائے تناظرات میں تقابل کے نئے دروازے کھلتے ہیں۔

ترجمے کا اصل مسئلہ ابلاغ کا بھی ہے۔جس میں لسان وزبان کی منتقلی سے ترجمے کا عمل شروع ہوتا ہے یعنی ترجمے میں اصل ہدف ایک طرف تو اقدار کی منتقلی بھی دکھائی دیتی ہے اور قاری اپنی حسیت سے نئی جمالیات بھی تشکیل دیتا ہے اور اصل لکھاری تخلیق کے متن کو نئی تاثراتی فضا میں بھی لے جاتا ہے۔مترجم کا متن سے قلبی اور ذہنی لگاؤ ہونا ضروری ہے۔اسلوب کو خلق کرنا اس کا کام نہیں، مراد یہ کہ ترجمہ ایک طرح کا ''سرگرم ابلاغ'' ہے تو دوسری جانب متن کا لسانی چربہ بھی معلوم ہوتا ہے، ساتھ ہی مترجم کو اس ذمہ داری کا بھی احساس ہونا چاہیے کہ وہ متن کی اصل حرکیات، جمالیات اور ماخذات سے شعوری تعلق رکھے۔یہ تمام عوامل ادبی تراجم می ل زنجیر کی طرح ایک دوسرے سے منسلک ہوتے ہیں اور ابلاغ اور اظہاریت کی ہنرمندی سے ہی اصل ترجمہ ممکن ہو پاتا ہے، ساتھ ہی ترجمہ کرنے والے کو متن سے معاملہ بندی کرنا بھی آنا چاہیے۔

ترجمے کے آفاق میں دوفکری تناظر اہم ہیں۔جن میں ایک نسبتیت (Relativeism)اور دوسرا اضافیت (Relativism) جس کا تعلق فلسفیانہ ادارک سے ہوتا ہے جو کہ طرز فکر سے منسلک ہو کر عمومی نوعیت کے حیاتیاتی اور جنسیاتی عناصر سے جا ملتے ہیں جو مترجم کے ذہن میں ہیت کی آگہی کا پتہ

دیتے ہیں۔ یوں تنقید ذات اور ذات کے ارتقا کا تقابل ہو جاتا ہے اور یہ ترجمے کے معروضی احوال یا اہلیت قرار پاتے ہیں کیونکہ مترجم ایک ثقافت کو خلق کرتا ہے اور دوسری قسم یعنی اضافیت (Relativism) میں ردعمل کا تناظر اہمیت کا حامل ہوتا ہے۔آفاقی اضافیت (Relativism) کا طریقہ عمل سے نفسیاتی حیاتیاتی اور متعین قسم کی ترجمانی ہئیت ابھرتی ہے اور آفاقی عقلیت پسندی سے ترجمہ ہونے والے متن کا ''نحو'' ایک سا لگتا ہے لیکن صوتی اور لسانی آہنگ می ں تفاوت ہوتا ہے۔ یہ حقیقت ہے کہ زبان ہی ترجمے کے ذریعے ''دوسرے'' قاری کو دریافت کرتی ہے۔ یہ سب عقلیت کا آفاقی نظام وتناظر ہے۔

مترجم متن میں صداقت کا سراغ بھی لگاتا ہے اور ثقافتی تقابل کے بعد لسانی نظام میں جو تفاوت اور تحریمات کا تصادم ہے وہ بھی اپنے ترجمے کا ہدف میں شامل کرتا ہے مگر اصل متن کو متنی سطح پر معروضیت عطا نہیں کرتا ہے کیونکہ ترجمے کے متن کا قاری اپنی مخصوص حیسیت سے وہ باتیں بھی خلق کر لیتا ہے جو کہ اصل مصنف اور مترجم کے ادراک میں بھی نہیں آتیں اور پھر مترجم ہدف متن (Target Text) سے اخلاقی اور تکنیکی طور پر وابستہ بھی ہوتا ہے اور یہی وابستگی مختلف لانوع کے ثقافتی نتائج کے ادراکی متعلقات سے باہم ہو کر ترجمے کا 'کل' حاصل کرتے ہیں۔ یہی تمام عوامل اور اصل اسلوب کو ممکن طور پر بھی تزئین کر کے نئے نظریاتی اور عملی رموز کو تسخیر بھی کر پائے۔موضوع اور معروض کو ترجمے کے عمل میں دو اہم جہات تسلیم کی گئی ہے۔موضوع سے مراد 'قاری' اور 'مترجم' ہوتا ہے اور معروض 'اصل متن' کو تسلیم کیا گیا ہے۔لہٰذا مترجم کے لیے ضروری ہوتا ہے کہ وہ قاری سے مطابقت پیدا کرے۔مگر ترجمے کے عمل میں تفہیمی سطح پر مصنف، متن اور قاری کے تکون سے ترجمے کی 'تخلیق' ممکن ہوتی ہے۔اردو میں تراجم کی روایت اتنی ہی پرانی ہے جتنی اور زبانوں کی تاریخ و روایت ہے۔اردو ترجمہ کے سبب ہی اردو لسان و زبان کی نشوونما ہوئی اور ہندستان کے مختلف حصوں میں پروان چڑھی۔اردو میں تراجم کا سلسلہ سترہویں صدی کی شروعات میں ہو چکا تھا۔ملا وجہی نے ۱۶۳۵ء میں 'سب رس' لکھی جو دکنی زبان سے ترجمہ کی گئی تھی۔محققین کا خیال ہے کہ 'سب رس' شاہ جی نیشاپوری کی فارسی کتاب 'دستور عشاق' کا اردو ترجمہ ہے۔اس کو اردو کی پہلی اردو زبان کی پہلی رزمیہ تحریر بھی کہا جاتا ہے۔نصیر الدین کی تحقیق کے مطابق ملا وجہی نے وجیہ الدین گجراتی کی کتاب کو 'سب رس' کے نام سے ترجمہ کیا ہے ایک اور تحقیق کے مطابق اپنے زمانے کے صوفی اور شاعر شاہ میران جی (۱۵۶۱ء-۱۴۹۶ء) کی کتاب خدا نما (دکن) اردو میں

ترجمہ کی جانے والی پہلی کتاب ہے۔میران جی کا تعلق قطب شاہی زمانے سے تھا۔حامد حسن قادری صاحب، شاہ میران جی کے اس ترجمے کو مشہور عربی مصنف ابوالفضائل عبداللہ بن محمد عین القضاۃ ہمدانی کی تصنیف ''تمتید ات ہمدانی'' کا ترجمہ بتاتے ہیں جو ۱۶۰۳ء میں رقم ہوا۔ ۱۶۷۳ء میں ایک کتاب جس نے اردو کے ترجمے کے آفاق میں نیا اضافہ کیا۔اس کے مترجم کا نام میراں یعقوب ہے۔انھوں نے رکن عماد الدین زبیر کی کتاب ''شمائل الاتقیا'' کو اردو کے قالب میں ڈھالا۔اس ترجمے میں تصوف کی مباحث تھیں۔

اٹھارویں صدی (مغلیہ دور) میں شاہ ولی اللہ قادری نے ۱۷۰۴ء میں شیخ محمود کی فارسی کتاب ''معرفت لسلوک'' کا اردو ترجمہ کیا۔اس کے بعد عربی فارسی سے اردو میں ترجموں کا سلسلہ چل نکلا۔طوطی نامۂ کربل کتھا۔شاہ رفیع الدین، شاہ عبدالقادر کا قرآن حکیم کا اردو ترجمہ، تحسین کی نوطرز مرصع۔جیسے تراجم کے بعد جب فورٹ ولیم کالج کا قیام عمل میں آیا تو میر امن، حیدر بخش حیدر، میر شیر علی افسوس، نہال چند لاہوری، مرزا کاظم علی جوان، مرزا علی لطیف، مولوی امانت اللہ شہید، شیخ حفیظ الدین، مظہر علی خاں ولد، خلیل عالی خاں اشک للول لال جی، میر بہادر علی حسنی، اکرام علی اور بینی نرائن کے نام اردو کے چند اہم مترجمین کی صورت میں سامنے آتے ہیں۔فورٹ ولیم کالج کے باہر محمد حسنین کلیم دہلوی، حکیم شریف خاں دہلوی، رجب علی بیگ سرور، کپتان ٹیلر، کپتان ٹامس روبک، جان پارکس لیڈی، نظام الدین چشتی، ہر چند گھوش، فقیر محمد گویا نے اردو تراجم میں بڑا نام کمایا۔اسی زمانے میں اردو میں بہترین تراجم کا سفر جاری رہا۔مغرب ومشرق کے تقریباً ہر اہم کلاسیک کو اردو میں منتقل کیا گیا ہے۔(فہرست طویل ہے)

ترجمے کو معاشرتی جبر سے بھی منسلک کیا گیا ہے۔معاشرتی احوال سے بے چینی، بے اطمینانی، انسانوں کے ہاتھ انسانوں کا استحصال، نوآبادیات، سرخ، سفید اور نیلے سامراج کا پھیلاؤ، لاطینی امریکہ میں سامراجیت کی ہٹ دھرمی، کمیونزم کا شور، امریکا اور افریقا میں نسلی تعصبات، ہندستان پاکستان میں ایمرجنسی، مذہبی جنونیت، پاکستان میں ڈھائیہ عدد مارشل لا کا نفاذ، شخصی آزادی کی سلبی، نئے ورلڈ آڈر کا نقارہ، نائن الیون کے بعد کی عالمی سورتِ حال نے ترجمے کے آفاق کو وسیع کیا۔

موجودہ دنیا اختصاص کی دنیا ہے۔ترجمے کو بھی اب تکنیکی عمل تصور کیا جاتا ہے۔کیونکہ برقیاتی اور الیکٹرونک ترقی نے ترجمے پر اپنے مثبت تکنیکی اثرات ڈالیں ہیں۔اب مشینی طریقے سے سیکنڈوں میں ایک متن کو دوسرے لسانی متن میں منتقل کیا جاتا ہے۔اس کی مثال ابھی چند سال قبل ہونے والی برقی

اور مشینی ترجمے سے دی جاسکتی ہے۔ مجھے اپنے ایک ایکوڈور (جنوبی امریکا) کے دوست کو مبارکباد کے لیے 'کارڈ' بھجوانا تھا۔ اس کو انگریزی بہت کم آتی ہے۔ ہسپانوی زبان لکھنا میرے لیے ٹیڑھا مسئلہ ہے۔ میں نے پہلے کمپیوٹر سے مبارک باد کا کارڈ منتخب کیا۔ انگریزی میں مبارک باد کے کلمات لکھے پھر اس کا ہسپانوی زبان میں ایک سیکنڈ میں اس کا ترجمہ ہوگیا۔ کمپیوٹر کی اسکرین (مانیٹر) پر مختلف زبانوں کے نام درج تھے اس میں زبان کا انتخاب کر کے keyboard پر Enter کرنا ہوتا ہے اور پلک جھپکتے ہی پورا متن انگریزی سے ہسپانوی زبان میں منتقل ہوگیا۔ مگر افسوس تو اس بات کا ہوا کہ دنیا کی تقریباً ہر زبان ترجمے کے لیے موجود تھی مگر اردو کا نام کہیں نہیں تھا۔ اس کے علاوہ بازار میں ابت و تراجم کے لیے 'ڈش' بھی مل جاتی ہے۔

شروع کے دنوں میں جب اردو ترجمہ کا زور ہوا تو لگتا تھا کہ ادبی سطح پر مترجم کی جگہ ادب میں اس طرح نہیں بن پائی جیسے شاعر، افسانہ نگار، ناول نویس اور نقاد وغیرہ کو قدرے منفرد حیثیت سے دیکھا گیا لیکن ایک عرصے تک اردو میں مترجم 'منشی' سے آگے نہ بڑھ سکا مگر بیسویں صدی میں اور اس کے بعد اردو ترجمے کی دنیا میں پڑھے لکھے اور مستحکم قسم کے معروف ادیب وشعرا نظر آتے ہیں۔ ان لوگوں نے اردو میں بہترین ترجمے کیے۔ بعض نے منہ کا ذائقہ بدلنے یا کاروباری نقطۂ نظر سے بھی تراجم کیے اور تراجم میں یہ لوگ زیادہ سنجیدہ نہیں تھے اور ترجمے کے فن کو 'دل لگی' تصور کرتے تھے۔ مگر بعد میں ترجمے کی اہمیت کو اردو میں جلد ہی سمجھ لیا گیا اور وقت نے دیکھا کہ یہ ترجمے اردو ادب کا سرمایہ بنے۔ خاص طور پر پچھلی صدی میں مغرب ومشرق سے اردو میں بہترین ترجمے ہوئے یہ تمام ترجمے مشہور اور معروف ادیبوں وشعرا کے علاوہ قدرے کم معروف لکھنے والوں نے کیے جن میں محمد حسین آزاد، سر عبدالقادر، عبدالحلیم شرر، مرزا ہادی رسوا، سجاد حیدر یلدرم، پریم چند، حسرت موہانی، ظفر علی خاں، رتن ناتھ سرشار، مولوی عبدالحق، عزیز لکھنوی ضامن کنتوری، غلام بھیک نیرنگ، تلوک چند محروم، منشی عنایت اللہ، نادر کاکوروی، حافظ محمد شیرانی، مخمور جالندھری، میراجی، منٹو، ن۔م۔راشد، سردار جعفری، احمد علی فیض، اختر حسین رائے پوری، عزیز احمد، محمد حسن عسکری، جمیل جالبی، مجنوں گورکھپوری، محمد احسن فاروقی، انتظار حسین، محمد ہادی حسین، محمد سلیم الرحمان، ابن انشا، فہیم اعظمی، رضیہ سجاد ظہیر، قرۃ العین حیدر، کشور ناہید، انور زاہدی، منیر الدین احمد، اجمل کمال، ضمیر احمد، سید کاشف رضا، آصف فرخی، نکہت رضوی، محسن بھوپالی، حسن عابدی، حیدر جعفری سید، آشا پربھات، ارمان نجمی کے نام ذہن میں آتے ہیں۔

اردو ادبی رسائل نے بھی ترجمے کے رجحان کو مستحکم بنانے میں موثر حصہ لیا۔ ایک زمانے میں 'دلگداز' اور 'مخزن' میں بڑے پائے کے تراجم شائع ہوتے رہے۔ تقسیم کے بعد پاکستانی رسائل ماہِ نو (لاہور) ادب لطیف (لاہور) اور پھر ۸۰ء کے عشرے میں کراچی سے 'آج' اور اکیسویں صدی کے شروع ہوتے ہی کراچی کے ادبی سلسلے 'دنیا زاد' میں بہترین ترجمے پڑھنے کو ملے جو کہ جدید ترین عالمی حسیت سے اردو سے روشناس کرواتے ہیں۔

یہ بات ہم جانتے ہیں کہ ترجمہ تحریری اور زبانی سطح پر ایک قدیم ترین انسانی مشق ہے۔ اور ترجمہ ہی قاری ممکنہ طور پر دیگر ثقافتوں کے مابین ابلاغ کر پاتا ہے۔ قاری مرکوز طور پر ہیئتی متن کا سیاق کو پائے ہوتے سیاق کی تمام وظائفیت مزاج (بیوہار) کی حرکیت کو اپنے اندر سمولیتا ہے لہذا یہ نہ تصور کرلیا جائے کہ سیاق معروضی ہوتا ہے مگر ترجمے کا فن اختصاصی نوعیت کا ہوتا ہے۔ لیکن ترجمے کے مخاطبے (ڈسکورس) میں تصویر کچھ یوں بن جاتی ہے۔ جو ترجمے کے ابلاغ کے۔۔ متنی ہئیت بھی ثابت ہوتی ہے۔

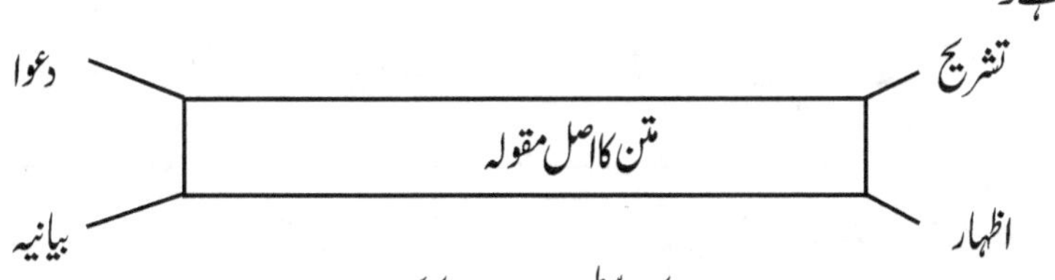

بنیادی طور پر ترجمے کے نظریے کی چار سطحیں دریافت کی گئی ہیں۔

(۱) متن لسانی: (ہدف متن، دیگر متعلقہ متن) (۲) ادراکی سطح: (مترجم کا فیصلہ اور مناجیات)

(۳) عمرانیاتی سطح: (ترجمے کا عمل، ترجمے کے مقاصد، قاری سے انسلاک اختتامیہ)

(۴) ثقافتی سطح: (نظریاتی عناصر، ثقافتی ارتقا، مضبوط بہ قوت انسلاکات)

درِ اختتامیہ

ہر زمانے میں ترجمے کی ضرورت پڑتی ہے کیونکہ نئے انکشافات، دریافتیں اور جدت حیات ان ہی کے سبب ممکن ہوتی ہے۔ اگر ادب زندگی کی صداقت پر یقین رکھتا ہے اور ادب کو ہی تنقید ذات اور نقد معاشرت گردانتا ہے تو ترجمہ بھی ادب کا ایسا نقد فراہم کرتا ہے جو فرد دو تہذیبوں کو تقابل کر کے نئی حسیت کو جنم دیتا ہے۔ شعور میں نئے اضافے کا سبب بنتا ہے۔ ترجمہ تہذیب و تمدن کی علامت ہے۔ ادبی تراجم کے سہارے سے قاری اپنی تنگ و تاریک دنیا سے باہر نکل کر دوسری سانس لیتا ہے اور نئی

جمالیات، حسیت، نئی معاشرتی اقدار اور تحریمات سے اس کو معاملہ بندی کرنا پڑتی ہے۔ ترجمے کا انسلاک ذہنی مزاج (رویوں) سے متعلق ہوتا ہے۔ مترجم ہی کا نہیں بلکہ قاری کے لیے بھی یہ مسئلہ ہوتا ہے کہ وہ ایک طرف تو ایک زباں کو خوش آمدید کر رہا ہوتا ہے یا یہ بھی ممکن ہے کہ وہ نئی زبان کے 'غلبے' کو اپنے او پر حاوی کر رہا ہوتا ہے تو دوسری قطبین پر اثر انداز بھی ہوتا ہے۔

یہ بھی ممکن ہے کہ وہ اپنی مقامی زبان پر 'قل' پڑھ رہا ہوتا ہے۔ یوں زباں کی تقسیم کا احتمال بھی ہوتا ہے۔ مگر ترجمے کے حوالے سے فرد کی جمالیات، حسیت انسانی جذبات کو حصوں میں نہیں بانٹا جا سکتا۔ ترجمہ بعض دفعہ اشٹے بلش منٹ کے لیے ناپسندیدہ بھی ہوتا ہے کیونکہ ترجمہ فکری و ذہنی کشادگی سے عبارت ہوتا ہے۔ ترجمہ ہونے کے بعد ترجمے کی افہام و تفہیم اور تشریح متن وقت کے ساتھ ساتھ نئی معنیات اور مفہومیت کے نئے گوشے بھی دریافت کرتی ہے، جب ترجمہ معنیات دائرے میں داخل ہوتا ہے تو اُس کی معنویاتی ہئیت، ماہیت اور نفس مضمون بھی اصل ترجمہ شدہ متن سے مختلف بھی ہوتا ہے۔

اس مضمون میں آگہی کی آبلہ فریبی کو ادبی مخاطبے کی روشنی میں ادراک میں لانے کی کوشش کی گئی ہے۔ جس میں تین عنصر اولین نوعیت کے ہوتے ہیں جو کہ ترجمے کی تفہیم کرتے ہیں۔ (۱) مصنف (۲) متن (۳) قاری...اور یہی تینوں عوامل ترجمے کی معنویت، معنیات، مفہومیت اور نفس مضمون کو متعین بھی کرتے ہیں۔

●●

اردو شاعری میں ایہام گوئی کی روایت

اردو میں ایہام گوئی ایک ادبی وشعری رجحان یا رویہ ہی نہیں بلکہ ایک توانا شعری تحریک بھی تھی۔ اس تحریک نے اردو شاعری کی تاریخ میں ایک طرف تو اپنا نقش چھوڑا تو دوسری طرف ردعمل کے طور پر نئی لسانی وشعری خلاقی ابھری کیونکہ اس میں اظہار کا فکری اور فلسفیانہ تناقص تو تھا لیکن ایہام کی تحریک میں موضوعی اور معروضی تناظر میں ذات کی بوقلمونی کے ساتھ باہر کی دنیا کا محیط تناظر سیاسی اور معاشرتی مخاطبہ اور طنزیاتی، احتجاج ومزاحمت بھی جھلکتا ہے۔ ایہام گوئی کے حوالے سے جن شعرا کو مضوعِ بحث بنایا جاتا ہے تو ان میں لسانی لہجہ اور مشکوک قسم کی معاشرتی حرکیات اور دلخراش قسم کی صداقتیں پوشیدہ ہوتی ہیں۔ ان شعری اظہار میں فکر زیادہ اہم نہیں ہوتی اور اسے زیادہ مقدم تصور نہیں کیا جاتا۔ بلکہ حال کا ماجرا ایک مخصوص جدلیاتی جمالیات کے ساتھ بیان کیا جاتا ہے۔ لیکن قول محال اور ابہام بھی در آتا ہے۔ یہ اس لیے ہوتا ہے کہ لسان وزبان، شعری تخیل اور تصور شعر ابہامیت کی عدم مطابقت کے سبب ٹوٹ پھوٹ کر بکھر جاتا ہے۔ اس کی وجہ یہ ہوتی ہے کہ شاعر کا شعری اظہار متنوع ہوتا ہے اور بعض دفعہ یہ بھی ہوتا ہے کہ واردات شعر میں آہستہ آہستہ شاعر کے شعری کینوس میں بکھر جاتی ہے اور قاری اس کی مغنیات اور مفاہیم سے انجانی طور پر اس تجربے کو اپنے تجربے میں مشاہدہ کرتا ہے۔ ایہام میں ابہام کی یہ صورت حال تعقید لفظی اور تعقید معنوی کے اذیب ناک عمل سے گزرتی ہے۔ اسے عموماً شعر کے لیے مناسب تصور نہیں کیا جاتا۔ جس سے شعر میں سقم پیدا ہوتا ہے اور شعری مفاہیم اور معنی کی معنویت تبدیل ہو جاتی ہے۔ اس کو شعریات کی زبان میں 'فریبِ شعر' بھی کہا جاتا ہے۔

نقش نازبت طناز بہ آغوش رقیب
پائے طاؤس پے خامہ مانی مانگے

(غالبؔ)

اصل میں ایہام گوئی میں قاری وہم، شک اور وسوسوں میں مبتلا ہو جاتا ہے۔ اس خلقی اظہار میں قاری کو فکر اور جمال کے وسوسوں میں الجھا کر شاعر اپنی شاعری کی داد چاہتا ہے۔

اردو میں ایہام گوئی انحطاط پذیر معاشرے سے اپنی ابتدا کرتی ہے۔ جب سلطنت مغلیہ آخری

سانسیں لے رہی تھی۔ یہ وہ زمانہ تھا جب ۱۸؍فروری ۱۷۱۹ء سے ۱۴؍اگست ۱۷۱۹ء تک تین حکمران تخت پر بیٹھے۔ ۱۷۱۹ء سے ۱۸۴۷ء تک جب محمد شاہ رنگیلا برسراقتدار تھا تو اسی زمانے میں اردو شاعری میں ایہام گوئی وارد ہوئی۔

محمد حسین آزاد کا کہنا ہے کہ اردو میں ایہام گوئی ولی دکنی سے شروع ہوتی ہے۔ایہام گوئی کا تعلق دم توڑتی مغلیہ حکومت کے آخری دنوں کی یادگار ہے۔آزاد نے اس سلسلے میں یہ موقوف اختیار کیا ہے:

"ولی نے اپنے کلام میں ایہام گوئی اور الفاظ ذومعنین سے اتنا کام نہیں لیا۔خدا جانے ان کے قریب العہد بزرگوں کو پھر اس قدر شوق اس کا کیوں کرگیا؟ شاید دوہوں کا انداز جو ہندستان کی زبان کا سبزخور، اس نے اپنا رنگ جمایا۔" ('آبِ حیات'، سنگ میل پبلی کیشنز، لاہور، ص ۵۷)

ایہام گوئی کی سادہ سی تعریف یہ ہوسکتی ہے کہ یہ ایک کلام ہوتا ہے جس کے دو معنی ہوں، جس میں ایک کا تعلق قریب سے دوسرے کا بعید سے ہوتا ہے اور ادبا اس سے 'بعید' مراد لیتے ہیں۔جس میں راقم ایک معنی لیتا ہے جب کہ قاری اور سننے والے کو دوسرے معنی کا 'وہم' ہو جاتا ہے مثلاً رجب علی بیگ سرور کے جملے "کنوئیں جن کی چاہ میں باولی دیوانی ہوجائے۔" میں کنوئیں کی رعایت سے چاہ اور باولی اور باولی کی رعایت سے دیوانی استعمال ہوا ہے۔اسی طرح انیس کا مصرعہ 'ہم وہ غم کریں گے ملک جن وسطی' میں ہم بہ معنی اور جن بمعنی جنات سے ایہام پیدا ہوا ہے مگر مصرعے میں جن کے اردو مفہوم مراد ہے۔ یہ خیال بھی عام ہوا کہ ایہام کوئی اچھی صنعت نہیں اور اردو کے بہت سے بڑے شعرا اسے پسند نہیں کرتے مگر غالبؔ، میرؔ، انیسؔ، اکبرؔ الہ آبادی نے ایہام کو استعمال کیا ہے۔

ایہام گوئی اصل میں معنوی اعتبار سے تناقض، مشابہات، افتراق اور ابہام کے خمیر سے بنا ہے۔ جہاں شاعر کا نظریہ حیات سامنے آتا ہے۔ایہام نے اردو کو اپنی فطانت سے متاثر بھی کیا اور اپنے عہد کو اپنے تازہ تخلیقات سے مالا مال بھی کیا۔اس میں سکونت و جمود نہیں ایک تخلیقی حرکیت دکھائی دیتی ہے۔ایہام کی بازی گری میں الفاظ کی شعبدے بازی بہت ہوتی ہے۔

ایہام گوئی دنیا کے تقریباً ہر شعر و ادب میں نظر آتا ہے۔قدیم مصری شعری روایت میں بھی ایہام گوئی کا رواج ملتا ہے۔ مصر میں ایہام گوئی اسطوریہ کے اظہار اور تشریح و تفہیم کے لیے استعمال کیا گیا ہے۔جس میں زیادہ تر خوابوں کی اظہاریت اور لاشعور کی حسیات حاوی ہوتی تھیں اور لہجے میں طنزیہ پن بھی ملتا تھا۔

ہسپانوی شاعرانہ تاریخ میں ذومعنی اور مزاحیہ شاعری ایک عرصے سے ہو رہی اور ایہام گوئی بھی

بھرپور انداز میں ملتی ہے اصل میں دوہری معنویت یا پرُحسن اظہار ہسپانوی شاعری میں ایہام گوئی کو نئی شعری جمالیات عطا کرتے ہیں ۔جس کو'Lagoon' اور'Lacuna' کا نام بھی دیا جاتا ہے۔

انگریزی ادبیات میں ایہام گوئی کے توانا ہی نہیں بلکہ تجرباتی طور پر بہت سے نئے رخ سامنے آئے ۔انگریزی زبان و ادب میں ایہام گوئی کا مترادف لفظ Pun ہے جس کو ایک دوسری اصطلاح میں Paronomasia بھی کہا جاتا ہے۔

ولیم روس بینٹ (William Rosebenett) نے 'قاری کی قاموس' صفحہ ۸۲۶ ، جلد دویم ۱۹۶۵ء میں لکھا ہے ۔''ایہام الفاظ کا ایسا کھیل ہے جس کے ایک یا دو لفظوں میں سے دوہرے معنی برآمد ہوتے ہیں ۔جس میں آہنگ یکساں ہوتا ہے جو کمتر مزاح ہوتا ہے ۔اس میں طنز کا عنصر ہوتا ہے ۔ایہام گوئی بعض دفعہ سنجیدہ قسم کے الجھاؤ پیدا کرتی ہے۔''

انگریزی ایہام گوئی میں ایک لفظ شعر یا فقرہ یا جملے کو مختلف پیرائے میں بیاں کیا جاتا ہے ۔جس میں آواز تو ایک ہوتی ہے اور معنی دو نوعیت کے ہوتے ہیں اور ڈرامائی فضا میں الفاظ کو ہتھیار بنا کر طنزیہ اور مزاحیہ لہجہ اختیار کیا جاتا ہے ۔اس کے بطن میں دوہری معنویت کی شعریت چھپی ہوتی ہے۔

ایہام کے سلسلے میں شیکسپیئر ایہام کی زبان پر کچھ زیادہ ہی سوالات اٹھاتے ہیں کیونکہ تناقض کے سبب زبان مزید الجھ جاتی ہے اور یہ کوشش کی جاتی ہے کہ شاعری کو جھوٹا ثابت کیا جائے ۔کیونکہ دروغ گوئی (Feignig) ایک اعلا قسم کا حقیقت پسندانہ راستہ ہوتا ہے ۔ایہام اصل میں قاری کو التباس میں رکھنے کا دوسرا نام ہے ۔ایہام بلاغت کی آڑ میں الفاظ اور شعری آوازوں کے درمیان ابہام پیدا کرتا ہے جو اپنے سے پہلے کسی شاعری یا مفکر سے ادھار لیا جاتا ہے ۔ماضی کے شعری سرمائے سے اکتساب کے علاوہ حال کا بحرانی رزم نامہ بھی تشکیل پاتا ہے ۔لیکن انگریزی ادب میں غیر مزاحیہ ایہام گو شعرا کی فہرست بھی موجود ہے ۔جس میں بلاغت یا بدیعیات کو طاقتور پیمانے کے طور پر استعمال کیا جاتا ہے ۔اس سنجیدہ ایہام گوئی میں الیگزنڈر پوپ، جیمز جوائس، ولدیمیر، نابوکوف، رابرٹ بولیچ، کیوی کردل اور جان وشعر کا خیال ہے کہ شیکسپیئر نے اپنے ڈراموں میں ایہام کو قدرے خوبصورتی سے برتا ہے۔ ادبی یا مصنف کے نظریے کے تحت ناقدان فن کہتے ہیں کہ ''Shake-spear'' بذاتِ خود ایک ایہام ہے جو انھوں نے ایک مکھوٹے یا نقاب کے طور پر استعمال کیا۔ شیکسپیئر کا نام ہی اصل میں ''اسم ایہام'' ہے۔ یہی وجہ ہے کہ شیکسپیئر کے ڈراموں کے مکالموں میں جلوہ دکھاتے ہیں۔

ایہام گوئی پر کئی سمتوں سے مباحث ہوئے ہیں۔ کچھ نقادانِ شعر کا کہنا ہے کہ یہ اظہار کی ادبی تکنیک ہے جو مخصوص پیمانوں سے شعر میں مزاحیہ اثرات مرتب کرتے ہیں، ساتھ ہی لفظ کو کثیر الجہت معنویت بھی عطا کرتے ہیں۔ ہوتا یہ ہے کہ یہ ایک اظہاری حرکیت میں ایک لفظ کے ایک معنی سے لہجہ تبدیل کر کے نئے معنی اخذ کیے جاتے ہیں۔ دراصل یہ الفاظ کا ڈرامایا ناٹک ہوتا ہے۔ اس میں وہی شاعر کامیاب ہوتا ہے جس میں سوانگی فنکارانہ (Proformance Art) صلاحیت ہو اور سامعین کے روبرو فنکارانہ انداز میں شعر پڑھنے اور سنانے کی اہلیت ہو اور اظہار کا یہ فن اس کو آتا ہے جیسے انیسؔ و دبیرؔ کو یہ فن آتا تھا۔ جس نے ان کی شاعری کو بامِ عروج تک پہنچا دیا۔ کچھ مزاحیہ شعرا بھی اس فن کے ماہر ہوتے ہیں۔ جیسے دلاور فگار کو اس فن میں ملکہ حاصل تھا۔

کارل بیکس اور آرتھر گینز نے "ادبی اصطلاحات کی لغت" میں لکھا ہے کہ ایہام کے:

(۱) ایک لفظ کے دو معنی ہوتے ہیں

(۲) ایک لفظ کے جو معنی ہوتے ہیں مگر لہجہ دوسرا ہوتا ہے اور تلفظ ایک جیسا ہوتا ہے۔

(۳) دو الفاظ اور لہجے اور تلفظ ایک جیسا ہوتا ہے لیکن معنی مختلف ہوتے ہیں۔ ایہام نچلے سطح کا مزاح ہوتا ہے مگر اس کا منشا سنجیدہ قسم کا ہوتا ہے (ص، ۲۰۰-۱۹۷۵ء)

ایک انگریزی شاعر کا ایہامی شعر دیکھیں ؎

تم کو بتانے کی ضرورت نہیں
میں خود اپنا ثبوت ہوں
اگرچہ وہاں کوئی چھت نہیں
یہ اب بھی گھر جیسا ہے

(Vibram Soul -----------)

ایہام گوئی قصہ گوئی اور قصہ سازی دونوں میں ہی ہوتی ہے۔ الفاظ کی تکرار سے علت و معلول کے روابط سے انسانی مزاج کے دلچسپ موضوع پر اشارے اور کنائے سے شاعر کے کرب و اضطراب کا اظہار تو ہوتا ہے مگر جب شعر میں منطقی روابط کے نکتے ملائے جاتے ہیں تو فکر کا اصل معمہ سلجھتا نظر آتا ہے لیکن شاعر اپنا استبدلال قاری کے تجربے پر چھوڑ دیا جاتا ہے۔

ایک مخصوص عمرانیاتی ماحول میں ایہام گوئی پروان چڑھتی ہے لیکن ان میں ثقافتی متعلقات ایک عقلی وحدت کا سبب بنتا ہے تو دوسری طرف حال کا احوال مستقبل کے ممکنات کی شبیہ سازی کرتا ہے۔

وہی ایہام گوئی موثر قرار پاتی ہے کہ شاعرانہ تجربہ (جو موضوعی ہوتا ہے) عام تجربہ (معروضی تجربہ) میں منتقل ہو کر اظہار کی معروضیت کا حصہ بنتا ہے اور تمام شعری ادراک سے ایہام گوئی کا مفہوم ایک منطقی نوعیت کے بیانیے میں تبدیل ہو جاتا ہے کیونکہ لفظی ہیئت اور اس کی ترتیب بندی کے بعد جو آوازیں شعر سے برآمد ہوتی ہیں وہ عقل کا استدلال بیان کر دیتی ہیں، وہ بھی عقلی ہوتا ہے۔ جو مخصوص رموز سے پردہ اٹھاتے ہیں۔ قاری شعر کی معنویت سے تب ہی لطف اندوز ہوتا ہے جب وہ اسکولا روز کرتا ہے۔ لیکن بعض اشعار میں ایہام الجھاؤ بھی پیدا کرتا ہے اس کی وجہ یہ ہوتی ہے کہ وہ خیال کی صورت میں تبدیل ہو جاتے ہیں۔ عموماً ایہام گوئی ان معاشروں میں موثر ہوتی ہے اور پروان چڑھتی ہے جب وہ انحطاط پذیر ہوتا ہے یا معاشرتی اضطراب و بحران سے گزر رہا ہوتا ہے۔ اردو میں ایہام کی تحریک فکری سے زیادہ لسانی تحریک ہے جو اس وقت کے دربار کے مجلسی رجحان کی غمازی کرتا ہے۔ جس میں رعایت لفظی بہت ہے مگر ایہام گوئی میں جذبات کا برملا اظہار ملتا ہے اور حقیقت کا احوال ہے ؎

جس قدر کرتے ہیں خرچ اخلاص کم ہوتا نہیں
آبر و گنج روان ہے جگ میں مال دوستی

(آبرو)

ایہام گوئی کے سلسلے میں عام تاثر ہے کہ ایہام گوئی میں شاعر مکمل شعر یا مصرعے میں تکرار لسان و الفاظ کے علاوہ شعر میں دوہری معنویت کو خلق کیا جاتا ہے۔ جب کہ عام زبان میں اسے ''ذومعنویت'' کہا جاتا ہے۔ اس کا مطلب یہ ہے کہ ایسی ذومعنی الفاظ کا استعمال جس کے دوہرے معنی و مفاہیم ہوں جس کو قاری 'قریب' بھی محسوس کرتا ہے۔ دوسری طرف یہ 'بعید' کے معنی سے بھرا ہوتا ہے۔ جو بات یا تصور معنی بعید سے ابھرتا ہے وہ ایہام تصور کیا جاتا ہے۔ سادہ الفاظ میں ایہام ذومعنی لفظ کا مزاحیہ استعمال اور اظہار/ایہام تجنس اور ضلع جگت بھی کہا جاتا ہے۔ گیان چند جین نے لکھا ہے، ''رعایت لفظی واقعی ایک ہنر ہے جن اشعار میں ان کا استعمال کیا گیا ان سے لطف اندوز ہونا چاہیے۔ دورِ حاضر میں اس کی سعی کرنا غیر ضروری ہے۔ فاروقی لکھتے ہیں ضلع ہنر یا جگت دونوں ایہام کی شکلیں ہیں۔''

(فاروقی کا نقد معائب، شب خون، الٰہ آباد۔ اگست ستمبر ۱۹۹۸ء، شمارہ ۲۱۹، ص: ۲۹)

اردو شاعری میں ایہام گوئی پر مختلف نظریات اور تاریخی حقائق بھی ملتے ہیں کچھ نقادان شعر کا یہ دعوا بھی ہے کہ اردو میں ایہام کا رجحان خاص ہندستانی مزاج ہے اور یہ سنسکرت کے شعری مزاج ''سلیش'' سے قریب تر ہے۔ مگر اس دعوے کو مسترد کر دیا گیا کیونکہ ایہام گوئی کا مزاج ''سلیش'' سے یکسر مختلف

جہت ہے۔اس کی وجہ یہ بتائی گئی ہے کہ ''سلیش'' میں ایک شعر کے ایک سے زیادہ معنی ہوتے ہیں۔ جب کہ اردو کی ایہام گوئی میں عموماً مرکوز قسم کی معنویت ہوتی ہے۔اس سلسلے میں محمد حسین آزاد نے اپنی کتاب ''آبِ حیات''، صفحہ ۸۰ پر لکھا ہے۔''اردو میں ایہام کو ہندی دوہوں کی اساس پر فروغ حاصل ہوا۔آزاد کا خیال ہے کہ سنسکرت میں ایک لفظ کے کئی کئی معنی ہوتے ہیں۔''سلیش'' کی سنسکرت صفت میں اس کی دو اقسام کی نشان دہی کی گئی ہے۔ پہلا 'بھنگ'' جس میں لفظ سالم ہوتا ہے اور ''ابھنگ'' جس میں لفظ کو ٹکڑوں میں تقسیم کر کے یہ صفت خلق کی جاتی ہے۔اس سلسلے میں بابائے اردو مولوی عبدالحق نے لکھا ہے،''اردو ایہام پر زیادہ تر ہندی شاعری کا اثر ہوا۔اور ہندی میں یہ چیز سنسکرت سے پہنچی ہے۔''

('اردو شاعری میں ایہام گوئی' ہم قلم، کراچی، جون ۱۹۶۱ء، ص:۹)

مگر حقیقت یہ ہے کہ اردو شعریات میں ایہام گوئی کا سنسکرت کی ''سلیش'' کا اثر ایہام گوئی پر نہ ہونے کے برابر ہے۔مگر ہندی راگنیوں میں ایہام کا استعمال ضرور کیا گیا ہے۔البتہ کچھ دوہوں میں ایہام گوئی کی دورخی معنویت کی کیفیت ابھر کر سامنے آتی ہے۔

رنگی کو نارنگی کہیں، بنے دودھ کو کھویا
چلتی کو گاڑی کہیں دیکھ کبیرا رویا

ایہام گوئی میں ہندی دوھوں کا جو اثر پایا جاتا ہے۔اس کا اردو شاعری پر کوئی مثبت اثر مرتب نہیں ہوا۔اردو شاعری میں جو سادگی تھی وہ ایہام کے آنے کے بعد ذومعنویت اور کسی حد تک ابہامیت کی طرف مائل ہوگئی اور شعری جمالیات اور اظہار کا جو عام فہم کا عنصر ہوتا ہے، دم توڑتا نظر آیا۔کیونکہ ایہام گو شاعر، ایہام کو اپنے اظہار کی جدت تصور کرتے تھے۔لیکن اس کا ردِ عمل 'اصلاح زبان' کی صورت میں سامنے آیا۔ایہام گوئی کے عروج میں بہت سے شعرا اس سے دور رہے۔اس میں فائز دہلوی بھی شامل ہیں۔انھوں نے بتیس غزلیں کہیں مگر ایہام گوئی کو انھوں نے اپنی شاعری سے دور ہی رکھا۔

رام بابو سکسینہ نے بھی اردو ایہام گوئی پر ہندی دوھوں کے اثرات کو تسلیم کیا ہے۔فارسی میں ایہام گوئی کی روایت موجود ہے۔جو شعر میں جمال و کمال کو توسیع دینے میں اعلا پیمانہ تصور کیا ہے مگر فارسی شعرا بڑی احتیاط کے ساتھ ایہام کو اپنی شاعری میں جگہ دیتے ہیں تاکہ قاری کا دل نہ ٹوٹے اور کسی کو برا نہ لگے۔محمد حسین آزاد کا موقف ہے کہ ''فارسی میں یہ صفت ہے مگر کم'' مجھے فارسی شاعری میں ایہام گوئی کا مطالعہ کرتے ہوئے کئی نئے انکشافات ہوئے۔ جدید فارسی شاعری میں ایہام گوئی ایک خالصتاً معاشرتی و ثقافتی مظہر بن گیا ہے جو شو بزنس سے بھی قریب تر ہو گیا ہے۔اب جدید فارسی شاعری کی کتاب

میں قاری شعر کم ہی تلاش کرتا ہے بلکہ ایہام زدہ فارسی شاعری نوجوانوں نے اپنے جسم پر منتقل کر دی ہے۔ایران کی نئی نسل نے احتجاج، مزاحمت اور تفریح کے لیے ایہام گوئی کو نقش جلد (Tatoos) کی صورت میں اپنے جسم کے مختلف حصوں پر کنندہ کروالیا ہے۔خاص طور پر فارسی بولنے والے وہ ایرانی نوجوان جو مغربی ممالک میں آباد ہیں۔ یہ رجحان وہاں بہت مقبول ہے مگر ایران میں یہ رجحان قدرے کم ملتا ہے۔

ہندی دوھوں کا یہ خاصہ ہے کہ وہ عمیق معاشرتی معنویت اور کڑوے حقائق کو قاری کے ذہن میں بڑی مہارت سے اتارتے ہیں۔کچھ لوگوں کا خیال ہے کہ اردو شعر میں ایہام گوئی اس لیے بھی موثر انداز میں داخل ہوئی کہ ہندستان یا اردو معاشرے میں فارسی بیزاری بڑھتی جارہی تھی۔میر تقی میرؔ نے ایہام کو شاعری کی پانچویں قسم سے موسوم کیا ہے۔عبدالحق نے لکھا ہے کہ ”عموماً ایہام گوئی کو ریختہ کی ایک قسم کہا جاتا ہے۔میر تقی میرؔ نے ریختہ کی جو اقسام بتائی ہیں، اس میں وہ ایہام کے متعلق کہتے ہیں،

”پنجم ایہام است کہ در شاعران سلف درین فن رواج داشت‘ (”اردو شاعری میں ایہام گوئی“ ماہنامہ ہم قلم، کراچی، جون ۱۹۶۱ء،ص:۹)

رام بابو سکسینہ کا خیال ہے کہ ایہام گوئی کا آغاز ولی دکنی سے ہوا۔لکھتے ہیں ُولی کے معاصرین صفت ایہام کے بہت شائق تھے۔ یہ صفت بھاشا کی شاعری میں بہت مقبول ہوئی اور دوھوں کی جان ہے۔ قدما کے کلام میں ایسے ذومعنی اشعار بکثرت ملتے ہیں۔“ (تاریخ ادب اردو، صفحہ ۷۲۱)

اردو میں ایہام کے شاعرانہ مزاج میں ایہام کو پھلنے پھولنے کا ایک سبب یہ بھی تھا کہ دہلی میں ایک ناکارہ بادشاہ محمد شاہ اس وقت تخت نشین تھا۔اس کے محل میں ہر وقت بھانڈوں، مسخروں، طوائفوں اور تماشہ دکھانے والوں کا جمگھٹا لگا رہتا تھا۔بے تکی اور مخرب اخلاب شاعری بھی ہوا کرتی تھی۔تو فطری بات ہے اس ماحول میں عشق کی نجی قسم کی وارادات کو بھی محفل سر عام کر کے اسے ضلع جگت، فحش مزاح، بھبتیاں اور چٹکلے کی صورت میں محفل کو گرم کیا جاتا تھا۔اور جو شعر سنائے یا گائے جاتے تھے اس میں رعایت لفظی بھی ہوتی تھی، ذومعنویت بھی تھی اور پہلو دار معنی بھی گھڑے جاتے تھے۔اس قسم کی معاشرتی اور ثقافتی فضا ایہام کے لیے بہت زرخیز تھی اور ایہام گوئی کو فروغ حاصل ہوا۔اس بات پر کوئی دو رائے نہیں کہ ایہام ایک ایسے عہد میں پروان چڑھی جب ہندستان میں مسلمانوں کی سلطنت رو بہ زوال تھی اور مغلوں کی حکومت کا شعلہ آخری سانسیں لے رہا تھا۔دہلی میں بحران، نراجیت اور بے چینی کی کیفیت پیدا ہوگئی تھی۔اگر اس معاشرتی اور سیاسی ماحول میں ایہام گوئی کا تجزیہ کیا جائے تو لگتا ہے

ایہام گوئی میں 'شہر آشوب' کے پوشیدہ اشارے بھی ملتے ہیں۔ انور سدید نے ایہام کے پس منظر میں معاشرتی وسیاسی واخلاقی حرکیات کا انحطاط ہی تصور کرتے ہیں اور اس کے منفی ردعمل کو بھی محسوس کرتے ہیں۔ ''ایہام کے فروغ میں فطرت کے قانون کی تلافی کا خاصہ عمل دخل نظر آتا ہے۔ مرہٹوں کی یلغار اور ابدالیوں کے حملے نے عوام الناس کو ذہنی بے چارگی سے ہی دوچار نہیں کیا مگر جب سپہ گری پر زوال آیا اور قوت بازو سے ناموری حاصل کرنے کے امکانات ختم ہو گئے تو وہ فطری خامیاں جو شعرا میں موجود تھیں، نمایاں ہونے لگیں۔'' (اردو ادب کی تحریکیں''، انجمن ترقی اردو پاکستان، ص: ۱۹۲، سن ۱۹۹۹ء)

ہندستانی معاشرے سے جب تلوار چھوٹ گئی، میان میں شمشیر رکھے رکھے زنگ آلود ہوگئی تو دہلی کی ثقافتی فضا میں شعرا نے قلم کی دھار تیز کر کے، علامتی اور ذومعنی شاعری کر کے مخصوص احتجاجی اور مزاحمتی رنگ کی شاعری کی جس میں لفظیات کی ذومعنویت میں سے 'گلابی غصے' کو خلق کیا۔

ایہام گوئی کو ان فکری اور لسانی پیراؤں میں تفہیم وتشریح کی جاتی ہے:

(۱) مزاحیہ رطنزیہ (۲) علامتی (۳) تناقصی (۴) ساختیاتی (۵) نحویاتی

(۶) لغوی (۷) مغالطائی (۸) شبیہ کاری

ایہام گوئی کے نکات اربعہ یہ ہیں:

(۱) ایہام گوئی میں الفاظ کو جوڑا جاتا ہے جو ایک جیسے لگتے ہیں مگر یہ ایک جیسے نہیں ہوتے۔

(۲) شاعر عموماً معنی، لہجے اور صوتیات کا استحصال کرتا ہے۔ جس میں نظر کم آتا ہے اور آوازوں پر زیادہ زور دیا جاتا ہے۔

(۳) عموماً ایہام گوئی ایک مشترکہ زمان ومکاں کے حصار میں رہ کر پروان چڑھتی ہے۔ اور ایک ایسا وقت بھی آتا ہے جب وقت کا وقتی تناظر میں اس کا اثر کم یا ختم ہو جاتا ہے۔

(۴) ایہام تصورات کا ملغوبہ ہوتا ہے۔ جس میں تاریخی اور حاضر تجربات یک جا ہو کر شعری اظہار کا سبب تو بنتے ہیں مگر شاعر کا انفرادی تجربہ خلقی بلکہ مکمل طور پر منفرد سطح پر نہیں ابھرتا۔

ایہام گوئی میں خلقی اظہار واحساس کے رنگ بکھرے ہوتے ہیں مگر ایہامی شعرا نے مخصوص فنکاری سے اپنے قاری کو ابہام کے واہموں میں مبتلا کر دیا ہے اور التباس کے رنگارنگ پردوں میں مفاہیم، معنیات اور جمالیات کو گڑمڈ کر دیتا ہے۔ ان اشعار میں گنجینہ معانی کے سحر سے متن کا داخلی عنصر غائب

ہو جاتا ہے۔ قاری کو چونکانے کے لیے نت نئے اسلوب اور تراکیب کو استعمال میں لاتا ہے اور کوشش کی جاتی ہے کہ شاعر کا مدعا معنی بعید میں پیش کیا جائے۔

اردو کے نمائندہ ایہام گو شعرا:

اردو میں ایہام گوئی کے نمائندہ اور بنیاد گزار شعرا میں ولی دکنی کا نام سرفہرست ہے۔ ۱۶۶۷ء میں پیدا ہوئے۔

ان کی شاعری رعایت لفظی کے راستے سے ایہام کے آفاق میں داخل ہوئی۔ ولی تجدید پسند تھے اور شاعری میں ایہام ان کی جدت پسند رویہ کا غماز ہے۔ ولی دکنی ۱۷۰۰ء میں دہلی پہنچے۔ ان کے کسی عقیدت مند نے ۱۷۲۰ء کے آس پاس ولی کے دیوان کو دہلی میں روشناس کروایا۔ ان دنوں دہلی کے اطراف میں اردو بولی اور سمجھی جاتی تھی مگر شاعری فارسی میں ہوتی تھی۔ جب اردو شاعری کا عروج شروع ہوا تو فارسی زدہ شعرا نے اردو کا مذاق اڑایا۔ اس میں جعفر زٹلی پیش پیش تھے۔ انھوں نے اردو کو سرعام بدنام کرنا شروع کر دیا۔ ولی کے 'دیوان' کے دہلی میں آنے کے بعد دہلی میں اردو شاعری کو فروغ ہی نہیں ملا بلکہ اردو شاعری نے نئی کروٹ لی۔ دہلی کے مقامی شعرا نے ولی دکنی کی زمینوں اور فضا کو لے کر شعر لکھے۔

یہی سبب تھا کہ فائز اور آبرو نے ولی دکنی کو اپنا استاد تسلیم کر لیا اور ولی سے متاثر ہو کر شاعری کی۔ ادھر ولی کی شاعری سے متاثر ہو کر شیخ نثار، اشرف، عمر ضی اور ان کے معنوی تلامذہ، عزت اور داد کے سبب دکن میں ایہام گوئی کا بہت چرچا رہا مگر ولی دکنی نے دہلی آ کر اردو مشاعروں میں ایہامی شاعری کو بہت فروغ دیا۔ لیکن ولی کی شاعری میں ایہام قدرے کم ہے، کیونکہ ولی نے شمالی ہندستان میں ریختہ گوئی کو نئے روپ میں پیش کیا۔ لہٰذا ان کی شاعری میں منفرد قسم کا جمالیاتی اظہار ملتا ہے۔

ولی دکنی کا انتقال ۱۷۰۷ء میں ہوا۔

نجم الدین شاہ مبارک جن کو تاریخ ادب میں آبرو کے نام سے جانا جاتا ہے، ایہام گوئی کے نمائندہ شعرا کی فہرست میں شامل کیا جاتا ہے۔ آبرو کا سلسلہ نسب شاہ محمد غوث گوالیاروی سے ملتا ہے۔ غوث گوالیاری، آبرو کے دادا تھے۔ جوانی میں دلی آ گئے، کچھ دن شاہی ملازمت کی مگر ملازمت سے دل برداشتہ ہو کر درویشی اختیار کی۔ ان کی پیدائش کے سلسلے میں اختلاف پایا جاتا ہے۔ کہیں ۱۶۸۲ء لکھی ہے کہیں ان کی پیدائش ۱۶۹۵ء کی بتائی جاتی ہے۔ پیدائش گوالیار میں ہوئی اور وفات ۱۷۳۳ء میں ہوئی۔

تحقیق کے بعد یہ بات ثابت ہوگئی ہے کہ آبرو اردو کے سب سے پہلے 'صاحب دیوان' شاعر ہیں۔ بنیادی طور پر وہ حُسن پرست شاعر تھے۔خان آرزو ان کے رشتے دار اور ان کے شاگرد بھی تھے۔ان کی شاعری میں فحش نگاری بھی ہے۔رعایت لفظی کے عشق نے ان کو ایہام گوئی تک پہنچا دیا۔جس میں جذباتیت بہت ہے جو فطری اور بے ساختہ ہیں۔لیکن جس سچائی سے انھوں نے فرد کے معاشرتی بحران کو اپنے کلام میں جگہ دی جو اس وقت کے بہت کم شعرا کے یہاں دکھائی دیتا ہے۔لیکن ان کے چند اشعار بھدّے اور مشکل ہیں:

کہا دم سا نور کے نین آبرو کو دیکھ کر پانی
لگا برسات کا موسم رکھو یا روچلی جامن

بوسہ لبوں کا دینے کہا کہہ کر پھر گیا
پیالا بھرا شراب کا افسوس کرگیا

آبرو کوں نہیں کم ظرف کی صحبت کا دماغ
کس کو برداشت ہے ہر وقت کے نکتو رونکی

آبرو کی مرزا مظہر سے چپقلش تھی۔وہ ایک دوسرے سے فحش کلامی بھی کرتے تھے۔سعادت خان ناصر نے "تذکرہ خوش معرکہ زیبا" ص ۱۳۲ پر لکھا ہے۔

"چوں کہ چشم دوست بہ سبب گل کے نور بصارت سے عاری تھا۔مرزا مظہر میں اور اس میں مکابرہ ہوا۔یہ بیت اس کی مذمت میں کہی۔

آبرو کی آنکھ میں اک گانٹھ ہے
آبرو سب شاعروں کی...(فحش لفظ)...ہے

جواب از آبروؔ

جب ستی ست پر چڑھے تو پان کھانا رسم ہے
آبرو جگ میں رہے تو جان جان...(فحش لفظ)...ہے

آبرو کا شعری آفاق خاصا وسیع ہے
نہ دیوے لے کے دل وجعد مشکین
اگر بازو نہیں تو مانگ دیکھ

ریختہ ناجی کا ہے محکم اساس
بات میری بانی ایہام ہے

(ناجی)

سید محمد شاکر ناجی، دہلی کے رہائشی تھے، اردو، فارسی اور ریختی میں شاعری کیا کرتے تھے۔ محمد شاہ کے ایک وزیر عمدہ الملک امیر خاں کے یہاں ملازمت اختیار کی۔ عمدہ الملک امیر خاں انجامؔ خود بھی شاعر تھے اور شعرا کی سرپرستی کیا کرتے تھے۔ ناجیؔ کے یہاں فکر کا بحران اور تجربے سے دو چار نظر آتا ہے۔ ان کے شعری مزاج میں حد درجے کی سنجیدگی بھی ہے تو دوسری جانب شوخی و انبساط بھی ہے لہذا بعض دفعہ لگتا ہے کہ ناجیؔ کے یہاں ایہامی شعور نقلی و جعلی ہے۔ میر تقی میرؔ نے ناجی کے متعلق لکھا تھا کہ ''طبیعت کا رجحان ہزل کی طرف زیادہ مائل تھا۔ اپنے مزاجی آمیز کلام سے لوگوں کو ہنساتے اور خود منہ بناتے رہتے۔

انا الحق بولنے لگتا ہے اس زخم کا بسمل
کٹاری آبدا اس شوخ منصور خانی ہے

لہذا ناجیؔ کے لیے میر تقی میرؔ نے لکھا ہے، ''تلاش صنعت ایہام بسیار داشت''۔ ان کی ایہام گوئی میں سطحیت ہے اور ان کی شعریات میں ایہام کی کیفیت میں گہرائی کم اور سطحی انبساط زیادہ ہے۔

نہ ٹوکو یار کو کہ خط رکھتا یا منڈاتا ہے
مرے نشے کی خاطر لطف سے سبزی بناتا ہے

محبت سے علی کو دیکھ ناجی
ہوا ہے دل مرا اب حیدرآباد

وہ مکمل طور پر یہام کے شاعر ہیں۔ یہ بات بھی ہے کہ ناجی کی اصل شاعری پر ایہام گوئی نے کچھ منفی اثرات بھی ڈالے اور ان کی شاعری سے سادگی، بے ساختگی اور اثر انگیزی معدوم ہوگئی۔

اردو کی ایہام گوئی کے آفاق میں اردو شاعر شیخ مشرف الدین مضمونؔ کا نام آتا ہے۔ ان کا اصل وطن تو اکبر آباد تھا مگر انھوں نے دہلی میں سکونت اختیار کی۔ ان کی عمر کا ایک حصّہ زینت المساجد میں گزرا۔ ان کا سلسلہ نسب شیخ فریدالدین شکر گنج سے ملتا ہے اور بابا فریدؒ کے افکار کا اثر ان کی شاعری پر ہے۔ مرزا علی لطفؔ نے لکھا ہے، ''شاہجہاں آباد آئے تو شعر میں اصلاح خان آرزو سے لی۔ حالانکہ خان آرزو عمر میں

ان سے چھوٹے تھے۔محمد حسین آزادؔ نے لکھا ہے،''نزلے کے سبب ان کے دانت جھڑ گئے ہیں اور وہ پوپلے منہ سے شاعری سناتے تھے۔لہذا ان کو شاعری پڑھتے ہوئے دیکھ کر سامعین کچھ زیادہ ہی لطف لیتے تھے۔''

میر تقی میرؔ نے مضمون کے اشعار کی تعداد دو سو بتائی ہے۔مضمون نے یقیناً اردو شاعری ایہام گویوں کے قافلے میں شامل تھے۔'گلشن گفتار'میں مضمون کے بارے میں لکھا ہے کہ وہ''موجد ایہام رنجندہ ادست'' ہیں۔یعنی مضمون ایہام کو اردو میں رائج کرنے والے پہلے شاعر ہیں اور مضمون ایہام کو اپنی شاعری کی کلید تصور کرتے ہیں۔

ہوا ہے جگ میں مضمون کو رکھوں باندھ
طرح ایہام کی جب سین نکالی

اگر پاؤں تو مضمون کو رکھوں باندھ
کرو کیا جو نہیں لگتا مرے بعد

مضمون کی ایہام گوئی میں جدت تخلیق ہے۔ان کا انتقال ۱۷۳۴ء میں ہوا۔ان کا مشہور شعر ہے۔

ہوا ہے جگ میں مضمون شہر اپنانا
طرح ایہام کی جب سین نکالی

یک رنگ کا پورا نام غلام مصطفےٰ خان تھا۔بہت خوش مزاج رنگین تھے۔مسکراتے رہتے تھے۔اردو محققین اور پرانے تذکرہ نگار یک رنگ کی ولادت،موت اور حالات زندگی پر دبیز پردے پڑے ہوئے ہیں مگر ان کے متعلق بتایا جاتا ہے کہ وہ آمرائے محمد شاہی میں بڑی قدر و منزلت سے دیکھے جاتے تھے۔وہ خوش فکر اور باکمال شاعر ہی نہ تھے۔وہ اپنی تخلص کی مناسبت سے بھی یک رنگ تھے۔ان کی شاعری میں مزاح کے علاوہ معروضی حقائق بھی ملتے ہیں۔

خلق یک رنگ کی ہوئی دشمن
جب سے تیرا وہ دوستار ہوا

یک رنگ صاحب دیوان شاعر تھے۔ان کی شعری کائنات قریب پانچ سو اشعار پر مشتمل ہے۔وہ سادگی سے اپنے اشعار کی شاعرانہ تطہیر کرتے ہیں۔ساتھ اپنے مخالفین پر گہرے طنز کرتے ہیں۔ایہام گوئی کو اظہار کا ذریعہ بناتے ہوئے انھوں نے بہت سو کو مخمل میں جوتا لپیٹ کر مارا۔یک رنگ نے فطرت کی رنگارنگی کو اپنے شعری مزاج میں شامل کر لیا تھا۔ان کو گہری سے گہری بات لوگوں کے دل و

دماغ میں اتارنے کا فن آتا تھا اور شاعرانہ رموز کو بڑے جمالیاتی پیرائے میں، ایہام گوئی کو بڑے جمالیاتی پیرائے میں مخصوص مہارت کے ساتھ شعری لڑیوں میں پرودیا۔ یک رنگی کی شاعری میں ایہامی عنصر شدت سے حاوی نہیں۔ جو اس عہد کے دوسرے ایہامی شعرا کے یہاں دکھائی دیتی ہے مگر جو کچھ ایہامی پیرائے میں بیان کیا میں عمیق طنز ہے جس میں عشق بھی ہے زندگی کی لایعنیت بھی ابھر کر سامنے آتی ہے۔

جدائی سے تری اے صندلی رنگ
مجھے یہ زندگانی درد سر ہے

حاتم تخلص اور نام ظہور الدین تھا۔ کہیں ان کا سال پیدائش ۱۶۹۹ء لکھا ہے اور کہیں ۱۷۰۰ء ان کا جنم دن بتایا گیا ہے۔ پیدائش دلی میں ہوئی۔ ان کے موت کے سال بھی محققین نے مختلف بتائے ہیں۔ بقول مصحفی ان کا انتقال ۱۷۸۸ء میں ہوا۔ کہیں بتایا گیا ہے کہ حاتم کی وفات ۱۷۸۳ء میں ہوئی اور کچھ کا کہنا ہے کہ ان کے انتقال کا سال ۱۷۹۶ء ہے۔ حاتم کا اصل وطن شاہ جہاں آباد تھا۔ بچپن سے شعر گوئی کرتے تھے۔ پہلے ان کا تخلص رمزؔ تھا۔ بعد میں حاتم رکھ لیا۔ وہ اپنے وقت کے جگت استاد تھے۔ نوجوانی میں فوج میں بھرتی ہو گئے۔ پھر داروغہ مطبخ (منتظم باورچی خانہ) ہو گئے اور کچھ دنوں بعد ملازمت چھوڑ کر ترک دنیا ہو گئے۔ فارسی میں مرزا صائب، اردو میں ولی دکنی کو اپنا استاد کرتے تھے۔ اصلاح زبان کا فریضہ بھی انھوں نے سب سے پہلے سرانجام دیا۔ میر تقی میرؔ نے اپنے تذکرے میں حاتم کو جاہل قرار دیا لیکن یہ حقیقت ہے کہ حاتم فطین اور زیرک شاعر تھے۔ انھوں نے اردو شاعری میں جدت پیدا کی۔ حاتم اس بات پر برہم رہتے تھے کہ ان کے ہم عصر غزل کو مشکل بنا رہے ہیں اور الفاظ کے گورکھ دھندوں میں خیالات اور واقعات میں پھنس کر غزل خراب کر رہے ہیں۔ کچھ موقعوں پر انھوں نے ایہام کی مخالفت کی اور اپنے شاگردوں کو اس سے دور رہنے کو کہا۔ حاتم نے ستر سال کی عمر پائی اور پندرہ سال ایہام گوئی کی مگر وہ جلد ہی ایہام گوئی سے دل برداشتہ ہو گئے تھے۔ پچپن سال کی عمر میں اپنا مجموعہ کلام مرتب کیا۔ مگر اس ضخیم دیوان کو کاٹ چھاٹ کر چار ہزار اشعار کی ترمیم و تصحیح اور زباں و بیاں کی تبدیلیاں کر کے مختصر کر دیا۔ اور اس کا نام 'دیوان زادہ' رکھا۔ ایک مجموعہ کلام فارسی میں بھی ہے جو قدیم رنگ میں ہے۔ انھوں نے ایک مثنوی محمد شاہ پر بھی لکھی۔ محمد حسین آزادؔ نے لکھا ہے۔ ''وہ صاحب زادہ بھی پانچ ہزار سے زیادہ سال بغل میں دبائے بیٹھا ہے۔'' حاتم کی ایہام گوئی آسان اور قابل فہم ہے۔ دلّی کے سیاسی تناظر میں اور زوال دہلی کو شہر آشوب کی صورت میں پیش کیا۔

ملک دل آباد کیوں کرتا ہے حاتم کا خراب
اے میری بستی! خوش آتی ہے میری ویرانی

شاہ حاتمؔ کی کاوشوں سے فارسی افعال کو ترک کر کے اور عربی الاصول اور فارسی الاصل کو تلفظ سے لکھنے (املا) کی تحریک کی ابتدا ہوئی۔ ایہام گوئی میں حاتم کا جواب نہ تھا مگر ان اشعار میں التزام سے استعمال کرنے کی شعوری کوشش تھی۔

مثال بحر موجیں مارتا ہے
لیا ہے جس نے اس جگ کا کنارا

نظر آوے ہے بکری سا کیا پر ذبح شیروں کو
نچانا میں کہ یہ قصاب کا رکھنا ہے دل گردا

حاتم نے مرزا سودا سے اکتساب فیض حاصل کیا۔ حاتم کے شعری اسلوب میں تنقیدی بصیرت نمایاں طور پر سامنے آتی ہے۔ وہ معاشرتی ادراک اور انسانی سائیکی کا گہرا شعور رکھتے تھے اور قاری کے مزاج سے پوری آگاہی اور مزاج کو سمجھتے تھے۔ وہ ایہام گوئی سے کچھ زیادہ متاثر نہ تھے۔ ان کا خیال تھا کہ ایہامی شاعری کو پڑھ کر قاری کا ذوق متاثر ہوتا ہے اور شاعرانہ ذوق تباہ ہو جاتا ہے۔ لہٰذا انھوں نے اپنے عمر کے آخری حصّے میں اپنے مجموعۂ کلام سے ایہام زدہ اشعار کو خارج کر دیا۔

مثال بحر موجیں مارتا ہے
لیا ہے جس نے اس جگ کا کنارہ
ہے وہ چرغ مثال سرگردان
جس کو حاتم تلاش مال ہوا

حکیم نجم الغنی رام پوری نے بحر الفصاحت (جلد دوم) میں صنعت ایہام کو بیاں کیا ہے۔ ایک باریک ادنا و شعری اصطلاح کو کسی حد تک آسان فہم بنانے کی کوشش کی۔ یوں لگتا ہے ایہام گوئی کے وہ شعرا جن پر ُایہام گو شعرا ٗکی مہر لگی تھی۔ اس کے علاوہ اردو شاعری کی تاریخ میں تقریباً ہر شاعر نے کہیں نہ کہیں ایہام کو برتا، جو قاری کو مسکرانے پر مجبور کرتا ہے۔ سوچنے پر مجبور کرتا ہے۔ خارج اور داخل کے بحرانوں کو بڑی نفاست اور فن کاری سے مخصوص شعری جمالیات کے ساتھ رقم کیا گیا ہے۔ نجم الغنی کا طرز نظر عمل اور منطقی ہے اور انھوں نے قدرے تفصیل سے ایہام گوئی کی تفہیم و تشریح کرنے کی کوشش کی۔ ایہام گوئی کا تجربہ ابلاغی یا اظہار کی بے چینی کا ردعمل تھا۔ جس میں لسان و زبان کی نئی حرکیات اور

سکوت وجمود سے برہمی کا اظہار کرتے ہوئے زبان وفکر کے نئے امکانات کو پالینے کی کوشش کی۔

انجم الغنی رام پوری نے ایہام کی تین اقسام بیاں کی ہیں (۱) صنعت ایہام تضاد (۲) صنعت ایہام توریہ (۳) صنعت ایہام تناسب۔ جب کہ منشی دیبی پرساد سحر بدایوں نے ''معیار البلاغۃ'' میں ایہام کی دو قسم بتائی ہیں۔ یہ صنعت دو قسم کی ہیں۔ ایہام تضاد اور ایہام تناسب جس کو توریہ کہتے ہیں۔'' یعنی پرشاد سحر بدایوں نے صنعت ایہام کو ایہام تناسب اور ایہام توریہ میں یکجا کر دیا۔ مگر ان دونوں نے ایہام کی خاصی حد تک تشریح وتفسیر کر دی اور ایہام کے بنیادی نکات اور اس کی معنویت سے قاری مطمئن ہو جاتا ہے۔ نجم الغنی رام پوری نے صنعت ایہام تضاد کے متعلق لکھا ہے کہ'' کلام میں دو معنی ایسے جمع کیے جائیں جن سے باہم تضاد اور تقابل نہ ہو۔ لیکن جن الفاظ کے ساتھ ان کی تعبیر کی جائے۔ اس کے معنی میں حقیقی اعتبار سے تضاد پایا جائے اور یہ عام ہے۔ اس سے کہ ایک معنی مجازی، دوسرے کے معنی حقیقی کے ساتھ جمع کیے جائیں اور اس مجازی معنی کو حقیقی معنی کے ساتھ تضاد ہو یا دونوں کے معنی مجازی کو جمع کیا جائے اور ان دونوں کے معنی حقیقی کے اعتبار سے تضاد ہو اور اس صنعت کا شمار بھی اقسام تضاد ہے، مثال اس کی:

غلام محمد خاں رہا

اللہ ری عداوت کہ بگڑنے لگے ہنس کر
کچھ وصف کیا میں نے جو ساختہ پن کا

بناوٹ سے مراد تصنّع اور بگڑ سے مراد خفا ہونا ہے اور ان دونوں کے معنی میں کوئی تضاد نہیں، البتہ بناوٹ میں، جس کے ساتھ تصنع کو تعبیر کیا اور بگڑنے میں جس کے ساتھ خفا ہونے کو تعبیر کیا ہے۔ بداعتبار معنی حقیقی کے تضاد ہے۔'' (ص: ۱۳۶۳)

جبکہ منشی دیوی پرشاد سحرؔ بدایوں نے ایہام تضاد کے متعلق لکھا ہے،'' یعنی ایسا لفظ لانا جو دو معنی رکھتا ہو اور معنی دویم کے غیر مقصود ہے۔ کسی لفظ سے اگر نسبت تضاد کے رکھتا ہو وہ ایہام تضاد ہے۔ اور اگر کوئی نئی نسبت ہے تو ایہام تناسب مثال ایہام تضاد کی۔

دل جو بھر آیا تو ایک شور مچایا میں نے
سارے تالات کے سوتوں کو جگایا میں نے
(امانت)

لفظ سوتوں کا یہاں بمعنی مبدا کے ہے لیکن بمعنی دوم خفتہ کے غیر مقصود ہے لفظ جگانے سے ایہام

تضاد رکھتا ہے۔

ہجر ساقی میں رولاتا ہے ہمیں ابرسیاہ
غم واندو بڑھاتی ہے گھٹا ساون کی
(امانت)

لفظ گھٹا بڑھانے کی متضاد ہے اور معنی مقصود ابر کے ہیں۔"

حکیم نجم الغنی نے صنعت ایہام توریہ کے متعلق لکھا ہے۔"ایہام کے معنی وہم میں ڈالنے اور توریہ کے معنی چھپانے کے ہیں۔جیسا کہ تجرید النانی میں لکھا ہے اور اصطلاح میں ایہام اس کو کہتے ہیں کہ ایک لفظ ایسا کلام میں واقع ہو۔جس کے دو معنی ہوں ایک قریب کے ایک بعید کے اور سامع کا گمان قریب کی طرف جاوے اور شاعر کی مراد معنی بعید ہوں۔معنی قریب سے مراد یہ ہے کہ وہ معنی اس مقام کے مناسب نہ ہو۔لیکن ان کا مقصود ہونا بہ اعتبار کسی قرینہ خفی ہو یہاں تک کہ وہم قامل سے قبل معنی قریب کی طرف جاوے بس اگر قرینہ واضح ہوگا تو لفظ توریہ نہ ہوگا کیونکہ معنی قریب معنی بعید کو نہیں چھپا سکیں گے۔جیسے مثنوی 'ترانہ شوق' کے اس شعر میں...

مئے کش کو ہوس ایاغ کی ہے
پروانے کو لو چراغ کی ہے

لفظ 'لو' کے دو معنی ہیں ایک شوق وآرزو دوسرا شعلہ پہلے معنی بعید ہیں اور دوسرے قریب مگر یہاں یہ لفظ توریہ نہیں کیوں کہ صرف شوق کے معنی میں ہونے پر قرینہ واضح ہے اور وہ یہ ہے کہ پروانہ عاشقی میں ضرب 'المثل' اور پہلے مصرعے میں ہوس کا جو لفظ ہے وہ بھی ان معنی پر دلالت کرتا ہے۔پس اگر معنی قریب (جو مراد نہیں ہوتے) کچھ مناسبات کلام میں مذکور نہ ہونا تو اس کا ایہام مجرد کہتے ہیں اور اگر مذکورہ ہوں تو ایہام مرشحہ بولتے ہیں۔کبھی ایک لفظ دوسرے لفظ کے ساتھ ملنے سے ایہام کا فائدہ دیتا ہے۔ایہام مجرد کی مثال:

نشہ ہو جس کو محبت کا سبزہ رنگوں کی
عجب نہیں وہ مشہور سب میں بھنگی ہو

بھنگی کے دو معنی ہیں ایک قریب اور وہ حلال خور کو کہتے ہیں دوسرے بعید اور وہ شخص ہے جو بھنگ کا استعمال رکھتا ہو اور مناسبات حلال خور کے کہ معنی قریب میں کچھ مذکور نہیں۔" (ص ۱۳۶۶-۱۳۶۵)

نجم الغنی رام پوری نے صنعت ایہام کی تیری قسم 'ایہام تناسب' کو بتایا ہے۔ 'صنعت ایہام تناسب یعنی دو لفظ ایسے بیاں کریں کہ ان کے معنی میں کچھ مناسبت مقصود نہ ہو یعنی ایک لفظ معنی دوسرے لفظ کے معنی اس کلام میں کچھ مناسبت نہ رکھتے ہوں لیکن ان میں سے ایک لفظ کے اور معنی ایسے بھی ہوں کہ دوسرے لفظ کے معنی سے مناسبت رکھتے ہوں۔ جیسے ایک کلام میں لیلا و مجنوں دونوں لفظ مذکور ہوں اور مجنوں دیوانہ اور سڑی کے معنی میں لایا گیا ہو لیکن مجنوں کے ایک معنی اور بھی ہیں۔ یعنی قیس عاشق لیلا کا لقب بھی مجنوں ہے۔ اس معنی کو لیلا کے معنی سے مناسبت ہے اور چوں کہ بادی النظر میں وہم ہوتا ہے مجنوں بہ معنی عاشق لیلا مراد ہوگا۔ اس جہت سے اس صنعت کا نام ایہام تناسب رکھا کیوں کہ دوسرے معنی تناسب کا وہم دلاتے ہیں۔ یہ صفت مراعاۃ النظیر کے ملحقات سے ہے چنانچہ مثال مذکورہ میں مجنوں کا ذکر لیلا کی مناسبت سے مراعاۃ النظیر ہے اور اس وجہ سے کہ یہاں اس سے دیوانے کے معنی مراد ہیں۔ نہ قیس۔ ایہام تناسب ہے غرض کہ ایہام تناسب کو مراعاۃ النظیر کے ساتھ وہ نسب ہے جو ایہام تضاد کو طباق کے ساتھ ہے۔ صنعت ایہام میں اور ایہام تناسب میں یہ فرق ہے کہ ایہام میں دونوں معنی کا ارادہ جائز ہوتا ہے اور ایہام تناسب میں دوسرے معنی منظور و ملحوظ نہیں ہوتے، مثال اس کی:

نہ کیوں کر بید مجنوں ہو مثل دل لیلا
کہ ہر حادثت وحشت میں مرے اشکلوں کا تھالا ہے

بید مجنوں درخت مشہور کے معنی میں ہے قیس مراد نہیں لیکن لیلا کے معنی سے مجنوں کے دوسرے معنی مناسبت رکھتے ہیں۔" (ص: ۲۷ ۱۳-۱۷ ۱۳)

جبکہ منشی دیبی پرشاد سحرؔ بدایونی نے قریب قریب یہی بات کہی ہے۔ وہ لکھتے ہیں، "ایہام تناسب دو قسم کے ہیں۔ اگر معنی مقصود کے مناسبات مذکورہ ہوں تو اس کو ایہام مرشحہ کہتے ہیں۔

ہوا میں بھی داخل کشت گاں تو عبث تو ہوتا ہے سرگردان
کہ مرے گلے کی طرف میاں تیرے آب تیغ کا ڈھال

ڈھال کے معنی غیر مقصد یعنی سفر تیغ کی مناسب ہے ورنہ مجرد۔

نجم الغنی رام پوری نے ایہام کے مباحث کے تحت جن بنیادی ایہاموں کی اقسام اور فہرست ترتیب دے کر اس پر استدلالی بحث کی، وہ قریب قریب مغرب میں پہلے سے موجود تھیں اور اس سے ملتی جلتی تعریفات و تفہیمات مغرب کے شعری نقد کے مباحث میں شامل رہے ہیں۔ لیکن اردو میں

ایہام سحر انگیز اظہار اور لسانیات کی شعبدہ بازی بھی ہے۔ جدید ساختیاتی ادبی تنقید میں 'افتراق' اور 'متشابات' کی جو اصلاح پائی جاتی ہے اس میں 'ایہام تناسب' کے کئی رموز مل جاتے ہیں۔

اس سے وہی لطف اندوز ہوسکتا ہے جس میں شعری فطانت ہو اور شعری تفہیم کے سلسلے میں زیرک بھی ہو۔ ایہام گوئی میں فکری سطح پر جب بھی موضوعی و معروضی ہیئت پسندی کے نقطۂ نظر سے سوچا جاتا ہے۔ تو دو اقسام ابھرتی ہیں۔

(ا) **حرکی ایہام:** یہ اصل میں ایہام کی شعریت کا طریقہ عمل کے وظائف ہوتے ہیں۔ جن میں فکر و دانش، فنکارانہ اظہار و ابلاغ و ترسیل اور جذباتی معروضیت کے تجربے کے زمرے میں آتے ہیں اور سیاسی بے چینی کو طنزیہ دانش کے پیرائے میں اظہار کیا جاتا ہے۔

یہ ان کے عدل کی ہے حکمرانی
کہ رستم زال کا بھرتا ہے پانی
(خوشتر)

(۲) **سکونی ایہام:** یہ ترتیب و ضابطے کی ساخت ہوتی ہے۔ اس قسم کی ایہام گوئی میں تاریخی نوعیت کے واقعات، اخلاقیات، تجسس، اموات و ہلاکتیں، عقائد، تہذیب و ثقافت کے ہیئتی اور تشریحی تصورات ابھرتے ہیں۔ خاص طور پر ہیئتی سطح پر پلاٹ کردار اور اسلوب کو 'مرکوز' قسم کی حیثیت حاصل ہوتی ہے۔

گرمیِ مہر کی پرور دہ ہلالی دنیا
عشق والے جسے کہتے ہیں بلالی دنیا

حرکی و سکونی ایہام (گوئی) میکیں سب سے زیادہ حاوی محرک تمثالیت/پیکریت کا ہوتا ہے۔ کیونکہ تمثالین ہی ایہام گوئی کے تناظر کی منطقی اشاریت، ندرت، ایجاز اور جذبہ انگیزی اپنے قاری کو شعر سے قریب کر دیتی ہے اور اجتماعی شعور کا حصہ بنتی ہے جو اصل میں ایہام گوئی میں صداقت کی یقین انگیزی ایہام گوئی میں 'حلول' ہو جاتی ہے۔

ایہام گوئی میں اظہاری پیرائے میں جمالیاتی واردات ذات و معاشرت کے بیاں کو مخصوص بلاغتی احساس اور رویے کے ساتھ 'دوز' کے مفاہیم میں تصور کرتا ہے یا قریب کی معنویت سے اسے ہم کنار کرتا ہے مگر یہ بھی بہتر تصور کیا گیا ہے کہ ایہام گو شاعر اپنے اشعار کے اظہار میں معنویت اور مفاہیم کو 'کھلے' طور پر یا 'بند' پیرا ہے میں بیاں کر کے تاکہ قاری اس کے معنی سے اپنے آپ کو قریب تصور کر لے۔

''ایہام کی 'خالص' اور 'اقل' (Minimum) کی تعریف کرسکتے ہیں ('اقل' میں نے اس لیے کہا کہ ایہام کی بحث میں بہت سی باریکیاں بھی ہیں اور بہت سے الجھاوے ہیں) علاوہ بریں، کلاسیکی اردو شعرا نے اظہار کی کچھ اور صورتیں اختیار کی ہیں اور انھیں بھی عام طور پر ایہام کا نام دیا ہے۔ مختصر طور پر کہیں تو ہمارے (یہاں) ایہام کی تین قسمیں نظر آتی ہیں۔

(۱) ایہامِ خالص: یعنی جہاں ایک لفظ کے دو 'معنی' ہوں' ایک قریب کے اور ایک دور کے، اور شاعر نے دور کے معنی مراد لیے ہوں۔

(۲) ایہامِ پیچیدہ: جہاں ایک لفظ کے دو یا دو سے زیادہ معنی ہوں اور عام معنی کم و بیش مفید مطلب ہو، عام اس سے کہ شاعر نے کون سے معنی مراد لیے لیں۔

(۳) ایہامِ مساوات: جہاں ایک لفظ کے دو معنی ہوں، دونوں برابر کے کم و بیش یا بلکل قوی ہوں اور یہ فیصلہ کرنا مشکل ہو کہ شاعر نے کون سے مراد لیے ہیں۔

(شمس الرحمن فاروقی، ''ہماری غزل کی شعریات: کچھ تنقیدی کچھ تاریخی باتیں'' ۔شب خون نمبر ۲۰۸، جولائی ۱۹۹۷ء، الہٰ آباد، ص: ۹، ۱۰)

ایہام کے چند نمائندہ اشعار:

یہ ان کے عدل کی ہے حکمرانی
کہ رستم زال کا بھرتا ہے پانی

(خوشتر)

بوٹ ڈاسن سے بنایا میں نے ایک مضمون لکھا
ملک میں مضمون نہ پھیلا اور جوتا چل گیا

(اکبر الہ آبادی)

رسم ملک حُسن ہے یہ گل فروشوں کی طرح
داغ سودا بیچتے ہیں لالہ رُو بازار میں

(ناسخ)

اک دم میں بھوت ہیں وہ ایک دم میں فرشتہ
ہم آشنا ہوئے ہیں دو چار دن سے جن کے

(نامعلوم)

مجلس کو اشک نظم سے رشک چمن کروں
مداحی حسینؓ بدرجہ احسن کروں

(میر انیس)

اہلِ دنیا تو نہیں دیتے ہیں مخزوںؔ غم کی داد
کوہ کن کو خواب شیریں سے جگاؤ تو سہی

(مخزونؔ)

دلدار سے پوچھا کہ دیکھا تو نے خط میرا
بولی کس خلیفہ سے تراشوایا ہے خط تم نے

(احمد سہیل)

کرے ہے قتل لگاوٹ میں تیرا رو دنیا
تیری طرح کوئی تیغ نگاہ کو آب تو دے

(غالب)

ہم تو دیوانے ہیں جو زلف میں ہوتے ہیں
ورنہ زنجیر کا عالم میں نہیں توڑا

(میر محمد سجاد)

صبا کہیو اگر جاوے ہے تو اس شوخ دلبر سوں
کہ کرکے قول پرسوں کا گئے برسوں ہوئے برسوں

(احسن اللہ احسن)

دیکھ تجھ سر میں جامۂ ململ
خوش قد ان ہاتھ کو کر گئے ہیں مل

(عبدالوہاب یکرو)

اور کچھ لفظ گڑھوں صفت ایہام غلط
ہے یہ خود اپنی خودی اس کا نام خدا

(جمیل مظہری)

داغ دہلوی کے زمانے میں ان کے پاس بھانڈوں کی ایک ٹولی آئی۔ داغ کی ان بھانڈوں

سے تلخ کلامی ہوگئی، بھانڈ ناراض ہو کر چلے گئے اور انھوں نے ایک دوسرے نواب صاحب کے پاس جا کر ان سے تماشائی پیش کرنے کی اجازت چاہی۔ وہ نواب صاحب داغ دہلوی کے دوست تھے۔ جس وقت بھانڈوں کو تماشا دکھانا تھا نواب صاحب نے دوسرے احبابوں کے ساتھ داغ دہلوی کو بھی مدعو کیا۔ ان بھانڈوں نے جو تماشا پیش کیا وہ اس طرح تھا کہ دو شکاری ایک مچان پر بیٹھے ہوئے ہیں۔ ان میں سے ایک کے ہاتھ میں بندوق ہے، اچانک سامنے سے ایک شیر چلا آتا ہے۔ وہ شیر کی دھاڑ سن کر، جس شکاری کے ہاتھ میں بندوق ہے، وہ خوف سے مچان سے نیچے گر جاتا ہے۔ وہ جیسے ہی مچان سے گرتا ہے شیر سامنے آجاتا ہے۔ وہ شیر کو دیکھ کر کانپنے لگتا ہے، اوپر جو شکاری بیٹھا ہے وہ آواز دیتا ہے۔

''ابے او داغ، ابے او نا معقول داغ، اے او نامراد داغ''

اس طرح وہ داغ دہلوی کو ہدف بناتے ہوئے دل کی بھڑاس نکالتا ہے، داغ سمجھ جاتے ہیں مگر شرمندگی سے سب سنتے رہتے ہیں۔ یہ صفت نثر ایہام کی ایک مثال ہے۔

ایہام گوئی میں شعری پیمانوں مثلاً تلمیحات، محاورات، رموز، اسلوب، ایہام، مغائرت، مرکبات اور محاورات سے معنویت میں مزاح نگاری اور مسکراہٹ کو تخلق کرتی ہے اور واقعاتی مناسبت سے فی البدیہ اشعار ایہام گوئی میں اپنا مقام رکھتے ہیں۔ واقعہ ہے کہ مرزا محمد رفیع سودا، نواب آصف الدولہ کے ساتھ شیر کے شکار پر گئے۔ شکار کرتے ہوئے 'بھیلوں' کے جنگل میں نواب آصف الدولہ نے شیر کو شکار کیا۔ فوراً ہی مرزا سودا کے منہ سے یہ شعر برآمد ہوا۔

یاروں! یہ ابن ملجم پیدا ہوا دوبارہ
شیر خدا کو جس نے 'بھیلوں' کے بن میں مارا

یہاں شیر خدا سے مراد اللہ تعالی کی مخلوق شیر ہے۔ جس میں معاشرتی ناہمواری کو اجاگر کیا ہے۔

ان شعرا اکرام کے علاوہ کئی ایسے شعرا کی ایک بڑی فہرست موجود ہے جو زیادہ معروف نہیں ہوئے اور تاریخ اردو ادب کے محققین، نقادوں اور عالموں نے ان شعرا کے اشعار و افکار پر توجہ نہیں دی۔

ان چند شعرا کے نام یہ ہیں:

حسن علی شوق، شہاب الدین ثاقب، ٹیک چند بہار، رائے آنند رام مخلص، میر زین الدین آشنا، محمد اشرف، میر سجاد اکبر آبادی، دلاور خان بیرنگ، میاں فضل علی مکھن پاک باز، عبد الغنی قبول، شاہ مزمل، عبد الوہاب حیدر شاہ، شاہ فتح محمد دل، ولی اللہ اشتیاق، شاہ کاکل، شرف الدین خان پیام۔

ایہام گوئی اب شاعری میں ذرا کم ہوگئی ہے۔ اردو کے فضلا علما نے اس پر سوچنا تقریباً ختم کر دیا ہے۔ اس موضوع پر تحریریں نہ ہونے کے برابر دیکھنے کو ملتی ہیں۔ یہ امر مسلمہ ہے کہ ایہام گوئی ایک مخصوص زماں و مکاں میں رہ کر پروان چڑھی اور ایک وقت ایسا آیا کہ ایہام گوئی تقریباً معدوم ہوگئی، اس پر چند علما نے نقاد اردو ادب نے اس پر لکھا لیکن اس کو سنجیدگی سے نہیں لیا گیا۔ کچھ کا خیال ہے کہ شاعری کا پھکڑ رجحان یا رویہ ہے وہ اپنے مزاج میں سنجیدہ تھی نہ ہے نہ ہوگی۔ جب سطحی فکر شعر میں آجائے تو اس کا منطقی انجام ایسا ہی ہوتا ہے۔ یہ ضرور ہے کہ نصابی ضرورت کے تحت 'ایہام' ایک 'حجت' ہے اور اب یہ محض ایک نصابی چیز بن کے رہ گئی ہے۔ یہ دیکھنے میں ایہام گوئی عوامی ڈراموں، لچر و رائٹی شو میں اب ذومعنویت سے بھرے ہوئے مکالموں میں ایہام گوئی کو قدرے منفی طور پر فروغ حاصل ہوا۔

اردو میں کوئی تیس سال کے لگ بھگ ایہام گوئی اردو شاعری کے افق پر زور و شور سے جاری رہی۔

اس کے ساتھ ہی ایہام کی مخالفت میں اصلاح زبان کے نام سے ایک تحریک 'ردِ ایہام' کے نام سے شروع ہوئی۔ ایہام گوئی کی مخالفت کے سرخیل اردو فارسی کے شاعر مرزا مظہر جانِ جاناں تھے۔ انھوں نے اردو کو اردو معلی سے منسلک کرنا چاہا اور فارسی شاعری اور اس کے اسالیب اپنانے پر زور دیا۔ ان کے ہم نواؤں میں محمد فقیہ، دردمند، یقین، میر محمد باقر، حزیں، تاباں، فغاں، بیان، پیش پیش تھے۔

ایہام گوئی کے اس سخت مخالفت پسند رویے کے سبب شاہ حاتم نے اپنا قدیم دیوان کو ایک دباؤ اور مجبوری کے تحت مسترد کر دیا اور اپنا نیا شعری مجموعہ 'دیوانِ زادہ' ترتیب دیا۔

میر و گردیزی سے اپنے تذکروں میں ردِ ایہام گوئی سے قبل شعرا کی تعداد سو سے زائد بتائی ہے مگر اسی زمانے میں قدرت اللہ شوق نے اپنے تذکرے 'طبقات الشعرا' میں دو سو اٹھاسی ۲۸۸ اور میر حسن نے 'تذکرہ شعرا اردو' میں تعداد تین سو چار ۳۰۴ بتائی ہے۔

کتابیات:

(۱) انور سدید 'اردو ادب کی تحریکیں'، انجمن ترقی اردو، پاکستان، کراچی، اشاعت چہارم ۱۹۹۹ء

(۲) ادا جعفری 'غزل نما'، انجمن ترقی اردو، پاکستان، کراچی، ۱۹۸۷ء

(۳) حسن اختر ملک (ڈاکٹر) 'اردو شاعری میں تازہ گوئی'، پولیمر پبلی کیشنز، لاہور ۱۹۹۰ء

(۴) حسن اختر ملک (ڈاکٹر) 'اردو شاعری میں ایہام گوئی کی تحریک' یونیورسل بکس، لاہور ۱۹۶۸ء

(۵) حسن احمد نظامی (ڈاکٹر) ''شمالی ہند کی اردو شاعری میں ایہام گوئی کی تحریک''، ایجوکیشنل بک ہاؤس،

علی گڑھ ۱۹۹۷ء (۶) رام بابو سکسینہ (ترجمہ مرزا حسن عسکری) 'تاریخ ادب اردو'، نولکشور پریس لکھنؤ، ت ن ر

(۷) خواجہ محمد زکریا، 'ورثہ'، 'نوائے وقت'، ادبی میگزین لاہور، ۹/دسمبر ۲۰۰۵ء

(۸) غلام حسین ذوالفقار، 'شاہ حاتم'، مکتبہ خیابان ادب، ۱۹۶۴ء

(۹) غلام حسین ذوالفقار، 'اردو شاعری کا سیاسی اور سماجی پس منظر'، جامعہ پنجاب، لاہور ۱۹۶۶ء

(۱۰) غلام حسین ذوالفقار، 'انتخاب دیوان زادہ'، پنجاب یونی ورسٹی، لاہور ۱۹۷۵ء

(۱۱) غلام حسین ذوالفقار، 'تاریخ ادبیات مسلمانان پاکستان وہند، ساتویں جلد، ت ن د

(۱۲) سعادت خاں ناصر، 'تذکرہ خوش معرکہ زیبا' (مرتبہ مشفق خواجہ) مجلس ترقی ادب، لاہور ت ن د

(۱۳) شمس الرحمن فاروقی، 'ہمارے غزل کی شعریات: کچھ تنقیدی کچھ تاریخی باتیں'، شب خون، الہٰ آباد نمبر ۲۰۸، جولائی ۱۹۹۷، ص :۹ تا ۲۰ (۱۴) حکم نجم الغنی رام پوری، 'بحر الفصاحت' (جلد دویم) ترقی اردو بیورو، نئی دہلی، ۲۰۰۶ء (۱۵) منشی دیوی پرشاد وسحر بدایونی 'معیار بلاغت'، منشی نول کشور، لاہور، ۱۸۶۶ء

(۱۶) محمد حسن، 'دیوانِ آبرو' (انتخاب ومرتب) شعبہ اردو جواہر لعل نہرو یونی ورسٹی، دہلی ت ن د

(۱۷) محمد حسین آزاد، 'آبِ حیات'، شیخ مبارک احمد، لاہور، ۱۹۵۰ء

(۱۸) مولوی عبد الحق، 'اردو شاعری میں ایہام گوئی'، ہم قلم، کراچی، جون ۱۹۶۱ء

(۱۹) میر حسن، 'تذکرہ شعرائے اردو'، اتر پردیش اردو اکاڈمی لکھنؤ ۱۹۹۵ء

(۲۰) سید اعجاز حسین، 'مختصر تاریخ ادب اردو'، اردو کتاب گھر دہلی، اشاعت دویم ۱۹۶۴ء

(۲۱) سید وقار عظیم، 'تاریخ ادبیات مسلمانان پاکستان وہند'، جامعہ پنجاب، جلد ۱۹۷۱ء

(۲۲) نور الحسن ہاشمی، 'دلی کا دبستان شاعری'، اردو اکاڈمی، سندھ، کراچی، دسمبر ۱۹۶۶ء

●●

کلیم الدین احمد کا تنقیدی شعور

اردو تنقید شروع سے ہی غیر ذمہ دار ہاتھوں میں رہی ہے۔غیر ذمہ داری سے مراد وہ فکری معصومیت ہے جو تنقید کے سفاک مزاج سے میل نہیں کھاتی۔حالی نے انگریزی کتابوں کے اردو ترجموں کی اصلاح کرتے کرتے اچانک 'مقدمہ شعر وشاعری' لکھ دی اور تنقید کے بابا آدم قرار پائے۔ اس قسم کا خوشگوار حادثہ آزاد اور شبلی کے ساتھ بھی ہوا۔ان دونوں نے جس قسم کے تذکرے لکھے اسے بھی آج ہم تنقید کے زرین اصول سمجھ کر دل سے لگائے بیٹھے ہیں (وضعداری کی بھی حد ہوتی ہے!) پیروی مغرب کی وبا نے اردو میں جہاں کہیں اچھے اور مثبت قسم کے اضافے کیے وہاں پر کچھ لوگوں نے تنقید کے نام پر جس بے راہ روی کو رواج دیا اس سے نہ تو اردو ادب کو کچھ مل سکا اور نہ ہی اردو تنقید کسی بڑے فکری مزاج سے آشنا ہوئی۔

کلیم الدین احمد نے بیسویں صدی کی پانچویں دہائی کے آس پاس جس تنقیدی مزاج کو فروغ دینے کی کوشش کی اس میں غصہ 'اعتراف' کھوکھلی بغاوت تناؤ کی ایسی صورتیں سامنے آتی ہیں جس نے پڑھنے والوں کے سامنے کلیم الدین احمد کے غیر متوازن ذہن کو کھول کر رکھ دیا تو دوسری طرف کلیم الدین احمد ہی وہ پہلے شخص ہیں جنھوں نے اردو تنقید میں زرد تنقید کو چلن دیا۔یہ وہ زمانہ تھا جب برصغیر کے لوگ ،مغربی تنقید اور ان کے اصولوں اور معیارات سے کم ہی واقف تھے،یہ میدان کھلا دیکھ کر کلیم الدین احمد کود پڑے۔ان کی تحریروں میں جس قسم کی جذباتی اور انحرافی مقناطیسیت تھی اس سے خاصے لوگ متاثر بھی ہوئے۔انھوں نے آتے ہی سب سے پہلے اردو کی مختصر تنقیدی تاریخ کو کھوکھلا قرار دیا اور اس سے اپنی برہمی کا بھی اظہار کیا۔کلیم الدین احمد کے یہ خیالات کسی حد تک صحیح بھی قرار دیے جاسکتے ہیں لیکن ان سے کاملاً اتفاق نہیں کیا جاسکتا۔وہ جس قسم کی مغربی منہ پھٹ تنقید اردو میں لائے اس سے اردو کی متوقع روشنی کو ایک عرصے تک نقصان پہنچا،وہ خود تو خراب ہوئے انھوں نے بہتوں کو بھی خراب کیا۔پیروی مغرب کی بات کرنا اور نئے خیالات کو خوش آمدید کہنا کوئی بُری بات نہیں مگر کلیم الدین احمد نے اپنے ہاتھوں سے جو پتھر کی لکیر بنائی اس پر جب بھی نظر جاتی ہے لگتا ہے جیسے کوئی ضدی بچہ اپنی بات پر اڑا ہوا ہو یا تمام کا تمام معاملہ ''میں نہ مانوں'' والی بات پر آکر ٹھہر گیا ہو۔میں یہ

نہیں کہتا کہ ان کے تمام تنقیدی معیارات ناقص تھے، اس سلسلے میں میرا کہنا صرف یہ ہے کہ انھوں نے اردو تنقید میں مغربی معیارات کے ساتھ جس قسم کا غیر مہذب اور غیر فطری رویہ اپنایا ایسا ہی جارحانہ اور متنازعہ رویہ ان کے استاد ''فرینک رے منڈ لوئیس'' نے انگریزی تنقید میں پروان چڑھایا۔ لوئیس نے ۱۹۳۳ء سے ۱۹۵۳ء کے دوران اسکروٹنی (Scrutnity) میں جس قسم کے چونکا دینے والے متنازعہ مضامین لکھے، انھی مضامین کے جارحانہ اور متنازعہ اصولوں کو لے کر کلیم الدین احمد نے اردو میں تنقیدی لاٹھی چارج کی ابتدا کی۔ یوں انھوں نے انگلستان کے ''کیمبرج تنقیدی دبستان'' کے تنقیدی رویوں کو اردو میں روشناس کروانے کی ناکام مگر بھرپور کوشش بھی کی۔ مشکل تو یہ ہے کہ نہ ملی کلیم الدین احمد کو کیمبرج کے تنقیدی مزاج نے قبول کیا اور نہ ہی وہ اردو کے متنوع اور یکسر مختلف مزاج کو سمجھ سکے یعنی مسئلہ اس کوئے کی کہانی والا ہے جس مکیں کوّا مور کے پر لگا کر موروں کے ساتھ شامل ہو گیا تھا آخر میں نہ موروں نے اسے قبول کیا اور نہ ہی کوؤں نے....!

اسی رویے کے سبب ان کے مزاج میں ایک آگ سی بھڑک گئی، انھوں نے سب سے پہلے ترقی پسند ادب اور اس کے ڈھانچے کو آڑے ہاتھوں لیا۔ لیکن وہ اپنے انتہا پسندانہ مزاج اور منہ پھٹ رویوں میں ترقی پسندوں سے کئی ہاتھ آگے ہیں۔ وہ اپنے گرم گرم جملوں سے قاری کو چونکانا جانتے ہیں۔ لیکن ان میں نہ گہرائی ہوتی ہے نہ گیرائی، جس قسم کی پاپولر تنقید لکھنے میں انھوں نے اپنی زندگی گزار دی اس سے تو اچھا ہوتا کہ وہ صرف ذمہ داری کے ساتھ تمام عمر درس وتدریس کی خدمت کرتے۔ تنقید ان کے بس کی بات نہ تھی۔

کلیم الدین احمد کا زمانہ اردو ادب کا بڑا پُر آشوب زمانہ تھا۔ اس دور کے لکھنے والے اظہار کا ابلاغ فوری طور پر چاہتے تھے، وہ الفاظ کے پتھر برساتے، اور فکر کے ایسے مغالطے کھڑے کرتے جن سے اعتراف کا طومار کھڑا ہو جاتا ہے۔ وقتی طور پر ہنگامہ کھڑا ہو جاتا۔

اب میں ان کے مشہور جملے کی طرف آتا ہوں کہ ''غزل نیم وحشی صنف ہے۔'' یہ جملہ آج بھی اردو تنقید میں موضوعِ بحث ہے۔ کلیم الدین احمد کا غزل کو ''نیم وحشی صنف'' کہنا ان کی فکری خلاقی نہیں تھی۔ یہ اصل میں اطالوی فلسفی اور ماہر جمالیات کروچے کا تصور تھا جنھوں نے شاعری کو وحشی صنف کہا تھا اور اسے بغیر سوچے سمجھے اور بغیر حوالے سے اردو تنقید سے بھڑوا دیا۔ نقادوں نے اپنے اپنے طور پر اس جملے کے معنی نکالے جہاں تک میں سمجھا ہوں کلیم الدین احمد کا بنیادی مسئلہ مغرب سے مرعوبیت کا تھا۔ ان کا تنقیدی ذہن نو آبادیاتی محرومیوں کا چھپا ہوا منفی اور قنوطی احساس تھا۔ غزل شکنی تو حالی سے شروع

ہوگئی تھی۔انھوں نے غزل کو نیم وحشی صنف قرار دے کر کوئی تیر نہیں مارا حالانکہ حالی کے بعد اور کلیم الدین احمد کی تحریروں سے کئی سال پہلے عظمت اللہ خان نے 'شاعری' کے عنوان سے ایک مضمون لکھا تھا۔اس مضمون میں انھوں نے غزل کے سانچے کو بے دردی کے ساتھ اردو شاعری سے نکال دینے کو کہا تھا۔سید محمد عبداللہ نے کلیم الدین احمد کے 'وحشی صنف' والے مقولے پر لکھا ہے:

"" نگار' جنوری ۱۹۴۲ء کے پرچے میں پروفیسر کلیم الدین احمد صاحب کا ایک مضمون 'بزم نگار' کے عنوان سے شائع ہوا۔جس میں پروفیسر صاحب موصوف نے غزل کے خلاف اپنے خیالات کا اظہار کیا ہے۔راقم الحروف غزل کے ان کٹر حامیوں میں سے نہیں ہے کہ اس کو غزل کے عیوب بھی محاسن نظر آئیں، نہ میں ان لوگوں میں سے ہوں جو غزل میں کسی اصلاح اور تبدیلی کی ضرورت نہیں محسوس کرتے۔بہ ایں ہمہ مجھے اعتراف کرنا چاہیے کہ میں پروفیسر صاحب موصوف کے بعض نہایت اچھے ہونے کے انداز میں ظاہر کیے۔ہماری موجودہ غلامی کے ہزاروں برے نتائج میں سے ایک مصیبت یہ بھی ہے کہ اکثر حضرات ناظرین و سامعین کو خواہ مخواہ مرعوب کرنے کے لیے کسی جدید و قدیم یورپین نظریے کا نام لے لیتے ہیں اور ان کے اعتماد پر اپنے دلائل کو زوردار بنا لیتے ہیں۔ہمارے نقاد پروفیسر کلیم الدین احمد صاحب نے بھی ایسا ہی کیا ہے۔وہ اپنے مضمون کو اس دعوے کے ساتھ شروع کرتے ہیں کہ وحشی اپنے آرٹ میں "صورت اور تکمیل" کا دلدادہ ہے۔اس بنا پر وہ فرماتے ہیں کہ "غزل بھی ایک نیم وحشی صنف ادب ہے اور یہ حقیقت اس قدر نہیں ہے کہ مزید تشریح کی ضرورت محسوس نہیں ہوتی۔"

(حوالہ: 'کیا غزل نیم وحشی صنف ادب ہے؟' فروری ۱۹۴۲ء، "ادب لطیف" لاہور، صفحہ ۳)

اسی مضمون میں عظمت اللہ خان آگے چل کر لکھتے ہیں:

"" جب تک غزل کا اردو شاعری سے منہ کالا نہ ہوگا، قافیہ پیمائی پریشان گوئی کا زہر مذاق اردو شاعری کے جسم سے خارج نہ ہوگا۔"

(یہ مضمون رسالہ "اردو" حیدرآباد دکن میں ۱۹۲۴ء میں قسط وار شائع ہوا) غزل کے لیے قریب قریب اسی قسم کا رویہ کلیم الدین احمد کا بھی ہے یوں لگتا ہے کہ جیسے انھیں اردو غزل کے مزاج سے ذرہ برابر آشنائی نہیں اور نہ ہی وہ غزل شناس ہیں۔وہ اس بات پر اصرار کرتے ہیں کہ غزل کی ریزہ خیالی اسے مربوط بننے نہیں دیتی، مراد یہ کہ تخلیقی رویے مربوطیت کے محتاج ہیں۔کوئی کلیم الدین احمد کو یہ بتاتا کہ انتشار اور اجزا بھی مربوطیت کی اصل ہوتے ہیں مگر غزل کے دو مصرعوں کے درمیان جو تخلیقی اور

جمالیاتی وحدت ہوتی ہے کیا اس قسم کی وحدت انھوں نے نظم میں کہیں محسوس کی۔ ویسے بھی تخلیقی اظہار کے لیے یہ ضروری نہیں ہوتا ہے کہ ہر تخلیقی عمل میں وحدت تلاش کی جائے، غزل کے ہر شعر میں تفہیم کی جو تخصیص نظر آتی ہے وہ نظم میں کہیں نظر نہیں آتی۔

غزل کے متعلق یہ بات تو ہر شخص جانتا ہے کہ غزل کا ارتقا تہذیبی طور پر ہوا جہاں فرد کے اجتماعی شعور کا تخلیقی رویہ سامنے آتا ہے۔ جہاں انسانی تعلقات سے نئے مفاہیم جنم لیتے ہیں جبکہ وحشی جذبہ تو فرد کی ذاتی پکار ہوتا ہے۔ جیسا کہ ہمیں ن م۔ راشد اور میرا جی کی نظموں میں نمایاں طور پر محسوس ہوتا ہے۔ اگر کلیم الدین احمد غزل کو صرف اس وجہ سے نیم وحشی صنف کہتے ہیں کہ کیمبرج میں ان کے ذہن میں یہ بات ڈال دی گئی تھی کہ ہندستان کا سارا ادب اور بالخصوص اردو ادب وحشی اور خانہ بدوش ادب ہے۔ انھوں نے اس مفروضے کو غزل کے ساتھ نتھی کر دیا اور اپنی کم علمی کا مذاق خود ہی اڑوایا۔ میری سمجھ میں یہ نہیں آتا کہ کلیم الدین احمد نے غزل کو نظم کے اصولوں پر پرکھنے کی کوشش کیوں کی یہ کوشش غیر فطری اور غیر منطقی سی دکھائی دیتی ہے۔ ایک طرف تو غزل کا ہر شعر دوسرے شعر سے جدا ہوتا ہے، اور شعری معنویت میں بھی فرق ہوتا ہے تو اس میں کیا برائی ہے جبکہ وہ اس بات کا احساس بھی دلواتے ہیں کہ نظم کی سطریں ایکدوسرے سے باہم ہوتی ہے۔ (غالباً شعری تلازمے بھی!!) کاش وہ یہ بات جان سکتے کہ نظم بھی کئی اجزا اور حصوں پر مشتمل ہوتی ہے بلکہ میں تو یہ کہوں گا کہ ایک نظم میں کئی چھوٹی بڑی نظمیں ہوتی ہیں۔ جہاں تک انگریزی شاعری کا سوال ہے اگر ہم اینٹا سیکٹن، ایریکا ژونگ یا رے ڈرھم کی نظموں کو پڑھیں تو یہ احساس شدت سے ہوتا ہے کہ ان کی نظموں میں کئی چھوٹی بڑی نظمیں اپنے مختلف موضوعات کا احساس دلاتی ہیں۔ اسی طرح برازیل کے شاعر ہرجا گیبریل یا پیرو کے شاعر کیرو ویلجو کی نظموں کی مثالیں بھی دی جاسکتی ہیں۔ کلیم الدین احمد نظم کی جس Compatness پر زور دیتے ہیں اس قسم کی مربوطیت تو مغربی نظم میں بھی کہیں محسوس نہیں ہوتی۔ انھوں نے اردو کے تقریباً تمام نظمی سرمائے کو یکسر رد کر دیا۔ مگر حیرانی ہوتی ہے کہ وہ فیض احمد فیض کی نظموں کو کسی حد تک پسند کرتے ہیں۔ وہ یوں تو ترقی پسند ادبی ڈھانچے کو کھوکھلا قرار دیتے ہیں لیکن فیض کی نظموں کو وہ تھوڑا سا جھینپنے کے بعد قبول کر لیتے ہیں۔ ان کے بقول ”تصادم کا اثر ان (فیض) کی شاعری پر اچھا نہیں پڑا۔ ان کے شعور اور لاشعور میں تصادم ہے۔“ اب کلیم الدین احمد کو کوئی یہ بتاتا کہ شعور اور لاشعور کے تصادم سے ہی تخلیق اور فن ابھرتا ہے۔ شاعری کو پہلے ڈراما ہی کہا جاتا تھا اور یہ ڈراما تصادم کی بدولت ہی اپنی جمالیاتی اور فکری بلندیوں کی وسعتوں کو پاتا تھا۔ وہ فیض کی شاعری کو پسند کرنے کے ساتھ ہی ان کو ادھورا شاعر تصور

کیے بیٹھے ہیں۔اور اپنے اس امکان کا بھی دبے لفظوں میں اظہار کرتے ہیں کہ ان میں اچھا شاعر بننے کی صلاحیت تھی مگر وہ اپنے مرکز سے بھٹک گئے۔(شاید اس کی وجہ ترقی پسند کا جوش ہو، واللہ اعلم بالصواب)

مثال کے طور پر کلیم الدین احمد فیض کی نظم ''مرے ہمدم مرے دوست'' کے متعلق اظہار کرتے ہوئے لکھتے ہیں کہ یہ نظم اچھی طرح شروع ہوتی ہے لیکن آگے چل کر اچھی نہیں رہتی۔کلیم الدین احمد اس نظم کے ان اشعار کو اچھا نہیں جانتے

گر میرا حرف تسلّی وہ دوا ہو جس سے
جی اٹھے پھر ترا اجڑا ہوا بے نور دماغ
تیری پیشانی سے ڈھل جائیں یہ تذلیل کے داغ
تیری بیمار جوانی کو شفا ہوجائے

کلیم الدین احمد کے بقول ان شعروں میں خون نہیں دوڑتا، استعارے بھی غلط ہیں وغیرہ وغیرہ...ان الفاظ کو لکھنے سے پہلے کلیم الدین احمد کو یہ سوچ لینا چاہیے تھا کہ وہ جن انگریزی نظموں کو اعلا نمونوں کے طور پر پیش کرتے ہیں کیا ان نظموں کو انہی معیارات پر رد نہیں کیا جاسکتا۔شاید فیض احمد فیض کی نظموں کے متعلق کلیم الدین احمد کو یہ معلوم تھا یا نہیں کہ فیض کی نظموں کے تمام موضوعات بنیادی طور غزل کے موضوعات ہیں۔

ایک طرف تو انھوں نے اردو غزل پر اپنے کھٹے میٹھے خیالات کا اظہار کیا تو دوسری جانب اردو کے دیگر نقادوں کے فن پر بھی اپنی برہمی کا اظہار کیا۔وہ حالی اور آزاد کی پیروی مغرب کو کچھ اچھی نگاہ سے نہیں دیکھتے تھے۔لکھتے ہیں،'' نئے لکھنے والوں کو مغربی ادب اور اصول تنقید تک رسائی تو ہوئی لیکن نتیجہ اچھا نہیں ہوا۔'' محسوس ہوتا ہے کہ حالی اور آزاد کی روشن خیالی کو کلیم الدین احمد شک کی نگاہ سے دیکھتے ہیں جب کہ وہ ان ہی کی بنائی ہوئی روشن خیالی کو کسی حد تک اپناتے ہیں جو ان بزرگوں کی ارتقائی شکل ہے جس کے مزاج کو کلیم الدین احمد نہ سمجھ سکے اور ان کے کچے تنقیدی ذہن نے لاتعداد فکری مغالطے کھڑے کر کے انھیں تنقیدی گمراہیوں کے غار میں دھکیل دیا۔اسی طرح وہ شبلی کو بھی گھاس نہیں ڈالتے۔رقم طراز ہیں،''وہ (شبلی) شعرو شاعری کے عناصر محاکات، تخیل حسن، حسین الفاظ وغیرہ جیسے موضوعات پر لکھتے ہیں۔لیکن ان کی باتوں میں گہرائی نہیں، جدت نہیں، باریکی نہیں۔'' (اردو تنقید پر ایک نظر، صفحہ ۱۱۲)

عبدالرحمان بجنوری کے تنقیدی نگارشات پر کلیم الدین احمد نے جس قسم کے خیالات کا اظہار کیا وہ ان کے تنقیدی ذہن کو مزید مشکوک بنا دیتا ہے، لکھتے ہیں،''بجنوری (مرحوم) اس پر بس نہیں کرتے کہ شاعری کے جو محاسن مغربی فنکاروں اور انشا پردازوں نے گنوائے ہیں۔انھیں وہ ڈھونڈ ڈھونڈ کر غالبؔ کے اشعار میں نکالتے ہیں۔وہ یہ نہیں سمجھتے ہیں کہ ان کی یہ کوشش ناکام بھی ہے اور مضحک بھی۔ وہ مغربی صناعوں کے نام گنواتے ہیں اور اقوال بھی نقل کرتے ہیں۔''(ایضاً صفحہ ۱۴۲)

کیا اسی قسم کا رویہ خود کلیم الدین احمد نے اردو غزل کے ساتھ روا نہیں رکھا۔کاش وہ یہ بات کہنے سے پہلے خود اپنے گریبان میں جھانک کر دیکھ لیتے۔

ڈاکٹر محی الدین قادری زور کو بھی وہ سطحی نقاد قرار دیتے ہیں اور ایک طرح سے مولوی عبدالحق کی ہم نوائی کرتے ہیں۔رقم طراز ہیں،''اصل بات یہ ہے کہ تنقید پر کتابیں پڑھنے سے تنقید نہیں آتی بلکہ اعلا درجے کا کلام اور اعلا درجے کی تنقیدیں پڑھنے سے اس کا ذوق پیدا ہوتا ہے۔''(ایضاً صفحہ ۱۲۷)

مراد یہ کہ زور صاحب لوگوں سے سن سنا کر تبصرے پڑھ کر یا کمنٹری پڑھ کر تنقید لکھا کرتے تھے اور وہ نقاد ہی نہیں اگر ہیں تو صرف مؤلف...

کلیم الدین احمد نے سب سے زیادہ کسی نقاد کو آڑے ہاتھوں لیا ہے تو وہ ہیں محمد حسن عسکری۔وہ محمد حسن عسکری کی فرانسیسی علمیت سے بہت گھبراتے تھے اور اس کی گھبراہٹ میں بعض دفعہ نہایت ہی غیر ذمہ دارانہ زبان استعمال کرنے سے بھی نہیں چونکتے تھے۔

''وہ (محمد حسن عسکری) انگریزی اور فرانسیسی ادیبوں اور کتابوں کا برابر ذکر کرتے ہیں اور شاید اسی سے پڑھنے والوں کو مرعوب کرنا چاہتے ہیں۔عسکری صاحب کی ایک حیثیت 'دلال' کی ہے جو مغربی مال ہندستان میں بیچنا چاہتے ہیں۔''(ایضاً صفحہ ۳۷۵)

آگے چل کر اسی مضمون میں وہ محمد حسن عسکری کی حیثیت ایک رپورٹر کی بھی بتاتے ہیں۔محسوس ہوتا ہے کہ کلیم الدین احمد نے محمد حسن عسکری کے متعلق خاصا منفی انداز اپنایا ہے، جس میں محمد حسن عسکری کو تو کوئی نقصان نہیں پہنچا مگر ان کے علم و ہنر کی قلعی ضرور کھل گئی۔محمد حسن عسکری کے لیے کلیم الدین احمد کا یہ رویہ نہایت ہی افسوس ناک اور بے بنیاد ہے۔جو لوگ محمد حسن عسکری کو ذاتی طور پر جانتے ہیں وہ اس بات کی گواہی دیں گے کہ ان کا مطالعہ صرف فرانسیسی یا اردو تک محدود نہ تھا۔وہ فلسفہ، تاریخ، عمرانیات، سیاسیات، نفسیات، لسانیات اور مذہب کے علاوہ ان کے خاص موضوعات میں انگریزی ادب اور تنقید بھی خصوصی مطالعے کی فہرست میں شامل تھے۔وہ بڑی سے بڑی الجھی ہوئی پیچیدہ باتوں کو بھی اتنی

آسان زبان میں لکھتے تھے کہ عام پڑھنے والے کی سمجھ میں آسانی سے آجائیں۔ جبکہ کلیم الدین احمد صرف پتھر مارنا جانتے تھے۔ ان کی تحریروں میں وہ حسن اور چاشنی نہ تھی جو ہمیں محمد حسن عسکری کی تحریروں میں ملتی ہے۔

کلیم الدین احمد لکھتے لکھتے اپنے ہی بیان کو رد کر دیتے ہیں۔ اپنی ہی کہی ہوئی بات کی نفی کرتے ہیں۔ محسوس ہوتا ہے کہ انھیں خود لکھتے ہوئے اس بات کا احساس ہی نہیں ہوتا تھا کہ وہ کیا کہہ رہے ہیں اور آگے جا کر کیا کہنا چاہتے ہیں! اپنے ایک مضمون "ادبی تنقید کے اصول" میں لکھتے ہیں۔

"غیر ادبی وابستگی سے قطع نظر ادب کو برابر اور سختی سے بطور ادب دیکھنا چاہیے نہ کہ بطور تاریخ، اخلاق، فلسفہ یا دینیات وغیرہ۔" ('قومی زبان'، کراچی، دسمبر ۱۹۸۸، صفحہ ۱۷)

اسی مضمون میں آگے چل کر اپنے اسی بیان کو رد کرتے ہیں، "وہ عمرانیات ہو یا نفسیات یا کوئی علم سائنس، نقاد کو اس سے واقفیت چاہیے۔ مثلاً عمرانیات کو لیجیے اس میں قدیم دماغ اور قدیم فن پر روشنی ملتی ہے۔ قدیم انسان کیسے سوچتا اور محسوس کرتا تھا۔" (ایضاً صفحہ ۱۹)

یہاں کلیم الدین احمد کی عمرانیاتی اور معاشرتی علوم سے عدم آگہی کا بھی انکشاف ہوتا ہے۔ وہ غلطی سے بشریات کو عمرانیات سمجھ بیٹھے ہیں۔ لہٰذا کیا ان سے توقع رکھی جاسکتی ہے کہ کلیم الدین احمد کا مطالعہ محمد حسن عسکری سے زیادہ وسیع تھا!

کلیم الدین احمد، فراق گورکھپوری کی تنقید کو اس وجہ سے پسند کرتے ہیں کہ ان کی تنقید میں وہی انگلستانی تنقید کا رنگ رچا ہوا ہے، جس کے اسیر خود کلیم الدین احمد بھی رہے۔ فراق کی شعری تنقید انگریزی رومانی تنقید کی دیواروں سے ٹکرا ٹکرا کر دم توڑ دیتی ہے۔ فراق نے اپنی تنقید میں کوئی ایسی بات نہیں کہی جس سے انھیں ہم نقاد تسلیم کرلیں یوں تو حالی سے لے کر احتشام حسین اور آل احمد سرور کے تنقیدی رویوں پر کلیم الدین احمد نے تفصیلی بحث کی ہے مگر وہ محمد احسن فاروقی کو آنکھوں پر بٹھاتے ہیں وہ احسن فاروقی کی تنقید سے خاصے متاثر اور مطمئن بھی ہیں۔ یوں تو ایک دو نقادوں کو چھوڑ کر کلیم الدین احمد نے ہر اردو نقاد کو ناک آوٹ کرنے کی کوشش کی یا انھیں سرے سے تسلیم نہیں کیا۔ محمد احسن فاروقی اور کلیم الدین احمد دونوں ہی مغرب زدہ تھے دونوں میں ترقی پسند دشمنی قدر مشترک تھی دونوں کا بس نہ چلتا تھا کہ اردو غزل کو اٹھا کر دریائے ٹیمز میں پھینک دیں۔ محمد احسن فاروقی نے اردو کے تمام تنقیدی ڈھانچے کو مدرسی کہہ کر رد کیا۔ حالانکہ کلیم الدین احمد بھی مدرسی نقادوں میں سب سے نمایاں نام ہیں۔ خود محمد احسن فاروقی نے انگریزی تنقید کو اردو میں ترجمہ کرکے اپنے نام سے شائع کروایا

(مثال کے طور پر ناول اور تنقید پر ان کی تحریریں اس کا جیتا جاگتا ثبوت ہیں) جس میں ان کے ذاتی یا طبعزاد خیالات نہ ہونے کے برابر ہیں ۔ دوسرے کے تھوک کو چاٹنے کی عادت بری عادت ہے جو ان دونوں احباب میں بہ درجہ اتم موجود ہے ۔ یہ دونوں نقاد تا حیات تدریسی تنقید لکھ کر پڑھنے والوں کو اور اپنے آپ کو دھوکہ دیتے رہے کہ وہ ''تخلیقی تنقید'' لکھ رہے ہیں ۔کیا کلیم الدین احمد کی تنقید انگلستانی اکیڈمک تنقید کا اردو روپ نہیں ہے ۔

ایک زمانے میں کلیم الدین احمد نے امریکی تنقید کا بھی انداز اپنانے کی کوشش کی اور متنی تنقید کی طرف رجوع ہوئے ۔

یوں کلیم الدین احمد نے خاصی ہنگامہ خیز قسم کی کتابیں لکھیں جن میں 'اردو شاعری پر ایک نظر'، 'اردو تنقید پر ایک نظر'، 'سخن ہائے گفتنی'، 'فن داستان' اور 'عملی تنقید' شامل ہیں ۔

اب کلیم الدین احمد نما تنقید کا زمانہ لد گیا ہے کیوں کہ اس قسم کی تحریروں میں نہ ہی معنوی گہرائی ہوتی ہے اور نہ فکر کا کوئی افق سامنے آتا ہے ۔تنقید لکھنے کے لیے گہرے مطالعے کی ضرورت ہوتی ہے اسکے علاوہ نقاد کو ذہنی طور پر تجزیاتی مزاج اور دیگر تکنیکی باتوں سے بھی آشنائی ضروری تصور کی جاتی ہے ۔ ساتھ ہی طبیعت میں ٹھہراؤ، بلوغت، روشن خیالی کی شرط بھی لازمی ہے ۔ ایسا لگتا ہے کلیم الدین احمد کسی کتاب کو پڑھنے کے بعد کسی انجانے ہیجان یا جذباتی کیفیت کا شکار ہو جاتے ہیں اور یہی کیفیت انھیں غیر ذمہ دارانہ تنقید لکھنے پر مجبور کرتی ہے انھوں نے اپنے عملی تنقیدی رویے سے عملی تنقید کی غلط توجیح پیش کی ۔انھیں بت شکن تو کہا جا سکتا ہے نقاد ہر گز نہیں ۔

●●

’آنگن‘ کا عمرانیاتی شعور

خدیجہ مستور کا ناول ’آنگن‘ ایک ایسے آزاد خیال گھرانے کی کہانی ہے جہاں مختلف نظریات سے تعلق رکھنے والے افراد بستے ہیں، جو اپنے مزاج، رویوں اور خیالات میں ایک دوسرے سے مختلف ہیں۔ اور اسی سبب بے چینی، پریشانی اور تذبذب کا شکار ہیں۔ اس دُہرے رویے کے ساتھ ہمارا اپاہج معاشرتی نظام نہ جانے کس سمت جا رہا ہے۔ اس ناول میں فرد کے وہی تجربے، وہی مسائل دکھائی دیتے ہیں جو اُس کے لیے چیلنج ہیں اور فرد ان کا کسی نہ کسی طور پر مقابلہ کر رہا ہے۔ تیزی سے بدلتے ہوئے معاشرے کو ’آنگن‘ میں گرفت میں لینے کی کوشش کی گئی ہے۔ اس میں فرد کے ذاتی، خاندانی، رومانی، سیاسی، معاشی اور معاشرتی مسائل اپنے اپنے انداز میں سامنے آتے ہیں۔ یہ ناول جدوجہد آزادی کے زمانے سے شروع ہوتا ہے۔ جہاں یوپی کے متوسط مسلمان گھرانے کے ایک گھر کے ’آنگن‘ میں اشاراتی انداز میں برصغیر کا نقشہ بچھا ہوا ہے جس سے اندازہ ہوتا ہے کہ جلد ہی نئی تبدیلیاں ہونے والی ہیں یعنی دو معاشرتی نظاموں کی بنیاد پڑنے والی ہے۔

’آنگن‘ میں خاندان کے افراد کی مدد سے کہانی بنتی ہے اور اپنے مسائل لیے ہوئے کردار آگے بڑھتے ہیں۔ ان میں ایک تنوع ہے۔ کوئی فرنگیت پسند ہے، کسی کے لیے معاشرتی مرتبہ مسئلہ بنا ہوا ہے تو کوئی خاندان سے بغاوت کر رہا ہے۔ کوئی کانگریس کے لیے جان دینے پر تلا ہوا ہے، کوئی مسلم لیگ کے لیے لڑمرنے کو تیار ہے، کہیں رومانس نظر آتا ہے، کوئی اَنا کی آگ میں جل رہا ہے، کوئی اتنا قنوطی ہو چکا ہے کہ زندگی کے تمام امکانات اس کی نظر میں ختم ہو چکے ہیں اور نتیجے میں پھر خودکشی کی واردات سامنے آتی ہے۔

خاندان برصغیر کی معاشرتی زندگی کا سب سے مستحکم ادارہ ہے جس کے منتشر ہو جانے کا احوال فن کارانہ انداز میں بیان کیا گیا ہے۔ خدیجہ مستور اپنے ادبی عقائد کے حوالے سے ترقی پسند ہیں مگر ذات کے حوالے سے مشرقی عورت ہیں جو معاشرے کے نئے مطالبات کو سمجھتی ہیں اور معاشرے کی

فرسودگی پر پتھر مارتی ہیں۔انھوں نے روایتی کہانی کہنے کے انداز کو اپناتے ہوئے بیمار ہندستانی معاشرے کو سمجھا اور سمجھایا ہے۔

آنگن کے حوالے سے خدیجہ مستور نے ادب کے ترقی پسند مزاج کو وہ حقیقی شعور دیا جو اس کی بنیاد میں پوشیدہ تھا۔یہ وہ معاشرتی شعور تھا جو معاشرے کی فرسودگی اور بے راہ روی کے خلاف تھا۔'آنگن' کی مصنفہ نے اپنے قلم سے یہ بات ثابت کردی کہ افراد ہی معاشرہ بناتے ہیں اور اپنے مثبت اور منفی رویوں کے ساتھ اس کو تعمیر یا تخریب یا انتشار کی طرف لے جاتے ہیں۔ناول میں گروہی آسودگی کہیں بھی نظر نہیں آتی، گروہی بے چینی ہر طرف بکھری دکھائی دیتی ہے جو فردیاتی بدنظمی بھی ہوسکتی ہے اور خاندانی انتشار بھی ہوسکتا ہے۔بہرحال یہ انتشار خارجی عوامل کے ردعمل سے سامنے آتے ہیں جو اس وقت کی معاشرتی فضا میں پھیلے ہوئے تھے۔

'آنگن' کی کہانی اس وقت شروع ہوتی ہے جب تقریباً آدھی صدی آخری سانس لے رہی تھی۔ادبی حوالے سے یہ اس عہد کا وسیع عمرانیاتی منظرنامہ ہے جہاں برصغیر کا فرد تضاد کا شکار ہوکر نئے نئے معاشرتی مطالبات کو سمجھنے کی کوشش کر رہا تھا۔یہ اس گھر کی کہانی ہے جہاں ہر کردار اپنے رویوں سے ایک الگ کہانی تشکیل دیتا ہے۔ہر مسئلے پر ہر ایک کی رائے الگ ہے۔نئے معاشرتی چیلنج ان کو تضادات میں گھیرے ہوئے ہیں۔

عالمگیر سطح پر خاندان کو معاشرے کا پہلا اور اہم ادارہ تسلیم کیا گیا ہے جس کی تاریخی اہمیت سے بھی کوئی انکار نہیں کرسکتا۔ناول میں مشترکہ خاندان نظر آتا ہے۔جو خارجی عوامل اور معاشرتی تبدیلی سے بکھر کر مختلف اجزا (ایک اکائی) میں تبدیل ہوجاتا ہے۔ان دنوں برصغیر میں خاندان کے مختصر ہوجانے کا تجربہ نیا نیا تھا۔خاندانی ساخت میں دراڑیں آجانے سے جو مسائل پیدا ہوئے وہ یہاں کے بسنے والوں کے لیے نئے تھے اور اس سے زیادہ پریشان کن۔خارجی حالات نے کچھ ایسی صورت اختیار کرلی کہ خاندان جیسے مستحکم ادارے کو توڑ پھوڑ کر رکھ دیا۔مثلاً ناول میں صفدر بھائی علی گڑھ یونی ورسٹی چلے جاتے ہیں۔اسرار میاں کو گھر سے نکال دیا جاتا ہے۔

پورے ناول میں مسابقت کی نوعیت نمایاں طور پر سامنے آتی ہے۔دیگر گروہوں (انگریز اور ہندوؤں) سے آگے بڑھ جانے کا جو کانگریس سے ہمدردیاں رکھتے ہیں جبکہ جمیل مسلم لیگ کو پسند کرتا ہے۔مسابقت ہر اُس چیز کے لیے ہوتی ہے جو کمیاب ہو۔یہ کمیاب یہ فرد کی مسابقت نہیں تھی بلکہ خالصتاً

لاشخصی مخالفت تھی جو دو میں سے ایک نظریے کو برصغیر میں پھلتا پھولتا دیکھنا چاہتی تھی۔

تعاون معاشرتی سطح پر ہر معاشرے کی ضرورت رہا ہے اور نظامِ معاشرتی حرکیات اسی نظریے کے ساتھ چلتا ہے۔ایک نظام پاکستان آکر آزادی اور نئے وطن کی تعمیر میں حصہ لینے کو یکسر فراموش کر دیتا ہے اور ایک لالچی کی سی زندگی گزارنے پر مجبور ہو جاتا ہے، وہ کارخانے بنانے اور پرمٹوں کے حصول کے چکروں میں پڑ کر حالات سے سمجھوتہ کر لیتا ہے، اور اپنے وہ تمام آدرش توڑ دیتا ہے جو اس نے ایک غلام معاشرے میں تشکیل دیے تھے اور جس کے لیے برصغیر کے لوگوں نے لاتعداد قربانیاں دیں۔

تصادم کہیں نہ کہیں ہر ناول میں ہوتا ہے۔'آنگن' میں نظریاتی اور شخصی تصادم نمایاں طور پر نظر آتا ہے۔تصادم عموماً مسلسل نہیں ہوتا۔مثلاً ناول میں جس معاشرتی اور سیاسی صورتِ حال کا تذکرہ ہے تو یہ وہی جنگ ہے جو سر سید احمد خاں نے شروع کی تھی۔جب پہلے انگریز نے ہندستان میں قدم رکھا تو اسی روز سے اس جنگ کی ابتدا ہو چکی تھی۔اشاراتی طور پر گھر کے آنگن سے نظریاتی تصادم شروع ہوتا ہے۔جو دو بڑے سیاسی گروہوں کے درمیان ہے۔آنگن میں بیٹھ کر بحث و مباحثہ ہوتا ہے یعنی گھر ایک لاشخصی تصادم سے دو چار ہے۔دراصل یہ نظریات کی مسابقت تھی جو تصادم کا سبب بنی اور یہ تصادم ایک نئے معاشرتی نظام کی بنیاد بنا۔

ناول میں انحراف جگہ جگہ پر محسوس ہوتا ہے۔یہ انحراف بنیادی طور پر عمرانیاتی ہے جو مروجہ معاشرتی معمولات سے بغاوت کا نتیجہ ہے۔'آنگن' میں جس معاشرے کی بات کی گئی ہے وہ ایک پسماندہ معاشرہ ہے جہاں پر انحراف گناہ سمجھا جاتا ہے۔خدیجہ مستور نے جس ادبی ماحول میں آنکھ کھولی وہ معاشرتی بغاوت اور انحراف کا دور تھا۔مصنفہ کو غالباً شعوری اور لاشعوری طور پر اس بات کا علم تھا کہ اس کا معاشرہ ابھی ترقی پذیر نہیں جہاں انحراف کرنے والوں کو اچھی نگاہ سے دیکھا جاتا ہو اور ان کے عمل کو اہمیت دی جاتی ہو۔ناول میں انحراف کی کئی صورتیں سامنے آتی ہیں مثلاً صفدر کی ماں مروجہ جاگیرداری نظام سے انحراف کر کے ایک عام کسان سے شادی کر لیتی ہے۔جب پریشان حال صفدر لاہور آ کر اپنی محبوبہ کا عکس عالیہ میں دیکھتا ہے تو وہ اس سے شادی کرنا چاہتا ہے۔عالیہ صفدر کو پہلے والا صفدر سمجھتی ہے جو اعلیٰ کردار کا نمونہ ہوتا ہے مگر جب عالیہ پر اس کی مفاہمت پسندی کا انکشاف ہوتا ہے تو وہ اس کو پسند کرتے ہوئے بھی اس سے شادی سے انکار کر دیتی ہے۔جمیل اپنے باپ سے

اختلاف کرتا ہے وہ فوج سے بھرتی ہو کر وہاں سے استعفیٰ دے دیتا ہے۔ ادھر عالیہ اور اس کی والدہ سب گھر والوں کی مخالفت کے باوجود پاکستان ہجرت کر جاتی ہیں۔

معاشرتی تبدیلی کا اظہار 'آنگن' میں اس طور پر ہوتا ہے کہ خاندان سے لے کر پورا برصغیر ایک تبدیلی کا خواہاں ہے، جو نظریہ حیات بھی ہے۔ ناول میں معاشرتی تبدیلی سے پاکستان کا وجود میں آتا ہے۔ ایک نیا معاشرتی ڈھانچہ تشکیل پاتا ہے، جو ٹوٹا پھوٹا ہے مگر اس کی شناخت کسی نہ کسی طور پر ہے۔ نئے معاشرتی نظام میں تخریب سامنے آتی ہے جس میں چچا کا قتل، گھر کا اُجڑنا، اسرار میاں کو گھر سے نکال دینا۔ یہ تمام واقعات معاشرتی تبدیلی اور نئے نظام کو حاصل کرنے کی کوشش میں تخریب کاری ہے جو ہر نئے معاشرتی ڈھانچے میں دورانِ تشکیل نظر آتی ہے۔ معاشرتی تبدیلی عموماً زندگی کے تسلیم شدہ نمونوں کی تبدیلی ہے۔ ناول میں ایک اجتماعی تبدیلی سامنے آتی ہے۔ معاشرتی تبدیلی چند افراد کی تبدیلی نہیں ہوتی بلکہ اجتماع کی تبدیلی کو معاشرتی تبدیلی کہا جاتا ہے جیسا کہ چھمی ناول میں اپنی لا اُبالی زندگی کے باوجود بچوں کو جمع کر کے بچوں کا جلوس نکالتی ہے۔ یہ نعرہ کہ 'بن کے رہے گا پاکستان، پٹ کے رہے گا ہندوستان' اس بات کا اشارہ ہے کہ نئے معاشرتی نظام کو خوش آمدید کہا جا رہا ہے۔ جو ایک بڑی تبدیلی کے بعد ہی حاصل ہوگا۔ ناول تمام تر معاشرتی حصار حرکی ہے اور سکونی معاشرے میں ان نظریات کو اہمیت حاصل نہیں ہوتی۔ بٹوارے کے بعد پاکستان میں معاشرتی تبدیلی کی نوعیت میں فرق تھا جب کہ پاکستان سے ہندستان کی ہجرت کرنے والوں کے مسائل دوسرے تھے۔

دو ثقافتوں کی جنگ، سیاسی نظریات کی جنگ کا روپ دھار کر سامنے آتی ہے جہاں سیاسی آزادی کے پس منظر میں مٹکاف، ہڈسن، ڈائر، سراج الدولہ، بہادر شاہ ظفر اور گاندھی جی تھے۔ یہ گروہی شناخت تھی جو ناول کے مختلف کردار مختلف صورتوں میں محسوس کرتے تھے جبکہ ثقافتی تصادم کی کیفیت ہندو، مسلمانوں اور انگریزوں کے درمیان تھی۔ سیاست ثقافت نہیں ہوتی مگر سیاست کا رنگ ڈھنگ اور افراد پر اس کے اثرات ثقافت میں شامل ہو جاتے ہیں۔ ناول میں ثقافتی وصف (خاصا) تمام کا تمام یوپی کے مسلم گھرانے کا ہے جہاں کی بود و باش ایک جیسی ہے مگر نظریات اور زندگی برتنے کا انداز مختلف ہے۔ ثقافتی عناصر جو معاشرے کا لازمی اور آفاقی جز ہے۔ وہ 'آنگن' کے گھرانے میں مکمل طور پر موجود ہے۔ ثقافتی مرکب دراصل چند ثقافتی خواص ہوتے جو مربوط معاشرتی افعال کا مجموعہ ہوتے ہیں۔ یوپی کی معاشرت بلحاظ مذہب تمام مسلم گھرانوں میں ایک جیسی ہے جبکہ ثقافتی خلقیہ

(Ethos) صرف مذہبی تصور ہے جو ہندو معاشرت سے مختلف ہے۔ پورے ناول میں ثقافتی تسلسل اس طور پر دکھائی دیتا ہے کہ چودہ سو سال پہلے والی مسلمانوں کی عظمت کو ایک خطۂ زمین پر دوبارہ شناخت کیا جاسکے۔ناول پڑھ کر یوں محسوس ہوتا ہے جیسے کرداروں کی تمام کی تمام بے چینی مسلم ثقافت کا احیا ہے۔وہ برصغیر میں مسلم ثقافت کو قائم کرنا چاہتے ہیں۔عالیہ، اس کی اماں اور صفدر کا پاکستان آنا، نئے 'ثقافتی علاقے' میں پناہ لینے کا مسئلہ ہے۔جہاں ان کو اپنی مرضی سے زندگی گزارنے کی مکمل آزادی حاصل ہے، گروہی 'عصبیت' بھی اس ناول کا ایک اہم حوالہ ہے کیونکہ مسلمانوں نے ثقافتی اور نسلی اعتبار سے برصغیر میں رہنے والے دوسرے مذاہب کے افراد سے اپنے آپ کو جداگانہ طور پر شناخت کروایا۔عصبیت کا ایک اصول یہ ہے کہ وہ دیگر گروہوں سے اپنے گروہ کو اعلیٰ اور برتر جانے، چنانچہ کلی طور پر عصبیت کے تصور کو ناول میں کہیں اہمیت حاصل نہیں۔برصغیر کے ایک بڑے معاشرتی کینوس پر مسلمان ایک داخلی گروہ کی صورت میں سامنے آتے ہیں۔

'آنگن' میں اختصار کے ساتھ برصغیر کے حوالے سے واقعات و حالات کا اچھا خاصا عمرانیاتی تجزیہ دکھائی دیتا ہے جہاں مسلم گھرانے کے تہذیبی اور ثقافتی رویوں کو بیان کیا گیا ہے۔خدیجہ مستور ایک بڑے عمرانیاتی سیاق کو نظریاتی طور پر ڈائریکٹ پیش کرتیں تو ان کی بات بے وزن ہوتی، اُنھوں نے مقصدیت کو سامنے رکھتے ہوئے وقت کے ایک حصے کو گرفت میں لے کر ایک طویل کہانی لکھی جو 'آنگن' کی صورت میں سامنے آئی۔ناول میں بین الثقافتی موازنہ بھی سامنے آیا۔یہ اس زمین پر لکھا ہوا ناول ہے جو ان مختلف نسلوں اور تہذیبوں کے افراد اور معاشرتی اور ثقافتی روایت یکساں ہیں۔ناول کے ڈھانچے کو عمرانیاتی نقطۂ نظر سے ترتیب دیا گیا ہے۔مائیکرو اپروچ کی تکنیک استعمال کی گئی ہے۔یہ عمرانیاتی اصول ہے کہ اگر کسی مسئلے پر سوچا جائے، رائے دی جائے یا تحقیق کی جائے تو ضروری ہے کہ اس کے جز کو لے کر مطالعہ کیا جائے۔اگر کوئی صاحب پاکستانی ثقافت پر کام کر رہے ہیں تو انھیں پہلے بروہی ثقافت پر کام کرنا ہوگا اور پھر آہستہ آہستہ پاکستانی ثقافت کے خدوخال تلاش کرنے پڑیں گے۔ اس سے یہ فائدہ ہوگا کہ مطالعہ کرنے والا پورے مسئلے کو انہماک کے ساتھ سمجھتا ہے اور گہرائی میں جاتا ہے۔اسی طرح 'آنگن' کو بھی خاندان (معاشرے کی اکائی) سے شروع کیا گیا اور آہستہ آہستہ ناول میں پورے برصغیر کی کیفیت سامنے آ گئی ناول میں مختلف کہانیاں ہیں جن کی مدد سے ناول تشکیل پاتا ہے۔

'آنگن' میں ہر اُس واقعے سے دلچسپی لی گئی ہے جو حرکی ہے اور تجربے میں آ رہی ہے۔کوئی

مابعد الطبیعاتی تصور اس ناول میں دکھائی نہیں دیتا۔ تمام کردار اسی دنیا میں بستے ہیں اور انہی مسائل سے دو چار ہیں جن سے انسان کو دو چار ہونا چاہیے۔

'آنگن' پڑھ کر یہ عمرانیاتی نکات سامنے آتے ہیں:

۱) یہ ناول بنیادی طور پر عمرانیاتی تصادم کی کہانی ہے۔

۲) یہ ناول روایت کے بزرگوں سے متاثر ہو کر لکھا گیا ہے۔

۳) معاشرتی تبدیلی، معاشرتی رفتار میں رخنے ڈالتی ہے۔

۴) فرد قربانیاں دینے کے بعد جب نئے معاشرے کو تشکیل دیتا ہے تو وہ اپنے آدرش بھلا دیتا ہے اور بعض دفعہ تنہائی کا بھی شکار ہو جاتا ہے۔

۵) یہ ناول 'معاشرتی نظامِ اشاریت' کا عمرانیاتی تصور پیش کرتا ہے۔

۶) مشترکہ خاندانوں میں سربراہ کی موت کنبے میں انتشار کا سبب ہوتی ہے۔

۷) فرد نظریاتی تصادم سے عدم توجہی کا شکار ہو جاتا ہے۔

۸) 'آنگن' برصغیر کی تاریخ کے ایک حصے کا عمرانیاتی تجزیہ ہے۔

۹) افراد معاشرے میں تضادات کی دنیا میں رہتے ہیں۔

۱۰) نظریات کے تفاوت سے انسانی تعلقات میں فرق آتا ہے۔

۱۱) افراد کا احترام اقدار کے تحفظ سے عبارت ہے۔

۱۲) ناول میں گروہی شناخت مذہب سے ہوتے ہوئے بھی دراصل نظریات اور رویوں سے ہوتی ہے۔

●●

اردو تنقید کی نئی بازیافت: وارث علوی

مارچ ۲۰۱۳ء کی ایک دوپہر میری وارث علوی سے ان کے گھر احمد آباد میں ملاقات ہوئی۔ میرے ساتھ مصور جینت پرمار بھی تھے۔ وہ ایک بڑے گھر میں رہتے تھے جس کے کئی دروازے اور کھڑکیاں تھیں۔ ان کے داماد ہمیں دروازے پر مل گئے۔ ہم بڑی سے بیٹھک سے ہوتے ہوئے وارث علوی کی خواب گاہ تک پہنچے۔ وہ پلنگ پر لیٹے ہوئے تھے۔ خاصے بیمار بھی لگ رہے تھے۔ ہماری آمد پر اُٹھ کر بیٹھ گئے اور ہلکے سے مسکرا کر سلام کا جواب دیا۔ قریب ہی ان کی اہلیہ کھڑی تھیں۔ انھوں نے سلام دعا کے بعد ہمیں کرسیاں پیش کیں۔ وارث علوی صاحب نے سفید کرتہ اور روایتی تہبند پہن رکھا تھا۔ سر جھکائے آہستہ آہستہ پرانی باتیں اور امریکا کا احوال پوچھتے رہے ان کی عمر کے اس آخری حصے می ں بھی یادداشت بہت اچھی تھی اور تو اس وقت حیرت میں رہ گیا جب انھوں نے اسی (۸۰) کی دہائی میں میرے فرانسیسی ادیب اور ڈراما نگار ژان ژینے سے ہوئے مصاحبے کا ذکر کیا۔

پھر چائے کے ساتھ بسکٹ آئے۔ چائے نوشی کے دوران سے آہستہ آہستہ باتوں اور یادوں کا تبادلہ ہوتا رہا۔ ان کی بیگم نے ان کی صحت کی صورتِ حال اور ان کے حالاتِ زندگی کے متعلق تفصیل سے بتایا اور ان کی چھوٹی صاحب زادی شاہدہ بھی ہماری گفتگو میں شامل ہوگئیں۔ ان کے دونوں نواسوں سے بھی ملاقات رہی۔

وارث علوی کے خاندان کا تعلق احمد آباد گجرات کے ایک صوفی بزرگ شاہ وجیہ الدین علوی گجراتی سے ہے۔ وارث علوی کے دادا جان کا نام امیر الدین علوی اور دادی صاحبہ کا نام قمر النسا تھا جب کہ ان کے والد کا اسم گرامی سید جیبی علوی اور والدہ ماجدہ کا نام حفیظ النسا (عرف داشنی بی بی) تھا۔ وارث علوی کا پورا یا اصل نام وارث حسین علوی تھا۔ ان کا ذہن اور مزاج سیکولر تھا۔ وہ معروضی انداز میں باتیں کرتے رہے۔ وہ وسیع القلب اور وسیع النظر تھے۔ انھیں کڑوی بات کو بھی زبان شیریں سے ادا کرنے کا ملکہ آتا تھا۔ وہ وسیع المطالعہ تھے اور اردو در آنے والے تنقیدی اور فکری مسائل اور موضوعات پر شگفتہ انداز میں لکھا۔

وارث علوی کی شریک حیات نے بتایا کہ انھوں نے دسویں جماعت کا امتحان احمد آباد کے انجمن

اسلامیہ ہائی اسکول کے پاس کیا۔ پھر جامعہ ممبئی سے علاتی تمعے کے ساتھ بی اے کی ڈگری اور گجرات یونی ورسٹی سے ایم اے اردو اور بعد میں علی گڑھ یونی ورسٹی سے انگریزی ادبیات میں ایم اے سند حاصل کی۔ ۱۹۵۵ء میں احمد آباد کے معروف کالج سیٹ زیویرس میں انگریزی کے لیکچرار مقرر ہوئے پھر اسی کالج سے تینتیس (۳۳) سال درس و تدریس سے متعلق رہنے کے بعد ۱۹۸۸ء میں بحیثیت صدر شعبۂ انگریزی کی ملازمت سے سبکدوش ہوئے۔

ان کا کنبہ بڑا تھا۔ ان کی بیوی کا نام فاطمہ ہے۔ ان کی دوسری بیٹی شہبازہ کی شادی محمد عثمان صاحب سے ہوئی۔ ان کی بیٹیوں کا نام انجم اور عائشہ ہے۔ چھوٹی بیٹی شاہدہ کی شادی امتیاز صاحب سے ہوئی ان کے دو بیٹے اویس اور ابرار ہیں۔ شاعر محمد علوی ان کے کزن ہیں۔ ان کی موت سے چند ماہ قبل ان کے بڑے بھائی ادیب و مترجم مظہر الحق علوی کا انتقال ہوا۔

وارث علوی مرحوم آخری وقت تک مشترکہ خاندان کے ساتھ احمد آباد میں اپنے آبائی مکان سید واڑہ میں آسٹوڈیا میں اپنی چھوٹی بیٹی شاہدہ کے اہلِ خانہ کے ساتھ رہتے رہے۔

وارث علوی مرحوم ۱۹۶۴ء سے ۱۹۵۰ء تک انجمن ترقی پسند مصنفین احمد آباد کے معتمد رہے۔ پھر ساہتیہ اکادمی گجرات کے پہلے صدر منتخب ہوئے اور ساہتیہ اکادمی گجرات کے جریدے 'صابر نامہ' کے مدیر رہے۔

۹ رجنوری ۲۰۱۳ء بروز جمعرات احمد آباد گجرات ہندستان میں طویل بیمار کے بعد جہان فانی کو خیر باد کہا اور احمد آباد میں ہی پیوند زمین ہوئے۔ ان کو ایک آزاد خیال ادیب اور نقاد کہا جاتا ہے وہ حریت قلم کے قائل تھے۔ وہ اس فکر و نظر کو مسترد کرتے تھے جو ادیب پر حکم صادر کرتی ہے اور غلام بنا لیتی ہے اور ان کی تخلیق اور فکری عمل پر حدود عائد کر کے پابند کر دیتی ہیں۔ انھوں نے اردو نقد کو نئے ذائقے سے روشناس کروایا اور انھیں مغربی اور مشرقی فکر و نقد کے پیمانوں اور نظریات کو متوازن انداز میں لکھنے کا فن آتا تھا جس میں ادبی چاشنی کے علاوہ عمرانیاتی احوال کو دلفریب انداز میں لکھنے کا فن آتا تھا۔ وارث علوی اردو کے ایک ناقدین میں شامل ہیں جنھوں نے قاری کو جھنجھوڑ اور فکر و نظر کی نئی بساط پھیلائی۔ انھیں شروع میں 'جدیدیت' کا ناقد جانا جاتا تھا۔ مگر وہ سکہ بند قسم کے نقاد نہیں تھے۔ وہ انفرادی اور جداگانہ سوچ و فکر کے تحت اردو تنقید میں رنگارنگ پھول کھلاتے رہے۔ احمد آباد کی انجمن ترقی پسند مصنفین کے معتمد رہے۔ سجاد ظہیر نے اپنی کتاب 'روشنائی' میں انھیں قابل قدر نگار اور اخلاص سے دیکھا مگر جب انجمن یسیاریت پسندوں کی سیاسی ایجنڈے سے منسلک ہوگی تو انھوں نے انجمن ترقی پسند

مصنفین سے علیحدگی اختیار کرلی۔ان کا خیال تھا:

”جب ادب میں انقلاب اور سیاست کا ذکر چھیڑ جاتا ہے تو وہ لوگوں سے پوچھتے پھرتے ہیں۔ یہ تو سب ٹھیک ہے، لیکن تغزل کہاں گیا، بھئی۔ وہ ادب سے عصری آگہی اور عصری سیاست کی ترجمانی کا مطالبہ کرتے ہیں۔ جب ایسا ہونے لگتا ہے تو کہتے ہیں ٹھیک ہے جناب لیکن ادب صحافت نہیں ہے... آرٹ پروپیگنڈہ نہیں بنتا...“ (خندہ ہائے بے جا ص ۱۴)

انھوں نے ترقی پسند نظریہ حیات اور فن کو مکمل طور پر مسترد کر دیا کیوں کہ اس میں حریت قلم اور فرد کی شخصی آزادی کو سلب کرلیا جاتا ہے۔ سچے الفاظ کو آئیڈیالوجی کے لفظ پر قربانی کی بھینٹ چڑھا دیا جاتا ہے لہذا وہ ترقی پسندی حصار سے نکل کر بقول ان کے ’نئی دھواؤں میں سانس لینے لگے..‘ ان کا خیال تھا کہ نظریات اور فلسفیانہ تصورات اور مباحث تخلیقی اظہار میں لکھنے والوں سے آزادی چھین لیتی ہے لہذا وہ اس کو رد کر دیتے ہیں۔ وہ یہاں مخالف قطب پر کھڑے ہیں انھوں نے روایتی اور فرسودہ ادبی وفکری عقائد کی باقیات سے اپنے آپ ہی کو نہیں بلکہ اس اندھیرے کنویں سے اردو کے قاری کو باہر نکالنے کی کوشش کی۔ وارث علوی نے بہت سے تنقیدی نظریات کا مطالعہ کیا اور اس سے اپنی بیزاری کا اظہار کرتے ہوئے اسے اپنے ذہن سے صاف کر دیا اور اردو میں ’آئیڈیالوجی‘ پر سوالات بھی اٹھائے۔ ادب کے تنقیدی نظریے پر نئے سر سے مکالمہ ومحاکمے میں یہ احساس دلوایا کہ نظریہ سازی کے اصولوں پر کٹھن وقت بھی آتا ہے اور ان کے بقول ریلوے اسٹیشن پر بدلتے ہوئے اسٹیشن کی طرح تصورات بھی تبدیل ہوجاتے ہیں۔ وہ ٹھہرتے ہیں اور نئی توانائیوں کے ساتھ آگے بڑھتے ہیں۔ وارث علوی ادب میں وابستگی (Commitment) کی بات بھی کرتے ہیں۔ ان کا خیال ہے کہ وابستگی کا عنصر فنکاروں کے رویے کی وضاحت کرنے میں ناکام رہتے ہیں۔ اس سلسلے میں وہ سوال کرتے ہیں کہ اگر فن کو کمٹ منٹ کی ضرورت پڑی بھی تو یہ کمٹ منٹ سوائے فن کے اور کسی کے ساتھ بھی ہوسکتا ہے۔ کیوں کہ ان کے پاس دلیل نام کی کوئی چیز نہیں ہوتی اور یہ کسی بات کو گرفت میں نہیں لے پاتے اور نہ ہی بحث اور مکالمے کرنے کی استعداد ہوتی ہے اور یہ کسی بات کو گرفت میں نہیں پاتے اور نہ ہی ہو اپنی نظریاتی تنقیدی آرا کو صحیح طور پر بیاں کر پاتے ہیں، جس سے قاری مطمئن ہو جائے۔ وارث علوی ژاں پال سارتر کو دانش وری نہیں سمجھے بلکہ انھیں عقلیت یا استدلال کا فلسفی بھی تصور کرتے ہیں جب کہ ٹی ایس ایلیٹ کے متعلق ان کا خیال ہے کہ ایلیٹ کا تخیل ادراک اور ان کا رویہ ہمدردانہ ہوتا ہے۔ وہ ایک طرف سارتر کو سمجھ دار ادیب اور فلسفی تسلیم کرتے ہیں مگر وہ سارتر میں ’وسیع تر بشری‘ ہمدردی کی کمی محسوس کرتے ہیں

کیوں کہ وہ انسانی وجود کے 'اصل' پر مرکوز ہے یہی ان کی سوچ کا خلاصہ ہے... وارث علوی حقیقت پسندی کو انتہا پسندی کی رسائی کے تحت مطالعہ و تجزیہ کرتے ہوئے اس بات کا احساس دلواتے ہیں کہ کانی میں جو کچھ لکھا جاتا ہے وہ کہانی کار کی اصل آگہی ہوتی ہے جس میں معاشرتی حقائق پوشیدہ ہوتے ہیں۔اس سے کہانی کار کو'مفر' نہیں ہوتا۔یوں وہ تحریری حوالے سے منفرد خلقی اظہار کے متمنی رہے اور میراجی کے تخلیقی ادبی انتقادات کے رجحانی تحریک کا حصہ بنے اور اردو میں ذہنی اور فکری آلودگی کو پاک کر کے اسے طہارت بخشی اور اردو نقد میں مروج کئی سال پرانے خیالات،نظریات اور آئیڈیالوجی کے التباس اور کھوکھلے پن کو اپنے قلم سے کھرچا۔اصل میں وارث علوی نے ترقی پسند تحریک کے ایک ایسے ہراول دستے (A Vant-Garde) کے سرخیل بن گئے جس نے وسیع النظری اور اظہار کے دلچسپ پیرائے میں کئی نئے رنگ بکھیرے اور ترقی پسندی کی 'مخصوص قدامت' کو نئی تاویلات کے ساتھ لبرل انداز میں برتا۔انھوں نے اردو تنقید کی نئی فضا تشکیل دیتے ہوئے اردو کے کلاسیکی ادب و نقد کو نئی حقیقت پسندی سے روشناس کروایا اور ادو کے آفاق میں نئے مزاج،اظہار اور رویے کی بنا ڈالی ایسے وہ 'جدیدیت کی انقلابی کروٹ' کہتے ہیں جو حقیقت پسندی سے علامت پسندی تک جاتا ہے۔ وارث علوی اردو کی 'نثر لطیف' پر اپنی تشکیک کا اظہار کرتے ہیں کیوں کہ یہ روایتی رومانیت سے جڑی ہوتی ہے حالانکہ ان کا خیال تھا کہ یہ لوگ شاعرانہ نثر لکھتے ہیں اس سبب ان کی تنقیدی نثر اچھی نہیں ہوتی۔ یہ سچ ہے کہ شاعرانہ زبان اور اظہار تنقیدی تحریروں کے لیے زہر ہوتا ہے۔اس کا احساس راجنٹائن کے ادیب لوئی خورخے بودس کو بھی تھا۔انھوں نے ایک مصاحبے میں کہا تھا کہ وہ البرٹ کامیو کی تنقید کو اس لیے پسند نہیں کرتے ہیں کہ وہ تنقید میں شاعرانہ اور عاشقانہ نثر لکھتے ہیں۔

وارث علوی کے خیال میں علامتی مزاج کی کہانی میں حقیقت پسندانہ بیانیہ موجود ہوتا ہے لیکن نیا کہانی کار اس میں ناکام رہا ہے کیوں کہ ان کے خیال میں پرانے خیالات ایک 'چال' ہوتے ہیں۔وہ فن اور ادب کو فن کی صورت کے تناظر میں ہی دیکھتے ہیں۔فن کی کئی تاویلات ہوسکتی ہیں۔مختلف رسائیوں کے تحت اس کو پرکھا اور تجزیہ کیا جائے لیکن وہ اس کو فن کے نقطۂ نظر سے ہی دیکھتے ہیں جو اصل میں اقدار کی اسلاحی اور اخلاقی وراثت میں نئے سرے سے مخصوص نقطۂ نظر کو پیش کر رہا ہوتا ہے۔وہ اس کو جدید ادب کا حصہ تصور نہیں کرتے۔جو حقیقت پسندی کا منکر ہوتا ہے وہ سوشلسٹ ادب کا مخالف ہوتا ہے۔

وارث علوی اپنے مضمون 'کمٹ منٹ' میں لکھتے ہیں:

''ادب کا موضوع تحریری موضوعات نہیں بلکہ تجربات اور حقائق ہوتے ہیں۔سوشلزم ادب میں ایک

Norm (معمول!) اور قدر کے طور پر کام آسکتا ہے لیکن موضوع اور مواد کے طور پر کام نہیں آسکتا۔''

وارث علوی ادبی اقدار پر کسی قسم کا سمجھوتہ، مصلحت، سودے بازی اور بھید بھاؤ کے قائل نہیں وہ ادب میں جعلی حربوں کو تسلیم نہیں کرتے اور ان سے فاصلہ کیسے ہوتے ہیں۔ ان کا خیال ہے کہ:

''لکھنے والے کا اپنا اسلوب اور اظہار ہونا چاہیے لیکن ان کے خیالات میں تبدیلیوں کی طرف پختہ ذہن نقاد کا رویہ وہ نہیں ہوتا جو نو خیز مجتہد کا ہوتا ہے۔'' (فکشن کی تنقید کا المیہ، ص ۵۶)

''ان کا انداز تحریر دلکش ہے اور قاری کو دلچسپی سے متن پڑھنے اور سمجھنے پر اکساتا ہے۔ وہ اردو کے ادبا اور نقادوں پر طنزیہ لہجہ بھی اختیار کرتے ہیں اور ان کی کمزوریوں کی نشان دہی بھی کرتے ہیں۔ انھوں نے جوش ملیح آبادی سے لے کر ندا فاضلی تک لکھا ہے۔ ان کی تنقیدی زبان اور لہجے پر گہری گرفت ہے جو ان نصابی یا تدریسی نقادوں سے مختلف ہے جو قاری کو کمرۂ جماعت میں بیٹھا ہوا طالب علم تصور کرتے ہیں۔ وارث علوی خطرناک چیز ہیں، وہ ہمارے عہد کے سر برآوردہ نقاد ہیں۔ معاصر تنقید میں انھیں بلند مقام حاصل ہے۔ اردو تنقید میں وارث علوی کا یہ کارنامہ ہے کہ ان کی تجزیاتی نگاہ فکر و نظر کی تازگی اور تنقیدی بصیرت نے اردو تنقید کی سوچ کو نئی رفعت بخشی اور ہم عصر دانشورانہ فضا کو شدت سے متاثر کیا ہے۔'' ('جب بھی دیکھا ہے تمھیں'، از شفاعت قادری)

وارث علوی نے اردو کے دب ادبی تنقیدی فرقوں کے خلاف نعرۂ قلندر بلند کیا اور اردو تنقید میں نئے آنے والے خطرناک رجحانات کی نشاندہی کی۔ ان کی آخری کتاب ''غزل کا محبوب اور دوسرے مضامین'' میں یہ احساس دلوایا ہے کہ اردو کے آفاق پر غزل کا غلبہ حاوی ہے۔ افسانہ، تنقید، ناول، انشائیہ، ڈراما، نظم پر غزل کی لسان اور لفظیات کا غالب اثر ہے۔ انھوں نے جس بات کو محسوس کیا وہ صدق دل سے لکھ دیا۔ وارث علوی دلیر، منھ پھٹ اور سچے نقاد ہیں۔ اس کی مثال اس واقعے سے دی جاسکتی ہے کہ انھوں نے افسانہ نگار رام لعل کی زندگی میں لکھا ہے کہ ''رام لعل کو دنیا کوئی طاقت خراب افسانے لکھنے سے نہیں روک سکتی۔'' وہ اپنی رائے اور بتصروں میں اظہار کی جرأت رکھتے تھے اور کسی رو رعایت سے کام نہیں لیتے لہٰذا ان سے بڑے بڑے نقاد مکالمہ کرتے ہوئے گھبراتے ہیں۔

وارث علوی افسانہ نگاروں اور ناول نگاروں کے علاوہ اردو کے نقادوں کو بھی آڑے ہاتھوں لیتے ہیں اور ان کو آئینہ دکھاتے ہیں۔ ایک مصاحبے میں کہتے ہیں:

''احتشام حسین، کلیم الدین احمد، آل احمد سرور، ممتاز حسین، حسن عسکری سب کی حیثیت ثانوی تھی۔ آرٹ مکمل طور پر ذہنوں کو فتح کرتا ہے، مسحور کرتا ہے، اپنا گرویدہ بناتا ہے۔ ممتاز حسین مکمل طور پر بور کرتے

تھے۔احتشام حسین پچاس فی صد بور تھے۔آل احمد سرور ہاں رنہیں کا جھولا جھلاتے تھے۔جو بالآخر تھا دیتا ہے۔کلیم الدین احمد کے یہاں نقد کا سورج سوا نیز پر تھا۔اردو شاعروں کی قربانیاں ان کے والد کے کام آئیں اور شاعری کی پل صراط پار کر گئے۔حسن عسکری دھاندلی باز تھے۔غالب کو میر سے نیچے دکھایا۔فراق کو دیوتا کی طرح پوجا اور آخر میں مشرب بہ اسلام ہو گئے۔"

("غزل کا محبوب اور دوسرے مضامین"،ص:۲۱۱-۲۱۰)

وارث علوی نے بائیس کتابیں لکھیں جس میں فکشن کی تنقید پر ان کی زیادہ تحریریں ہیں۔ان کی تنقیدی تحریروں نے اردو تنقید کو نئی راہ دکھائی اور اس موجود "نوراکشتی" اور ستائش باہمی کے تبصرے نما تنقید کی دلدل سے نکال کر اردو کو دلچسپ اور معروضی لہجہ عطا کیا۔جو بلا شبہ اردو تنقید کی نئی بازیافت ہے۔ ان کی کتابوں کی فہرست یوں بنتی ہے:

۱- تیسرے درجے کا مسافر ۱۹۸۱ء
۲- اے پیارے لوگو! ۱۹۸۱ء
۳- حالی مقدمہ اور ہم ۱۹۸۳ء
۴- خندہ ہائے بے جا ۱۹۸۷ء
۵- راجندر سنگھ بیدی مونو گراف ۱۹۸۹ء
۶- پیشہ تو سپہ گری کا بھلا ۱۹۹۰ء
۷- جدید افسانے کے مسائل ۱۹۹۰
۸- کچھ بچا لایا ہوں ۱۹۹۰
۹- فکشن کی تنقید کا المیہ ۱۹۹۲ء
۱۰- سعادت حسن منٹو مونو گراف ۱۹۹۵ء
۱۱- سعادت حسن منٹو (ایک مطالعہ) ۱۹۹۷ء
۱۲- اوراقِ پارینہ ۱۹۹۸ء
۱۳- بورژوازی، بورژوازی ۱۹۹۹ء
۱۴- منتخب مضامین ۲۰۰۰ء
۱۵- ادب کے غیر اہم آدمی ۲۰۰۱ء
۱۶- لکھنے گئے رقعہ لکھے گئے دفتر ۲۰۰۱ء
۱۷- ناخن کا قرض ۲۰۰۳ء
۱۸- سرزنش خار ۲۰۰۵ء
۱۹- کلیات راجندر سنگھ بیدی ۲۰۰۵ء
۲۰- راجندر سنگھ بیدی ایک مطالعہ ۲۰۰۶ء
۲۱- بت خانہ چین ۲۰۱۰ء
۲۲- غزل کا محبوب اور دوسرے مضامین ۲۰۱۳
۲۳- اقبال کے بعد اردو نظمیہ شاعری (غیر مطبوعہ)

●●

کشن گڑھ راجستھان کا دبستانِ مصوری اور بنی ٹھنی

راجستھان میں مصوّری کی روایت صدیوں پرانی ہے۔ خاص کر مخطوطوں، تصاویر جن کے خدوخال، ساخت، رنگ اور بیانیہ اساطیری نوعیت کے ہیں۔ مصوری کے اس دبستان کا طرۂ امتیاز یہ ہے کہ ان تصاویر میں کشن گڑھ کی کہانیاں خود اپنی زباں ولہجہ سے بولتی ہیں جس میں راجستھانی تمدن وتہذیب کی حسیت اور رنگ و بو بکھری ہوئی ہے۔

کشن گڑھ کی ریاست اجمیر شریف سے 27 کلومیٹر شمال مشرق میں ایک قصبہ ہے جس کی ایک راٹھور شہزادے راجہ کشن سنگھ (1609-1615) نے بنیاد ڈالی تھی جو جودھپور کے راجہ اودے سنگھ کی نویں اولاد تھے۔ مگر اس قصبے کو مغل بادشاہ شاہ جہاں کے منظورِ نظر روپ سنگھ (1644-1658) نے اصل ترقی دی۔ یہ قصبہ ہائی وے۔ 8 پر واقع ہے۔ اس کو سنگ مرمر کا شہر بھی کہا جاتا ہے۔ 1649ء میں مہاراجہ روپ سنگھ کا مغلیہ اور راجپوت طرز کا تعمیر کیا ہوا قلعہ ''قلعہ کشن گڑھ'' اور 1870 میں تعمیر ہونے والا ''پھول محل'' بھی ہے جو سیاحوں کے لیے ہمیشہ سے دلچسپی کا باعث رہا۔

کشن گڑھ میں 'گونڈلو' (Gundulau) نام کی ایک جھیل ہے۔ اس کے قریب ایک قلعہ ''محکم ولا'' ہے جس کے پانی کے وسط میں 'پھول محل' کی عمارت بنی ہوئی ہے اور 'بنی ٹھنی' کی تمام رومانوی اور افسانوی داستان وہاں کی نہروں، جھیلوں، پلوں، باغوں میں اپنی جمالیاتی اور خواب آلود کہانیاں سمیٹے ہوئے ہے۔

راجستھان کی تاریخ میں راجہ رانی ہی نہیں بلکہ شاہی خاندانوں کی داسیوں نے بھی اپنے اچھے بُرے کاموں اور کردار کے سبب شہرت پائی۔ جے پور کی ایک داسی روپا نے دارالحکومت میں دربار کے خلاف داغدار، گھناؤنے، مخرب اخلاق اور واہیات کام کر کے تاریخ میں سیاہ باب لکھا تو دوسری جانب اودے پور کی ایک داسی 'رام پیاری' نے میواڑ دربار میں اپنی سوجھ بوجھ اور ہوشیاری کا مظاہرہ کرتے ہوئے میواڑ کی تاریخ میں اپنا نام سنہری الفاظ میں لکھوایا۔ جودھپور کی ایک داسی 'بھاؤ مالی' اپنی خوبصورتی کے سبب بہت مشہور ہوئی۔ جب کہ کشن گڑھ کے راجہ ساونت سنگھ نے اپنی خوبصورت داسی 'بنی ٹھنی' کو رانیوں جیسا زیور اور لباس پہنا کر چھپ چھپا کر اس کی ایک تصویر بنائی۔ راجہ ساونت سنگھ نے

اس کو 'بنی ٹھنی' کا نام دیا۔ راجستھانی زبان میں 'بنی ٹھنی' کا مطلب 'سج دھج' کے ہوتا ہے۔ تصویر بنا کر ساونت سنگھ نے اپنے دربار کے مصور نہال چند کو یہ تصویر دکھائی اور نہال چند نے اس تصویر میں کچھ اضافے کیے۔ بعد میں راجہ نے سرِ عام اپنے دربار میں درباریوں اور عوام کے روبرو اس کی رونمائی کی۔ بنی ٹھنی کی یہ تصویر پہلی بار 1755ء اور 1757 کے درمیان مکمل کی گئی۔

اٹھارہویں صدی میں کشن گڑھ کی مصوری بامِ عروج پر تھی اور پھر ایک وقت ایسا بھی آیا کہ اس کا زوال شروع ہوگیا اور کسی حد تک یہاں کی مصوری معدوم سی ہوگئی، مگر بعد میں اس نے دوبارہ مقبولیت حاصل کرلی اور دیگر مقامی مصوروں نے اس رجحان ساز مصوری کو اپنایا۔

کشن گڑھ کے ساتویں راجہ ساونت سنگھ (1764-1699) نے ویشنو کی تعلیمات کے زیر اثر کرشنا کی مذہبی رسومات (CULT) کو ناگری داس کے شاعرانہ نام سے اپنے اشعار کا حصہ بنایا، جس میں شاعرانہ حسن بھی تھا اور موسیقیت بھی تھی۔ ناگری داس جی نے ''بنی ٹھنی'' میں دلچسپی لیتے ہوئے اپنی مہارت سے اس مصوری، شاعری اور موسیقی کو بامِ عروج تک پہنچادیا اور کشن گڑھ کی اسی مصوری پر سنسکرت کی رومانوی شاعری کا گہرا اثر پڑا۔ ناگری داس جی اپنے مزاج میں عاشق مزاج تھے۔

ساونت سنگھ (ناگری داس جی) کی سوتیلی والدہ بکاوتی جی 'بنی ٹھنی' کو چاندی چوک دہلی سے بحیثیت ایک گائکا اپنے دربار میں لائی تھیں۔ بکاوتی جی کو موسیقی اور شاعری کا بہت شوق تھا انھوں نے گیت بھی لکھے۔ جن میں محبت اور عقیدت نمایاں تھی۔ کہتے ہیں ''بنی ٹھنی'' کی دربار میں 'خراب شناخت' تھی۔ اس کا اصل نام کسی کو معلوم نہیں جس کے ساونت سنگھ/ ناگری داس جی عشق میں مبتلا ہو گئے تھے اور اس نے اپنے آپ کو دربار میں ''بنی ٹھنی'' کے نام سے متعارف کروایا تھا۔

وہ خوش پوش ایک خوبصورت لڑکی تھی جس کی زیادہ تر دلچسپیاں ہندی زبان میں تھیں جو بعد میں بعض محققین کے نزدیک ساونت سنگھ کی ''رکھیل'' بن گئی تھی۔ اس کا حسن مردوں کے دلوں اور ذہن میں شیطان جگا دیتا تھا اور عورتیں اس کی قابلیت، حسن اور اداؤں سے حاسد بھی تھیں۔ ''بنی ٹھنی'' کے بارے میں مثبت و منفی تصورات و آراء کے باوجود اس کی اساطیری شخصیت میں چھپی ہوئی شاعرہ سے کشن گڑھ کے ادیبوں، شعرا اور فنکاروں نے ہمیشہ دلچسپی لی۔ بنی ٹھنی کے متعلق یہ روایت بھی ملتی ہے کہ اس کو باغبانی کا بھی شوق تھا۔ پھولوں سے اسے عشق تھا۔ کھانا بہت اچھا پکاتی تھی۔ ساونت سنگھ کی سوتیلی ماں بکاوتی جی کے لیے بھی وہ اکثر کھانا پکاتی تھی۔ ساونت سنگھ جی کو ''بنی ٹھنی'' کا کھانا پکانا پسند نہیں تھا۔ ''بنی ٹھنی'' ایک ذہین لڑکی ہی نہیں تھی، وہ حسن کا پیکر بھی تھی۔ اس کا معاشرتی رکھ رکھاؤ اور اس میں تہذیبی شائستگی

کوٹ کوٹ کر بھری تھی۔ ساونت سنگھ کو اس سے اس قدر والہانہ محبت تھی کہ انھوں نے اپنے آپ کو مکمل طور پر ''بنی ٹھنی'' کے سپرد کر دیا۔ ساونت سنگھ ''بنی ٹھنی'' کے ساتھ ایک صحت افزا مقام 'ماؤنٹ گوران'' بھی گئے اور کہا جاتا ہے کہ ساونت سنگھ نے اپنی شہادت کی انگلی پر ''بنی ٹھنی'' کا نام بھی کھدوایا تھا۔ وہ کرشنا کی جائے پیدائش ''متھرا'' بھی گئے جہاں ''بنی ٹھنی'' ''رشک بہاری'' کے روپ میں سامنے آئی جہاں اس نے ہری داس کے لیے بھجن بھی ترتیب دیئے۔

ساونت سنگھ کے انتقال کے ایک سال بعد ''بنی ٹھنی'' بھی اس دنیائے فانی سے چلی گئی۔

ساونت سنگھ (ناگری داس جی) کی موت کے بعد کشن گڑھ کی مصوری کا دبستان آہستہ آہستہ دم توڑتا گیا۔ انیسویں صدی میں یہ دوبارہ زندہ ہوا، لیکن اس میں تخلیقی عنصر زیادہ نہیں تھا اور نہ ہی کوئی اچھوتا اسلوب اس حوالے سے سامنے آیا۔ زیادہ تر پرانی تصاویر کی نقالی کی گئی۔ نہال سنگھ کے زمانے میں ''گلہری'' کی دُم سے برش بنایا جاتا تھا اور اس سے بہتر تصاویر تخلیق کی جاتی تھیں۔ ''بنی ٹھنی'' کی تصاویر میں سبز رنگ حاوی ہے۔

کشن گڑھ کی مصوری نے ''بنی ٹھنی'' کو مبالغے کی حد تک خوبصورت بنا دیا۔ اس کی نوکیلی ناک، لمبے گھنے بال، صراحی دار گردن، مچھلی جیسی آنکھیں یا چشم آہو اور کمان کی سی ٹھوڑی کو خوبصورت جسمانی اعضا کی شکل دے کر اس میں رنگ بھرے گئے۔ بنی ٹھنی کی زیادہ تر تصاویر میں اس کے چہرے کے ایک ہی رُخ کو پیش کیا گیا ہے اور اس کو فنکارانہ آدرش (آئیڈیل) کے طور پر ایک ''دیوی'' کی صورت میں بھی اپنے فنکارانہ عمل میں شامل کیا، حالانکہ کسی عورت کی ایسی آنکھیں ہو ہی نہیں سکتیں جو کہ کانگڑا مصوری کی تکنیک ہے۔ جو انسان کی خوبصورتی کا التباس اور مصورانہ ہنر بھی ہے۔ جیسے بنی ٹھنی کی آنکھوں کو ''پدم کشی'' (لوٹس) کے پھول سے بھی تشبیہ دی گئی ہے جو کہ راجپوتانہ کی مثالی اور روایتی خوبصورتی کی فنکارانہ اور شاعرانہ علامت ہے۔ بنی ٹھنی کی صراحی دار گردن میں موتیوں اور قیمتی جواہر اور پتھروں کے ہار، خواب آلود آنکھیں، خوبصورت ناک، شہوت انگیز ہونٹ، ملبوسات، زیورات، بالوں اور دوپٹہ پہننے کا انداز کس کو اپنی طرف متوجہ نہیں کرے گا۔ بنی ٹھنی ''راجستھانی عورت'' کی خوبصورتی، نسوانیت اور عشق و محبت کی علامت ہے۔ آج صدیاں گزر جانے کے باوجود مصوری کا طالب علم، نقاد اور محقق بنی ٹھنی کی مسکراہٹ کے پیچھے چھپی ہوئی معنویت اور تشریحات و رموز تلاش کر رہا ہے اور وہ اس کی تہہ میں اُتر کر اس مسکراہٹ کا اسرار پالینا چاہتا ہے مگر وہ ابھی تک اس کو نہیں پاسکا۔ بنی ٹھنی کی خوبصورتی فرد کو ایک طلسماتی آفاق میں لے جاتی ہے اور اساطیری فرد اپنے اوتار اور دیویوں کو بھول کرنا قابل یقین حد تک

روحانی، جمالیاتی تجربے کو اپنے وجود میں سمیٹ لیتا ہے کہ وہ خود کو بھی اس اساطیری کردار کا حصہ تصور کر لیتا ہے۔

کشن گڑھ کی مصوری کو فروغ دینے میں راجہ پنڈت سنگھ (1748-1764) کا نام لیا جاتا ہے جو ایک شاعر ہونے کے علاوہ مذہبی رجحانات رکھنے والے انسان تھے جو مغل بادشاہ محمد شاہ کے قریبی دوست بھی تھے۔

سردار سنگھ (1756-1766) کے دَور میں خوبصورت عورتوں کی تصویر کشی کی گئی ہے جس سے مغل بادشاہ محمد شاہ بھی بہت خوش ہوا تھا۔اس کے دربار میں زنان خانہ بھی تھا جس میں باہر کی دنیا سے رابطے کا کام خواجہ سراؤں کی ذمہ داری تھی۔

مصور نہال چند کا تعلق کشن گڑھ کے دربار سے تھا جو بہترین تخلیق کار اور باصلاحیت اسلوب کار بھی تھا۔اس کی برش ایک تمدن کی فکری اور جمالیاتی کہانی رقم کرتی ہے۔ان کو کشن گڑھ کے مصوری کے دبستان کے بنیاد گزاروں میں شامل کیا جاتا ہے۔

جب جے پور کے حکمرانوں نے مغلوں سے اپنے معاشرتی اور سیاسی تعلقات بڑھائے تو اس کا اثر کشن گڑھ کی مصوری پر بھی ہوا مگر کشن گڑھ کا مصورانہ اسلوب منفرد ہی رہا۔

کشن گڑھ کی مصوری میں محلات، قلعوں، جھیلوں، باغات، کھیت کھلیان کو اُجاگر کرتے ہوئے کشن گڑھ کے اطراف کی معاشرتی اور جمالیاتی حسیت کا اظہار ملتا ہے۔چند تصاویر میں نرتیا گوپال کو رقص کرتے ہوئے دکھایا ہے جس میں دیوتا اور اس کی رادھا سے تعلق کو اُجاگر کیا گیا ہے۔یہاں تک کہ باغات اور دربار کی منظر کشی کرتے ہوئے یہاں کے مصور رادھا کشن کو نہیں بھولے۔

''بنی ٹھنی،، کو بہت سے لوگوں نے ایک مصور گوپال سوامی کینٹ ہرچی کے حوالے سے بھی شناخت کیا ہے۔تاریخ کے اوراق میں یہ کہانی بھی ملتی ہے کہ اردو کے شاعر داغ دہلوی (1831-1905) جن کی ماں وزیر خانم نے بیوہ ہونے کے بعد بہادر شاہ ظفر کے صاحبزادے مرزا سلطان عرف مرزا فخرو میاں سے شادی کر لی تھی۔داغ کی والدہ وزیر خانم سے بھی تعلق بتایا گیا ہے۔وزیر خانم کا آبائی تعلق کشن گڑھ سے بیس میل دور ایک گاؤں 'ہنڈل پروا' (Hindal Purwah) سے بتایا گیا ہے۔ان کے پردادا جان میاں محسنا اللہ جو ایک مصور تھے وہ ایک زمانے میں کشمیر چلے گئے تھے، وہاں پر انھوں نے ''بنی ٹھنی،، کے پیکر کو تصویر کی شکل دی۔ایک دن اچانک مہاروال گجیند را پنی سنگھ نے محسنا اللہ کی جھونپڑی میں یہ تصویر دیکھی۔اسے اس میں اپنی چھوٹی بیٹی ''من موہنی،، کا عکس نظر آیا۔وہ

اس پر برہم ہوا اور تصویر واپس کرنے کو کہا تو اس نے شاید تصویر واپس نہیں کی اور شک کی بنا پر مہاروال گجند راپنی سنگھ نے اپنی بیٹی ''من موہنی'' کا گلا کاٹ کر ہلاک کر دیا اور مقامی باشندوں کو گاؤں خالی کرنے کا حکم دیا۔ محسنا اللہ کے دو جڑواں پوتے داؤد اور یعقوب نے فرخ آباد سے دہلی جاتے ہوئے راجپوتانہ میں کچھ دن قیام کیا اور دو یتیم بہنوں سے شادی کی۔

''بنی ٹھنی'' کو ہندوستان کی ''مونالیزا'' بھی کہا جاتا ہے۔ بنی ٹھنی نے سولہویں صدی کے راجستھان اور فلورنس (اٹلی) کی دو فنکارانہ (مصورانہ) دنیاؤں کو ایک دوسرے میں ضم کر دیا۔ کہتے ہیں کہ بنی ٹھنی کی صورت میں مونالیزا کی تشریح نو ہوتی ہے۔ ہندوستان کی مونالیزا کو ایک مصور یمنی شرما نے نئے انداز سے پیش کیا ہے۔ یمنی شرما باصلاحیت مصور رہے ہیں۔ ان کا تعلق بڑودہ کے ایک آرٹ اسکول سے ہے۔ انھوں نے مختلف تناظر میں روایتی مصوری کو نئے تجربات، اسلوب اور ہنر مندی کے ساتھ اپنی مصوری میں برتا ہے۔ ان کا خیال ہے کہ ہر دَور میں مصوری کے تقاضے تبدیل ہوتے رہتے ہیں، لہٰذا انھوں نے راجستھانی کلاسیکی مصوری کو جدید تقاضوں سے منسلک کر دیا اور قدیم و جدید کی فنکارانہ حسیت کی دنیاؤں کو پاٹنے کی کوشش کی۔ ان کی مصوری کا اثر راجستھانی ڈرامائی فن پر بھی پڑا۔

راجستھانی مصوری میں کئی ذیلی دبستانوں کا بھی اضافہ ہوا ہے۔ کشن گڑھ کی مصوری کے دبستان کو ایرڈکسن نے دریافت کیا جو ایک زمانے میں لاہور کے میو کالج میں پروفیسر تھے۔ انھوں نے اس موضوع پر دقیق تحقیقی کام کیا۔ وہ اس پر ''تحریر تجرید'' (مونوگراف) لکھنا چاہتے تھے مگر ان کی عمر نے وفا نہ کی اور وہ اسی دوران دنیا سے رخصت ہو گئے۔ ۱۹۵۹ء میں للت کلا اکادمی دہلی نے کشن گڑھ کے دبستان پر ایک خوبصورت دستاویزی تحقیقی مونوگراف بعنوان ''کشن گڑھ کی مصوری'' کو بڑے اہتمام سے شائع کیا جو ایرک ڈکسن اور رکنڈیلا والا کی محنت کا نتیجہ تھا۔ اس تحریر کو بڑی قدر و منزلت ملی۔

1940ء میں بنی ٹھنی کی تصاویر پر توجہ دی گئی۔ اس سال دہلی کے قومی عجائب خانہ میں کشن گڑھ کی مصوری کی نمائش ہوئی۔ 1973ء میں حکومت ہند نے ''بنی ٹھنی'' پر ڈاک ٹکٹ جاری کیا۔ پروفیسر پی سی جین، ڈاکٹر دلجیت اور ڈاکٹر فیاض علی خاں نے ''بنی ٹھنی'' کی جمالیات پر بڑی مفید اور عمیق تحقیق کی ہے۔ کشن گڑھ مصوری کے دبستان کے اہم مصوروں میں سری بنواری لال جوشی، شہزاد علی خان، گوپال سوامی گوپال، خشونت شرما دتہ اور ارجن سنگھ کے نام اس مکتب مصوری کو چار چاند لگائے ہوئے ہیں۔

یوں یہ مصوری دربار سے نکل کر عوام میں مقبول ہوئی۔ اسی سبب مصوری کے چاہنے والوں میں کشن گڑھ کی مصوری کو کاروباری سطح پر روشناس کروایا گیا مگر اس کا ایک نقصان یہ بھی ہوا کہ کشن گڑھ کی

مصوری کے جعلی نمونے بازار میں آگئے۔ یہ ایک حقیقت ہے کہ یہ ''جعلی تصاویر'' دیکھنے میں ''اصل'' لگتی تھیں کہ بڑے بڑے زیرک مصوری کے محققین اور نقاد بھی ان تصاویر کو دیکھ کر دھوکا کھا گئے۔ ذاتی طور پر ان مصورانہ شاہکاروں کو جمع کرنے والے لوگ بھی دھوکا کھاتے ہیں اور یہ تسلیم کرنے سے انکار کرتے ہیں کہ یہ تصاویر جعلی یا اصلی نہیں ہیں۔ للت کلا اکادمی کی مصوری کے ان نمونوں کی اشاعت کے بعد اتفاقاً دہلی، جے پور اور بمبئی میں کشن گڑھ کی مصوری بازار میں آگئی جن میں چند ہی طبع زاد یا اصل ہیں۔

کشن گڑھ کی مصوری کے دبستان میں ''بنی ٹھنی'' کی تصاویر کو درجہ بندی کے تحت ''راجپوت مصوری'' کا حصہ بھی کہا جاتا ہے جو اصل میں ''مہابھارت'' سے اخذ کی ہوئی کہانیوں میں مصورانہ رنگ بکھیرتی ہیں اور زمان و مکان کے تحت تجزیہ و تقابل کیا گیا ہے جو آج کے زمانے میں بھی مقامی ثقافتی اور فن کارانہ قدر ہے۔ جس کو عالمی پذیرائی بھی حاصل ہے۔ ان مصورانہ داستانوں میں ''بھاگوت پرانا'' کی فکریات اور تعلیمات بھی ملتی ہیں۔ ''بنی ٹھنی'' صرف کشن گڑھ کا مصورانہ افسانوی یا اساطیری کردار نہیں تھا بلکہ اس دبستان میں مصوری کا اثر بیکانیر، بوندی، کوٹہ، امبر اور جے پور کے مقامی دبستانوں پر بھی پڑا۔ خاص کر ان رجواڑوں اور مقامی ریاستوں کے دربار میں ''بنی ٹھنی'' کی مصوری کو پسند نہیں کیا جاتا تھا بلکہ یہاں اس کی عوامی سطح پر بھی ترویج و تشہیر ہوئی اور ایک عام آدمی بھی کسی نہ کسی طور پر اس فنکارانہ عمل کی طرف راغب ہوا۔ ان تصاویر کے مخطوطوں کو محفوظ بھی کر دیا گیا۔ راجستھان کے شاہی درباروں، سرکاری عمارتوں میں بنی ٹھنی کی تصاویر آویزاں ہوا کرتی تھیں جو راجستھان کی شاندار مصوری کی روایت اور توانا ثقافت کی نمائندگی کرتی تھیں اور اس مصوری نے ثابت کیا کہ ان کی بہادری اور ایثار ہی اس ثقافت کا خلیقہ نہیں ہے بلکہ عظیم تاریخی روایت بھی ہے جس پر اس ثقافت کو فخر و ناز رہا ہے۔

ان تصاویر کو دیکھ کر اندازہ ہوتا ہے کہ شجاعت کے ان علمبرداروں میں حسن جمالیات، حسن فطرت ہی نہیں بلکہ ہیئت کی کئی فنکارانہ سمتیں بھی دریافت ہوئیں جو ایک تخلیقی آفاق کو خلق کرتی ہے جو صدیوں بعد آج بھی تازہ لگتی ہے۔

ناگری داس جی (ساونت سنگھ جی) نے ''بنی ٹھنی'' سے اپنے عشق کو اپنی شاعری میں شاعرانہ رومانویت میں پیش کیا۔ ان کے یہاں ''بنی ٹھنی'' کا سراپا عمیق جمالیاتی اور شاعرانہ آرائش ہے جو فطری ہوتے ہوئے اس میں نفس انسانی کا اعلیٰ تخیل بھی وضع ہوتا ہے۔ ناگری داس جی کے یہاں کا تخیل اضطرابی اور غیر شعوری نوعیت کا بھی ہے جس میں اضطرابی شبیہ کاری اور غیر شعوری عمل کی تہذیب کے

تزکیے کا مکالماتی تفکر ہے جس میں بعض دفعہ ان کی زبان لڑکھڑا جاتی ہے، مگر تمثالوں، استعاروں اور تشبیہات اور شاعرانہ رموز اپنے طور پر ان کی شاعری میں رنگ و جمال کی عطریات بکھیرے دیتے ہیں۔ ''بنی ٹھنی'' میں ایک گوالن چھپی ہوئی تھی، اس گوالن کو ناگری داس جی نے ایک نظم ''نیلا خدا'' میں ''بنی ٹھنی'' کے حسن و جمال کو والہانہ انداز میں بڑے خوبصورت پیرائے اظہار میں بیان کیا ہے:

نیلا خدا

اس کا چہرہ چمکتا تھا جیسے دمکتا ہوا سورج
اس کی دو ابروئیں کمان کی مانند جیسے جھیل میں شہد کی مکھیاں
اس کے سیاہ گیسو، بیلوں کی طرح ادھر ادھر لہراتے ہوئے
اس کی کماندار نوکیلی اور جواہر ناک ایسے جیسے سائپرس کا پودا
اس کے لب ایسے جیسے کوئی شہزادی مسکراتی ہو
اور اس کے خشخش (پولی) کے پھول جیسے سرخ ہونٹ
جیسے جون کی طویل تابناک دوپہر میں عشق میں ڈوبا ہوا کبوتر

1731ء میں ناگری داس جی نے اپنی نظم 'بہار چندریکا'' میں کشن گڑھ کی مصوری کی تشریح کی ہے:

......جب سورج مشرق میں ڈوبتا ہے
تو عاشق جمنا میں دریا کا سفر کرتے ہیں
''ساکی'' کی موسیقی لہروں کی آواز میں مدغم ہو جاتی ہے
پھولوں کے پانیوں میں چپو کشتی کا وزن اٹھاتی ہے
وہ گزرتے ہیں، سنگ مرمر کے محلوں اور سفید دمکتا ہوا مندر
اور سبزہ زار پہاڑیاں اور نیلا آسمان......''

●●

نوٹ:۔ ایک تحقیق کے مطابق 1728ء میں جب بنی ٹھنی کو دہلی کے چاندنی چوک سے خریدا گیا، اس وقت اس کی عمر دس سال تھی۔یعنی یہ کہا جاسکتا ہے کہ بنی ٹھنی 1718ء میں پیدا ہوئی۔

لایعنیت کی بنیادی ساخت

جب بھی لایعنیت کے حوالے سے بات ہوتی ہے تو ڈنمارک کے فلسفی ُسورین کیرک گرد' کا نام لیا جاتا ہے کہ موصوف نے سب سے پہلے لایعنیت کی اصطلاح استعمال کی۔ اس نے عیسائیت کے حوالے سے لایعنیت کا انکشاف کیا۔ کیوں کہ فرد کے ادراک کی استدلالیت اور روایتی اصول، اس کے وجود کا جواز تلاش کرنے سے قاصر ہیں۔ بقول کیرک گرد فرد اور خدا کے درمیان اس وقت تک رابطہ نہیں ہوسکتا ہے جب تک کہ خدا کو موضوع تسلیم نہ کیا جائے اور زندہ اور حرکی قسم کا رابطہ صرف ایک موضوع اور دوسرے موضوع ہی میں قائم ہوسکتا ہے موضوع اور مفروض کے درمیان وجود نہیں پاسکتا۔ وہ فردیت کا اس قدر قائل تھا کہ اس نے ایک دفعہ کہہ دیا تھا کہ ''لوگ کیرک گرد کی لایعنیت سے تو واقف ہیں، حالاں کہ لایعنیت کا تصور سب سے پہلے ُروسوٗ نے دیا تھا، جب اس نے اپنے معاشرتی تجزیے کے دوران یہ کہا کہ معاشرے میں کسی ثقافت اور کسی زبان کا وجود نہیں، لایعنی فکر میں فرد کو اپنی عظمت کا احساس کچھ زیادہ ہی ہے۔ کیوں کہ اس سے پہلے فرد کو اس قدر کھوکھلا کر دیا گیا تھا کہ وہ اپنے وجود کا اظہار کرتے ہوئے شرماتا تھا۔ کیوں کہ فرد کی عظمت کی بڑائی کو اس کریہہ انداز میں پیش کیا گیا کہ جس میں فرد کی تذلیل ہی نہیں بلکہ اس کو، اس کی عظمت کا دھوکہ دے کر اس سے، اس کے اصل جوہر کا غصب کرلیا گیا۔ اور یوں فرد اپنے اصل وجود کے ساتھ سمندر میں ڈوب گیا۔ انھیں باتوں نے لایعنی فرد کو جنم دیا۔ نطشے نے روایتی مذہبی فکر سے بغاوت کی۔ مثال کے طور پر اس کا یہ کہنا: ''سب خدا مر چکے ہیں، اگر خدا کا وجود ہوتا تو میں کیسے برداشت کرسکتا تھا کہ میں خدا نہیں ہوں۔'' علاوہ ازیں نطشے کا عیسائی مذہب کے خلاف ردِعمل اسے مذہب سے باغی کرگیا۔ مثلاً: بوڑھا خدا مر چکا، ہم چاہتے ہیں کہ عظما زندہ رہیں....'' وغیرہ وغیرہ۔ یہ امر لایعنیت کی خدا بےزاری کی دلالت کرتا ہے اور یہ کہنا غلط نہیں معلوم ہوتا کہ لایعنی فکر یا اس سے متعلقہ بحث خدا کی موت کے بعد شروع ہوتی ہے۔ ''اور خدا اپنی مطلق ہئیت میں اپنا وجود نہیں رکھتا۔ یا یوں کہہ لیں کہ خدا قیمتی مفروضہ ہے۔ خدا کا مرحوم ہوجانا انسانی قدر ہے۔'' لایعنیت (Absurdity) وجودی تصور ہے۔ یہ نظامِ فہم اپنی کسی حتمی رسمی تعریف سے محروم ہے۔ لایعنیت یا ایبسرڈیٹی کا لفظ فرانسیسی زبان میں مابعد الطبیعاتی معنوں کا حامل ہے۔ یہ تصور ریکارڈ کی

اس مابعد الطبیعاتی منطق کے بعد شروع ہوتا ہے کہ ''میں سوچتا ہوں، کیوں کہ میں ہوں''۔ جہاں لایعنی فکر کا یہ بنیادی نکتہ بن جاتا ہے کہ اس کے ماخذ کئی فلسفیانہ افکار ہیں۔ ہیگل کے فلسفے میں بحران کا التباس دراصل لایعنیت ہے جو ہیگل نے ناسٹلجیائی اور پینالاگ ازم (Panlogism) کی قسم میں بیان کیا ہے۔ جہاں وجود کا مکمل تجربہ بغیر کسی رابطے کے ہے۔ جہاں استدلالیت اور تجربہ آ کر ایک ہو جاتے ہیں۔ لایعنی سوچ، ناول اور مقالہ نگاری میں تھوڑا بہت نظر آتی ہے، جب کہ تھیٹر اور ڈرامے کی دنیا میں ۱۹۵۰ء کی دہائی میں یہ فکر اس وقت اپنی سرکاری لایعنی شناخت سے جانی پہچانی جانے لگے، جب مارٹن آئس لینڈ نے اپنی کتاب 'تھیئٹر آف دی ایبسرڈیٹی' لکھ کر کئی ڈراما نگاروں کو ایبسرڈ، صف میں کھڑا کر دیا۔ اس طرح ایک اور نقاد ڈیوڈ ڈی گولوے (David D. Galoway) اپنی تصنیف 'دی ایبسرڈ ہیروٗ (The Absured Hero) لکھ کر لایعنیت کے تصور کو نئی بنیادیں فراہم کیں۔ اس سلسلے میں اس بات کا چرچا ہر طرف ہوا کہ فرانسیسی ڈراما نگار، الفریڈ جیری نے ۱۸۸۸ء میں (Uburoi) لکھ کر پہلی لایعنی تخلیق پیش کی۔ پھر نقادانِ فن اس کھیل کا تعلق فرانسیسی آورن گارد تحریک سے جوڑ دیا۔ لایعنی فکر کسی نہ کسی طور پر جدیدیت، وجودیت، مستقبلیت، کیوبک ازم، ڈاڈاازم، پینالاگ ازم اور سویلزم سے متعلق ہے۔ ان پر کافکائی تحریروں کا بھی اثر ہے۔ یہ فکر یونانی دیومالائی کے حواریوں کے علاوہ کچھ طربیوں میں بھی نمایاں طور پر دیکھی جا سکتی ہے۔ قدیم کھیلوں میں لایعنیت نظر آتی ہے، مگر بیسویں صدی میں یہ المیے کی نئی ہیئت کی صورت میں سامنے آئی۔ لایعنیت میں موضوعِ بحث ہمیشہ فرد ہی ہوتا ہے۔ جو چیز گرفت میں ہے وہی اپنی گرفت کمزور کرتی ہے۔ زندگی کی موافقت (ہم آہنگی) لایعنیت کی پُراسراریت ہے۔

تاریخی سطح پر لایعنیت، استدلالیت کے خلاف بغاوت تھی۔ جس نے کلاسیکی استدلالیت یا عقلیت کو یکسر مسترد کر دیا۔ جیسا کہ برگسان، میرس، برنچویک نے استدلالیت کی اثر انگیزی سے انکار کیا اور انھوں نے ذہن اور اس کے تعلق سے تجربے اور فرد کی مصنوعی کائنات سے بحث کی، ساتھ ہی برگسان نے شخصی حقیقت پسندی سے بھی اپنے باغی ہونے کا اعلان کیا۔

لایعنی فکر پر کسی نہ کسی طور سے کریک گارڈ، نطشے، دوستوفسکی، شیٹوف، یاسپر (جاسپر) اور ہیرل کے فلسفے کا اثر ہے۔ مگر پاسکل اور کریکے گارڈ لایعنی فکر سے زیادہ قریب دکھائی دیتے ہیں۔ دونوں نے ہی دیکارڈ کی استدلالیت کی نفی کی، بعد میں کریکے گارڈ نے ہیگل کے نظامِ فکر سے اختلاف کیا۔

کامیو کی تحریریں اجنبی (Stranger) اور سیفیس کی کہانی میں ارادے اور حقیقت کے درمیان

اس تفاوت سے بحث کی، جوفرد اور تقدیر کے درمیان دیکھا جاسکتا ہے۔کامیو یہ تحریریں، اسکے لایعنی فلسفے کا برملا اظہار ہیں، جس کے پس منظر میں نازی جبریت کسی نہ کسی طور پر شدید تھی۔جوکئی برسوں تک لکھنے والوں پراثرانداز رہی۔جہاں عقیدہ ایک مرکزی قدرتھا یاایک معصومانہ رجائیت، اسی حوالے سے فرد کی زندگی مزید اشیا سے آگاہ ہوتی ہے۔کامیو کالایعنی فرد دوسری جنگِ عظیم اوراس کے گہرے شعورو ادراک سے لبریز ہے۔کامیو نے سارتر کی طرح فرد کی تشویش سے بحث کی۔لایعنی فکرمیں فرد، انسانی زندگی کی سب سے اہم اکائی ہے اور اس کے وجود سے ہی دنیا کے رنگ بنتے اور بگڑے ہیں۔مگر معروضی مابعدالطبیعات کا کوئی وجودنہیں ملتا، جہاں خدا منجمد قدر ہے۔دیگر لایعنی لکھنے والوں کی طرح کامیو نے اس بات کو شدت سے محسوس کیا، فرد کا اظہار ایک طرح کا جذباتی تجربہ ہے۔جو بہت زیادہ عقلیت کا حامل ہونے کے علاوہ فلسفیانہ زرخیزی کا حامل ہوتا ہے۔یہ توجیہ فرد کے لیے لاتعداد مسائل پیدا کرتی ہے۔یایوں کہیں لایعنیت ایک قسم کا دانشورانہ مرض ہے جوذہن، جذبات، خیالات اور تجربے کے درمیان مغالطے کھڑے کرتا ہے، جوامکان اور ارادے سے متعلق ہے۔

کائناتی طور پر فرد کی سوچ، اس کی ذات کی جذباتی تفہیم کرتی ہے اور پھر فرد پر انکشاف ہوتا ہے کہ ''میں دنیا میں کیوں رہ رہا ہوں۔'' یہ بات شروع ہی سے اس فلسفے سے ہوتی ہے کہ'' زندگی ہے یا اس کی ضرورت نہیں ہے۔'' کامیو کے نزدیک ''لایعنی فلسفہ بنیادی سوالات کی تشخیص کرتا ہے۔'' خیال اصل میں جذباتی اور دانشورانہ سطح پر موت کی آگاہی ہے۔جیسا کہ ہمیں سال بیلو کے ناولوں میں نظر آتا ہے۔ لایعنیت دو اشیا کے درمیان تضاد کا نام ہے جو ناگزیر طور پر فرد کی فنا ہے۔جوتقدیر اور حقیقت کے ساتھ منسلک ہے اس کے بغیر کوئی تصورِ وجود نہیں رکھتا ہے۔لایعنیت فرد کے پُراسرار وجود کا اظہار ہے۔ یہ فلسفہ فرد، اس کے تجربے کے درمیان ایک پُراسرار رشتہ ہے جو اس کے وجود کی تکمیل ہے۔یہ ایک ایسی سچائی ہے جو اس بات کا مطالعہ کرتی ہے کہ انسانی صورتِ حال کو پُراسرار وجود کے ساتھ پرکھنا چاہیے۔جہاں ایک لایعنی کائنات میں بنیادی حوالہ ذہن کا ہے۔لایعنیوں پر اس وقت بڑا مشکل وقت آن پڑتا ہے، جب یہ لوگ اپنے ہاتھوں سے اپنے تصور کا گلا گھونٹ دیتے ہیں، جو کائنات میں انسانی احتیاجات اور غیر عقلی خاموشی اور غیر عقلی توبیہات پر مبنی ہیں۔اس میں فرد اور کائنات کا تصادم ہوتا ہے اور قوت یا اقتدار کی یہ توجیہات مذہبی نوعیت کی ہوتی ہیں۔مذہبی فلسفی، اس کی جتنی بھی فلسفیانہ توجیہات بیان کریں، مگر وہ فرد کے استدلال سے کوسوں دور ہوتے ہیں۔لایعنی ذہن کبھی عقل سے بیع نہیں ہوتا۔فرد کو سچائی کی جستجو اور اس کے انکشاف کے لیے دنیا کو سمجھنے کی ضرورت پڑتی ہے۔فرد کا باہمی

تعلق (اتحاد) ہی زندگی کا بامعنی تصور ہے۔اس کے لیے فرد کو تاریخ اور عصری فلسفے کے ارتصال سے اور انسان کی تقدیر کے حوالے سے باہر کی دنیا کی صورتِ حال کا تعیّن کرنا پڑتا ہے۔

اس کائناتی اتحاد سے باہر ایک چیز اور ہوتی ہے، جس کو ہم مابعد الطبیعات کہتے ہیں۔اور پھر ہوتا یوں ہے کہ تمام دعوے تضادات پر آ کر ختم ہو جاتے ہیں۔نہ ہی یاسپر، نہ ہی کر یکے گارڈ، نہ ہی شیسٹوف (Shestof) نے لایعنی فرد کی بحث یا اس کی شاخت خدا کے حوالے سے کی ہے۔گیبریل مارسل کے تصوراتِ لایعنیت، زندگی کی بنیادی پُراسرایت کی علامت ہے۔جب کہ کر یکے گارڈ کا کہنا ہے کہ ''مذہب ہمیشہ اپنے لایعنی معنوں کا اظہار ہے۔مذہب کی استدلال وتوجیہ ممکن نہیں'' اس کا کہنا ہے کہ 'مذہب عقیدے کی جیت ہے۔'

لایعنی فکر پر عموماً انتہا پسندی کا الزام لگایا جاتا ہے۔حالانکہ یہ بات صحیح نہیں، نہ فردیت کے حوالے سے کوئی کھوکھلی بغاوت اور نہ ہی یہ فلسفے سے بغاوت ہے اور نہ ہی اس سے فرار۔بلکہ فلسفیانہ تاریخی کڑی ہے۔جو تاریخِ فلسفلہ میں ایک نیا زینہ تشکیل دیتی ہے۔البتہ ایک معاشرتی بغاوت کا تصور ضرور سامنے آتا ہے۔جس میں فرد اہم ہے۔جو فرد اور اس کے ارد گرد کی تاریکی کے درمیان ایک طرح کا ارتباط ہے۔جہاں تمام کشمکش فرد 'لایعنیت' کے لیے ہی کرتا ہے۔ساتھ ہی اس چیلنج کو قبول کیا جاتا ہے کہ دنیا آگاہی کا نام ہے۔زندگی کے تضادات کی تفہیم کے لیے فرد کا تجربہ ضروری ہے جو فرد اپنی آنکھوں سے دیکھ رہا ہے۔

لایعنیت میں آزادی کا وہ تو رنہیں جو بیان کیا جاتا ہے۔عموماً یہ آزادی خدا اور فوق وجود حوالوں سے جانی جاتی ہے۔جہاں امید اور آرزوئیں ہوتی ہیں، جہاں فرد لایعنی نبضوں پر ہاتھ رکھ کر آزادی کی تشخیص نہیں کرتا بلکہ اپنی معاشرتی ترجیحات کو تشکیل دیتا ہے۔کیوں کہ ہمیشہ یہ کمزوری رہی ہے کہ فرد اپنے لیے لامحدود آزادی کا متمنی ہوتا ہے۔وہ اسی آرزو کی تمنّا لیے دنیا سے اٹھ جاتا ہے۔کیوں کہ آزادی حقیقت نہیں، دنیا کی سب سے بڑی حقیقت موت ہے۔یہ ایک ایسی سچائی ہے جہاں ہر امید، تقدیر کے سہارے زندہ ہے، التباس کے رنگوں میں فرد آزادی کی آرزو کرتا ہے۔جو اس کے معروض کے تجربے کا حصہ نہیں بلکہ اس کے مصنوعی تجربے سے تراشا جاتا ہے۔یہاں ذہن سوپنائر کی آفاقی ارادیت کی ہمہ گیریت کی طرف رجوع ہوتا ہے۔جہاں فرد سے اس کی خوشی اور انبساط چھین لیا گیا ہے۔فرد اپنی زندگی میں لاتعداد آرزوئیں اپنے دل میں بسائے رکھتا ہے جب اس کی یہ آرزوئیں پایۂ تکمیل کو پہنچتیں تو وہ اکتاہٹ اور اذیت کا شکار ہو جاتا ہے۔سوپنائر کے نزدیک فرد کھوکھلی تمنّاؤں اور

بے ثمر آرزؤوں کے گرداب میں پھنسا رہتا ہے۔ حالانکہ ان کے علم میں یہ بات ہوتی ہے کہ موت کی تلوار ہر سوان کے سر پر لٹک رہی ہے۔ سوپنائر کی لایعنیت، ارادیت (Volantarism) سے پھوٹتی ہے۔ جب اس نے یہ کہا کہ ُارادہ آقا ہے اور عقل اس کی لونڈی' مراد یہ کہ سوپنائر فرد کے لیے ارادے کو اوّلیت دیتا ہے۔ فرد کے یہاں عقل کی حیثیت ثانوی سی ہے۔ کیوں کہ عقلیت اور منطق وغیرہ کے جال میں پھنس کر فرد اس وقت تقدیر کے ہاتھوں اپنے آپ کو بے بس پاتا ہے، جب وہ اپنی بے نور آنکھوں سے ایک ہی منظر دیکھتا رہا ہوتا ہے... سوپنائر بھی روسو کی طرح کسی ثقافت کے وجود کا مخالف ہے۔ اس کے خیال میں ثقافت کھوکھلی چیز ہے اور فرد اپنی فطری خود غرضی کے باعث کبھی ترقی نہیں کر پائے گا۔

عموماً تمام اہم لایعنی لکھنے والے وجودی، معروض سے لایعنی منشور تشکیل دیتے ہیں۔ لایعنی تحریروں کے بنیادی تلازمے فرد کے ذہن اور کائنات کی عدم مطابقت اور تضادات سے عبارت ہیں۔ کیوں کہ لایعنیت، ذہن کے تجربے اور اس کی مطابقت سے متعلق ہے۔ کامیو کے یہاں جو فرد کا ذہن نظر آتا ہے، اسے معاشرے میں اچھے خاصے تجربات سے نبرد آزما ہونا پڑتا ہے، جو فرد کی اپنی سرگرمیوں سے بنتے اور بگڑتے ہیں۔ جو افراد کے درمیان میکانکی فطرت، توقعاتی ماخذات، فرد کے وجود پر من مانے مظالم اور فرد کی امکانی گوشہ نشینی سے متعلق ہیں۔

انسانی وجود لایعنی ہے اور لایعنیت کی اصطلاح منطق کے اصولوں کے منافی ہے اور اس کے اکتساب کا پھیلاؤ لامحدود ہے اور فن کے علاوہ الہیاتی فلسفے سے یکسر مختلف بھی ہے جہاں روایت کی کھوکھلی قدروں میں فرد کے روحانی اور جذباتی رشتوں کی تلاش کیا جاتا ہے۔

تاریخ، فلسفہ اور ادب میں کئی فلسفی، ادیب اور شعرا ایسے موجود ہیں جنھوں نے لایعنی فکر کے لیے راہیں فراہم کیں۔ جن میں گوتم بدھ، فارسی کے شعرا مانی، نظیری، روسو، پاسکل، نطشے، سوپنائر، برگسان، ہیڈیگر، دوستوفسکی، کریکے گارڈ، وائٹ ہیڈ، یونگ، یونگ کافکا، پرواسٹ، شلر، لارنس، اسٹین، سینٹ جان پرس، جیمز جوائش، فاکز، ڈورمنٹ، تھامس کرٹ وینگٹ جونیئر، مان، رلکے، اندرے، مالکز، گراہم گرین، برنانوس، رابرٹ فراسٹ، ای ای نکسن، ٹی ایس ایلیٹ، مارٹن ہیلر، کارل پاپر، جان پرتھ، ہینری ملر، جیمز پیروڈی، بیگووے، سال بیلو، تھامس ہنہ چن، جوزف ہلر اور کئی شامل ہیں۔

اس سلسلے میں کئی اہم ڈراما نگاروں کے بھی نام اہم ہیں جنھوں نے لایعنی فکر کو اپنی تخلیقات میں برتا۔ جن میں الفریڈ جیری بیکٹ، آئنسکو، اونیل، سارتر، فرچ، جین تارڈیو، بوس وین، ٹینیسی ولیم، ژان

ژینے، کامیو، ایربیل، ایڈوموف، ہیرالڈ پینٹر، جیک گار، ڈانیو بوزٹی، ایلی، والتھر، شی ہیٹ، آموس کن، جان آوزبان، ولف گینسن، شمر، گیٹز کراس، رابرٹ، نارمن ایف سیمسن، آرتھر کوپڑ، وغیرہ ہیں۔

اس حوالے سے جوزف والڈ میرس کا مقالہ پڑھنے کے قابل ہے جو دولایعنی ناول نگار 'ہیلر اووا کیسی' کے عنوان سے ۱۹۶۴ء میں وزکانس یونی ورسٹی کے عصری ادب کے مطالعے نے شائع کیا۔ ۱۹۶۹ء میں آرنلڈ. پی ہینکلیف Arnold P. Hinchliffe کی کتاب ''The Absured'' کے نام سے چھپی ہے۔لایعنی ادبی تنقید کے موضوع پر گینالڈ گریف نے اپنی مشہور کتاب ''Literaure agains it self'' لکھی۔

●●

جدیدیت، مابعد جدیدیت-تقابل و تجزیہ

مابعد جدیدیت ایک مکمل اصطلاح ہے تاہم اسے تصورات کا مجموعہ بھی کہا جاسکتا ہے۔ ۱۹۸۰ء کے وسط سے لے کر یہ نصابی مطالعوں میں بھی شامل رہی۔ مابعد جدیدیت کے رنگا رنگ تصورات کو بیان کرنا کٹھن ہے۔ اس کی کئی جہات ہیں۔ جس میں فن تعمیرات، موسیقی، فلم، ادب، عمرانیات، ابلاغ عامہ، فیشن اور ٹیکنالوجی سب ہی شامل کیے جاسکتے ہیں لیکن جب مابعد جدیدیت کے ماخذات کے متعلق سوچا جاتا ہے تو تاریخی تناظر میں اس کی اصل جنم بھومی کے متعلق کوئی بات حتمی طور پر بیان نہیں کی جاسکتی۔ جب آپ مابعد جدیدیت کے متعلق بات کرتے ہیں تو یہ ضروری ہو جاتا ہے 'جدیدیت' پر غور کیا جائے کیوں کہ یہ جدیدیت کے بطن سے پیدا ہوئی ہے۔ جدیدیت کے دو پہلو ہیں یا یوں کہہ لیں کہ اس کی دو طرح کی تعریفیں ہیں۔ جدیدیت کی پہلی تعریف ہے کہ جمالیاتی حرکیات ہی جدیدیت کی اصطلاح کو وسعت دیتی ہیں۔ جدیدیت اور مابعد جدیدیت کی فن کارانہ اساس ایک دوسرے سے ملتی جلتی ہیں۔ انیسویں صدی کے ادبی اور فکری متون میں ان دونوں کے آثار دیکھے جاسکتے ہیں جب کہ جدیدیت بصری، فنون موسیقی، ڈراما اور ادب کی ایک ایسی تحریک ہے جو پرانے وکٹورین معیارات کو رد کرتی ہے۔ اعلیٰ (High) جدیدیت کا سراغ ہمیں ۱۹۱۰ء سے ۱۹۳۰ء کے درمیان ملتا ہے جس میں یہ امر اہم تھا کہ اعلیٰ جدیدیت شاعری اور فکشن کو کیسے بیان کرتی ہے، وہ کیا ہے اور ادب کے لیے کیا کر سکتی ہے مگر جدیدیت میں غیر مقصدیت تو یقیناً ہوتی ہے، اپنی ہیئتی جمالیات نہیں بلکہ یہ ہیئتی جمالیات کے خلاف ہے۔ نئی تنقید میں قرأت کو ہیئتی تنقید کہا جاتا ہے مگر یہ آسانی سے شعور اور ادراک میں نہیں آتی، نئی تنقید قرأت اور متن کے تحلیل پر زور دیتی ہے اور لکھنے والے کی شخصیت اور اس کے خیالات و تصورات کو نظرانداز کر دیتی ہے۔ اس معاملے میں وہ ساختیات کی پیش رو رہی ہے۔

ادبی جدیدیت کیا ہے؟

(۱) باطنیت، تاثریت کو اپنی تحریروں میں زوردار طور پر بیان کرنا۔ جس میں بصری فنون بھی شامل ہیں اور وہ دیکھنے میں کیسا لگتا ہے نہ کہ اس سے کیا حاصل ہو رہا ہے۔ اس کی سب سے اچھی مثال شعوری تحریروں کی انتہا پسندی ہوتا ہے مگر تمثالیت کے یہاں ضرور مکمل ہئیت پر زور دیا جاتا ہے معنی

پر نہیں ۔علامتوں کا استعمال ضرور شعوری ہوسکتا ہے مگر اس میں انتہا پسندی نہیں ہوتی۔

(۲) اس عمل میں تیسرا فرد قصہ گو کی صورت میں ابھرتا ہے کیوں کہ وہ نمایاں طور پر ابھرنے والی خارجیت سے فاصلہ کیسے ہوتا ہے۔

(۳) اصناف کے سلسلے میں یہ بات بھی مشاہدے میں آئی ہے کہ یہ نثر و نظم کے امتیازات کو مٹا دیتی ہے۔اس کی وجہ سے نظم دستاویزی نوعیت کی ہو جاتی ہے۔جس طرح سجاد ظہیر، قمر جمیل اور سارہ شگفتہ کی شاعری ہے۔اسی طرح اردو کی نثری تحریروں میں شاعرانہ چاشنی ملتی ہے جن میں شرر، نیاز فتح پوری اور کرشن چندر وغیرہ کی تحریریں شامل ہیں۔

(۴) یہ چھوٹی چھوٹی ہیئتوں پر زور دیتے ہیں اور بیانیہ سے منقطع ہو جاتے ہیں لگتا ہے انھیں جغرافیائی نوعیت کے مکتبہ فکر کے مختلف افکار کے ساتھ یک جا کر دیا گیا ہے۔

(۵) جدیدیت میں خود شعوریت اپنے آپ کو ابھارتی ہے اور ذات کو منکشف کرتے ہوئے فن اور اس کے ادبی متون کو اپنے طور پر تشکیل دیتی ہے۔

(۶) جدیدیت صوری جمالیات کو مسترد کرتے ہوئے چھوٹے چھوٹے خاکوں (ڈیزائن) کی وکالت کرتا ہے۔اس سے یہ ہوتا ہے کہ صوری نوعیت کے تمام جمالیاتی نظریات تہس نہس ہو جاتے ہیں۔یہ صرف اس لیے ہوتا ہے کہ تخلیق کاری کا عمل ردِ عمل فوری طور پر شروع ہو جاتا ہے مگر جمالیات کو حصوں میں نہیں بانٹا جاتا۔

(۷) جدیدیت پیچیدہ صوری ماڈل کی تطہیر کرتے ہوئے مبادرت کو پھیلا دیتی ہے یہ روز مرہ کی زندگی کو تجریدی ہیئت میں پیش کرتی ہے جس سے مغالطے پیدا ہوتے ہیں یہ زندگی کی قدروں سے علاحدہ بھی ہوتے ہیں۔یہ ان اصولوں پر ہی اپنے فکری نظام کی تشکیل کرنا چاہتی ہے۔

(۸) جدیدیت کے تحت لکھے جانے والے متن کی لسانیات منتشر اور چھوٹے چھوٹے اجزا میں بکھری ہوتی ہیں اور ان سے انتشار فکر بھی ابھرتی ہے۔معاشرتی شعور قدرے کم ہوتا ہے مگر لسانیاتی انتشار فکر کو مہمیز کرتا ہے۔جمالیات اور کثیر المعنویت کو بھی راہ دیتا ہے۔

(۹) جدیدیت کے تصور میں اعلیٰ (High) اور ادنیٰ (Low) اور پاپولر کلچر کے امتیازات کو مسترد کر دیا جاتا ہے۔اس کی وجہ یہ ہوتی ہے کہ اس کو تشکیل دینے کے لیے جو پیمانے استعمال کیے جاتے ہیں اور اس کی جو مناجیات ترتیب دے کر جس قسم کی نمائش کی جاتی ہے۔وہ جدیدیت کو قبول نہیں ہوتی۔

جدیدیت اور مابعد جدیدیت دونوں ہی اعلیٰ اور ادنیٰ ہیئتوں کو مسترد کرتے ہوئے ان چیزوں پر زور دیتی ہیں کہ ان کے درمیان سے اصناف کے امتیازات کو بھی اٹھالیا جائے۔ مابعد جدیدیت اسکی بیانیہ ساخت میں شعور ذات کے کئی چھوٹے بڑے اجزا بکھرے ہوتے ہیں۔ جس میں ابہام اور ترتیب واریت تو ہوتی ہے مگر ردِ تشکیل، ردمرکزیت اور غیر بشری موضوعات کو ابھارا جاتا ہے۔ درحقیقت مابعد جدیدیت مکمل دیہی آزادی کی داعی ہے۔

جدیدیت کے تصور میں متن اور فکری حرکیات کو چھوٹے چھوٹے اجزا میں تقسیم کردیا جاتا ہے جب کہ مابعد جدیدیت میں ایسا نہیں ہوتا۔ جیسا کہ جدیدیت میں کہا جاتا ہے کہ دنیا بے معنی ہے اور ساتھ ہی یہ تصور بھی کرلیا جاتا ہے کہ فن معنویت کا مبدا نہیں ہوتا یا فن کو معنویت سے کسی قسم کا سروکار نہیں ہوتا۔ جدیدیت اور مابعد جدیدیت کے آپسی انسلاک کے باوجود ان میں کئی افتراقات کی نشان دہی بھی کی جاسکتی ہے جیسا کہ فریڈک جیمسن کا کہنا ہے کہ جدیدیت اور مابعد جدیدیت میں ایک ہی طرح کی ثقافتی تشکیلات ہوتی ہیں اور سرمایہ دارانہ نظام مختلف مراحل میں ابھر کر سامنے آتا ہے۔ جیمسن نے سرمایہ داری کے تین ابتدائی مراحل دریافت کیے ہیں جو کہ مختلف ثقافتی کارکردگیوں سے جنم لیتے ہیں مثلاً کس قسم کا فن و ادب پیدا کیا جارہا ہے۔ جس میں مارکیٹ سرمایہ داری کا مرحلہ بھی ہے جو مغربی یورپ، انگلستان اور امریکہ میں اٹھارویں صدی سے شروع ہو کر انیسویں صدی کے اواخر تک جاتا ہے۔ اس میں بھی مزید تین مراحل ہیں۔ جس میں پہلا مرحلہ ٹیکنالوجی کی ترقی سے متعلق ہے جیسے کہ بھاپ سے چلنے والے انجن اور مخصوص قسم کی جمالیاتی حقیقت پسندی کی دریافت سامنے آتی ہے۔ دوسرا مرحلہ انیسویں صدی کے اواخر سے شروع ہو کر بیسویں صدی کے وسط تک جاتا ہے۔ جس میں دوسری جنگ عظیم کی تباہ کاریاں بھی شامل ہیں۔ اس مرحلے میں اجارہ دار سرمایہ کاری کو فروغ حاصل ہوا۔ اس زمانے میں پیچیدہ قسم کی برقیاتی ترقی بھی ہوئی جو کہ مکمل طور پر جدیدیت سے منسلک تھی جب کہ تیسرا مرحلہ کثیر القومی معیشت یا صارفیت پسندانہ سرمایہ داریت کا ہے۔ جس میں بازار اور صارف کی حیثیت کو تسلیم کیا گیا۔ ان میں جوہری اور برقیاتی توانائیاں بھی شامل تھیں۔ ان سب کا تعلق مابعد جدیدیت کے تصورات سے جڑا ہوا تھا۔

جیمسن نے کہا ہے کہ مابعد جدیدیت کی اصطلاح سے پیداواریت اور ٹیکنالوجی کے چلن کی آگہی ہوجاتی ہے۔ اس کی دوسری شکل یا اس کی دوسری تعریف عمرانیات اور تاریخ کی صورت میں ہے جو بعد ازاں ادب اور فن کی تاریخ سے کشید ہوتی ہے۔ تشریح اور تعریف کی یہ تمام رسائیاں مکمل طور پر

معاشرتی ہیئت یا تاریخی رویوں کے مجموعوں سے منسلک تھیں۔خاص طور پر یہ ''پس جدید پن'' جدید پن اوراس کے برعکس مابعد جدیدیت کا تھا جوکہ جدیدیت سے ہی ابھرتا ہے۔ جیمسن اس بات کا بھی اظہار کرتا ہے کہ مابعد جدید پن بہت سے مصنوعی تاریخی ماڈل اور نظریات کو بھی وضع کر لیتا ہے اور یوں پہلی دفعہ اس ماڈل کے سبب بہت سے جمالیاتی، ثقافتی مظاہر خلقانہ روپ میں سامنے آتے ہیں۔پھر صورت حال یوں ہو جاتی ہے کہ ان مفروضات کے سبب سرمایہ داریت بہ طور ایک نظام کے رائج ہوتی ہے۔اس 'نظام' کی بنیادیں مستحکم ہو جاتی ہیں اور یہ تمام فکریات حرکیات ثقافت اور اعلیٰ ساختیے میں نفوذ کر جاتی ہیں مگر اس سے نئے ریڈیکل وجود اور ثقافتی منطقی ظہور پذیری کے امکان کو بھی نظر انداز نہیں کیا جاسکتا۔جیمسن کا موقف ہے کہ اس سے کلاسیک یا قومی بازارکاری کی سرمایہ داریت (مارکسی نظریہ) سامنے آتی ہے اور اس کے تسلسل میں اجارہ دار سرمایہ داریت ابھرتی ہے اور اس کی بنیادوں پر سامراج ابھرتا ہے۔(لینن کا نظریہ) پھر ردعمل کے طور پر جیسا کہ ہم دوسری جنگ عظیم کے بعد کثیر القومی سرمایہ داریت کا نظارہ کرتے ہیں جوکہ ابھی تک کوئی بڑا کارنامہ سر انجام نہیں دے سکی ہے۔

پچھلی صدی کے شروع میں لکھنے والے اپنی تحریروں میں یہ تبدیلی لائے کہ انھوں نے اپنی ذات کے حوالے سے 'تخلیق' کو ڈرامائی تناظر میں لاتے ہوئے نئے 'فن' کا نظارہ کیا۔ان لکھنے والوں نے نئے تخلیقی ادراک کو اپناتے ہوئے دنیا کو نئے ابلاغی تناظر میں بھی پیش کیا۔جس میں سب سے اہم ان کے اسلوب کی تازہ کاری بھی تھی۔اس زمانے میں جدیدیت کے حوالے سے اہم آواز امریکی شاعر ایذرا پاؤنڈ کی تھی۔جنھوں نے اپنے ہم عصروں سے مخاطب ہوتے ہوئے کہا 'نیا بناؤ' (Make it new) جس میں ادب وفن کے نئے پن کی خواہش بھی پوشیدہ تھی تو دوسری جانب ان لوگوں نے نئے ادبی ہیئت کی ضرورت کو محسوس کرتے ہوئے پرانے اظہاری اسلوب کو بھی جڑ سے اکھاڑ پھینکا۔ جدیدیت کی اس نئی ہوا نے چند ادیبوں کو اس قدر متاثر کیا کہ وہ اس دور کی تبدیل ہوتی ہوئی فضا میں ریڈیکل تبدیلی کے خواہش مند نظر آئے۔جس کے پس منظر میں بڑے اسباب پہلی جنگ عظیم، حد سے زیادہ بڑھتی ہوئی مادیت کا احساس اور فرد کا اعصابی تناؤ تھا۔لیکن اتنا ضرور ہے کہ جیمسن نے جو کچھ کیا اور جس طرح سے سرمایہ داری اور سامراجی نظام کی بات کی ہے وہ ایک مفروضہ ہے جو اشتراکیت پسندی پر قائم ہے۔بہت سے مفروضے سوویت یونین کے انہدام کے بعد ختم ہو چکے ہیں جب بھی جدیدیت اور مابعد جدیدیت پر مباحث ہوتے ہیں تو ان دونوں نظریات کو بحث میں لایا جاتا ہے اور کسی سیاسی اور معاشری پہلو کو درخورِ اعتنا نہیں سمجھا جاتا۔

یہاں تاریخی ریکارڈ درست کرنا ضروری معلوم ہوتا ہے کہ مغرب میں ۱۹۱۰ء کے آس پاس جدیدیت کی ابتدا بتائی جاتی ہے تاریخی اعتبار سے یہ درست نہیں بلکہ اصل میں جدیدیت کی شروعات مغرب کی ادبی جدیدیت سے کوئی اٹھائیس برس پہلے لاطینی امریکہ میں ہو چکی تھی۔

انیسویں صدی کے اواخر میں جب ہسپانوی امریکہ (لاطینی امریکہ) میں ''خالص شاعری'' (Pure poetry) کی جستجو جاگی۔ ساتھ ہی لاطینی امریکہ کے ادب میں تبدیلی کا خواب نمودار ہوا کہ بالخصوص شاعری کے اسلوب اور بیانیہ کو انقلابی طور پر تبدیل کیا جائے اسی خواہش نے لاطینی امریکہ کے ادب میں کئی تکنیکی مسائل کو حل کرنا چاہا۔ خاص طور پر وہاں کے ایک شاعر ہوزے مارٹی اسمائیلیوز (Marti Ismaello 1882) کی شاعری سے ادبی جدیدیت کی ابتدا تسلیم کی گئی ہے۔ اس زمانے میں جدیدیت کو پروان چڑھانے میں روبن ڈرایو (Ruben Darrio) نے بھی بڑھ چڑھ کر حصہ لیا۔ ان کا شعری مجموعہ (۱۸۸۸)"Azul" نے جدیدیت کے رجحان کو مزید مستحکم کیا۔ ان کی ایک اور تحریر (۱۸۹۶) Prosas Pro Fanas نے لاطینی امریکہ میں جدیدیت کو بام عروج تک پہنچا دیا۔ اس زمانے میں ول گنز اس نی ہار (Najera) ہوزے اور گنس، سلویا (Silva) جولیا کاسل (Casal 1863-1893) معروف ہوئے ۱۸۹۶ء کے بعد کیوبا کے ادبا و شعرا نے لوگونز (Lugones) راڈو (Rado) ریسیج (Reissg) چاکانو (Chocnno) نررو (Nervo) اور فم بونا (Fombona) کے نام لیے جاتے ہیں۔ یہ تمام شعرا رومانیت شکن تھے مگر یہ یورپ اور بالخصوص فرانس کی شعری تکنیک سے متاثر رہے۔ ان نظموں میں فرانسیسی نشاۃ ثانیہ اور علامت پسندی کا عمیق اثر تھا۔ شروع کے لاطینی امریکہ کے جدیدیت پسند شعرا نے سیاسی اور مقامی موضوعات سے اغماص برتا لیکن یہ شعرا نئے اور پرانے سانچوں کو تجربات کی بھٹی میں پکاتے رہے۔

مابعد جدیدیت کے نظریاتی اجزایے ترکیبی:

مابعد جدید نظریہ چار نظریاتی اجزاے ترکیبی سے تشکیل پاتا ہے (۱) مابعد جدیدیت (۲) نئی مارکیست (۳) نوتاریخیت (۴) تانیثیت لیکن ادب میں مابعد جدیدیت کا نظریہ ابہام، معنویت کی منتقلی، رد تشکیل اور ترتیب ذات سے ترتیب پاتا ہے۔ اسے عموماً ۱۹۷۵ء کے بعد کی ثقافتی تنقید بھی کہا جاتا ہے اور اس کے تنقیدی رویے بنیاد پسند نظریات سے انکار ہے جو کہ مغرب کے عمرانیاتی نظام کی وابستگی کی مبادیات تصور کیا جاتا ہے جو اپنے مزاج میں ریڈیکل ہونے کے ساتھ ساتھ عملیاتی، علمیاتی

اور اخلاقی نوعیت کی بھی ہے۔ مابعد جدید نظریہ معاصر زندگی کی وحدانیت کا تکثیری نظریہ ہے جو کہ افتراقات میں پوشیدہ ہوتا ہے۔

مابعد جدیدیت کا نظریہ بنیادی طور پر انسان دوستی کی فکری روش کا ثقافتی کارہائے نمایاں ہے جو وسیع تناظر میں معاشرتی نوعیت کا بھی ہے۔ اس میں رومانیت کی نئی جہات ہی نہیں ملتیں بلکہ تجارتی معاشرے سے برطرفی کا شدید احساس بھی ملتا ہے۔ یوں یہ نظریہ کاروباری دنیا سے واضح فاصلہ قائم کیے ہوئے ہے۔ معاشرتی منہاجیاتی سطح پر مابعد جدیدیت کا نظریہ فکر کی نئی جہات کی منصوبہ بندی کرتا ہے اور معاشرے کے حاوی نظام فکر میں ان کے نفوذ کی کوشش بھی کرتا ہے اور لگتا ہے کہ رومانیت اور نشاۃ ثانیہ کے نظریات کی جھلک ہے۔

مابعد جدیدیت کا نظریہ رومانوی خوابوں کے مبادیاتی تصور کو توڑ پھوڑ دیتا ہے۔ معاشرے میں افراد کی فکریات کی ''انسان بندی'' کرتا ہے اور فرد کی فکری خود مختاری سے در آنے والے موضوعی جبر اور اثرات پر مباحث کے دروازے کھولتا ہے۔ ''خود مختاری'' کا تصور اصل میں انسان دوستی سے عبارت ہے۔ جب انسان معاشرے میں رہتا ہے تو وہ اپنی انسانی دنیا خود تشکیل دیتا ہے اور اپنی خود مختاری حاصل کرنے کے لیے جدو جہد شروع کرتے ہوئے اس کے نتائج سے نبرد آزما ہونے کے لیے تیار ہوتا ہے۔ ''خود مختاری'' کا تصور فرد کے معاشرتی نظام کے اندر چھپا ہوتا ہے۔ ہیگل کے الفاظ میں خود مختار معاشرتی نظام کلیت کی استدلالیت میں دریافت کیا جا سکتا ہے جو کہ مختلف اجزا کے ساتھ روبہ عمل ہوتا ہے۔ مابعد جدیدیت پر یہ الزام بھی ہے کہ یہ ایک ایسا نظریہ ہے جو کہ نظریے کی صداقت کو قبول کرنے کی بجائے اپنی ذات میں خود ایک بڑا جھوٹ بن جاتا ہے جس میں فرد کی معاشرتی حرکیات اور اس کی کلیت بھی شامل ہے۔

مابعد جدیدیت کے نظریے کے دوسرے انتہائی قطب پر لبرل ازم بھی کھڑا نظر آتا ہے جو کہ انفرادیت پسند خود مختاری کے تصور سے پر ہوتا ہے اور اپنے طور پر اپنے آپ کو آزاد گردانتا ہے اور اختتامیہ کی ترجیحات خود ہی طے کرتا ہے۔ کانٹ کے معنوں میں مختاری کا یہ عمل ''خالص جواز'' اور ''عملی جواز'' میں منقسم ہو جاتا ہے جو نکتہ دانی (Judgement) کے بغیر ہوتے ہیں یا ہبرماس کے دعویٰ کے حوالے سے یہ مختلف جہات کے معاشرتی نظام میں ہوتے ہیں (جس میں معیشت، قانون، انتظامیہ اور جمالیات سب ہی شامل ہیں) جو جدیدیت سے علاحدہ ہو کر بذات خود معاشرتی کل سے مختلف ہوتے ہیں کیوں کہ معاشرتی زندگی کی دنیا عموماً معاشرتی زندگی کے بین العمل کا افق ثابت ہوتی ہیں اور خود بہ

خود اپنی روایت اور منطق کو تشکیل دیتے ہوئے۔ بہت کم انسانی زندگی کے مختلف نظاموں میں دخل انداز ہوتی ہیں جب کہ جدیدیت اکثر معاشرے کے حاوی محرکات سے الجھتی رہتی ہے۔

فن کار اور انسان دوست دانش ور عموماً جمالیاتی نظام پر حاوی ہونے والے معاشرتی نظام کی قانونی اور انتظامی بندشوں کے خلاف احتجاجی رویہ اختیار کرتا ہے۔ مابعد جدیدیت کی فضا نظریاتی کم، معاشرتی اور ثقافتی نوعیت کی زیادہ ہوتی ہے لیکن یہ ایک نظریہ بھی ہے جس سے مفر نہیں لیکن معاشرتی اور ماحولیاتی (Ecological) صورت حال اس کا اولین مقدمہ قرار پاتا ہے۔ خاص طور پر دوسری جنگ عظیم کے بعد فرد نے جس نئی فردیاتی اور معاشرتی ترقی کا خواب دیکھا تھا وہ ٹیکنالوجی، سائبر سپین، انٹرنیٹ انفارمیشن اور دیگر برقیاتی اور سائنسی مخاطبے کے منفی ردعمل کے بعد ریزہ ریزہ ہو گیا یعنی سائنس اور ٹیکنالوجی کی ترقی نے فرد کے مسائل کو کم کرنے کی بجائے مزید بڑھا دیے یہاں پر فرد کو جس قسم کی نئی مغائرت کا احساس ہوا وہ بڑا اندوہ ناک تھا کیوں کہ اس نے انسانی شعور کو خود اس سے ہی غصب کر لیا۔ حقیقت اور فکریات کی بنیادی قدریں اس تیزی سے ڈگمگائیں کہ فرد کے شعور کی صداقتیں صرف قیاس بن کے رہ گئیں۔ سائنسی ترقی نے نئی صارفیت کو جنم دیا اور کاروباری ابلاغیات اور بازار کاری نے فرد کو ''دکان دار'' اور ''گاہک'' میں تبدیل کر کے رکھ دیا۔ صارفیت پسندی کے بڑھتے ہوئے رجحان نے جنگ عظیم دوم سے زیادہ پریشان کن مسائل پیدا کیے۔ دورِ حاضر کی مابعد جدیدیت تو اس بات کا احساس دلواتی ہے کہ اس نظریے کے بطن میں سرمایہ داریت چھپی ہوئی ہے اسی وساطت سے مابعد جدیدیت ایک پھیلے ہوئے آفاقی نظام کی صورت اختیار کرتی جا رہی ہے اور یہ بھی کہا جا رہا ہے کہ مابعد جدیدیت نئے سرمایہ دارانہ نظام کے حوالے سے اپنے طور پر ایک نئی قسم کی (سوشلزم) کا عندیہ دے رہی ہے۔ جو فی الحال ابہام سے پُر ہے۔

مابعد جدیدیت، جدیدیت کو مسترد کرتی ہے اور دیگر دیمک زدہ تصورات کو رد کرتے ہوئے اس روایت کو پروان چڑھاتی ہے کہ مابعد جدیدیت کے تصور کو اپنا کر ہی فرد فکر کی ان بلندیوں کو تسخیر کر چکا ہے جس کے متعلق وہ اس سے پہلے سوچ بھی نہیں سکتا تھا۔

جدیدیت کی ثنویت (Dualism):

معروض کی آگہی یک ساں حقیقت.... حقیقت بہ مقابلہ عینیت پسندی.. موضوعیت کی آگہی

مابعد جدیدیت کی مثلیت (Triadism):

معروض کی آگہی　　　　　موضوعیت کی آگہی

اصل دنیا، ہماری حقیقت، میری حقیقت میر انظریہ، ہمارا نظریہ، ایک عینی (نظریہ)
یک مثلثی (Trichotomic) مطنق ہی ہماری آگہی کی نکتہ دانی کے مسائل کو حل کرتی ہے۔

مابعد جدیدت اور جدیدیت کے فکری افتراقات:

جدیدیت	مابعد جدیدیت
مقصد	کھیل
خاکہ	موقع
نظام مراتبیات	نراجیت
مفروضاتی	عملی
کلیت	رد تشکیل
موجودگی	غیر موجودگی
عمیق	سطحی
دعویٰ	ضد دعویٰ
حضرویت	انتشار
اشرافیہ	مقتدر شکن

جدیدیت اور مابعد جدیدیت:

جدیدیت	مابعد جدیدیت
ابتدا: فن تعمیرات، ادب، سائنس، معاشرتی فلسفہ ادبا فلاسفہ: ہیگل، مارکس، فرائڈ، ویلا کارٹر، ڈیوی، نطشے، رلکے، ولیم فاکنز، ولف، جوائس، ایلیٹ، لانگٹن ہیوز، ورجینا ولف، پاؤنڈ، ایف اسکارٹ، اسٹونس، پرواسٹ، فیٹ، سارتر، کافکا، رابرٹ فراسٹ، ہیمنگ وے، بارٹ کرین، والس اسٹیونس، رائٹ ای ای کمنگس، رونیل، ہبرماس، کل فورڈ، کولمبس	فن تعمیر، فلم، ادب، فلسفہ جمین، بودیلیر، روٹری، گراکس، گروس برگ، اردو نوسٹ، ہیمنیس، ہاروے، بلکل مین، ڈارلک، ایبرٹ، ہینچن، لیوتاخ، مشترا، جان شیور، مدن سرون، سارا سلیری، دریدا، فوکو، ایکر کیتھی، ایم مارٹن، رابرٹ کورو، ڈان ڈیلیو، تھامس پنچن، ژاں پال سارتر

کلیدی تصورات: سچائی کے پیمانے کا مابعد اور اعلاتصور ترقی یافتہ، تہذیب، آفاقیت ترتیب واریت: عقلیت پر ارتکاز، جواز اور معروضیت کی وحدت، آزادی کو قابو رکھنے کے لیے منطقی لازمی، عدم شناختی موضوعات، آ گہی، بنیاد پذیری	جدیدیت سے عذر، کثیر الجہت اور مختلف نوع موضوعات پر ارتکاز، جزوی سطح پر بنیاد شکن تناظر کی آ گہی، ثقافت میں مابعد سرمایہ داریت کی حصہ داری، قبل حقیقت، مخالف، نامطابق کی ظاہر داری، نقش نو کے عمل میں پیکریت کا ثقافتی حقیقت بن جانا، ثقافت میں نظام مراتبیات کا زوال، ثقافتی تفاسیر میں طنز کا حاوی ہئیت بن جاناانتشاریت، افتراقی، موضوعات
ہیئت/اقسام: روایتی کلاسیک، ترقی پذیر	مزاحمتی
نصاب: مقتدر متن، راسخ الاعتقادی مشترکہ مقاصد	ہر دل عزیز معنویت، مختلف فکری متن
(Pedagogy) نظریہ طریقۂ تدریس: مقتدریت، اشرافیت، ترقی پذیری	وسیع، ثقافتی، مابعد تنقیدی، کثیر الجہتی، ابلاغی
خواندگی: وظائفی، ترقی پذیریت، ثقافت	متن کی قرات بہ طور متنی کھیل، مابعد خواندگی
تنقید: اشرافیت، ستم گر نو آبادیات	

مابعد جدیدیت کے بنیادی تصورات:

(۱) مابعد جدیدیت کی نظر میں ابلاغی پیغامات صرف علامتوں سے ہی معاملہ کرتے ہیں اس کو اس بات سے سروکار نہیں ان کے کیا معنی ہیں جس کو تھامسن (Medicatization) ''ابلاغیانہ'' کا نام دیتے ہیں۔

(۲) قبل حقیقت: علامتیں اشیا کی علامتوں کی مدد سے معنیات کو آشکار کرتی ہیں (جس کو بودلیر نے Hyper Reality کہا ہے جو کہ Signifing نظام اور حقیقت کے مابین مغالطے کھڑے کرتی ہے۔

(۳) متنیات

(۴) اسلوبیاتی جوہر

(۵) طنز

(۶) ماخذ تصورات دیگر (Pastiche)

(۷) عالمی گاؤں (گلوبل ولیج) جس میں فرو حاشیائی تمدن کو گلے لگاتا ہے۔

(۸) زماں و مکاں کے مغالطے

خط زماں:

جدیدیت	**مابعد جدیدیت**
مزاحمت، روشن خیالی ۱۷۵۰-۱۸۹۰-۱۹۴۵ء ایک فکری چلن کی وحدت کا خواب، جس میں مسلسل انتشار کا تناظر ملتا ہے جو کہ انسانی وجود کی تشریح کرتا ہے۔	مابعد جنگ عظیم دوم، خاص طور پر ۱۹۶۸ء کے بعد اعلا اور کم تر ثقافت کے تصورات کو تہ بالا کرنے کی کوشش۔
اعلا (High) جدیدیت ۱۹۲۰ء سے ۱۹۳۰ء تک سیاسی نظام فرسودہ ہو چکا ہے اور پرانے انداز میں یہ کہا گیا کہ دنیا انساں کے لیے ٹھیک نہیں مروجہ کے خلاف ردِّعمل۔	منتخب عناصر (Ecletisicm) ایک قسم کا رویہ ہے جس میں اضافیت مزید حتمی سچائی نہیں رہتی اور اچھائی اور برائی کے درمیان سے خط اٹھ جاتا ہے۔
دنیا کی درجہ بندی کی جاسکتی ہے اور ضابطے کے نظام مراتبیات کو جانا جاسکتا ہے۔	متن: دنیا کثیر الجہت متن اور مخاطبہ ہے۔
مغائرت	**اضافیت**
معروض، لازمیت، سچائی کی آگہی، جمالیات، کلیّت اور وحدت کے عناصر ہنوز پائے جاتے ہیں۔ اعلا افکار اور سائنسی معنویت جانی جاسکتی ہے اور انھیں سمجھا جاسکتا ہے۔	تاریخیت: مستقبل طے نہیں کیا جاسکتا ماضی متن ہے۔ ہم ماضی سے نہیں سیکھتے ہم حال میں رہ رہے ہیں۔
مادی صداقتوں سے عدم تعلق اور تجریدی سچائیوں کی تلاش۔	سوائے تجریدیت کے کائنات میں کوئی آفاقی صداقت نہیں۔
عدم آفاقیت، خط مستقیم تصور (جیسے ناول) فن کارانہ عمل، سائنس کا سچائیوں کی کھڑکی قرار پانا۔	مقامیت، کثیر المعنویت، عدم خطِ مستقیم تصور (جیسے ویب سائٹ) فن کارانہ عمل، سائنس صرف ایک متن ہے جو اپنے آپ کو خود ہی سمجھتا ہے۔

مرچنٹاس (Macintosh)/ کھڑکی (Window) انٹرنیٹ، ڈبلیوڈبلیوڈبلیونیٹ ورک

ثقافت

اعلا ثقافت بہ مقابلہ کم تر ثقافت واضح طور پر ایک دوسرے سے مختلف۔ صرف اعلا ثقافت ہی مطالعے اور تجزیے کی اہل ہوتی ہے۔

علامیت

جیسے ہتھوڑا اور درانتی کی علامت کیمونسٹ دنیا ہے۔ شیطانی سلطنت، سرد جنگ (کولڈ وار) امریکا اور سابقہ سویت یونین کے جنگ اور تصادم کے معنوں میں۔

فکشن/ادب

ناول ادب کی حاوی ہئیت ہے، فلمیں اور مصنفین معنوں کو متعین کرتے ہیں۔ عظیم ادبی کاموں (Canon) غالب، اقبال، جوش، نذیر احمد، حالی، منٹو، ن م راشد، مجید امجد وغیرہ کی تخلیقات جن میں سے چند کو 'اچھا' اور چند کو 'برا' کہا جاسکتا ہے۔ تنقید کی اہمیت ہوتی ہے۔

حاسب (Calculator) پرسنل کمپیوٹر (پی سی) Unix کمانڈ لائن، ماحول اور فکر حاسب کے چوکھٹے (فریم) میں مقید ہے۔

ہر چیز پاپولر ثقافت ہے۔ جسے مطالعے سے حاصل کیا جاسکتا ہے۔ تکثریت اشیا کی ثقافت ہے۔ جہاں ہر چیز خریدی اور فروخت کی جاسکتی ہے، بازارکاری، صارفیت پسندی۔

علامتیں معنویت کو بہا کر لے جاتی ہیں جیسے کہ ہتھوڑا اور درانتی کو اشتہار کے لیے استعمال کیا جاتا ہے۔ خاص طور پر امریکا میں بیئر (شراب) کی کاروباری تشہیر میں... امریکا میں ہی مشروبات کی کمپنیاں باہمی کاروباری مخاصمت کے تحت کہتی ہیں کہ ابھی 'سرد جنگ' (کولڈ وار) ختم نہیں ہوئی بلکہ جاری ہے۔ (جیسے کہ کوکا کولا اور پیپسی کے اشتہارات)

ٹیلی ویژن، ڈبلیو ڈبلیو ڈبلیو (یعنی ورلڈ وائیڈ ویب) کی اہمیت بڑھ جاتی ہے اور یہی معنوی کو متعین کرتی ہیں۔

پاپولر ثقافت کا ارتقا، ہم اچھے اور برے کے متعلق کچھ نہیں کہہ سکتے کیوں کہ ان سب کی حیثیت ہوتی ہے۔

اس کے علاوہ تعمیرات، موسیقی، معاشیات، سائنس، ثقافت، سیاست، فن، تھیٹر، فلمیں، کمپیوٹر، عمرانیات، نفسیات، بشریات، ذرائع ابلاغ، صحافت، زبان کا بھی اسی طرح موازنہ کیا جاسکتا ہے۔

پس نوشت:

قبل جدیدیت میں مسیحی یا مذہبی مقتدریت کو بہت عمل دخل ہے، جس میں فرد روایت تلے دبا ہوا ہے جب کہ جدیدیت میں ایک قسم کا روشن خیال نظریہ نظر آتا ہے جو کہ روایت کو مسترد کرتا ہے اور عقلیت اور فطری سائنسوں کی مقتدریت تسلیم کرتا ہے۔ ان فکری رویوں میں خود مختار فرد معنویت اور تاریخ کی سچائی کے قیاسات کو وضع کرتا ہے اور اصل دنیا کی اصل تاریخ کو اصل معروضی حوالے سے پرکھنا بھی چاہتا ہے جیسا کہ احتجاجی کلیسا (پروٹسٹنٹ چرچ) نے اس فکر کو نئے مزاج سے روشناس کیا۔

دوسرے قطب پر جدیدیت کی کہانی کا خلاصہ یہ ہے کہ اس نے اپنے نراجیت پسندانہ اجتماعی تجربات، باہمی روابط، (اساطیری حوالے بھی شامل ہیں) اور مغالطوں کے امتیازات کے سبب موضوع معروض میں بدل جاتا ہے۔ فرد کی 'اصل ذات' 'دوسری ذات' میں تبدیل ہو جاتی ہے اور فکری تاریخ دوبارہ انسانی موضوعات کی طہارت شروع کر دیتی ہے۔

●●

جدیدیت، مابعد جدیدیت اور پس نو آبادیات

جدیدیت، مابعد جدیدیت اور پس نو آبادیات کا مخاطبہ وسیع، پیچیدہ، مخالق نامطابق میدانوں میں بٹا ہوا ہے۔ان تینوں نظریاتی مباحث سے بھی روابط، انسلاک کے کثیر الجہت معنی پوشیدہ ہوتے ہوئے بھی ان کی محدودیت کا اندازہ اس بات سے بھی ہوتا ہے کہ یہ اپنے مزاج اور اس کے پس منظر میں مابعد پر ہی مکالمہ نہیں کرتی بلکہ اپنے قریبی اور اختتامی 'مابعد' تصورات کو بھی حدود المکان اپنے مباحث میں شامل کرتی ہے۔ بہر حال ان تینوں تصورات کے انسلاکی پہلوؤں میں متن کو مختلف انداز سے تجزیہ کیا جاتا ہے اور انھی متنی تجزیات کے مباحثی بطن سے فکر کے وسیع تر دروازے کھل جاتے ہیں اور متن کی صورتِ حال میں نئے امکانات تلاش کر کے ان کے فکری روابط کو دریافت کرنے کے بعد کئی فکری اور اضافی پہلوؤں کا انکشاف بھی ہو پاتا ہے۔لہٰذا مابعد جدیدیت اور پس نو آبادیاتی فکر رویوں کی یکسانیت اور تفاوت کے کئی دلچسپ نکات ابھرتے ہیں۔مثال کے طور پر لسان کے حوالے سے ہی بیانیہ آوازیں مابعد جدیدیت کے عام چوکھٹے (فریم ورک) میں اپنی جلوہ نمائی کرتی ہیں اور اسی حوالے سے عدم تسلسل، عدم مقامیت، عدم مرکزیت، نایقینیت اور نو آبادیات شکنی جیسے تصورات ذہن میں آنا شروع ہو جاتے ہیں۔ یہ نکات، شناخت، تاریخ اور موضوعیت جیسے متنازعہ فی مسائل پر سوچنے پر اکساتے ہیں۔

انسانی موضوعات سے آئیڈیالوجی اور لسانی مخاطبوں کا ممکن ہونا:

مابعد جدیدیت اور بالخصوص پس ساختیات کے ہدوف میں موضوع اور تنقیدی انسان پسندی کے قیاسات کے انسانی موضوعات کو لامرکز کرنا، شامل ہوتا ہے۔موضوعات اور فلسفیانہ فکر شکنی کے صورتِ حال میں مسلسل شناخت کا اصل مقصد یہ ہوتا ہے کہ وہ اپنے ہاتھوں سے ادبی تحریروں کے ڈھانچوں کو شعوری طور پر کارگر معنیات عطا کرتے ہیں، جیسے کہ وہ ان پہلوؤں سے فکری مخاطبہ کرتی ہے جس کا تعلق نو آبادیاتی خطوں میں لینے والے لوگوں سے ہوتا ہے اور ان کی پہچان اور ان کی صورتِ

حال پر'موضوعیات' کا حاوی عنصر نمایاں ہوتا ہے۔ موضوع اور موضوعیاتی عنصر کے یہی انسلاکی رویے لسان سے ہی متعلق ہوتے ہیں کیونکہ موضوعیت کے تساولی عنصر سے ہی موضوعیت لسان سے متعلق و منسلک ہوجاتی ہے اور انسانی فطرت کے متبادلیات قیاس ہی نہیں کیے جاتے بلکہ اس سے فکری تشکیلات بھی جنم لیتی ہیں اور انسانی موضوعات سے ہی آئیڈیالوجی اور لسانی مخاطبہ بھی ممکن ہوپاتا ہے۔ جوموافق طور پر پس نو آبادیات کے مخاطبے میں مثبت طور پر اور مابعد جدیدیت کو بھی متعارف کرواتا ہے جوکہ مثبت اقدار اور افتراقات کو ایک دوسرے سے اپنی شراکت داری کا احساس بھی دلواتے ہیں اور آئیڈیالوجی پر کلیت اور یکسانیت کو مستحکم بناتے ہیں۔ جس طرح جدیدیت کے تصورات مجرّد اور مغائرتی چیلنجوں کو ایک دوسرے سے علیحدہ کردیتے ہیں اور مابعد جدیدیت کے مخفی اور ثنوئی مرابتیاتی افکار کو'ذات دیگر' کے حوالے سے منظر عام پر لاتے ہیں اور اپنی سفارشات میں افتراقات کی کثیر الجہت اور مخلق نامطابق کثریت کو ثنوتی تضادات سے جدا بھی کرتی ہیں۔

بورژوازی لبرل ازم سے بیزاری:

لنڈا ہیچن (Linda Hutcheon) نے ژان فرانسرز (Jean Francois) کے مابعد ثقافت کے تناظر کی طرف اشارہ کرتے ہوئے لکھا ہے کہ ان کا لبرل انسان دوست ثقافت کا حاوی لیبل انکے برخلاف جاتا ہے۔ اس سے زیادہ صحیح اور نمایاں طور پر ان کے خیالات کو اس طور پر لیا جاسکتا ہے جیسا کہ ہیچن نے لیوتاغ (لیوتار) کے بارے میں لکھا ہے کہ:

حقیقت پسندانہ مابعد جدیدیت ثقافت کے لیے ضروری ہے کہ مہابیانیہ کے جوابی اقدار کے تصور سے آگاہ ہو جیسا کہ اسطور اور فن میں ہوتا ہے، یہ جدیدیت کے لیے بھی اطمینان بخش قرار پاتا ہے۔ ہیچن کا خیال ہے کہ لیوتاغ نے مابعد جدیدیت کی وساطت سے مہابیانیہ پر جس قسم کی ناراضگی کا اظہار کیا ہے وہ اصل میں بورژوازی لبرل ازم سے بیزاری ہے۔ ہیچن کے بقول لیوتاغ کا مابعد جدیدیت کے حوالے سے مہایا مابعد بیانیہ کے لیے یہ خیالات بے اعتقادیت سے تعبیر کیے جاسکتے ہیں۔ جو کہ اصل میں 'معنویت کی گم شدگی' کا رنج وغم ہے۔ جس کے پس منظر میں اصل ماتم اس بات کا ہوتا ہے کہ آگہی کے عمل اور فن یا دنیا میں بنیادی طور پر بیانیہ کی آگہی کا کسی قسم کا وجود نہیں ہوتا۔

مہابیانیے کا تصور جدیدیت کے یہاں ناقابل قبول ہے:

لیوتاغ نطشے کی طرح عیسائیت، روشن خیالی اور مارکزم پر بحث کرتے ہیں۔ جوکہ اصل میں مغربی تہذیب کا مہابیانیہ تصور کیا جاتا ہے جوکہ مابعد جدیدیت کی تشکیک کی وجہ سے آنکھیں کھولتا ہے اور عظیم کہانیوں کی کل تشریح اور توجیہات کو انسانی فطرت، حریّت، ترقی اور تاریخ کے مخصوص ماحول میں ہی پروان چڑھاتا ہے۔ بہر حال لیوتاغ کا چھوٹا بیانیہ تکثرتی معاشرے میں نطشے کے Overman کے مرابتیاتی منصوبے اور 'غلام' کام کرنے والوں سے بہت مختلف نوعیت کا ہے۔ دریدا اور نطشے کی طرح لیوتاغ بھی اس بات کا تاثر دیتے ہیں کہ مہابیانیہ کی ضروری بنیادیں مزید قبول نہیں کی جاسکیں۔ بہر حال نطشے اور لیوتاغ دونوں کا ہی تاریخی تناظر چاروناچار ایک مخصوص دائرے میں گردش کر کے اپنا سفر مکمل کرتا ہے۔ لیوتاغ کا خیال ہے کہ 'مکمل طور پر مہابیانیے کا یہ تصور جدیدیت کے یہاں ناقابل قبول ہے کیونکہ مابعد جدیدیت کی تشکیلیت سے مکمل طور پر مختلف ہوتا ہے۔

فن کا انفرادیت اور اجتماعیت سے غیر واضح انسلاک:

مابعد جدیدیت کا 'پتلاپن' مابعد بیانیہ انفرادی انسانی موضوع کو اتفاق وموافقیت کے نظریے کی 'دریافت' میں بہادیتا ہے، چاہے بیانیہ کا نظام ہمیں اس بات پر سوچنے کی اجازت دے دے کہ ہم تساولی اور آفاقی سطح پر نظیرے اور رفنکارانہ عمل کی عوامی بحث کو افتراق کے بیاں میں واضح کریں۔ اتفاق اور موافقت کے وجدان کو تساولی التباس کے اس انسلاک کے ساتھ ابھارے جس کا تعلق فرد اور معاشرے سے ہوتا ہے جس میں انسان زندگی بسر کر رہا ہوتا ہے لیکن فن کا انفرادیت اور اجتماعیت سے انسلاک غیر واضح ہوتا ہے جو درحقیقت انسان کی زندگی اور فن سے علیحدگی کا عندیہ دیتی ہے جوکہ انسانی پیکریت کے مقابلے میں ابتری اور انتشار کو ابھارتے ہوئے اسے گرفت میں نہیں لے پاتی اور مابعد جدیدیت کے فن کے بارے میں برعکس قسم کی غلط بیانی بھی ایک مخصوص نظام کے ساتھ ترتیب پاتی ہے لہٰذا انفرادی انسانی موضوع فن، معاشرہ اور نظریہ مجبوریوں میں لپٹا محسوس ہوتا ہے۔

مابعد جدیدیت - مابعد بیانیہ کی جانب بے اعتقادی ہے:

لیوتاغ نے مابعد جدیدیت کے سیاق کو سائنسی تناظر میں موضوع بحث بناتا ہے اور ان کے

تفتیشی رسائی کے شعبدے تجربی مطالعوں سے بہت پیچھے ہیں۔ لیوتاغ نے جدید کی اصطلاح کو سائنس اور قانونی حوالے سے ظاہر کرتے ہوئے مابعد بیانیے کے تصور کو ابھارہ ہے جو کہ مہابیانیے کے لیے واضح طور پر جاذبیت کو ابھارتی ہے جیسے روح کی جدلیات، تفہیماتی معنویت، عقلی آزادی یا موضوع کے اعمال اور دولت کی تخلیق کاری سے متعلق ہے۔

لیوتاغ کا خیال ہے کہ روشن خیالی بیانیہ قیاسی طور پر پیغام دینے والے اور پیغام وصول کرنے والے کے درمیان ایک طرح کی موافقیت ہے اس رابطے میں اصل 'مقولہ' پیش کی قدر کا ہوتا ہے۔ جو اس وساطت سے عقلی ذہن کی متوقع ہم کلامی ہوتی ہے۔ لیوتاغ نے مابعد جدیدیت کو بیان کرتے ہوئے لکھا ہے کہ یہ مابعد بیانیہ کی جانب بے اعتقادی ہے۔ اور اس سے زیادہ بیانیہ کے وظائف زبان کے بیانیے کے عناصر کے سبب جبر کا شکار ہو جاتے ہیں اور یوں بیانیہ ادراک اور مظاہر کو نئی معنویت سے آشکار کرتا ہے لہٰذا مابعد جدیدیت کی اصطلاح کی تساولی وجوہات کی بنا پر مہابیانیہ کا عدم امتیاز بھی ہے جس پر روایت کے حوالے سے زبان کی تلوار لٹکی ہوئی ہوتی ہے اور اسی دنیا اور زبان کا آپسی رابطہ بھی تسلیم کیا جاتا ہے جیسا کہ دریدا کے تصور 'لفظ کی مرکزیت' میں پوشیدہ ہے جو کہ معنی کی مرکزیت میں توازن پیدا کرنے کے لیے قطبین کے تناؤ کے درمیان افتراقات کو بھی تلاش کرتا ہے۔

دریدا کے ردتشکیل کے اس مخاطبے کو رومان سیلڈن (Roman Selden) نے تجزیہ کرتے ہوئے لکھا ہے، 'معنی کی مرکزیت' کی خواہش میں یہ موجودگی کی ضمانت ہوتی ہے۔ جیسے کہ بہت سے لوگ یہ سمجھتے ہیں کہ ان کا ذہنی اور طبیعی وجود ایک مرکز پر مجتمع ہوتا ہے اور اس کیفیت کی ساخت اس کے مکاں پر آکر جمع ہو جاتا ہے۔ بہر حال فرد کی آزادی کے بغیر چھوٹا بیانیہ یا مہابیانیہ ایک دھوکہ ہے اور مائیکرو بیانیے سے ہی میکرو بیانیہ تشکیل پاتا ہے۔ اجزا ہی مل کر 'کل' بیانیے کو بناتے ہیں۔ ریاستی جبر ہو یا ریاستی استبداد ان سب سے چھوٹے برے بیانیے ہی فرد سے ابلاغ کی جہتیں ابھر کر فرد اور اجتماع کو تاریخی جبر اور معاشرتی و سیاسی استبداد کی صورتِ حال سے آگاہ کرتا ہے اور اسی سے نو آبادیاتی بیانیہ اور مخاطبہ کو ایندھن فراہم کرتا ہے۔

نطشے، فورائیڈ، فوکو اور دریدا کے مدِ نظر مرکزیت کا قیاس مختلف سطح پر ایک کل کی صورت میں عقلی موضوعیت ہے اور اس کے لیے یہ ممکن نہیں ہوتا کہ مرکزیت کے اصولوں سے باہر رہ کر اس پر سوچا جائے جیسا کہ ہم وجود جوہر، ہرستی، سچائیہ، ہیئت، ابتدا اور اختتام۔ شعور، فرد، خدا پر فکری مکالمہ کرتے ہیں جو شاید قطبین کے مجموعے کے حاوی ثنوتی اختلافات یا تضادات سے نظریں چراتے ہیں اور اس کام

میں ُعمل ٗ کی مرکزیت کی شناخت کو پالینے کے لیے ُخیال دیگر ٗ سے انکار بھی کر دیا جاتا ہے۔

مشرق اور مغرب کے ثنوئی اختلافات کی تشکیلات:

ثافتی انتشارمخاطبوں کے ان بیانیوں میں انتشارفکر اور گرمگو صورتِ حال پیدا کر دیتے ہیں ۔جس سے نو آبادیاتی قوتیں فائدہ اٹھاتی ہیں ۔ ُثقافت اور سامراجیت ٗ میں ایڈورڈ ولیم سعید اسی قسم کی عدم یکسانیت کے التباس کو مرکزیت کی شناخت اور موضوعیت میں دریافت کیا جو انفرادیت اور اجتماعیت میں ابھرتی ہے، یوں زبان بیانیہ کی دوسری قسم بھی تسلیم کی جاتی ہے۔ایڈورڈ سعید نے مغرب اور مشرق کے جوغے دار اضداد کی تشکیلا ت پ اپنے خیالات کا اظہار کرتے ہوئے لکھا ہے کہ مشرق اور مغرب کو پارہ پارہ کرنے کے لیے نو آبادیات کی مشیری اور سامراجیت کو ثقافتی ثمر کے طور پر پیش کرتے ہوئے نو آبادیاتی معاشروں نے محکوم آبادیوں پر اپنے فن اور ادب کو اعلاترین بنا کر پیش کیا۔جس طرح شیکسپیئر کا کیلیبن (Caliban) پس نو آبادیاتی اسطوری کردار ہے جس کا قریبی انسلاک زبان و تاریخ کسے ہے اور اس کی زبان انسانی کاوشوں سے ہی جنم لیتی ہے کیونکہ نو آبادیات کبھی نہ کبھی اپنے لسانی روپ کو سامنے لاتی ہے اور بعض دفعہ یہ اپنی شناخت کی بحالی کے لیے ہاتھ پاؤں مارتی ہے اور وہ پس قطبین میں پہنچ کر قوم پرستانہ اقتدار اور آزادی کو بیاں بالیقین میں تبدیل کر دیتی ہے۔لہذا اس سلسلے میں یہ بات وثوق سے کہی جا سکتی ہے کہ مختلف اقسام کی شناخت ہمیشہ ناکام رہتی ہیں یوں بھی ثنوئی اختلاف کے تصور میں قوم پرستانہ اور سامراج متعلقات .بہت پسندیدہ ہوتے ہیں، سوائے اس کے کہ پرانا اقتدار آسانی سے نئے اقتدار کی جگہ نہیں لے سکتا اور یوں نئے تصورات، خیالات حدود اور جوہر تیزی سے زمین میں آتے ہیں اور اس طور پر تصورات کی نئی صف بندی، فکر کے نئے اور بنیادی نوعیت کے سکونی تصورات کی شناخت کی درجہ بندی ہو پاتی ہے جو کہ سامراجی عہد کے دوران ثقافت کے افکار کی پہچان قرار پاتے ہیں ۔نو آبادیاتی شناخت کے سلسلے میں ُشناختی ہیت ٗ بھی نمود کھاتی ہے۔ جس کا مقولہ ُہم ٗ اور ُوہ ٗ ہوتا ہے ۔اس قسم کی میکانیت نئی ہیئت، سیاسی افتراقات کی حرکیات سے جنم لیتی ہیں باوجود اس کے کہ ردِ تشکیل حدود اور تجدیدات نو آبادیوں اور نو آبادیوں کے درمیاں ایک کٹھن عمل ہوتا ہے۔

مابعد جدیدیت سے پس نوآبادیات کا ابھرنا، اور اختتام محیط ارض سرمایہ داریت پر ہونا

ایڈورڈ سعید کے خیال میں نو آبادیاتی صورتِ حال اس سیاق میں ہوتی ہے کہ کیسے فن و ادب ایک دوسرے سے باہم ہوکر نو آبادیات کی سیاست کے رویوں کو ابھارتا ہے۔ اس سلسلے میں انھوں نے لکھا ہے کہ نو آبادیاتی ادب عموماً مغربی سامراج کے مہابیانیہ کو تہہ بالا کرتا ہے اور مجسّم (Concrete) دعوؤں کے ساتھ نو آبادیاتی موضوعات سے رابطہ کرتی ہے۔ شناخت اور موضوعیت کے حوالے سے ایڈورڈ سعید بنیادی مسائل کو چھیڑتے ہوئے سامراجی تجربے کو ادراکِ نو کے حوالے سے Compartmentalised کی اصطلاح سے علیحدہ کر کے بیان کیا ہے اور ایڈورڈ سعید ان حدود کو بآسانی مغربیت اور مشرقیت میں تبدیل کرنے میں کامیاب نہیں ہو پاتے۔ عارف ڈارلک (Arif dirlik) کا اس سلسلے میں یہ خیال ہے کہ ان مسائلی حدود کو سیاسی اور معاشی متعلقات سے باہم کر دیا جاتا ہے۔ عارف ڈارلک نے اپنے ایک مقالے Borderland Radicalism میں مابعد جدیدیت اور پس نو آبادیات کے تنقیدی رویوں کی وساطت سے حدود، موضوعیت اور تاریخ کو موضوع بحث بنایا ہے۔ عارف ڈارلک نے انکشاف کیا ہے کہ مابعد جدیدیت اور پس نو آبادیات کا رجحان نو آبادیت کی پس سرمایہ داریت پر زور دیتا ہے کیونکہ مابعد جدیدیت کی صورتِ حال نمایاں طور پر اعتدال پسند عہد کی پیداواریت ہے۔ جو کہ نظری فرائض کے تحت تاریخ اور معاشرتی نظریات کو چیلنج کرتی ہے اور اس کو حاصل کرنے کے لیے سیاسی قیمت بھی ادا کرتی ہے۔ بہر حال ساتھ ہی وہ تاریخ کے موضوعات کا صفایا کر دیتی ہے۔ یہ تمام صورتِ حال سیاسی عمل کے طور پر سامنے آتی ہیں اور تاریخ کے موضوعات کو تہس نہس کر دیتے ہیں اور ساتھ ہی کئی موضوعات کی 'خطرناکی' کو بھی کم کر دیتے ہیں۔ یہ قبل تصوراتی نوعیت کے نظریات ہوتے ہیں اور اپنے مزاج میں دوسرے سے مختلف ہوتے ہیں۔

عارف ڈارلک کا دعوا ہے کہ یہ پسن نو آبادیات کی انبساطی تکثریت ہے جو کہ سرحدوں کے حدود کے بہاؤ کے محدود مکاں (Space) پر زور دیتے ہیں اور اشرفیہ کے مشابہ بیانیہ اور ثقافت سے بہت زیادہ اختلاف نہیں کرتے جیسا کہ انھیں کرنا چاہیے۔ ڈارلک نے بہتے ہوئے موضوعات کے مقام کے رجحانات میں پائے جانے والے روابط کا بھی سراغ لگانے کی کوشش کی ہے کہ مابعد جدیدیت سے پس نو آبادیات ابھرتی ہے اس کی انتہا محیط ارض سرمایہ داریت پر آ کر اپنا دم توڑتی ہے۔ پیداواریت کے اس لچک دار دور میں ہم سب سرحدوں میں مقید زمینوں پر رہتے ہیں۔ سرمایہ، عدم

علاقائیت اور عدم مرکزیت، سرحدوں کے علاقے تشکیل دیتے ہیں جہاں آسانی سے گھوما پھرا جاسکتا ہے، فرد، ریاست اور معاشرے کے کنٹرول سے دور رہتا ہے لیکن پھر بھی ریاست اور معاشرے کا تصادم بھی مشاہدے میں آتا ہے۔ بہر حال مسئلہ یہی ہوتا ہے کہ پس نو آبادیاتی مخاطبہ ہی اس کو منظرِ عام پر لاتا ہے اور مادی زندگی آزادی کے مخاطبے کے مسئلے اور اس کی علیحدگی اور بذاتِ خود اس کی مادی زندگی کی صورتِ حال اسی حالت میں عصری، آفاقی معاشرے بنیادی اصولوں کو محیط ارِ سرمایہ داریت کی صورت میں پیش کرتے ہیں۔

عارف ڈارلک کا خیال ہے کہ دانش ورطبقہ محیط ارض سرمایہ دارانہ نظام کا ہی حصہ ہے جو ان کے یہاں زماں و مکاں کا ملا جلا تصور ہے۔ بہر حال مابعد جدیدیت اور پس نو آبادیاتی ادب انارکی اور انتشار ہی برپا نہیں کرتا بلکہ وہ جدیدیت کی فکریات (آئیڈیالوجی) کے خلاف باغی بھی پیدا کرتے ہیں اور لازمیت کی شناخت کے کل بیانیے کو بھی رائج کرنا چاہتے ہیں۔ عالمی نوعیت کا سرمایہ دارانہ نظام کا کسی انسان دوستی یا آئیڈیالوجی سے کوئی سروکار نہیں ہوتا بلکہ آزاد غلاموں کی منڈیوں میں مقامیوں کا استحصال کرنا اور اپنی برتری کو محیط ارض پر پھیلانے کے لیے ہر قسم کے جائز و ناجائز ہتھکنڈے استعمال کرکے ہر اس فکر و آئیڈیالوجی کو کچل دیتے ہیں جو ان کی راہ میں آتے ہیں اور فکری بیانیہ اور اس کا مخاطبہ ممکن نہیں ہو پاتا۔

مابعد جدیدیت اور پس نوآبادیاتی مباحث روشن خیال پروجکٹ کا نقد ہے:

عارف ڈارلک کا موقف یہ ہے کہ جدیدیت کا پروجکٹ انیسویں صدی کی اس فکری روشن خیالی کے بعد تشکیل پاتا ہے جب اس کے بطن سے آفاقی اخلاقیات، قانون، آزادانہ فنون اور معروضی سائنس کو تشکیل دینے کی سعی کی گئی ہے کیونکہ اس سے یہ امید ہو چلی تھی کہ فن اور سائنس نہ ہی فطرت کی قوتوں کو کنٹرول ہی نہیں کریں گے بلکہ آفاق، ذات، اخلاقی طریقۂ کار، اداروں کے قوانین اور انسانی وجود کے انبساط کی آگہی کو بھی اپنی گرفت میں لاسکے گی۔

لگتا تو ایسا ہے کہ مابعد جدیدیت اور پس نو آبادیاتی مباحث بذاتِ خود روشن خیال پروجکٹ کا نقد ہے جو کہ عدم تسلسل، تبدیلی اور غیر یقینیت کی راہوں کو مٹانا چاہتی ہیں۔ اس کے مصنوعی پن کا مظاہرہ عموماً ذات کے انعکاس کی صورت میں نمودار ہوتا ہے جیسا کہ ناول نگار، افسانہ نگار تھامس پنچن، سلمان رشدی،

کارلوس فوئنٹین، مارکیز اور اردو میں جوگندر پال، سریندر پرکاش، احمد ہمیش، الیاس احمد اور آغا گل کے افسانوی متن کا بنیادی مقولہ ہے۔ یہ چلن بیانیہ آرکی ٹیکچر کے انتشار میں شامل ہو جاتے ہیں۔ جس میں کسی زمانی خاکے، منصوبے اور فریم ورک کے وجود کا سراغ نہیں لگایا جا سکتا لیکن لسانیات کے نظام میں یہ ردتشکیل اور تشکیل نو کے مباحث کو ابھار دیتا ہے۔ ایک نقطۂ نظر سے مابعد جدیدیت اور پس نو آبادیات کو نقطۂ اتصال فراہم کرتا ہے اور بیانیہ اور لسان میں نئی تعبیرات کھولتے ہوئے ہائی ماڈرن ازم کو دریافت کرتا ہے جیسا کہ جیمس جوائس کے Finnegans Wake میں نئی زبان و الفاظ کے کئی دروازے کھل جاتے ہیں۔ جس طرح ناصر کاظمی کے شاعرانہ بیانیے میں نئی لسان ولفظیات اور معنیات کی نئی گرہیں کھلتی ہیں۔ حبیب جالب کی شاعری کا بنیادی مخاطبہ اسی نو آبادیات کی باقیات کے خلاف احتجاج اور فکری مزاحمت کا مہابیانیہ ہے جبکہ ن م راشد کے یہاں سامراجی قوتوں کے خلاف آگہی اور اعصابی تناؤ دراصل جدید تر فرد کی وہ بے چینی پائی جاتی ہے۔ جو پس نو آبادیاتی معاشروں کا المناک سانحہ بنا۔ راشد کی شاعری نئی جدیدیت اور مقامی نو آبادیاتی رویوں کا درد بھرا اور حقیقت پسندانہ مخاطبہ ہے اور ہائی ماڈرن ازم کا پردہ چاک بھی کرتی ہیں جس ک پس منظر میں نو آبادیاتی فکر کا بھیانک منظر نامہ ادراک میں آتا ہے۔ یہی آگہی راشد کے شعری بیانیے میں داخل ہو کر نئے نو آبادیاتی رجحان کو ابھارتی ہیں جو کہ مقامیت کے حصار میں تیسری دنیا کے فرد کی اذیت ناک سیاسی، معاشرتی اور آئیڈیالوجیکل تجزیوں کا قنوطی اور دل خراش تجزیوں کا مشاہدہ ہے۔

نوآبادیاتی شناخت اور باہمی افتراقات کو دریافت کرتی ہیں:

پس نو آبادیاتی دیگر Post-isms کی طرح نہ ہی اس بات کی طرف اشارہ کرتا ہے کہ یہ نہ ہی نو آبادیاتی مطالعوں کا اختتام ہے اور نہ ہی یہ اسے منفرد کرتا ہے بلکہ وہ نئی آگاہیوں اور رسائیوں کے تحت نو آبادیاتی تصورات اور اس کے واقعات و مظاہر کو قدرے قریب ترین تناظر فراہم کرتے ہیں۔ جس سے نو آبادیاتی موضوعات کے تاریخی سیاق میں نئی شناخت تشکیل پاتی ہیں۔ اور جو نو آبادیاتی شناخت میں مطالعہ کیے جانے والے ثقافتی، معاشرتی گروہوں کے باہمی افتراقات کو دریافت کرتے ہیں۔ پارتھا چٹرجی (Partha Chaterjee) کے بقول 'قوم اور اس کا انتشار کے وصف نو آبادیاتی پروجکٹ ہیں جو کہ اقتداری اور اقتدار پسند طبقے سے مختلف طبقہ ہوتا ہے۔ یہ اصل میں اعتدال پسند طبقہ ہوتا ہے۔ اور اقتدار پسند طبقے سے مغائرتی فاصلہ رکھے ہوئے ہوتا ہے لیکن وقت کے ساتھ ساتھ متن ان

افتراقات سے دھند صاف کرتا ہے۔جس میں دوسروں کو کم تر اور ریڈیکل سطح پر مختلف بتایا جاتا ہے۔

قوت و اقتدار کا شعور پر قابض ہونا

نو آبادیاتی پروجکٹ سیاسی اور معاشی قوتوں کے اس عدم مساوات کو بھی اپنی تعریفات میں شامل کرتا ہے جو ان کے عالمی انسلاکات کے تناظر میں ہوتے ہیں۔اس طریقۂ کار میں ثقافتی اور مذہبی متعلقات ہی نہیں بلکہ معاشی اور سیاسی حرکیات اور رجحانات کو بھی کنٹرول کیا جاتا ہے جو کہ آلتھسیو سے (Althuseer) کی درجہ بندی کے حوالے سے ریاست کے اداراتی اور جبریاتی آلات (Apparatues) ہوتے ہیں۔

بلاشبہ ہم اس وقت جس صورتِ حال کا مطالعہ کر رہے ہیں وہ نو آبادیاتی کو بحیثیت کلیاتی واقعات کے قریبی تناظر میں پرکھنا چاہتی ہے کہ نو آبادیات کی اصطلاح دنیا کو پہلے ہی نو آبادیاتی آقاؤں اور نو آبادیاتی نظام میں کچلے ہوئے لوگوں کے انسلاک کے ماجرے کی صورت میں ادارک میں آچکی ہے جو کہ حاشیائی سطح پر ابھر کر مرکوز ہو جاتی ہے جیسا کہ ایڈورڈ ولیم سعید نے مشرقیت کے حوالے سے یہ اشارہ کیا ہے کہ ''سامراجی قوتوں کو ایک دوسروں کو خلق کرنے کی ضرورت ہوتی ہے۔'' مشرق کے فکریاتی نظام میں یہ تعریف خود ان کے مرکز میں برپا ہوتی ہے۔سامراج کی سیاست اس مرکز کے دوسرے قطبین سے بھی خوف زدہ ہوتی ہے جو حاشیاتی سطح پر ایک منصوبے کے تحت 'دوسرے' کے طور پر نو آبادیات کے محکوم لوگوں کو سمجھنے کی کوشش کرتے ہیں اور ان تمام کا تمام انسلاک ایک مرکز پر ہی محیط ہوتا ہے۔

سیاست اور معاشرت پر ثقافت کا غلبہ:

نگووگی واتھیونگ (Naugi Wathoings) اپنے نظریہ اور فکشن میں نو آبادیات کی اثر پذیری کو ظاہر کرتے ہوئے لکھا ہے کہ یہ سیاسی اور معاشری سیاق کے موضوعات ہی نہیں ہوتے بلکہ اس سے زیادہ ثقافتی نو آبادیاتی منصوبہ بندی کی ضرورت پر اصرار کرتے ہیں جو کہ نو آبادیات میں بسے ہوئے لوگوں کی مدد سے ہی نہیں کرتے بلکہ ان کے ارتباط اور یک جہتی کی کوئی صورت نکال لیتے ہیں انھوں نے The Cultural Factor in Neo-coloialera میں اپنے اس موقف کا اظہار کیا ہے کہ ''سیاسی اور معاشی کنٹرول پر ثقافت کا غلبہ ہوتا ہے اور یہ آہستہ آہستہ گہرا سے گہرا تر ہوتا چلا جاتا

ہے جو کہ تعلیم، ابلاغ، ادب، مذہب، زبان کے تحفظ، حکمتِ عملی اور حرکت پذیری کو کلی طور پر کنٹرول کرتے ہیں۔ یہ اقتدار اور قوت کا جبری تصور ہے جو کہ رویوں، مطمع نظر، اقدار محسوسات کی صدرت میں مخصوص آئیڈیالوجی پر حاوی ہونا چاہتا ہے اور بعد ازاں قوت کی یہ صورتِ حال شعور کے تمام حصّوں پر غلبہ جمالیتی ہے۔ ذاتی پیکروں سے لے کر انفرادی اور اجتماعی سطح پر بھی انھیں محسوس کیا جاتا ہے۔ جس میں حاوی رجحان طبقات اور اسکی تمثالوں کو ثقافتی اور نفسیاتی سطح پر کنٹرول کرتے ہیں اور جبری تصورات اور طبقا تاس بات کی کوش کرتے ہیں کہ غلامی، کے طوق کو وہ عام سی انسانی صورتِ حال کے طور پر رائج کردیں۔

ثقافتی نو آبادیات کی منصوبہ بندی نو (Neo) نو آبادیاتی اصطلاح اور معنویت کو نئی طور پر روشناس کرواتے ہوئے وہ اشرافیائی طبقے کے معاشی ہدوف کو برقرار رکھنا چاہتے ہیں جو کہ سابقہ نو آبادیاتی نظام کی اساس ہوتی ہے۔ ثقافتی نو آبادیات سابقہ نو آبادیات میں فلم، ریڈیو، ٹیلی وژن، انٹرنیٹ، فیشن اور شو بزنس کے افقی التباس کو رواج دے کر سابقہ نو آبادیات میں بسنے والے عوام کو فکری جمود کے حصار میں مقید کر دیتے ہیں۔

پس نوآبادیاتی ادب، سامراجی قوتوں کی ساخت سے برآمد ہوتا ہے

جب پس نو آبادیاتی نظام میں تعلیمی نظام اور زرماں ثقافتی پیداوار کا روپ دھار لیتی ہے تو اس کے نتیجے میں پس نو آبادیاتی ادب ابھرتا ہے۔ ”پس نو آبادیاتی ادب یورپی رزمیہ اور بیانیہ سے ہوتی ہوئی یورپی بورژوا ناول کی بنیادوں پر تناسب کا رنگ اختیار کرتی ہے۔ جو بہت ہی عمیق طریقے سے تاریخی اور ثقافتی امتیازات کو بڑی صفائی سے مٹا کر پس نو آبادیاتی افتراق کو ابھارتے ہیں اور اس ردعمل کے طور پر غیر فطری پس نو آبادیات ابھرتی ہے اور خود اپنے ہاتھوں سے ہی اپنا گلا خود ہی گھونٹ دیتی ہے اور اپنے اختلافات اور اپنی ڈاڑاروں کو خود ہی منظرِ عام پر لاتی ہے.....!“
(”پس نو آبادیات کیا ہے؟“ از مشرا وار ہیجن) لیکن اب نئے محیط ارض کا عالمی منصوبہ نئی نو آبادیات کی تشکیل بندی کر کے ثقافت اور ادب کو نئے رنگ میں پیش کرتے ہوئے تیسری دنیا کے عوام کا آبادی کی منصوبہ بندی سے لے کر مذہبی درس گاہوں پر نقب لگانے سے بھی باز نہیں رہتا اور یوں نو آبادیات کا نیا بیانیہ بھی تجربے میں آتا ہے اور اس کے بیانیے کو اس کے ذرائع ابلاغ اعلا قسم کا بیانیہ اور طاقت ور مخاطبہ قرار دے کر عالمی سطح پر اس کی رونمائی کی جاتی ہے۔

پس نوآبادیاتی صورتِ حال دراصل نوآبادیات کے معاشرتی سیاسی، معاشی اور ثقافتی ردِعمل کے مزاحمت اور احتجاج کے بعد نمودار ہوتی ہے۔مشرا اور ہیچن کا موقف ہے کہ پس نوآبادیاتی ادب سامراجی قوتوں کی ساخت میں سے برآمد ہوتے ہیں جو اس کے ترتیب وار طریقۂ کار کے ثقافتی غلبے سے تشکیل پاتے ہیں اور اس مقام پر پس نوآبادیات کی نبضوں کو تلاش کرتے ہیں جن کے بطن میں نوآبادیاتی مخاطبہ چھپا ہوتا ہے اور پس نوآبادیاتی ثقافتی رویوں کے مثبت اور منفی نتائج سے پیشگی طور پر آگاہ بھی ہوتا ہے اور اپنی ثقافت کو مقفل کر دیتا ہے کہ وہ یہ نہیں چاہتا کہ کسی طور پر بھی نوآبادیاتی ادب اور ثقافت کی تشریح اور ترجمہ ان کی زبانوں میں ہو اور یہ بھی چاہتا ہے کہ یورپی مطالعے اور قرات کو لا مرکز کر کے اس کو نوآبادیاتی متن کے حصوں میں شامل کر دے جس میں مسخ چہروں والے نام اور بے شناخت لوگوں اور ان کی آئیڈیالوجی کو پیش کرتے ہیں۔ یہ قوت اور حاوی اقتدار کا حصہ ہوتے ہیں اور کوشش کی جاتی ہے کہ قوت کے اس انسلاک کو موثر طور پر پھیلا جائے۔نوآبادیات سے نوآبادیاتی صورتِ حال پھوٹتی ہے۔ارتقائی حالت میں وہ نوآبادیاتی نظام سے اختلاف بھی کرتی ہے۔نوآبادیاتی تناظر میں ادب کے تنقیدی پہلوؤں کو تجزیہ کیا جاتا ہے۔مغرب کے انسان دوست مابعد بیانیے کی بنیادوں میں کئی مسئلے مسائل ہیں جنھیں نوآبادیاتی رجحانات اور تصورات جواز کے طور پر پیش کرتے ہیں اور یوں نوآبادیات بذات خود سیاست اور تاریخ کا محرک بن جاتے ہیں اور نوآبادیات کے تنقیدی فریم ورک کے باہر وہ اپنا وجود برقرار نہیں رکھ پاتا اور یوں وہ اپنے تناظر کو شناخت کے لیے پس نوآبادیاتی تناظر کا محتاج ہو جاتا ہے۔

عینیت: جواز اور عقلیت کا استحقاق ہے:

مابعد جدیدیت اور پس نوآبادیات کا جب بھی قریبی طور پر تقابل کرنا مقصود ہو تو ذہن میں جدیدیت بطور پس نوآبادیات کے آتی ہے۔ان کے انسلاکات دریافت ہوتے ہیں جو کہ نوآبادیات کی کوکھ سے جنم لیتی ہے۔اس تعلق سے جدیدیت اور نوآبادیاتی مطالعوں میں پیچیدگی بھی پیدا ہوتی ہے جو بلاشبہ دلچسپ بھی ہے اور کسی طور پر موضوع سے الگ بھی نہیں اور وہ اپنے مطالعوں اور تجزیات کا جواز خود ہی پیش کرتی ہے۔دونوں ہی روشن خیال بیانے کے مبادزت (Chalenges) کے مسئلے سے دو چار ہیں۔جدیدیت عرصے سے اپن طور پر کچھ حاصل کرنے کے لیے ہاتھ پیر مار رہی تھی۔بقول لیوتاغ مابعد بیانیے نے مغرب کے انسان دوست افکار کو دوبارہ منفرد کیے ہوئے دیوتا میں تبدیل

کر دیا۔اس سلسلے میں اس قسم کے تجزیات ہوئے کہ سرمایہ داریت کے عروج اور مغربی قوتوں کی سامراجی دلچسپی نے جدیدیت کے تصورات کو ابھارتے ہوئے اس کی کلیت میں ارتقا کے عنصر کو بازیافت کرنا چاہا۔ یہ عینی نوعیت کا ارتقائی تصور بہرحال روشن خیال پروجکٹ سے کشید ہوتا ہے اور یہ جواز اور عقلیت کا استحقاق بھی ہے کیونکہ ذہن اور جواز اور 'کنٹرول' قسم کی فطرت سے مکمل طور پر علیحدہ وہتی ہے جو کہ 'اندر' اور 'باہر' کی جنگ کا سبب بنتی ہے۔اس کا تمام کا تمام ڈھانچہ منطقی ہئیت اور اس کا خلاصہ موضوعی (Substantive) سیاق میں ہوتا ہے۔ جو کہ موضوعی وجودی کیفیت اور معروضی حقیقت کو بھی احاطہ مشاہدہ میں لاتا ہے۔ جدلیات کی روشن خیالی میں ہورک ہائمر (Hork Heimer) اور اودونو (Adorno) نے لکھا ہے کہ تخلیقی دیوتا کی روح فطرت کے قوانین جیسی ہوتی ہے مینز (Mans) کا کہنا ہے کہ خدا کا اقتدار اعلا دنیا کے اوپر ہوتا ہے اور قیادت ان کی رہنمائی کرتا ہے۔مینرز کی اس تعریف میں قوت کی مشق جو کہ موضوع اور معروض کے مابین ایک قسم کے التباس کے انسلاک کا عندیہ دیتا ہے اور وہی جانتا ہے کہ اس کو کس طرح بڑے سے بڑا کیا جائے اور یہی 'آقا' کا تصور معاشرے کے نظام میں 'آقا' اور 'غلام' کی حرکیات کے غلبے کا سبب بنتا ہے پھر کلی سطح پر معاشرے میں وہ بذات خود قوت کی علامت ہی نہیں بنتا بلکہ یہ اپنے طور پر اپنے آپ کو مستحکم سے مستحکم تر بنا تا رہتا ہے اس بات کو ہورک ہائمر اور رادونو نے 'ثقافتی صنعت' (Cultural Industry) کہا جو کہ اپنی ہی خدمات کو اپنی ہی ذات کی بقا کے لیے ایک مرکز پر لے آتی ہے اور یہ ثقافتی اشیا سامراج کو آفاقی اور فطری غلبے کی شدت کے ساتھ ابھارتی ہے۔ہورک ہائمر اور رادونو نے اپنے مطالعوں اور تجزیات میں خارجی نو آبادیات کا تذکرہ نہیں کیا جس کی مدد سے روشن خیالی اور سامراج کے انسلاک کو آگہی میں لایا جاسکے۔اسی حوالے سے یہ مقامی لوگوں کو 'ترقی' کا جھانسہ دے کر مغربی غلبے کا جواز پیش کرتے ہیں، اسی طرح کی صورتِ حال کئی نو آبادیاتی بیانیوں میں نظر آتی ہے۔خاص طور پر کانریڈ (Conrad) کیپلنگ (Kipling) وارڈینیسن (Dinesen) پال ڈی ایوا (Paul D. Ivo) کے مخاطبے میں مقامی آبادیوں کے لوگوں کی معاشرتی حرکیات اور ماحولیاتی احوال نظر آتا ہے اور لگتا ہے کہ یہ تمام مخاطبے فطرت کی تمثالوں کو تشریح کر رہے ہوں۔لیکن یہ تمام کے تمام بیانیے عمیق قسم کے سیاسی ردعمل میں تبدیل ہو کر کبھی کبھار بشریات کے سوالوں کو اٹھاتے ہیں۔ان بیانیوں میں 'مقامی' (آدمی) فطری سطح پر غیر تہذیبی انسان ہوتا ہے۔فکر کا یہ تمام کا تمام ڈھانچہ ثنوئی اخلافات کے نظام کو ابھارتا ہے۔جس سے فرد فطرت سے علیحدہ ہو کر مغائرت کی نئی سطحوں کو بنتے دیکھتا ہے جس میں زیادہ تر صورتِ حال اس قسم کی

ثنوئی اختلافات کی ہوتی ہے۔

فطرت رثقافت	دائیں ربائیں	جنگ رامن	دنررات
آقارغلام	ثواب رگناہ	اچھاربرا	عروج رزوال
ہارر جیت	مہذب رجنگلی	زندگی رموت	ملاپ رجدائی
زمین رآسمان	مغرب رمشرق	اندھیرا راجالا	لڑکارلڑکی
محبت رنفرت	گرم رسرد	بہادرربزدل	جھوٹ رسچ
جنت ردوزخ	چاندرسورج	غریب رامیر	جدید رقدیم

اور انھی ثنوئی اختلافات کی مدد سے نو آبادیاتی فکر کو عقلیت کا روپ دے دیا جاتا ہے جو اس وقت سیاسی اور معاشی محرکات سے مالا مال ہوتے ہیں۔ اصل میں مغربی عقلیت اپنے آپ کو تاریک ابتریت (Chaotic) اور فطرتی دنیاؤں میں آزاد چھوڑ دیتا ہے۔ ان نوعیتوں کی قراتوں میں نو آبادیاتی قاری ادیرداکے ردتشکیل کے افتراق (Differance) کی اصطلاح کو پالیتا ہے۔

مابعد جدیدیت، جدیدیت کو مکمل طور پر مسترد نہیں کرتا۔ ہیچن نے اسے Rhetoric of rupure کہا ہے۔ جس میں ماضی کی مثبیت کو Remains جانا گیا ہے اور اس بات کا درس بھی دیا جاتا ہے کہ معاشرتی حقیقتوں کی ساخت مخاطبوں کے بعد تشکیل پاتا ہے اور ہیچن نے اس بات کی طرف بھی اشارہ کیا ہے کہ مابعد جدیدیت کا مابعد بیانیہ کی جدیدیت کا انسلاک ایک قسم کا تنقیدی Revisiting اور طنزیاتی مکالمہ ہے جو کہ فن اور معاشرے کے ماضی سے متعلق ہوتا ہے اور اس کشمکش میں بعض دفعہ نئے مظاہر بھی ادراک کا حصہ بنتے ہیں، عموماً مابعد جدیدیت نو آبادیاتی تاریخی متعلقات کو اپنی مباحث سے بے دخل نہیں کرتا۔ بہر حال یہ لازمی نوعیت کا ردنو آبادیات اور پس نو آبادیات کا شناختی پیمانہ ہے جو مابعد جدیدیت کے نظرانداز کیے ہوئے معاشرتی نظریے کی عملیات سے روشن خیالی کی نئی کرنوں کو ابھرتا محسوس کرتا ہے تاکہ نو آبادیات کی قراتِ نو ممکن ہو سکے کیونکہ یہ بیانیے پر حاوی خیال کیا جاتا ہے۔

لبرل انسان دوست بدیعیات، تشکیک سے عبارت ہے:

چٹرجی (Chaterjee) نے اس سلسلے میں لکھا ہے کہ ردنو آبادیات کے شروع کے زمانے

میں جس قسم کی 'قومیت' کو فروغ حاصل ہوا، وہ پیچیدہ تھا کیونکہ یہ ثقافتی اعتدال پسندی تھی، وہ اس طرح کہ وہ نو آبادیاتی حکومتوں سے اپنی خود مختاری ایک محکوم حالت میں کرتی تھیں جو کہ پس روشن خیال معاشرتی افکار کے آفاقی جواز کے ماخذات سے تشکیل پاتا تھا۔ یہ پس نو آبادیاتی نظریے کے پھلنے پھولنے کے لیے تذبذب کا مقام تھا۔ جو اس بارے میں زور دیتا تھا کہ آزادی کو تسلیم کروانے کے لیے صرف سیاسی اور معاشی خود مختاری پر ہی تکیہ نہیں کیا جاسکتا اور یہ بات بھی صاف ہے کہ نو آبادیات منصوبے اور اس کا مخاطبہ سابقہ نو آبادیات سے ہی ترتیب پاتا ہے۔ بعد ازاں یہ لبرل انسان دوستی کی بدیعیات کے طریقے کار کی تشکیک کی صورت میں ابھرا اور آفاقی مہابیانیے کو پس نو آبادیات اور مابعد جدیدیت کے پروجکٹ سے جوڑ دیا گیا۔

نئے نوآبادیاتی موضوعات کی لاتشکیلیت اور مزاحمتی ماڈل کی فراہمی:

مابعد جدیدیت کے زیر اثر پس نو آبادیاتی فکر ایک خطرناک اور حساس قسم کا وظیفہ ہے کیونکہ اس سے پس نو آبادیات ایک دوسرے سامراجی پروجکٹ میں داخل ہو جاتی ہے۔ جب بھی پس نو آبادیات کو مابعد جدیدیت کی اصطلاح میں رکھ کر مطالعہ کیا جاتا ہے تو ایسا لگتا ہے کہ اس نے مابعد جدیدیت کے بطن سے جنم لیا ہے اور پس نو آبادیات کے سیاسی اور تاریخی جہتیں بھی وہیں سے پھوٹتی ہیں حالانکہ یہ اس کا نو آبادیاتی فکر کے تناظر کا کلیدی نکتہ ہوتا ہے۔

مشرا اور ہیچن نے اس سلسلے میں (۱) نسل (۲) زمان اور (۳) سیاسی کشمکش کا ایک دوسرے سے فرق واضح کرتے ہوئے بتایا ہے کہ ان تینوں تصورات کو پس نو آبادیات کے کسی بھی نظریے میں جوڑا جاسکتا ہے۔ اگر پس نو آبادیات کے نظریے اور اس کی عملیات کو اگر غیر موثر بنا دیا جائے تو روشن خیال پروجکٹ اس کو عقلی بنا دیتا ہے۔ وہ نو آبادیاتی موضوعات کو خلق کرنے کے علاوہ موضوع کی صورتِ حال اور اس کے موضوعات کی ہیئت بندی کرنے کے لیے سوالات اٹھاتا ہے جو بعد میں رد نو آبادیات کے منصوبے کا لازمی حصّہ بن جاتا ہے اور اس سے رد نو آبادیاتی پروجکٹ میں کئی عنوانات کی توسیع ممکن ہو پاتی ہے۔

بہت سے پس نو آبادیاتی لکھنے والے نو آبادیاتی یا نئے نو آبادیاتی موضوعات کو لاتشکیل کر کے قوت کی ساخت کو نو آبادیاتی موضوع سے Intertellate کرتے ہیں۔ یہ موضوعات کو کھلے دل سے

خوش آمدید کہتے ہیں اور کسی طور پر دتشکیل کا وظیفہ بھی قرار پاتے ہیں ایک ہی وقت میں وہ اقتصادی اور ثقافتی سامراجیت کے درمیاں پیچیدگیاں کھڑی کر دیتے ہیں تا کہ مزاحمت کے ماڈل اور نظریات مہیا کیے جائیں۔

مزاحمتی مابعد جدیدیت اور معاشرتی کشمکش سے معنی کا پیدا ہونا:

بیچن کے بقول مابعد جدیدیت بنیادی طور پر متنازعہ ہے کیونکہ یہ سیاسی اور تاریخی متعلقات کو الجھا دیتی ہے۔ٹریسا ایبرٹ (Teresa Ebert) اسے مزاحمتی مابعد جدیدیت کہتی ہیں۔جو کہ لفظ اور دنیا کے مابین ایک تصور ہے۔اس میں زبان اور معاشرتی حقائق یا مختصر طور پر افتراق میں متن کے نتائج نام کی کوئی چیز نہیں ہوتی لیکن یہ معاشرتی کشمکش کے لیے کوشش ضرور کرتا ہے۔
زبان رسمی نظام سے معنی حاصل نہیں کرتی لیکن معاشرتی کشمکش سے معنی جنم لیتے ہیں۔لہذا یہ عیاں ہے کہ 'مزاحمتی مابعد جدید کی اصطلاح دو"Postism" کو رسائی عطا کرتے ہوئے زبان کی مادّی کارکردگی میں جبر کے خلاف کشمکش کرنے کے لیے 'علاقہ' فراہم کرتی ہے اور یوں معنیاتی خصائص کا خلاصہ مابعد جدیدیت اور نو آبادیات کے مابین شراکت داری کا احساس دلواتا ہے۔مادّی زبان کی اختراع نو آبادیاتی فرد کے شعور اور سائیکی میں اس سبب داخل کی جاتی ہے کہ وہ جبر کے خلاف مزاحمت کو بھول جائے اور لمحہ گزارنے میں لگ جائے کیونکہ سامراجی نظام نو آبادیاتی فرد پر لمحوں کو بہت بھاری کر دیتا ہے تا کہ فرد روٹی اور بنیادی ضرورتوں کے پیچھے دوڑتے دوڑتے اپنی زندگی کا خاتمہ کر لے اور سامراجی نظام کا دیا ہوا نظریہ زیست اپنا لے۔زندگی سے سمجھوتہ اور معاملہ کر کے خود کو مٹا دے تا کہ معاشرتی کشمکش کی فکری معنویت خود ہی دم توڑ دے۔

در خاتمہ:

مابعد جدیدیت کی وساطت سے جب بھی نو آبادیاتی مطالعوں سے متعلقہ موضوعات پر بحث کی جاتی ہے تو ضروری نہیں کہ ہر نو آبادیاتی مظہر کو ہم اس حوالے سے سمجھ پائیں۔مابعد جدیدیت سے نو آبادیات کا تقابل ایک صحت مندانہ فکری تصور رہے۔مسئلہ یہ ہے کہ ابھی مابعد جدیدیت اتنی واضح نہیں کہ وہ نو آبادیاتی مطالعوں کو کامل اور مکمل طور پر اپنے ادراک میں لا سکے۔مابعد جدیدیت، جدیدیت

کے دوسرے قطبین پر کھڑی دکھائی دیتی ہے لیکن اس میں کہیں نہ کہیں جدیدیت کی بازگشت سنائی دیتی ہے اور نو آبادیات، پس نو آبادیات، رد نو آبادیات، نئی نو آبادیات علاقاتی / مقامی نو آبادیات وغیرہ چاہے کوئی بھی مطالعہ ہو وہ جدیدیت اور رہ اس مغربی بازگشتوں اور اس کے ثقافتی مطالعوں سے دور رہتا ہے جس میں دوسری جنگ عظیم سے پہلے والا 'سامراج' اور دوسری جنگ عظیم کے بعد والے 'نو آبادیات' مظاہر کا جبر دکھائی دیتا ہے۔

مابعد جدیدیت کی بحث عرصے سے ہونے کے باوجود بھی اس کی بہت سی باتیں انسانی فہم میں نہیں آرہی کیونکہ ان کی تفہیم اور تشریح گرمگو ہے۔ مابعد جدیدیت کے حوالے سے جب بھی نو آبادیاتی بحث ہوتی ہے تو مابعد جدیدیت نو آبادیوں مطالعوں پر جبری طور پر غالب ہوجاتی ہے کیونکہ مابعد جدیدیت میں 'مغربی سائیکی' چھپی ہوتی ہے جس کا تناسب کچھ زیادہ ہی ہے۔ جب بھی نو آبادیاتی مطالعے کیے جائیں تو ضروری ہے کہ علاقائی / مقامی مابعد جدیدیت کے فکر احوال اور حوالوں کے ساتھ اسے گرفتِ بحث میں لایا جائے۔ اگر 'مغربی' مابعد جدیدیت کے مجرد تصورات کا جوں کا توں لے کر اور اس کی مخفی رجعت پسندی کے منفی رجحان اور مخصوص سائیکی کی تہذیبی نامیات کو آگہی میں لائے بغیر نو آبادیاتی مطالعہ کیا جائے تو یہ ریت کے محل کی طرح پل بھر میں ڈھیر ہوجاتا ہے۔ نو آبادیاتی مطالعے بنیادی طور پر 'مغربیت' کی اس سامراجی قوتوں کے خلاف کھلا احتجاج اور مزاحمت ہی نہیں بلکہ ماضی میں مغرب کی ان سامراجی قوتوں نے ایشیا، افریقا اور لاطینی امریکا کے خطوں میں جو گل کھلائے ان زخموں کا دور اور سفّاکی نو آبادیات میں بسنے والا فرد اب بھی اپنے جسموں پر محسوس کرسکتا ہے۔ نو آبادیاتی چنگل سے آزاد ہوجانے کے بعد نو آبادیاتی باقیات اور اس کا استحصالی نظام اب بھی ان سابقہ نو آبادیاتوں میں اپنے مقامی مہروں کی معاونت سے قائم ہے۔ آدھی صدی سے زائد گمر جانے کے بعد بھی نو آبادیاتی باقیات کا خاتمہ نہیں کیا جاسکا کیونکہ مغرب کی جدیدیت اور رمابعد جدیدیت کے فکری سیاق وسباق کا حاوی غلبہ نو آبادیاتی مطالعوں میں تشکیک، ایہام کو ابھار کر نو آبادیاتی فرد کو فکری سطح پر الجھا کر اس کا میٹھی چھری سے قتل عام کرتا ہے ان کی آگے پڑھنے اور ترقی کی جتنی بھی کوشش ہوتی دکھائی دیتی ہیں وہ اصل میں 'مغربیت' کے تصورات اور عزائم کا سانحہ ہوتی ہیں اس منفی فکر اور عملی حرکیات نے وہ گل کھلائے اور کھلا رہی ہے۔ جس میں آزاد فکر اور آزاد فرد کا تصور مفقود ہے جبکہ 'آزاد غلاموں' کی تعداد میں روز بروز اضافہ ہوتا جارہا ہے۔ مابعد جدیدیت میں معاشرتی معاشی اور تمدنی اختتاصیت کو کمال ہوشیار سے ایک دوسرے میں مدغم کر کے نئے مخاطبے کو تشکیل دے دیا جاتا ہے اور نو آبادیاتی تاریخ کو غیر اہم گردان کر

اس کو سرمایہ دارانہ سامراجیت کو نو آبادیاتی فکر سے مصنوعی انسلاک کی کوشش بھی کی جاتی ہے، اور حقیقی تاریخی حرکیات کو وہ بنادیا جاتا ہے جو حقیقت میں سچی نہیں ہوتیں، اس میں بصریت کا خلا بھی ہوتا ہے اور جب یہ فکری 'نمونے' نو آبادیاتی خطوں میں برآمد کیے جاتے ہیں تو وہ ترسیل کی تشکیک کا شکار ہو کر خود ہی غیر موثر ہو جاتے ہیں۔ کیونکہ مابعد جدیدیت اور نو آبادیاتی مطالعوں کی قرأت کی منہاجیات ایک دوسرے سے مختلف اندام کی ہوتی ہے اس کا بیانیہ، جمالیاتی مخاطبہ کچھ ایسے قیاسات کو بھی جنم دیتا ہے جو فکری متغیرات کی صورت میں ایک دوسروں کو مسترد بھی کر دیتے ہیں کیونکہ ان دونوں مطالعوں میں تاریخ اور ثقافتی راہیں اور رسائیاں ایک دوسرے سے مختلف ہوتی ہیں۔

نو آبادیاتی فکر میں فرد اور گروہ قابل تقسیم ہوتے ہیں۔ انھیں با آسانی تقسیم کیا جاسکتا ہے اور ان کو بانٹ کر ان کے حقوق کو غصب کر لیا جاتا ہے اور ان کو ان کی ہی سرزمین پر دوسرے درجے کا شہری بنادیا جاتا ہے یوں سامراجی نظام بڑی ہوشیاری سے اکثریت پر غلبہ جمالیتا ہے۔ استغراب تو اس بات پر ہوتا ہے کہ مغرب کی اجتہادی تحریک نے کلیسا کو چیلنج کیا اور نشاۃ ثانیہ نے مغرب کے فرد کو آفاقی مرکزیت عطا کی، انساں دوستی کے تصور، سائنسی، تجربی اور عملیاتی ترقی نے ادعائیت اور تنگ نظری کو مسترد کرتے ہوئے کشادہ دل کا جھانسہ دیا۔ جبکہ مغرب کی یہی روشن خیالی ایشا، افریقا اور لاطینی امریکا کی قوموں کو عیارانہ طور پر اپنا غلام بنانے کے لیے ایک عمیق نوعیت کا استحصال اور سامراجی پیمانہ ثابت ہوا۔ ان کی فکری معنیت نے سامراج کے شکنجے کو نو آبادیاتی علاقوں میں گہرا سے گہرا تر کر دیا۔ جدیدیت نے نو آبادیاتی تسلط میں آئے ہوئے علاقوں میں فرد کو ٹکڑے ٹکڑے کر کے بکھیر دیا۔ اصغری (Micro) اور اکبری (Macro) نامیات کو بڑی ہوشیاری سے تہس نہس کیا گیا اور احساس دلوایا کہ سامراجی حکمران ہی تاریخ بناتے ہیں اور تاریخ لکھتے ہیں، اس کے موقف بھی وہی ہوتے ہیں۔ اصل میں ثقافتی، معاشرتی، معاشی اور سیاسی جبر کا تسلسل ہی تاریخ کو رقم کرتا ہے۔ تاریخ اجتماعی جبر سے عبارت ہوتی ہے۔ مابعد جدیدیت کا مغربی تناظر اپنی تاریخ کو بناتا ہے۔ تاریخ گری کے بعد وہ دوسروں کی تاریخ کو بڑی ہوشیاری وصفائی سے بگاڑ بھی دیتا ہے اور نو آبادیاتی فکر کو ابہام، تشکیک، عدم شناخت اور ادھورے پن میں مبتلا کر کے اس کے نامکمل ہونے کا جواز پیش کرتا ہے۔ مابعد جدیدیت ہزار واحدنی نظریے کی نفی کرے لیکن جب بھی وہ نو آبادیاتی مطالعوں میں اپنا نفوذ کرتی ہے تو وہ، وہ نہیں رہتا جس کا وہ عموماً اعادہ کرتا ہے۔ وہ ادبی مخاطبے کو بھی بیاں کرتی ہے لیکن ثقافتی مخاطبے کے سلسلے میں ان کا ذہن صاف نہیں ہوتا۔ یہی سبب ہے کہ نو آبادیاتی مطالعے اور اس کی فکری جہتیں سب کے سب چشم زن میں

مسمار ہوتے دکھائی دیتے ہیں۔ فرد کا احزان اس میں ہے نہ کسی ثقافتی جہت کا بھرپور اخصار مابعد جدیدیت کے متعلقہ احقاق مکیں نمو پذیر ہوتا ہے۔ مابعد جدیدیت بعض دفعہ نویساریت پسندوں کے تصورات سے نوآبادیاتی مطالعوں کی تفہیم کرنا چاہتے ہیں۔ کیونکہ مابعد جدیدیت نویساریت پسندوں کے احصار میں رہ کر اپنی نوآبادیاتی آگہی کو انشراح کے تفہیمی نظام میں تبدیل کر دیتے ہیں اور ان باتوں سے اغماض برتتے ہیں جو کہ ان کے فکری وار ذہنی نظام کے ادراک میں شامل نہیں اور مابعد جدیدیت کے فکری اہمال نوآبادیاتی مطاعلوں میں جب بھی نفوذ کرتے ہیں تو اس میں مغربی سامراج کی ایالت بھر کر نوآبادیاتی نوآبادیات تصورات کو مدھم کرنا چاہتی ہے۔ مابعد جدیدیت کا سامراجی نظام نئی مغربیت کے روپ میں اپنی نمو چاہتا ہے جو فکر کا ایک ایسا تاریخی جبر ہے جس میں انخفاف بہت ہے اور نوآبادیاتی نظریاتی مطالعوں میں منازعت کا باعث بھی بنتا ہے۔ مابعد جدیدیت اور نوآبادیاتی اپنے مزاج میں ایک دوسرے کی ضد ہر گز نہیں مگر ان کے فکری افتراقات بہت وسیع اور عمیق ہیں۔ کوئی مطالعاتی اور تنقیدی ماڈل کو ہم سرے سے مسترد نہیں کر سکتے۔ موضوعیت ہو یا معروضیت یا اس کی تکنیکی مباحث، یہ سب ادبی نظریوں کے لیے ضروری ہیں۔ نظریاتی ماڈل ہیئتی ہوتا ہے یا نظریاتی، جس میں جبریاتی عنصر حاوی ہوتا ہے۔ تمام مطالعے قرأت سے ابتدا کرتے ہیں پھر تفہیم، تمدنی حرکیات اور تاریخی جبر کا تناظر فکرِ آگہی کو نئی راہوں سے متارف کرواتے ہیں اور فرد کی فکر کو سیراب کرتے ہیں۔

مابعد جدیدیت اور پس نوآبادیاتی مطالعوں کے لیے مناجیاتی اور فکری سفارشات:

(ا) موضوع کی لامرکزیت اور تاریخانہ

- نسل، طبقہ اور جنسی گروہوں کی موضوعاتی صورتِ حال
- فطرت کے موضوعات کی تشکیل پر زور دینا
- مابعد جدیدیت کو انسان دوست نظریے کے طور پر تشریح و تعریف
- مابعد جدیدیت کو بطور سامراجیت کے نظریے کے طور پر تشریح و تعریف
- تقابلی موضوعات کو مرکز نکتے پر لا کر یکساں نوعیت کے عمومی سوالات کی گرہیں کھولنا۔

مرکزیت کبھی بھی متن کو مکمل طور پر گرفت میں نہیں لے پاتا اور ردِ تشکیلیت کے تناظر میں حاشیائی

اور سابقہ مرکزیت اپنے آپ کو تسلیم کروانے کے لیے اپنی ہی ثقافت کو بے شناخت بنا دیتی ہے، جس کا قیاس کیا جا سکتا ہے۔

(۲) متنی حکمت عملیوں کو حاوی مخاطبے کو تہس نہس کرنے کے لیے منظرِ عام پر لانا:

● سامراج کی نشاندہی کرنا اور عام بدیعیاتی حکمت عملیوں کو حاضر مخاطبے کو مقابلے کے لیے زمانی اور مکانی سطح پر پیش کرنا

● متن کے ساتھ معاملہ: قبل نو آبادیاتی متن کا زبانی اور تحریری انسلاک (کہانی گو/ واقعہ گو کو بطور راوی جاننا - اسطور کا استعمال) جادوئی حقیقت پسندی (عقلیت کے بنے بنائے تناظر کے رویوں سے مبارزت)

● لسانی نظام کے افتراق کو نمایاں کرنا

● کھلے بیانیے

● تصمین: تنقیدی فاصلوں کو دہرورانا، جب یکسانیت کو قلب میں طنزیہ افتراقات کا رمز بنتے ہیں اور ثقافتی تبدیلی کے تسلسل کو قائم رکھتے ہیں۔

● بیانیہ تناظر کو ناپیدار کرنا

(۳) متن کے اندر ردتشکیلیت کی حرکیت:

● بطور ایک سیاسی ایجنڈے کے کھلے اور مہابیانیے کو لاتشکیل کرنا اور کردار بندی کے باہر رہ کر انسانی تجربے کی تدوین کرنا جو مثبت ردتشکیل میں مغربی فلسفے سے متعلق ہوتی ہے۔

● منطقی مبادزت کی منطقی درجہ بندی کو اختلافات کے ساتھ تشریح و تفہیم کرنا جس طرح اسپیوک کا کہنا ہے کہ ردتشکیل مغربی تاریخی بیانیے کے تصور سے بنیاد پاتا ہے'۔

● مہابیانیے کو نو آبادیاتی مرکز سے توڑ کر علیحدہ کر دینا، اس کی کھوج کرنا اور ان کے متعلق منطقی درجہ بندی کے حوالے سے سوچ و بچار کرنا جو ہم خود سے بھی مغائرت کیے ہوئے ہو۔

(۴) ادبی روایت اور مکمل متن کا تساولی انسلاک:

- ہمیشہ حاوی مخاطبے کو مدنظر رکھے جانا
- ادبی ماضی کے تنقیدی تناظر کو مدِّ نظر رکھنا

(۵) تاریخی یقینیت کے سوالات:

- تاریخی بیانیے کی تشکیلی فطرت پر زور دینا
- گم شدہ مہابیانیے کو دریافت کرنے کے لیے اسے نوآبادیاتی بیانیے سے الگ رکھنا (یہ مسئلہ نسوانی اور گے اور لزبن متن میں مشاہدہ کیا جاتا ہے)
- انسانی تاریخ کو بطور اجتماعیت جاننا، لیکن جس کے تجربات انفرادی ہوتے ہیں اور انسان دوستی اور آفاقیت سے اختلاف کرتے ہیں۔
- متبادل، نظرِثانی، تاریخ کا جغرافیائی ردِعمل

(۶) حقیقت پسندی پر نقد:

- دوسری قوموں پر غلبہ حاصل کرنے کے سوالات اور اس کے تشریح و بیاں کے لیے حقیقت پسندانہ تناظر کی ضرورت۔ اس صورتِ حال میں 'اصل' کو دوبارہ پیش کرنے کی ضرورت نہیں ہوتی بلکہ جو پہلے ہو چکا ہے، وہی سامنے لایا جائے۔

(۷) آفاقیت اور لازمیت کو مسترد کیے جانا:

- مرکز کے مرکزی مخاطبے کے سوالات
- مغربی افکار اور اس کے تاریخانہ کے بنیادی سوالات
- عمومی اور مقامی مظاہر کا مرکوز مطالعہ
- غیر یقینیت اور تبدیلی کی خواہش کو تسلیم کیا جانا
- اختلافات

(۸) ذیلی نوآبادیات کا مطالعہ:

- سابقہ نوآبادیاتی خطوں میں پائے جانے والے متن اور مخاطبوں میں ذیلی نوآبادیات کا سراغ

- نو آبادیاتی نظام سے نجات حاصل کیے ہوئے ممالک میں بڑے لسانی، معاشی، مذہبی یا سیاسی گروہوں کے چھوٹے گروہوں کے استحصال سے آگہی۔
- سابقہ نو آبادیاتی علاقوں میں ذیلی نو آبادیات کی حرکیات، جبر اور مزاحمتی احتجاج کا نیا بیانیہ اور اس کا کھوج لگانا۔
- سابقہ نو آبادیات میں نئی نو آبادیات (نو آبادیات کی باقیات) کی آگہی و تشریح
- ذیلی نو آبادیات میں پائے جانے والے ذیلی گروہوں کا آپسی نظریاتی تصادم۔تصادم کی یہ صورتِ حال سیاسی، انسانی حقوق، مذہبی آزادی، لسانی، معاشی اور ثقافتی مسائل کی صورت میں نمودار ہوتے ہیں۔
- عسکری اور دفتر شاہانہ طبقے کا نو آبادیاتی نظام کی باقیات سے جڑا رہنا
- ذیلی نو آبادیات میں جاگیردارانہ نظام کا برقرار رہنا

Works Cited

Abrams, M. H. A. Dictionary of Literary Terms: Seventh Edition, USA, : Harcourt Brace, 1999.

Adam, Ian, (Ed) "Past the Last Post" Areil: A Review of English Literature, Vol 4, No.4, Oct – 1989.

Ashcroft B., Griffiths G. and Tiffin H. "Key Concepts in Post-colonial Studies". New York: Routledge. 1998.

Brodber, Erna. "Fiction in the Scientific Procedure." (Essay)

Brodber, Erna. Jane and Louisa Will soon come home. London: New Beacon Books. 1980.

Deane, Seamus. Introduction to James Joyce's "Finnegan's Wake". Penguin, 1992.

Dirlik, Arif. "Borderlands Radicalism" in After the Revolution: Waking to Global Capitalism. Hanover. Wesleyan UP, 1994

Hutcheon, Linda. "Postmodernism" in Encyclopedia of Contemporary Literary Theory. Ed Irena R. Makaryk. Toronto:

University of Toronto Press, 1993.
Hutcheon, Linda. A Poetics of Postmodernism: History, Theory, Fiction. New York: Routledge, 1988.
Robinson, Dave. Nietzsche and Postmodernism. New York: Totem, 1999.
Rushdie, Salman. Imaginary Homelands: Essays and Criticism, 1981-1991. New York: Viking, 1991
Said, Edward. Culture and Imperialism. New York: Random House, 1993.
Selden, Raman and Widdowson, Peter. A Reader's Guide to Contemporary Literary Theory (Third Edition). Kentucky, USA: University Press of Kentucky, 1993

●●

سامراج نئی نوآبادیات اور ردنوآبادیات

نوآبادیات کوئی 'جدید مظہر' نہیں ہے۔ قدیم ادوار میں یونانی، رومن مورز اور عثمانیہ میں نوآبادیات کو فروغ حاصل ہوا۔ بعد ازاں اس نوآبادیاتی نظام کو برطانیہ، فرانس، اسپین، جرمن، ہالینڈ، پرتگال اور بلجیم نے توسیع دی۔ 'کالونی' کی اصطلاح 'کالونوس' (Colonus) سے اخذ کی گئی ہے۔ جس کے معنی 'کسان' کے ہیں۔ جدید نوآبادیات پندرہویں صدی کے لگ بھگ شروع ہوا۔ جب ۱۴۸۸ء میں جنوبی افریقی ساحلوں پر مغربی قوموں نے نوآبادیات قائم کی۔ امریکا کو ۱۴۶۲ء میں نوآبادیات بنایا گیا۔ نوآبادیاتی نظام سے یہ معنی لیے جاتے ہیں کہ لوگوں کو ایک علاقے سے نقل مکانی کر کے نئی نوآبادیاں قائم کرتے ہیں اور وہاں کی زمینوں، قوانین، صفت وحرفت، ثقافت اور نظام حکومت پر قبضہ کرتے ہیں اور مقامی آبادی کو ان کے تہذیبی ورثے اور نظام معاشرت کو کمتر محسوس کرواتے ہیں اور اپنی احساس برتری کو ان پر حاوی کر دیتے ہیں اور اتنی ناانصافیاں کرتے ہیں جو جبریہ بشری استحصال بھی ہے جس میں نوآبادیاتی قوتیں مقامی آبادی پر خودمختاری اور بالواسطہ طریقے سے اپنا غاصبانہ نظام چلاتی ہے۔ نوآبادیات ایک قوم کا دوسری قوم پر غلبے کے لیے بھی جانی جاتی ہے۔ یورپی اقوام نے اپنی نوآبادیات قائم کرنے کے لیے جو جنگیں لڑیں وہ عام طور پر ان سرحدوں سے بہت دور لڑی گئی۔ ان جنگوں کے تمام منفی اثرات ایشیا اور افریقی قوموں پر پڑے مگر ان نوآبادیاتی تباہ کاریوں اور انسانی استحصال کے بعد یورپی سامراجی قوتیں اپنے طور پر امیر سے امیر تر ہوتے گئے اور یورپ میں ہونے والی سائنسی ترقیوں کو نوآبادیات سے آنے والے دولت، وسائل اور غلاموں کے سبب ان کی معیارِ زندگیوں کو بلند سے بلند مقام تک پہنچا دیا۔

نوآبادیاتی نظام کا مظہر فلحال غیر وضاحتی اور غیر واضح ہے۔ مشکل یہ ہے کہ نوآبادیات، پس نوآبادیات، نئی نوآبادیات اور نئی نئی نوآبادیات کی اصطلاحوں کی تشریح وتفہیم کے لیے ایک دوسرے سے تقابل کرنا پڑتا ہے۔ پھر اسے ایک ماڈل کے طور پر پیش کرنے کی کوشش کی جاتی ہے۔ اس میں سامراجی اور نوآبادیاتی متغیرات کے حسب مراتبیات کے متغیروں کے طور پر شناخت کرواتا ہے مگر اس سے جو نتائج اخذ ہوتے ہیں اس میں اس نظریے کے نظریہ دان اور محققین ترمیم اور ردِ وبدل

کرنا پسند نہیں کرتے اور نو آبادیات... سامراج کی تعریف سے اپنے لہجے کے ماڈل کے ساتھ سامنے لاتا ہے۔

اب بشریات میں بھی نو آبادیات کی نئی مباحث ہوئیں ہیں جن میں نو آبادیاتی نظام ونظریے کو تاریخ ادب اور نو آبادیاتی ماضی کا تناظر میں مطالعہ کرکے ان کے درمیان حدود کو مٹایا یا کم کیا جارہا ہے۔سفریات (سیاحت) کے مطالعوں اور 'نسل نگاری'، بشریاتی نو آبادیاتی مطالعوں کو نئی نو آبادیات کو معکوسی سمت بھی دی۔ ۱۹۶۰ء کے نو آبادیاتی بشری مطالعوں میں دوفردعی نمائندگی کو ایک جدوجہد اور فکری مکالمے کے تجزیات کے سیاق میں پیش کیا گیا۔جس نے نو آبادیاتی آقاؤں کو تاریخ اور نو آبادیات پر از سرِ نو سوچنے اور لکھنے پر مجبور کیا۔کیونکہ نو آبادیاتی حکومتوں نے اپنی ہی نہیں بلکہ محکوم قوموں کی تاریخ اور ثقافت کی شکل بھی بگاڑ دی۔جس میں تہذیبی مسماریت اور نو آبادیاتی قوموں کی 'احساس برتری' حاوی تھی۔ثقافتی مطالعوں میں ثقافتی، تہذیبی افتراقات سے ہی 'نسلی دبستان' کی بنیاد پڑی جس میں اولین موضوعات نو آبادیات سے متعلقہ مباحث کے ہی ہوتے ہیں۔

مغرب سے بھی نو آبادیات ایک عرصے اخلاقی، معاشرتی وسیاسی اہلِ فکر کے لیے تشویش کا باعث رہا اور صلیبی جنگوں کے بعد اور امریکہ کی سول وار تک سیاسی دانشور سیاسی دانشور نے غیر ملکی رمغرب کی سازشی حکمت عملیاں، قدرتی قانون اور انصاف کے التباسات پر سوچا گیا اور یہ تناؤ، کشمکش، تصادم کی کیفیت، لبرل، روایتی اور نو آبادیاتی حرکیات کی صورت میں شدت سے ابھرا اور اس میں بایاں بازو نے نظریہ دان رجحان کے حامل فلاسبہ اور ادیبوں نے اس کے معیارات وضع کرتے ہوئے انسانی مساوات اور عدل سے منسلک کیا۔جن کی نو آبادیات کے حق میں دلیل دینے والی قوتیں یہ کہتی رہی کہ یہ 'وحشی معاشروں' کے لیے ضروری تھا۔جو ایک 'نو آبادیاتی مشن' ہے۔نو آبادیاتی مطالعوں میں فطرت قانون اور نئے عہد کی بازیافت لبرل ازم، شہنائیت، مارکسزم، لنین ازم اور پس نو آبادیات کے نظریے کے تحت کیے جاتے ہیں۔

برطانیہ جیسی طاقت ورحکومت کو جنوبی افریقہ میں پچاس سے کم بوئر کسانوں کو شکست دینے کے لیے دس برس کا عرصہ لگا۔سوڈان کے حریت پسند عسکری رہنما مہدی سوڈانی نے برطانیہ کو شکست دی اور جنرل گورڈن ان کی فوجوں کے ہاتھوں ہی مارا گیا۔ادھر ہندوستان میں 'ریشمی رومال' اور 'روٹی' والی نو آبادیات شکن تحریکیں شروع ہوگئی تھیں۔ہندستان میں جلیانوالہ باغ کا واقعہ پیش آیا۔بھگت سنگھ اور ادھم سنگھ کی سامراج دشمنی سے کون واقف نہیں اور اس زمانے میں ایسے کئی واقعات ملتے ہیں جن سے

انگریزوں کی سامراجی سفاکی اور بربریت ابھر کے سامنے آئی۔ اس کے ساتھ کی چھوٹی اور بڑی سامراجی طاقتوں کے مابین کشمکش شروع ہوگئی اور اس صدی کے اختتام سے پہلے فرانس اور جرمنی کی افریقا کے مما لک میں فوج کشی اور سازشیں شروع ہوگئی اور اس میں وقت کے ساتھ اضافہ ہوتا رہا۔ بیسویں صدی کے اوائل میں نو آبادیاتی مما لک بڑے پیمانے پر جنگ کی تیاری کر رہے تھے۔ پہلی عالمی جنگ کی صورت میں سامراجیوں کے درمیان ہولناک تصادم ہوا جس کے لیے چودہ سال کے اور اسی زمانے میں ترکی کی سلطنتِ عثمانیہ پارہ پارہ ہوئی جو برطانوی سامراج کی بڑی سازشی فتح تھی۔

موجودہ سامراجی دور میں دو عالمگیر جنگیں لڑی گئیں۔ ان کی شروعات کے لیے بظاہر وقتی حادثات کچھ بھی ہوئے ہوں، بنیادی طور پر ان جنگوں کی وجہ سے سامراجی طاقتوں کی طرف سے نو آبادیات کی تقسیم پر جھگڑا تھا۔ پہلی جنگ عظیم میں بھی ایک طرف برطانیہ، فرانس، روس، بلجیم، ہالینڈ وغیرہ کے مما لک تھے، جن کے پاس دنیا بھر میں بے شمار نو آبادیات تھیں اور دوسری طرف جرمنی اور اس کے اتحادی مما لک کا گروہ تھا۔ جنھوں نے صنعتی لحاظ سے خوب ترقی کر لی تھی۔ لیکن سرمایہ دارانہ ترقی کے باعث تیار شدہ مال کے لیے منڈیاں نو آبادیات کی شکل میں موجود نہ تھیں۔ ان منڈیوں اور نو آبادیات کے حصول کی خاطر ہی پہلی جنگِ عظیم لڑی گئیں۔ جن میں جرمنی اور اس کے اتحادیوں کو نہ صرف ذلت آمیز شکست کا سامنا کرنا پڑا بلکہ ورسیلز معاہدہ کے تحت ذلت آمیز شرائط صلح بھی تسلیم کرنا پڑیں۔ جرمنی کے سرمایہ دار طبقے نے اس ذلت اور رسوائی کا انتقام لینے اور ایک بار پھر نو آ ادیات کی تقسیم کے لیے جنگ کی تیاریاں شروع کر لیں۔ بنیادی طور پر دوسری عالمگیر جنگ نو آبادیات کی تقسیم کے لیے ہی تھی۔ اس سے واضح ہوتا ہے کہ جب تک دنیا میں سامراج موجود ہے۔ جنگ کا خطرہ موجود رہے گا۔ ان دنوں اگرچہ سرد جنگ ختم ہونے کے بعد گرم جنگ کے امکانات کو نظر انداز کیا جا رہا ہے لیکن جس طرح سے پرانے نو آبادیاتی نظام کی جگہ نیا نو آبادیاتی نظام قائم کیا جا رہا ہے، جو کسی ملک میں پرانے نو آبادیات نظام کی طرح فوج کشی کر کے قبضہ تو نہیں کرتا۔ لیکن اقتصادی اور معاشی لوٹ کھسوٹ مقامی ایجنٹوں کے ذریعے حسب سابق ہی کرتا ہے۔ پسماندہ اور غیر ترقی یافتہ مما لک کی لوٹ کھسوٹ کی خاطر جہاں ایک طرف امریکا، جرمنی، فرانس اور برطانیا جاپان وغیرہ میں سامراجی تضادات موجود ہیں، وہاں ان دبی کچلی قوموں میں سامراج کے خلاف شدید جذبہ پایا جاتا ہے۔ اگرچہ فلحال نہ تو بین السامراجی تفاوات اس قدر بگڑے ہوئے ہیں کہ سامراجی طاستوں کے درمیان جنگ کی صورت اختیار کریں اور نہ ہی دبی کچلی قوتوں میں سامراج کے خلاف بغاوت کے جذبے کی شدت پائی جاتی ہے۔ اس لیے عالمی جنگ کا

کوئی خطرہ موجود نہیں۔ تاہم سامراجی لوٹ کھسوٹ کے جاری رہنے اور اس لوٹ کھسوٹ کے لیے سامراجی طاقتوں کے درمیان تفاوات کی موجودگی کے باعث جنگ کے امکانات کو نظرانداز نہیں کیا جاسکتا ہے۔ کسی وقت بھی یہ تفاوات شدید ہو کر جنگ کے امکانات پیدا کرسکتے ہیں جنگ کو دائمی طور پر ختم کرنے کے لیے سامراج کا خاتمہ ضروری ہے جب تک سامراج ختم نہیں ہوتا جنگ کے امکانات موجود رہیں۔ اس لیے دوسری جنگِ عظیم کی تباہ کاریوں کا بنیادی سبق یہ ہے کہ انسانیت کو جنگ کی تباہ کاریوں سے بچانے کے لیے سامراج کے خاتمے کی جدوجہد ضروری تھی۔ مورخ مبارک علی کا کہنا کہ یہ التباس ہوتا ہے۔ اس سبب استعماری قوتوں کے بارے میں رویہ کبھی نوآبادیاتی عوام کے لیے سودمند اور دوستانہ نہیں ہوتا۔ بلکہ اپنے مقصد کے حصول کی خاطر ہر قسم کے تشدد کو روا رکھنا اپنا حق سمجھتی ہے۔

پس نوآبادیاتی تنقید کے علم برداروں نے مغربی سامراج کے پنجے سے آزاد ہونے والے ممالک کے ادب پر سیر حاصل بحث کی۔ خاص کر ہندوستان کی آزادی کے بعد آنے والی ادبی تنقید کو اس رجحان سے متعارف کروایا۔ ساٹھ کی دہائی میں ایشیا اور افریقا کے کئی ممالک استعماری قوتوں سے آزادی حاصل کرنے میں کامیاب ہوئے۔ اس عالمی سیاسی تناظر کے زیر اثر نوآبادیاتی تنقید نے تیسری دنیا کے مزاحمتی احتجاجی تناظر میں بھی اپنی فکری اور تنقیدی حصّہ داری کا احساس دلوایا۔ ان رجحانات کے ڈانڈے مابعد جدیدیت اور ردتشکیل کے ادبی اور لسانی نظریوں سے بھی ملائے گئے۔ پس نوآبادیاتی تنقید میں یقیناً مشرق اور مغرب کی امتیازات، تعصبات، تشدد، سفاکی کی عمیق آگہی موجود تھی۔ اس میں ماضی کی ستم، انسان کے ہاتھوں انسان کا استحصال کا ادراک اس قدر حاوی تھا کہ اپنی مقامی شناخت کی تلاش میں پسماندہ، ترقی پذیر اور تیسری دنیا کا ادب بھٹک گیا اور ان اقدار کو تلاش کرنے لگا جو مغرب کی اقدار اور روایت کی دین تھیں۔ یہ رویہ سراسر واہماتی عینیت پسندی کے زمرے میں آتا تھا۔ لہٰذا انھی سابقہ مغربی اور بدیسی آقاؤں کی فکری گرفت سے چھٹکارا نہ مل سکا۔

یہ کہا جاسکتا ہے کہ ردنوآبادیاتی تنقید نے نسبتاً ایک ایسے وسیع النظر تناظر کو جنم دیا جو پہلے نہیں تھا، یہ نظریہ ابھی بھرپور طور پر ابھر کے سامنے نہ آسکا، کیونکہ نئے آزاد ہونے والے ممالک اسی پروانے خول میں بند ہیں۔ نوآبادیاتی نظام سے آزادی کے بعد چاہیے وہ ہندستان ہو یا الجزائر، سوڈان ہو یا انڈونیشیا، تقریباً ادب وفن پر سابقہ سامراجی اثرات قائم رہے کیونکہ نوآبادیاتی نظام کی جڑیں مکمل طور پر نہیں کاٹی گئیں تھیں۔ لہٰذا ان ممالک کے فکری افق پر منافقت، سودے بازی اور نعرے بازی کی قوتیں کچھ ایسی حاوی رہیں کہ نوآبادیاتی نظام سے چھٹکارا پانا ان کے لیے مشکل ہوگیا۔ فرد ہو یا حکومت ایک طبقہ ہو یا

ایک معاشرہ، ہر مقام پر سمجھوتے کیے گئے اور پس نو آبادیاتی ادب وفکر میں التباس کی دھند پھیلی۔پس نو آبادیاتی تنقید میں انھی پرانے نظریوں اور دانش سے رہنمائی حاصل کی گئی اور کوئی آئیڈیالوجی راسخ نہ ہوسکی۔تقریباً سبھی چھوٹے بڑے، سابقہ غلام ممالک کسی واضح فکری قدر کو نہ اپنا سکے اور نہ ہی کوئی مستحکم نظام ان کے حصّے میں آیا۔وہی دو ممالک جو ایک ہی نو آبادیاتی شکنجے سے آزاد ہوئے ایک دوسرے کے دشمن ٹھہرے جن خوابوں کو پانے کے لیے سامراجی نظام سے ٹکر لی گئی، بعد میں وہ سب ہی منافقت، زر پرستی اور اقتدار پسندی کے نذر ہو گئے۔فرد سے فرد کا قلبی رشتہ کٹ گیا۔فکری اور عمرانیاتی آدرش بکھر بکھر کر ریزہ ریزہ ہو گئے تو فرد کو اپنے پھسپھسے اور کھوکھلے نظریات اور رجحانات کا احساس ہوا یہ احساس قرۃالعین کے ناولوں سے جا بجا ملتا ہے۔خاص کر ان کا ناول 'چاندنی بیگم' میں ہندستان کی آزادی کے بعد دو ملکوں کی تہذیبی، سیاسی، معاشی پامالی کی نوحہ گری ہے۔جن میں نو آبادیاتی نظام سے آزادی کے بعد نئے اقتدار کی ترجیحات ایک ارب عوام کی ترجیحات سے مختلف تھیں، فرد مجھول اور نفسیاتی مریض بن کے رہ گیا۔ردنو آبادیاتی تنقید نے نیم جاگیردارانہ نظام، سیاست، قانون، صحافت، نئے سرمایہ دارانہ نظام (چھوٹے) شوبزنس پاپولر ذرائع ابلاغ، سستی اور سطحی تفریحی پر ڈراموں سے فرد ہی کا نہیں بلکہ معاشرے کی بنیادی اکائی 'خاندان' کے سکوں کو تباہ و برباد کر دیا۔نو آبادیاتی نظام کے باطن سے پیدا ہونے والے استحصالی نظام کو خوش آمدید کہنے پر مجبور ہو گیا۔اسی طرح خدیجہ مستور کے ناول 'آنگن' میں خاندانی اکائی کا تتر بتر ہو جانا اور زریں اصولوں کو بالائے طاق رکھ کر حالات سے معاشی اور معاشرتی مفاہمت کر لینا ظاہر ہوتا ہے،شوکت صدیقی کے ناول 'خدا کی بستی' میں ہجرت کے حوالے سے نئی تبدیلی کی اذیت ناکی ملتی ہے۔جس کے پس منظر میں سامراجی رجحان کا حاوی محرک نمایاں ہے، جہاں فرد کے آدرش ٹوٹ پھوٹ گئے اور کوئی نظریہ حیات نہ ابھر سکا۔عبداللہ حسین کا ناول 'نادار لوگ' میں پاکستانی حوالے سے فرد کی باطنی سچائی کو اجاگر کرتے ہوئے معاشی منعفت پسندی کو ٹھکرا دیا گیا۔ساٹھویں دہائی میں تیسری دنیا کے لیے سابقہ نو آبادیاتی ممالک کی ادبیات میں ردنو آبادیاتی تناظر کو محسوس کیا گیا خاص کر اردو کے جدیدیت پسند رجحان میں فرد کی جو ٹوٹ پھوٹ ہوئی اور قنوطی سیاق میں جو کچھ لکھا گیا وہ انحطاطِ ذات تو تھا ہی، مگر اصل میں اس کے پس منظر میں ردنو آبادیاتی کا نظریہ لاشعور بھی چھپا ہوا تھا۔

انہ۔۔۔سویت روس، انقلاب ایران، سقوط مشرقی پاکستان اور دیگر عالمی تبدیلیوں نے رد نو آبادیاتی تنقید کی راہیں مستحکم کیں۔

ایک جاپانی شاعر کیوکروڈا (Kio-Kuroda) نے کچھ سال قبل ایک نظم 'ہنگرین قہقہہ' لکھی۔

اس طویل نظم میں ردنوآبادیاتی رجحان کو شناخت کیا جاسکتا ہے۔

میں کل ضرور لکھوں گا
ہنگری کے متعلق ایک نظم

لوکاشی کون ہے
جسے پھانسی دی گئی

ناگے کہاں ہے
جسے ہم بھلا چکے ہیں
جیسے میں گم شدہ ہوں

ہنگری میں روس کے نوآبادیاتی تسلط کے خلاف بغاوت کے حوالے سے اس نظم کو دیکھیں تو ردنوآبادیاتی رجحان کے عناصر کی کارکردگی کا اس میں صریحاً بیاں نظر آتا ہے۔

خاص کر ۱۹۷۰ء کے بعد تیسری دنیا کی فکری بساط پر نوآبادیاتی پس منظر میں نئے تاریخی تناظر اور عقل پسندی کے مہروں کو اپنایا گیا یہاں یہ کہنا ضروری ہے کہ ہر ادب اپنے مخصوص احوال کے تناظر میں ایک نوآبادیاتی کو اپنے ذہن کے اصل فکری التباس اور حقیقی صورتِ حال کا پتہ چلا کہ ایک مصنوعی آئیڈیالوجی، قدامت پسندی اور اقتدار پسندی کے رجحان نے علم و ادب کا کس صفائی سے استحصال کیا۔ پس نوآبادیاتی فکر میں بغاوت کا شور شرابا بہت تھا جس فکر جذباتی اور سطح ہوگئی اور سیاسی اور گروہی اہداف کو پالینے کے لیے اسے استعمال کیا گیا۔ مثلاً پاکستان میں جب بھی مارشل لا لگا تو ظاہراً تو مزاحمتی شعرا کی ایک فوج ابھر کر سامنے آئی لیکن چونکہ ان کے پاس نظریاتی قوت کی کمی تھی اس لیے ان کے تمام جذبات و دانش مثل حباب ثابت ہوئے اور ان کی شاعری افادیت پسندی اور شوبزنس سے آگے نہ بڑھ سکی۔

آئرلینڈ کے شاعر ولیم بٹلر ییٹس (William Butler Yeats) کو جدید انگریزی ادبیات کے مخاطبے (ڈسکورس) اس سبب امتیاز و مقام حاصل ہے کہ انھوں نے یورپ کے ہائی ماڈرن ازم کے باطن میں پوشیدہ نوآبادیاتی رویوں کا سراغ لگایا۔ ییٹس نے آئرلینڈ کی روایت تاریخ اور سیاسی سیاق میں اس بات کا شدت سے احساس دلوایا کہ اس کڑے وقت میں قوم پرست آئرلینڈ تکالیف کا شکار ہے، انگریزی شعرا اور اردو ادیب آئرلینڈ کے سلسلے میں نوآبادیاتی ذہنیت کا اظہار کر رہی ہے کیونکہ آئرلینڈ کی ثقافت و ادب مغربی جدیدیت سے قطعاً مختلف ہے۔

ییٹس (Yeats) کو آئر لینڈ کے قومی شعرا میں شمار کیا جاتا ہے جو کہ سامراج شکن ہیں۔ انگریز ثقافت کا حاوی عنصر آئر لینڈ پر نو آبادیات پنجے کو ثابت کرنے کے لیے کافی ہے۔ آئر لینڈ کی ثقافتی خود مختاری کا خواب اصل میں ردنو آبادیاتی رجحان ہے۔ آئر لینڈ کی تاریخ مسخ کی گئی ہے۔ ییٹس کا خیال ہے کہ ردنو آبادیاتی مزاج کے سبب آئر لینڈ کی تاریخ کے موضعات کو نظر انداز کیا گیا ہے۔ ان کی نظم 'ماہی گیر' (Fisherman) ردنو آبادیاتی تجربے کا حساس اظہار ہے۔

یہ طویل ہے، میری ابتدا سے
آنکھوں تک پکارتا ہوں
یہ نیک اور سادہ آدمی
میں تمام دن چہرے میں دیکھتا ہوں
کیا میں امید کروں
کہ اپنی نسل پر لکھوں
اور حقیقت (۱)

ایڈورڈ ولیم سعید نے لکھا ہے کہ ییٹس کی شاعری نے نو آبادیاتی رویوں کو دریافت کیا ہے۔ ایڈورڈ سعید کے بقول انگریزی زبان پر آئر لینڈ کے اس شاعر کی شعری فطائت کا ادراک نہ ہو سکا (یا انھیں دانستہ طور پر نظر انداز کیا گیا) کیونکہ آئر لینڈ پر انگریز ثقافت، ادب اور یورپ کی جدیدیت کی یلغار ہمیشہ سے ہوتی رہی ہے۔ ییٹس نے آئر لینڈ کے ساحلوں پر برطانوی سامراج کی ریشہ روائیوں کو محسوس کیا۔ وہ اپنی شاعری میں اپنے تجربات کے حوالے سے سامراج شکن رویوں کو جگہ دیتے ہیں ردنو آبادیاتی وساطت سے ایڈورڈ سعید نے مصر، ترکی سیلوں (سری لنکا) انڈونیشیا، چین اور ہندستان کی مثالیں دیتے ہیں اور ادبی اور ثقافتی حوالوں سے تیسری دنیا کے ان ممالک میں ردنو آبادیاتی رجحان کا پتہ لگاتے ہیں۔ (۲)

یورپ میں چند لکھنے والے ایسے بھی ملتے ہیں جنھوں نے اپنی تخلیقات میں ردنو آبادیاتی رویوں کو جگہ دی۔ ان میں سب سے نمایاں نام فرانسیسی ڈراما نگاری ژان ژینے (Jean Genet) کا ہے۔ ان کے ڈرامے 'دی بلیک' (The Black) میں سیاہ فام طوائف نو آبادیاتی نظام کے کارندوں کو یک بعد دیگرے موت کے گھاٹ اتار دیتی ہے۔ دیکھنے میں یہ نسلی نوعیت کا احتجاج ڈراما ہے لیکن اصل میں ژان ژینے نے اس کھیل میں مغرب کے نو آبادیاتی نظام کے رد کو ابھارہ ہے۔

برٹینڈ رسل (Bertrand Russell) جنھیں فلسفہ اور ریاضی کے میدان میں شہرت حاصل ہے وہ مغرب کی گوری تہذیب کے نشاۃ الثانیہ کے اس حد کت خواہاں ہیں کہ ان کی فکر نو آبادیاتی رنگ میں ڈھل جاتی ہے۔ یہ وہی برٹینڈ رسل ہیں جنھوں نے ژان پال سارتر کی رفاقت میں ویت نام کی جنگ کے دوران امریکا کے نو آبادیاتی اور سامراجی عزائم کا پردہ چاک کرتے ہوئے امریکا پر کھلی عدالت میں مقدمہ چلایا اور امریکا کو جنگی مجرم قرار دیا۔

اسی طرح انگلستان کے افادیت پسند فلسفی جاں اسٹیورٹ مل (Mills) کے نظریات میں ہندستان سے نفرت آسمان کو چھوتی ہے۔ برصغیر میں انگریزوں کا نو آبادیاتی نظام اخلاقی مذہبی اور نسلی برتری کی وجہ سے کامیاب نہیں ہوا بلکہ یورپ کی عقلیت پسندی، منطقی ہیئت، ثنویتیت اور سائنسی ترقی نے ہندستان کے روایتی معاشرے پر باآسانی تسلط قائم کرلیا۔ انگریز کو بھی علم تھا کہ انھیں ہندستان میں خوش آمدید نہیں کہا گیا بلکہ کمزور معاشرتی اور سیاسی ڈھانچے اور داخلی خلفشار اور بحران کا فائدہ اٹھا کر انھیں ہندستان میں اپنی نو آبادیات قائم کی اور انھیں یہ خام خیال تھی کہ اعلا اصولوں، اخلاقی اور تہذیبی اوصاف کے سبب 'سونے کی چڑیا' ان کے ہاتھ لگی ہے۔ ایک انگریز جان لارنس جو ۱۸۵۷ء میں پنجاب میں متعین تھا، اس نے اپنے ایک بیان میں کہا تھا "ہم یہاں لوگوں کی مرضی یا ان کے انتخاب سے نہیں آئے ہیں۔ بلکہ ہم اپنی اخلاقی برتری، حالات کی موافقت اور مثیت ایزاری کی مرضی کے تحت اقتدار میں آئے ہیں۔ یہی وہ چارٹر ہے جس کی بنیاد پر ہم ہندستان میں حکومت کر رہے ہیں۔ (۳)

لاطینی امریکا میں ردِ نو آبادیاتی رجحان اب خاصا پرانا ہو چکا ہے۔ نو آبادیات کا فکری احساس خاصا حساس بھی نہیں بلکہ اس کا اظہار لاطینی امریکا اور امریکا کے 'چکانو ادب' (Chicano Literature) امریکا میں بسنے والے لاطینی امریکی نژاد باشندوں بالخصوص میکسیکو کے باشندوں کا ادب جو انگریزی زبان میں لکھا گیا۔ میں نمایاں طور پر محسوس کیا جاسکتا ہے جو اصل میں یورپی نسل کے امریکی باشندوں کے سامراجی رویوں کے سبب وجود میں آیا۔ میکسیکو نے ۱۸۲۱ء میں اسپین سے آزادی حاصل کرنے کے بعد میکسیکو کے شمالی صوبہ جات پر مشتمل "Aztlan" کے نام سے ایک ریاست ری پبلک آف میکسیکو میں شامل کر دی۔ اس تسلط کے خلاف ۱۸۴۸ء تک خاصی مزاحمت کی گئی لیکن کوئی نتیجہ برآمد نہ ہوا۔ ابھی اس نو آبادیاتی تسلط سے نجات حاصل نہ ہو پائی تھی کہ امریکا نے اپنی نو آبادیات کو بڑھانے کے لیے جنوبی سرحدوں کی جانب ریلوے لائن بچھانا چاہی لہٰذا ۱۹۱۰ء سے ۱۹۲۰ء تک میکسیکو کے مقامی باشندوں اور مغربی استعمار کے درمیاں گھمسان کا رن پڑا۔ جس میں ملین کے قریب میکسیکو کے باشندے مارے

گئے۔ شکست کے بعد ٹیکسس، نیو میکسیکو، ایریزونا، کیلیفورنیا اور آدی گن (آدھا) کو بندوق کے مور پر ریاست ہائے متحدہ امریکا کا حصّہ قرار دے دیا گیا اور بڑی صفائی سے مقامی آبادی کو اقلیت میں تبدیل کر دیا گیا۔ لہٰذا آج بھی امریکا کے چکانو ادب اور بالخصوص شاعری میں Aztlan صوبے کا نو آبادیاتی ناسٹلجیائیہ احساس شدت کے ساتھ محسوس کیا جا سکتا ہے۔ نو آبادیات کے رد میں معاشرتی اور سیاسی حوالے سے معاشرتی نمونوں (روٹی، مکھن، لوبیا) کی علامتوں کی مدد سے نو آبادیاتی نظام کے خلاف احتجاج اور مزاحمت کی تصویر بھرپور طور پر سامنے آتی ہے۔

تم کچرا کھاتے ہو
تمھاری روٹی اور مکھن کے ساتھ
اور میں، میرا کھاتا ہوں، لوبیے کے ساتھ
اور ٹوٹرہیے ** کے ساتھ منہ مارتا ہوں
(میکیسکن روٹی (Tortilla))

البرٹ کامیو نے ہزار الجزائر کی آزادی کے نغمے گائے ہوں مگر وہ فرانسیسی نو آبادیات سے الجزائر کو آزاد ہوتا دیکھنا نہیں چاہتے تھے اور کسی صورت میں بھی الجزائر (جو ان کی جنم بھومی بھی تھی) کو خود مختار ملک کا رتبہ دینے کے حق میں نہ تھے، وہ ہر طور سے فرانسیسی نو آبادیاتی نظام کو برقرار رکھنا چاہتے تھے اور اس نظام کے تحفظ کے بھی خواہاں تھے۔ ٹی ایس ایلیٹ (T.S.Eliot) نے عیسوی شریعت کو رائج کرنے کے متمنی تھے۔ انھوں نے 'ویسٹ لینڈ' میں روحانیت اور قنوطیت کا ڈراما رچا کر مغربی ثقافت کو مغربیت رائج کرنے کا عندیہ دیا اور جدیدیت کی آڑ میں مغرب کی نو آبادیاتی توسیع پسندی اور سامراج پرستی کا خواب دیکھا۔ دریدا (Derrida) نے دبے الفاظ میں نو آبادیاتی تصورات کو اپنی تحریروں میں جگہ دی۔ دریدا مغربی مابعد الطبیعات کو 'گوری اساطیر' سے تعبیر کرتے ہیں جو ان کی نظر میں مغربی ثقافت کا جبر ہے۔ دریدا کے ان خیالات نے نئے نقادوں کو مزید سوچنے پر اکسایا۔ باختن کے Dialogis گرماسکی (Gramsci) کے مماثلتی تصور، فوکو کا قوت دور آگہی کا تصور اصل میں نو آبادیات شکن تصورات ہیں۔ ان افکار نے مغرب کے آون گارڈ اہرام یا ماڈل کی کوتاہ شعوری کا احساس دلوایا۔ ایڈورڈ سعید نے اپنی کتاب 'Orientalism' میں چار ہزار سال کی تاریخی تناظر میں پس نو آبادیاتی تنقید کے حوالے سے فلسطین سے سیاسی سے اپنی فکری رفاقت کا احساس دلوایا۔ (۴)

دوسری جنگ عظیم کے ہیرو جنرل منٹگمری، جو نو آبادیاتی تسلط پسندی کے حامی تھے مگر اسی شدت

سے وہ نو آبادیات خطوں میں عیسائیت کے احیا کے خواہش مند بھی رہے انھوں نے مغرب کی برتری کو کمزور نو آبادیات اور نئے آزاد ہونے والے سابقہ نو آبادیاتی ممالک پر ٹھونسنے کے لیے، ناٹو، سیٹو، سینٹو جیسے سامراجی دفاعی معاہدات کی منصوبہ بندی کی۔ اس صورتِ حال کو بھاپ کر الفریڈ سیووئے (Alferad Sauvy) کے نظریہ تیسری دنیا کو ابھارہ گیا۔ پھر غیر وابستہ ممالک کی تحریک چلی۔ یہ سب رویوں اور رجحانات در نو آبادیات کے سلسلے میں ہی تھے جس سے تیسری دنیا کے ممالک دو چار تھے۔

اسی طرح نوبیل انعام یافتہ ناول نگار گیبریل مارکیوز گارشیا، اکتاویو پاز، البرٹو اپسنو وزا (Espinosa) کی تحریروں میں ردنو آبادیاتی احساس خاصا ترش ہے جو فکری سطح پر خاصا گہرا بھی ہے۔ چلی کے شاعر پابلو نرودا نے ردنو آبادیات کی وساطت سے اپنے خدشات کا اظہار کیا ہے۔ خاص طور پر وہ چلی کی داخلی نو آبادیات اور لاطینی امریکا میں پھیلے ہوئے مغربی سامراج کی توسیع پسندی کو اپنی شاعری میں بیاں کیا ہے۔

I knew that man, and when i could
when I still bad eyes in my head
when I still bad a voice in my throat,
I sought him among the tombs and I said to him
pressing his arms that still was not dust
"Everything will pass, you will still be living,
you set fire to life
you made what is yours"
So let no one be perturbed when
I seem to be alone and am not alone
I am not without company and I speak for as
Someone is bearing me without knowing it
But those I sing of those who know
go on being born and will over flow the world (5)

میکسیکو کے ناول نگار کارلوس فونیتیس (Carlos Fuentes) نے اپنی تحریروں میں امریکی نو آبادیاتی زمین کو بڑے دلچسپ انداز میں پیش کیا ہے ان کی ناول "The Old Gringo" (لاطینی امریکا، بالخصوص میکسیکو میں امریکیوں کو طنزاً 'گرینگو' کہتے ہیں) میں اس بات کا احساس دلوایا ہے کہ میکسیکو کے شمالی علاقوں میں امریکا نے پروٹسٹنٹ مذہب اور سرمایہ دارانہ ثقافت کی آڑ میں نو آبادیات کو فروغ دیا جس کا سلسلہ جنوبی میڈی ٹیرین (Mediter ranean) تک جاتا ہے۔ نو آبادیاتی سلسلے میں ریگن انتظامیہ نے نکاراگوا میں جو کچھ گل کھلائے وہ تاریخی تناظر میں پریشان کن ہے۔ فونیتیس نے بل مائر (Billmoyer) کو انٹرویو دیتے ہوئے کہا تھا کہ ۱۹۵۴ء میں گوئٹے مالا میں جو کچھ ہوا وہ سب امریکا کی سامراجی قوت کے سبب ہوا۔ لہٰذا لوگوں نے اسے Vietnamization of Central America یا Central Americanization of Vietnam کا نام دیا۔(۶)

یہ ڈراما تو ویت نام کے خونی ڈرامے سے ایک صدی پہلے لاطینی امریکا میں کھیلا جاچکا تھا۔ جس کی سب سے بھاری قیمت میکسیکو کو ہی ادا کرنی پڑی اور آج تک یہ ملک خسارے میں جا رہا ہے۔

فونتین ایک ماہر نفستیا ہیں۔ انھوں نے ۱۹۶۱ء میں اپنی کتاب 'بدنصیب زمین' میں طبی فطرت نوعیت کا نو آبادیاتی تجزیہ کیا ہے جو معاشروں کو تباہ و برباد کر دیتے ہیں۔ ان کے خیال میں نو آبادیات اپنی شناخت کے ساتھ مقامی علاقوں میں داخل ہو کر ان علاقوں پر قبضہ کر لیتی ہے اور اپنی نو آبادیاتی صفات کو انسان قرار دیتی ہے اور مقامی باشندوں کو ان کی کمتری کا احساس دلوا کر غلامانہ ذہنیت پیدا کر جاتی ہے جس کے لیے ذہنی اور جسمانی تشدد کیا جاتا ہے جو مکمل طور پر 'نسلی' نوعیت کا ہوتا ہے۔ فونتین اسے 'متشدد مزاحمت' کہتے ہیں جو مقامی نفسی حسیت، عزت نفس کے پردے میں نو آبادیاتی خوشامدی ٹولہ پیدا کرتا ہے۔ انھوں نے الجزائری جنگ آزادی کی کھل کر حمایت کی۔ ان کے خیال میں نو آبادیات مکمل طور پر معاشی نظریہ بھی ہے کیونکہ سامراج اعلا درجے کی سرمایہ داریت ہوتی ہے جس میں سرمایہ 'منافع' کو پیدا کرتا ہے۔ فونتین کا خیال ہے کہ تیسری دنیا کے بدترین استحصال کا نشانہ ہونے والے انسانوں کو 'افتادگان خاک' کہا۔ یہ ان کی کتاب کا عنوان بھی ہے۔ جس کا اصل اور بنیادی مقولہ ہے کہ مغربی سرمایہ کا طبقہ بیک وقت تعمیری اور طفیلی کردار کا حامل ہے اور نو آبادیاتی گماشتے کا کردار ادا کیا۔ اس عمل کے دوران استحصالی نو آبادیاتی نظام مقامی محنت کشوں اور کسانوں کا سفاک اور بے رحمانہ استحصال کرتا ہے۔ فونتین کا نو آبادی نظریہ اصل میں 'تیسری دنیا کی انقلابی جدوجہد' کے مکالمے میں

پوشیدہ ہے.... اس سلسلے میں کولمبیا کے نوبل انعام یافتہ ناول نگار گیبریل مارکیز گارشیا نے لکھا ہے ''سیاست کے تناظر میں دیکھنے سے لاطینی امریکا کی نوآبادیات اور پس نوآبادیات کی معاشرت کا ادراک تو ہوسکتا ہے مگر لاطینی امریکا کو آپ اس نظریے سے دیکھنے سے محروم ہوجائیں.... اس نظر سے گارشیا نے نوآبادیات کو لاطینی امریکا کے تناظر میں دیکھا۔

اردو میں باقاعدہ طور پر نوآبادیاتی فکر کا آغاز ۱۷۹۹ء میں فورٹ ولیم کالج کی بنیاد پڑنے کے بعد ہوا۔ جس نے ہندو مسلم روابط میں دراڑیں ڈالیں۔ میر امن دہلوی نے گل گرسٹ کی سرپرستی میں 'باغ و بہار' لکھی اور میر امن نے اپنے مربی ڈاکٹر گل گرسٹ کو سرآنکھوں پر بھی بٹھایا۔ سودا کے 'شہر آشوب'، واجد علی شاہ کی 'مثنوی حزن اختر'، نظیر اکبرآبادی کی نظمیں، پنڈت رتن ناتھ سرشار کا 'فسانہ آزاد' میں دبے الفاظ نوآبادیاتی رویوں کے خلاف فکری مزاحمت ملتی ہے۔ بہادر شاہ ظفر نے اپنی آخری عمر کی شاعری میں کنارتاً نوآبادیاتی رجحان کی طرف اشارہ کیا ہے۔ ۱۸۵۷ء کی جنگِ آزادی اس کا منہ بولتا ثبوت ہے۔ اکبر الہ آبادی کی طنزیہ شاعری میں نوآبادیاتی نظام کی نفی کی گئی ہے۔ جوش ملیح آبادی جذباتی انداز میں بکنگھم پیلس کو بم سے اڑا دینے کی خواہش کرتے ہیں۔ ایک طبقہ سرسید احمد خان پر انگریز نوازی کا الزام لگاتا ہے حالانکہ سرسید نے ہندستان کے ٹوٹے پھوٹے ہزیمت زدہ معاشرے اور فکری ڈھانچے کو دوبارہ تعمیر کرنا چاہتے تھے لہذا وہ کچھ وقت کے لیے انگریزوں سے مزاحمت کے حق میں نہ تھے۔ وہ چاہتے تھے کہ ہندستان مغرب سے اچھی چیزیں اخذ کرے اگر وہ ایسا نہ کرتے تو ہندستان میں نہ آج اردو ہوتی اور نہ ہی فکری ارتقا کی صورت نکل پاتی نہ 'مقدمہ شعر و شاعری' ہوتا، نہ 'آبِ حیات' نہ 'بانگ درا' ہوتی نہ 'ضربِ کلیم'... اور نہ ہی ترقی پسند تحریک نظر آتی نہ جدیدیت اور مابعد جدیدیت کی مباحث اردو معاشرے کو جلا بخشتے اور نہ ہی عبدالسلام جیسا سائنس دان پیدا ہوتا۔

نظم جدید کی تحریک کے بعد اردو کو کئی فکری تغیرات سے گزرنا پڑا۔ ترقی پسند تحریک نے یقیناً نوآبادیاتی رجحان کو رد کردیا۔ یہ ایک بڑی مزاحمتی تحریک بھی تھی لیکن جب ہم گوری نوآبادیاتی ذہنی ساخت کے پس منظر میں چلتے ہوئے ۵۰ء کے دہے تک پہنچتے ہیں تو ہمیں یکبارگی یہ احساس ہوتا ہے کہ روسی انقلاب سے متاثر آزادی کی وہ تحریکیں جو اشتراکیت کے حوالے سے اپنی جدوجہد برقرار رکھے ہوئے تھیں انھیں اس بات کا احساس نہیں تھا کہ روسی ذہنی ساخت عالمی اشتراکیت کے سیاق و سباق میں گوری نوآبادیاتی نظام کا نعم البدل بن جائے گی۔ اس کا سب سے واضح ثبوت برصغیر کے ادب بالخصوص اردو میں ملتا ہے۔ ہنگری پر جب روسی ٹینک چڑھ دوڑے تو فیض احمد فیضؔ سے لندن کے ایک

صحافی نے اس پر اظہارِ رائے کے لیے کہا، فیض کا جواب تھا،" روسی ٹینک آزادی کو پامال کرنے کے لیے نہیں بلکہ آزادی کی حفاظت کرنے کے لیے وہاں پہنچے ہیں۔" جب کہ ہنگری اور چیکوسلواکیہ میں روس نے اپنی فوجیں داخل کیں تو ژان پال سارتر نے روس کی شدید مذمت کی۔

اسی طرح روسی فوجوں کے افغانستان میں دخول کے بعد جب بھارتی وزیر اعظم نے یہ موقوف اختیار کیا کہ یہ اس وقت کی افغانی حکومت کی دعوت پر وہاں پہنچے ہیں تو ہندستان کی کمیونسٹ پارٹی کے زیر اثر ترقی پسند دانشوروں میں، جن میں علی سردار جعفری پیش پیش تھے اس موقوف کی حمایت کی۔ تاریخ گواہ ہے کہ دونوں حالتوں میں یہ Neo Colonialism مطمع نظر تھا جس میں اردو کی ترقی پسند تحریک کے دو رہنما فیضؔ احمد فیضؔ اور علی سردار جعفری کی تاریخی سطح پر سیاسی جبر اور جارجیت کے سلسلے میں مصلحت کوشی کھل کر سامنے آجاتی ہے۔ آئیڈیالوجی کے جبر کے تحت ان جیسے کئی سکہ بند ادیبوں اور دانشوروں نے ہنگری اور چیکوسلواکیہ کے قابل مذمت واقعے کو تاریخی سطح پر درست قرار دیا لہذا آج نہیں تو کل ہمیں یہ فیصلہ کرنا پڑے گا کہ کون تاریخ کا مجرم ہے؟ ان دانشوروں کو مغربی سامراج اور نوآبادیات کے ظلم و جبر تو نظر آتے ہیں مگر سرخ نوآبادیاتی نظام اور آئیڈیالوجی سے جو نوآبادیات وجود میں آئیں وہ ان کی نظروں سے اوجھل رہی۔

سامراجیت (امپریلزم) کی اصطلاح دوسری جنگ عظیم سے پہلے کی اصطلاح ہے۔ دوسری جنگِ عظیم کے بعد امپیریلزم کو 'نوآبادیات' کی اصطلاح میں تبدیل کر دیا گیا۔ تھرڈ نیو انٹرنیشنل ڈکشنری میں نوآبادیات کو کسی قوم کا ماتحت علاقہ حاصل کرنا اور اپنا تسلط قائم کرنا ہے اور اپنی معاشی اور دفاعی اقتدار کو قوت کے ذریعے زیر کر کے اپنا جارہانہ تسلط قائم کرنا ہے۔ تاکہ نئی منڈیاں تلاش کی جائیں۔ ۱۷۸۷ء کے بعد جن عالمی قوتوں نے دوسرے براعظموں کے پسماندہ ملکوں پر اپنا تسلط جمایا۔ ان میں برتانیا، پرتگال، فرانس، ہالینڈ، اسپین، پرتگال پیش پیش تھا۔ بہر حال برتانیا نوآبادیاتی نظام کا سب سے کامیاب ملک رہا۔ جہاں اس کی نوآبادیات میں کبھی سورج غروب ہی نہیں ہوتا تھا۔ ۱۹۵ ممالک نے نوآبادیات سے آزادی حاصل کی مگر بدقسمتی سے وہ نئی نوآبادیات کے چنگل میں پھر پھنس گئے اور نئی معاشی، معاشرتی، ثقافتی اور سیاسی غلامی پر مجبور ہو گئے۔

خلاصہ کلام

بیسویں صدی کی چالیسویں دہائی سے قبل نوآبادیاتی اصطلاحات معرض وجود میں نہیں آئی تھی۔ 'سامراج' کو ہی نوآبادیاتی معنوں میں لیا جاتا تھا۔ ۱۹۴۰ء کے بعد پس نوآبادیاتی رویہ تنقید میں عام

ہوا۔پس نوآبادیاتی تنقید نوآبادیاتی تنقید سے کلی طور پر انحراف کرتی ہے لیکن ردنوآبادیاتی تنقید کا مسلک جداگانہ ہے یہ نہ تو پس نوآبادیاتی تنقید کی ضد ہے اور نہ ہی اس کی تائید مزید ہے۔اپنے حسن کارکردگی میں یہ نوآبادیاتی تقندی کارد ہوتے ہوئے بھی تعمیری (Constructive) کردار ادا کرتی ہے۔ دوسرے لفظوں میں یوں کہہ لیں کہ ردنوآبادیاتی تنقید،نوآبادیاتی تنقید کارد ہے لیکن یہ پس نوآبادیاتی تنقید کی توسیع ہے جوکہ مغربی اوراشتراکی سامراجیت سے اپنی برہمی کا اظہار کرتی ہے اور فرد اور گروہ کو اسے نوآبادیاتی ماضی کے شعور، مستحکم منطقی تاویلات کی وساطت سے بیاں کرتی ہے۔ردنوآبادیاتی تنقید مخاطبے (ڈسکورس) کے نئے مسائل اور قادیانہ مزاج کو پس نوآبادیاتی سیاق میں پرکھتے ہوئے سب سے پہلے اقتدار کی عفریت سے نجات دلوانا چاہتی ہے کیونکہ یہی عنصر فکروادب کا کاغذی پیراہن ہوتا ہے۔اقتدار پسند طبقے کے رویوں اور رجحانات کا عمیق گہرائیوں سے مطالعہ کیے بغیر ردنوآبادیاتی تنقید کا کوئی جواز نہیں۔یہی وجہ ہے کہ نوآبادیاتی تنقید خود میں منفی اقدار کی حامل نہیں۔

اب گروہ، ممالک اور آئیڈیالوجی کی جنگ نہیں ہوتی،اس دور میں تمام جنگیں ثقافت کے مابین ہیں۔جیسے مذہبی، سیاسی، معاشی اور ماحولیاتی اصطلاحات میں بات کر انسان کے گلے میں نئے التباسات کے طوق ڈالے جارہے ہیں۔

ردنوآبادیاتی تنقید، سامراجی قدروں اور نظریات کو ہی نشانِ ہدف نہیں بناتی بلکہ دیگر جمہوری، معاشرتی اور سیاسی نظاموں میں چھپے ہوئے نوآبادیاتی اور سامراجی عنصر (عزائم) کو بھی شناخت کرلیتی ہے کیونکہ ان نظاموں میں فرد کی آزادی ایک دھوکہ ہے جب یہ نظام ہائے حیات مغرب سے سابقہ نوآبادیاتی خطوں میں برآمد کیے جاتے ہیں تو نراجیت، فاشست اور آمریت کا روپ دھار لیتے ہیں۔

اردو میں سامراج اور نوآبادیات کے حوالے سے چند اصطلاحات کے اردو تراجم اور منفردات درج کیے جارہے ہیں۔جو عموماً نوآبادیاتی مطالعوں میں استعمال ہوتے ہیں۔

استعماریت-استعماریت پسندی-عادات	Colonisalism
نوآبادیایہ-کالونی طریقے سے-مستعمرانہ	Colonally
آبادکار-مستعمر-نوآبادی کا باشدہ	Colonist
نوآبادیات نظام-استعماریت پسند	Clonization
افسر نوآبادیات	Colonization Officer
آبادکار	Colonizer

Colonize	نئی بستی قائم کرنا
Colonial	نو آبادیاتی استعماری
Neo Colonisalism	نیا استعمار-نئی نو آبادیات
Post Colonisalism	پس استعماریت-پس نو آبادیات
De Colonisalism	رد استعماریت- ردنو آبادیات
Former Colonist Nuclear Discourse	سابقہ نو آبادیاتی نیوکلیائی مخاطبہ

1. W.B.Yeats, Collected Poems, New York: Macmillan, 1959. P. 146.

2. Said Edward W., Culture and Imperialism, New York: Alfred A. Knopf, 1993. PP 220-238.

3-رابرٹ سلیل (ترجمہ مبارک علی)، "کلچرامپیریلزم"،لاہور: ماہِ نو جولائی ۱۹۸۶ء،ص: ۲۳

4. Said, Edward. Orientalism, New York: Pantheon, 1978.

5. Neruda, Pablo, Fully empowered, trans. Alastair Reid, New york: Farrar Straus & Ciroux, 1986, P 131.

6. Moyers Bill, World of Ideas, New York: Doubleday 1989 PP 506-513. (Conversation with carlos Fuentes)

●●

ردتشکیل، تفہیم وتشریح اور مفہوم بندی

ردتشکیل (Deconstruction) کا فکری سفر دیگر ادبی علمی اسفار کی طرح ہوا،گو ردتشکیل کی اصطلاح جدید اردوتنقید میں خاصی نوخیز ہے۔ یہ فکری رویہ اپنے فکری پس منظر میں ان تحریکوں اور رجحانات سے اپنی گہری آگہی اور تعلق کاانکشاف کرتاہے جن کی تاریخی فلسفیانہ روش پر چل کر ردتعمیریت (یاردتشکیل) کا تنقیدی رویہ ادب میں رائج ہوا جو ماضی کے ان تنقیدی اور فلسفیانہ رویوں سے پیدا ہونے والے مغالطوں اور کھوکھلی نظریہ پرستی کے خلاف شدید قسم کاردعمل تھا جس سے فکروتنقید کی حرکیات جمود کا شکار ہوگئی تھی۔ یہ ہیگل کے نظریہ تھیسس، اینٹی سین تھیسس کے کلیے سے مشابہ ہے۔ یہ اس فکری رجحان کی ابتدا ہے جو ہیگل کی جدلیات کی انتہا ہے یادانش ورانہ لایعینیت کی بساط پر بچھا ہوا فکر کا نظام تناقض جونفی دانش یا انحراف یااس سے ملتے جلتے تصورات کی صورت میں ہماری فکری دنیا میں ادھرادھر بکھرے پڑے ہیں۔خاص کر ہیگل کے جدلیاتی اصول کو اپنا کر ردتشکیل کی فکری روش بھی تشکیل دی گئی جس میں یہ نکتہ سب سے کلیدی نوعیت کا ہوتا ہے کہ ہر شے کے بطون میں اس کی ضد موجود ہے جو آخر کاراس کی نفی کا سبب بنتی ہے۔اس طرح ساختیات، پس ساختیات، جنیاتی ساختیات، نسلی اوربشری ساختیات،لسانی اوراشارہ فہمی کی ساختیات، مائیکروساختیات،میکروساختیات، بدساختیات، سکونی اورحرکی ساختیات، نامیاتی ساختیات، رمزیاتی ساختیات،تشکیلیت ،پس تشکیل کی فلسفیانہ اورتنقیدی موشگافیوں نے ردتشکیل کی عمارت کوتعمیر کیا، اب تو مسئلہ اس سے بھی آگے بڑھ کر پس ردتعمیریت اور نوپس ردتعمیریت تک جاپہنچا ہے۔

ردتشکیل کی بحث عموماً تجریدی نوعیت کی ہوتی ہے کیونکہ بعض دفعہ تخلیق یا تحریر کے چھوٹے چھوٹے اجزااپنے جہانِ فکر میں نت نئی نیرنگیاں بکھیرتے ہیں تو دوسری جانب یہ کئی متنازعہ مسائل ہیں جونقادکوالجھادیتے ہیں پھر ردتعمیریت ان مسئلے مسائل کوحل کرنے کے لیے جوایک خاص قسم کی تکنیک یا حکمت عملی یاطریق کار اپناتی ہے وہ دیگر نظریہ علوم کے مقابلے میں استخراجی نوعیت کے حامل ہوتے ہیں۔جہاں تحریر میں درآنے والے تجریدی عناصر کو مزید چھوٹے چھوٹے اجزا میں تقسیم کرکے تجربہ کیا جاتا ہے، پھران کو باہم کرکے نئی تنقیدی جمالیات سے کل کے طور پرپیش کیا جاتا ہے۔اس مرحلے پر شدت سے اس بات کااحساس ہوتا ہے کہ ردِتعمیریت صرف دلائل کا مجموعہ نہیں جوصرف نظریات کی بنیاد

پر وضع کیے جاتے ہیں۔تحریر میں فکر و ہیئت کے جو تضادات اور مغالطے ہوتے ہیں ردتعمیریت انھیں لمحاتی یا وقتی طور پر مفروضے بنا کر سوچتی ہے (حالانکہ یہ اصل میں مفروضے نہیں ہوتے) تا کہ ایک غیر جانبدارانہ، دیانت دارانہ اور غیر متعصب تجزیہ سامنے آئے۔نقاد اس انداز سے کسی چیز کا مطالعہ کرتا ہے کہ یوں لگتا ہے یہ تفتیش اور تشویش تمام کی تمام ایک منطقی عمل ہے اور اس بات کا احساس دلواتی ہے کہ ادب اور تنقید میں کارکردگی کی جو بھی نوعیتیں ہیں وہ تخلیق اور تحریر کی مخصوص قسم کی صورتیں ہیں اور یہ مخصوص قسم کی توجہ کی متقاضی ہیں۔جو ہمارے تجربے کا حصہ تب ہی بنتی ہیں جب یہ بین السطور کی منطق کے روپ میں ہمارے ادراک میں آتی ہیں اور یوں ردتعمیریت کسی خیال کو بہتر طور پر تجزیہ کر پاتا ہے۔یہاں یہ بات ذہن میں رہے کہ ردتشکیل کسی منفی توڑ پھوڑ یا ادبی تخریب کاری کا نام نہیں۔اس میں جو چھوٹی موٹی توڑ پھوڑ ہوتی ہے وہ فکر کی سمتوں کو درست کرنے کے لیے ضروری تصور کی جاتی ہیں تا کہ کوئی بہتر تجزیہ اور مطالعہ سامنے آئے جو اپنے اختتامی حصے میں ایک اکائی کی صورت میں نمودار ہوتا ہے جہاں یوں لگتا ہے کہ تخلیق ایک قسم کی نامیاتی وحدت ہے کیونکہ تحریر میں کسی قسم کا سکون نہیں ہوتا نہ ہی منجمد قسم کی کوئی حقیقت ہوتی ہے۔جس میں تجربے، مشاہدے، محرومیوں، واقعات، تخلیقی عناصر کی صورت میں تحریر کے نظام میں رنگا رنگی پیدا کرنے کے علاوہ جو ایک مسلسل بہاؤ کی صورت میں ہمارے محسوسات کا حصہ بنتے ہیں۔

ردتشکیل کا نظریہ ژاک دریدا ۱۹۶۶ء میں متعارف ہوا۔جس کا اسلوبِ فکر خاصا سائنسی نوعیت کا تھا۔جو دوہری تہوں میں ملفوف زندگی کی معنویت کا احساس و ادراک کراتے ہیں، انحراف کی نئی بنیادیں فراہم کرتے ہیں۔ردتشکیل کے نظریے میں دریدا نے برسوں سے چھپی ردِتشکیلی فکر میں کسی بھید بھاؤ کے بغیر اور کسی طور پر جارحانہ لہجے میں کھل کر اپنے نظریے اور فکر کا اظہار کیا۔جس میں حریت فکر کے جذبے پر حسب مراتبیات پر مسلط مختلف ہائے فکر کے ولگوں کی اس پیر شاہی سے سرشار آزادانہ سوچ کی ہموار کر کے فکر و نظر کو اس طور پر مہمیز کیا کہ دلوں کو مرکز مہر و فا کرنے میں مدد ملی۔ Remove karna hai

تنقید کا ادبی نظریہ ایک عبوری مرکزی خیال کو مختصر مباحث کے بعد کسی طور پر کھڑا دیتا ہے جو صرف ایک عمومی اور خاص سکہ بند حدود میں رہ کر ایک مخصوص قسم کے تناظر کو سامنے لاتا ہے جس میں الفاظ اور اشیا کے بنیادی مسائل اور آگہی کا تیقن اور ممکنہ سچائی کو تلاش کیا جاتا ہے جہاں ادبی معنویت کی گہرائی میں اترا جاتا ہے جو بعد میں عام قاری کی سوچوں سے قریب تر بھی ہو سکتا ہے اور کبھی کبھار قاری

کی سوچوں سے کمتر یا بڑھ کر اپنی جلوہ نمائی کرتا ہے جو اپنی معنویت کی توجیحات کے علاوہ انفرادی فکر کا حامل ہوتا ہے اس مقام پر تخلیق کار کی معنویت اور متن پر اس کی گرفت کو تو پرکھا جاتا ہے اور اس بات کا تجزیہ کیا جاتا ہے کہ جن معاملات کو لکھنے والا اظہار کا رنگ دینا چاہتا ہے، وہ اس میں کتنا کامیاب ہوا اور وہ تحریر پر اثر انداز ہونے والے ماحولیاتی عناصر کو پس پشت ڈال کر صرف متن کی گہرائیوں میں اتر جاتا ہے۔

غالب کے اشعار کی تفہیم اور تجزیے ایک زمانے سے ہوتے آرہے ہیں ان کے مختلف معنی نکالے گئے ہیں۔ مختلف نوع کی بڑی بڑی فکری گہرائیوں کے ساتھ ان کی تفہیم بھی کی گئی، ایک ایک لفظ کے بخیے ادھیڑے گئے یوں غالب کی فکر کی نت نئی جہات سامنے آئیں جن کو سامنے رکھ کر غالب کے شعری رویوں کو مختلف زاویہ نگاہ سے سمجھنے میں آسانی بھی ہوئی اور پیچیدگی اور مغالطے بھی کھڑے ہوئے۔ جزویت میں معنویت تلاش کرنا اس صدی کا سب سے اہم تنقیدی اور تخلیقی وظیفہ رہا ہے۔ جس میں معنویت کو بہتر طور پر تجزیہ کیا جاتا ہے اور آگہی ممکن ہوتی ہے۔ شمس الرحمن فاروقی، غالب کے اس شعر کی تفہیم یوں کرتے ہیں۔

رفتارِ عمر قطع رہ اضطراب ہے

اس سال کے حساب کو برق آفتاب ہے

اس شعر کا مفہوم تو شارحین نے صحیح بیان کیا ہے لیکن لفظ 'اضطراب' کے جو معنی لکھے ہیں ان سے وہ معنی برآمد نہیں ہوتے، لہذا تمام شرحیں ناقص رہ گئی ہیں۔ پھر اس شعر میں کئی لفظی محاسن ہیں جن کی طرف اشارہ کرنا ضروری تھا، اضطراب کے معنی لوگوں نے بے چینی لکھے ہیں اور 'رہ اضطراب' کے معنی بتاتے ہیں، ''وہ راستہ جو بے چینی میں کٹے'' شارحین نے اس بات پر زور نہیں دیا کہ جو راستہ بے چینی میں کٹتا ہے وہ بہت سست رفتاری سے کٹتا ہوا معلوم ہوتا ہے اور شعر کے معنی یہ ہیں کہ عمر کی رفتار اس قدر تیز ہے کہ اس کے ایک سال کی مدت ایک دور آفتاب نہیں بلکہ بجلی کی ایک چمک کے برابر ہے، لہذا 'رہ اضطراب' کے معنی وہ نہیں ہو سکتے جو شارحین نے بیان کیے ہیں۔

صورتحال دراصل یہ ہے کہ اردو میں 'اضطراب' کے عام معنی 'بے چینی، بے قراری' وغیرہ کے ہیں لیکن یہ لفظ ہمارے یہاں گھبراہٹ، بدحواسی وغیرہ کے معنی میں استعمال ہوتا ہے۔ خود غالب نے اسے اس معنوں میں اس مشہور شعر میں بیان کیا ہے۔

میں اور خط وصل خدا ساز بات ہے

جان نذر دینی بھول گیا اضطراب میں

('شب خون'، جون، جولائی، اگست ۸۲ء، ص: ۷۴)

ردتشکیل جب کسی چیز کا مطالعہ کرتی ہے تو اس کے لیے ضروری تصور کیا گیا ہے کہ تجزیہ یا مطالعہ کرنے والا تخلیق کے لسانی اور ثقافتی پس منظر اور معنوی گہرائیوں سے مکمل طور پر آشنا ہو۔ بعض دفعہ یہ ہوتا ہے کہ جب نقاد ردتشکیل کے حوالے سے بحث شروع کرتا ہے تو لسانی اور ثقافتی پس منظر سے گہری واقفیت کے باوجود بھی کچھ باتیں سمجھ سے باہر ہوتی ہیں تو وہ اپنا کامن سینس کام میں لاتا ہے یا فکری اجتہاد کی تکنیک استعمال کرتا ہے۔ ساتھ ہی کچھ سوالات وضع کرتا ہے جس کے جواب اسے خود ہی دینے پڑتے ہیں۔ ردتشکیل سے متعلق دلیلیں، منطق اور متن کا تجزیہ کرنے کے ساتھ ساتھ موضوعی اور معروضی صورتحال کا انکشاف کرتی ہیں جو نئی معنویت کو تشکیل دیتی ہیں لیکن یہاں نقاد کی گرفت میں معنویت بآسانی نہیں آتی کیونکہ فنکار یا تخلیق کار کی تخلیقی دنیا کا نظام نقاد یا تجزیہ نگار کی آگہی سے باہر ہوتا ہے لیکن پھر بھی نقاد اپنے طور پر تخلیق سے معنویت کریدتا ہے۔ نورالحسن نقوی اپنے ایک مضمون میں لکھتے ہیں:

نے ریت کے ذروں پہ چمکنے میں ہے راحت
نے مثل صبا طوف گل و لالہ میں آرام

اس شعر پر غور کیا جائے تو معنی کی کئی پرتیں کھلتی نظر آتی ہیں۔ 'ریت کے ذروں' اور 'گل و لالہ' میں نوع کا تضاد بھی ہے۔ شعر کا ایک مفہوم یہ ہے کہ جہاں کوشش کارگر ہوتی نظر آتی ہے (گل و لالہ) وہاں بھی اور جہاں اس کے رائیگاں جانے کا اندیشہ تھا (ریت کے ذروں پہ) وہاں بھی شعاعوں نے ہر ممکن کوشش کر دیکھی اور سیدھا سادہ مطلب یہ ہے کہ چمن زار ہو یا بیاباں، دنیا کے کسی گوشے کو انھوں نے فراموش نہیں کیا۔ راحت و آرام کی رعایت بھی قابل توجہ ہے، دوسرے مصرعے میں شعاعوں کا سفر کو صبا کی گردش سے تشبیہہ دی گئی ہے۔

('کتاب نما' نئی دہلی، فروری ۱۹۹۱ء، ص: ۱۰-۱۱)

اس تجزیے میں خیال، لغوی اور شاعرانہ اظہار کی تشریح میں تضادات ابھر کر سامنے آتے ہیں، یہ متنی قسم کا تجزیہ دکھائی دیتا ہے لیکن تجزیہ نگار نے اپنے تسور اور قوت فہم سے لفظ اور تصورات کے مابین تلازمہ بندی کی جو کوشش کی ہے وہ بری نہیں جو ردتشکیل کے تصور متن سے قریب ہے کیونکہ اس تجزیے میں اثر انداز ہونے والے بیرونی عناصر کو نہیں برتا گیا، مصرعوں کی رعایت اور تشبیہات کا تجزیہ شعری تلازموں کو رد کر کے، پھر انھیں باہم کر کے معنویت کو پالینے کی سعی کی گئی ہے۔

گلدستہ معانی کو نئے ڈھنگ سے باندھوں
ایک پھول کا مضموں ہو تو سو رنگ سے باندھوں
(میر انیس)

میر انیس کے اس شعر کو ردتشکیلی تناظر میں دیکھا جائے تو یہ بات ذہن میں آتی ہے کہ ایک تخلیق کار لفظ کو مختلف مفاہیم، معنوں یا معنیات کے ذریعے قوس وقزاح کے منظر نامے کو خلق کر کے طلسماتی فضا میں لے آتا ہے۔

ردتعمیریت بعض دفعہ ایک دلیل کی صورت میں نمودار ہوتی ہے اور کبھی کبھار یہ عمل 'دلیل' کو اس سے بھی زیادہ بڑی 'دلیل' میں تبدیل کر دیتا ہے، مشاہدے میں یہ آیا ہے کہ جب کسی تخلیق کو سمجھنے کے لیے 'دلیلوں' کا انبار لگا دیا جاتا ہے تو یکا یک ایسا محسوس ہوتا ہے کہ یہ تمام 'دلیلیں' خود ہی اپنی نفی کر رہی ہیں۔کسی بھی چیز کا حد سے زیادہ بڑھ جانا اس کے جمالیاتی اور اس کے فکری حسن کو مجروح کرتا ہے۔ پھر یہ بھی ہوتا ہے کہ تخلیق کی تفہیم وتشریح کو مزید سنوارنے کے لیے دیگر شخصیات رعلوم کی بیساکھیوں کو استعمال کرنا پڑتا ہے اس عمل سے ایک طرف تو تخلیق کار کی حیثیت ثانوی ہو کر رہ جاتی ہے اور اس کی تخلیق اور فکر کے طبع زاد ہونے پر شک ہونے لگتا ہے، ضرب کلیم میں اقبال کا یہ شعر درج ہے:

نظر اللہ پہ رکھتا ہے مسلمان غیور!
موت کیا شے ہے فقط عالم معنیٰ کا سفر
(ص ۵۵)

اس شعر کی تشریح آسان سے الفاظ میں یوں ہو سکتی ہے کہ یہ اخلاقی اور مذہبی نوعیت کا شعر ہے جس میں الٰہیاتی پہلوؤں کو اہمیت دی گئی ہے کہ خدا کے سوا ہر شے بے رنگ ہے اگر انسان نیکی کرے گا تو جنت میں جائے گا اور موت بھی زندگی کی آگہی ہے۔سید اکرم شاہ نے اس شعر کی تشریح مولانا جلال الدین رومی کے ساتھ کرتے ہوئے لکھا ہے۔''اقبال کے مرشد معنوی مولانا جلال الدین رومی کے نزدیک ایک موت اپنی اصل اعلا کی طرف ایک سریع حرکت ہے۔ بالفاظ دیگر زندگی اور موت خدا کی طرف سے آنے اور اس کی طرف جانے کا نام ہے۔لیکن وہ افراد جن کا مقصد خدا نہیں بلکہ کچھ اور چیز ہے وہ موت کے بعد اس چیز کے روبرو کیے جاتے ہیں۔ چونکہ خدا کے سوا اور حقیقت ہر چیز بے روح، زشت اور مردار ہے۔لہذا ایسے افراد موت کے بعد اپنے اس مقصد کی اصل اور حقیقی چہرے کو دیکھنے سے ہراساں ہوتے ہیں کیونکہ موت دراصل اپنے اصل حقیقی چہرے کو دیکھنا اور اپنے اعمال کے روبرو ہونا

ہے۔ اگر اعمال اچھے اور دلکش ہیں تو موت بھی اچھی اور دلکش ہے، اگر اعمال زشت ہیں تو موت بھی زشت اور خوفناک ہوگی۔ موت گویا ایک آئینہ ہے۔ خوبصورت کے لیے خوبصورت، بدصورت کے لیے بدصورت۔''

(اقبالیات، اقبال ریویو، جنوری۔ مارش ۱۹۹۸ء، لاہور، ص: ۲۹۲-۲۹۳)

اس تجزیے میں متن کی معنویت کا آزادانہ اظہار ملتا ہے جس میں مزید تشریح اور تفہیم کی گنجائش ہے لیکن رد تشکیل میں یہ ضروری نہیں کہ ہر تخلیق میں مخصوص معنویت کا انکشاف کیا جائے کیونکہ مسودے میں نظام اشاریت، تشبیہات یا استعاروں کا نظام کسی طور پر ہماری فکر کو آزادی کی راہ تو دیتے ہیں لیکن پھر بھی ایک محدود سی کشادگی کا احساس ضرور باقی رہتا ہے یہ ضروری نہیں کہ ایک اچھا اور بہتر مطالعہ متن کی تشریح بھی کرے اور اس کی آگہی میں ممد و معاون ثابت ہو کیونکہ ہر مطالعاتی عمل میں لاتعداد ایسے پوشیدہ عناصر سامنے آتے ہیں جو جلدی یا بدیر تجزیاتی تحریر پر اثر انداز ہوتے ہیں اور مطالعاتی عمل غیر مطالعاتی عمل اختیار کر جاتا ہے۔ گوپی چند نارنگ نے اپنے ایک مضمون میں فیض احمد فیض کی شاعری کا تجزیہ کرتے ہوئے لکھا ہے:

''فیض کی فکر انقلابی ہے لیکن ان کا شعری آہنگ انقلابی نہیں وہ اس معنی میں باغی شاعر نہیں کہ وہ رجز خوانی نہیں کرتے ان کے فن میں سخن سنجی اور نرم آہنگ نغمہ خوانی کو زیادہ اہمیت حاصل ہے۔''

('فیض' (مرتبہ شاہد ماہلی)، لاہور ۱۹۸۸ء، ص: ۱۹۰)

ادبی متن کا مرکزی نکتہ ہی کسی موضوع کا عنوان بنتا ہے یہی تصور سکھڑ کر بعض دفعہ کسی ادبی تشریح کا خلاصہ بھی بن جاتا ہے۔ اس صورتِ حال میں بعض دفعہ پریشانی بھی اٹھانی پڑتی ہے وہ اس طرح کہ متن کے مطالعے میں یار ریا کی منطق مغالطے پیدا کرتی ہے ہم عام خیال کو مسترد نہیں کرتے لیکن بعض دفعہ ایک مخصوص وقت کے لیے خیال ہم سے گم شدہ ہو جاتا ہے تو اس انتہائی صورتِ حال میں ہم اس 'خیال' کو زمانی سطح پر کچھ وقت کے لیے معطل کر دیتے ہیں (رد نہیں کرتے) جب ہم کو اس کی معنویت یا اہمیت تقابل کے بعد پتہ چلتی ہے تو یہ تصور، خیال یا تخلیق پھر سے زندہ ہو کر قبولیت عامہ اختیار کر جاتی ہے۔ اردو میں اس کی بہترین مثال نظیر اکبر آبادی کی شاعری ہے۔

علت اور معمول کا جھگڑا تخلیق میں رد و قبول کے سنگین مسئلے مسائل پیدا کرتا ہے تو تصور نہایت میانہ روی سے ان تحریروں میں سے معنویت کی تشریح کا فریضہ سرانجام دیتا ہے۔ دیردا نے اس سلسلے میں بڑے کام کی بات کہی ہے۔ انھوں نے قطبین کے اختلاف کو جو کسی زبان اور ثقافت کے مقامی

اعتقادات ہوتے ہیں اور دلیل کے بحث میں بنیادی محرک ثابت ہوتے ہیں، جہاں متن سے انحراف نہیں کیا جاتا بلکہ اس کو دلیل کی صورت دی جاتی ہے۔ یہ بھی کہا گیا کہ رد تشکیل کا تصور ہمیشہ منطق کے زیر سایہ رہا ہے لیکن رد تشکیل کا جذباتی رویہ کسی تحریری متن اور اس کے مواد کی نفی میں جا کر نئی تخلیق یا کسی نئی تخلیقی رویوں اور فکر کے انکشاف کا سبب بنتا ہے جہاں متن کی آزادی کو زمین میں رکھتے ہوئے نئے متوقع تصورات کی تائید کی جاتی ہے جو متنی مطالعے میں 'آزادخیالی' تصور کی جاتی ہے۔

رد تشکیل بنیادی طور پر عمومی اعتقادات کے اختلاف سے اپنا رنگ دکھاتی ہے ادب یا تخلیق کو ہم بعض دفعہ صرف لسانی حوالوں سے رد کر دیتے ہیں لہذا تمام تشریحات مشکوک ہو کر رہ جاتی ہیں۔ یوں نقاد کسی تخلیق کو بغیر کسی منطقی جواز کے مسترد کر دیتا ہے۔ دوسری جانب انفرادی طور پر ذخیرۂ الفاظ میں سے تخلیق کی جو معنویت نکالنے کی کوشش کرتا ہے وہ عموماً صحیح نہیں ہوتی۔ جہاں نقاد کے ذاتی جذبات، رویوں اور نظریات کی جہات متن کے تجزیے پر بری طرح اثر انداز ہوتے ہیں جو نہ ہی کسی طور پر تعمیری ہوتے ہیں اور نہ ہی رد تشکیلیت کی تعریف ان خیالات کی سچائی اور دیانت کی گواہی دیتی ہے۔ اس عمل کے دوران لاتعداد اور مہمل قسم کے اجنبی اور ناشناسا رویوں سے بھی دو چار ہونا پڑتا ہے کیونکہ یہ رویے قاری کے تجربے یا مشاہدے میں نہیں ہوتے اور پھر اوپر سے تخلیق کی سطحی معنویت اور متن کو پرکھتے ہوئے رد تشکیل میں ہم کئی ذیلی فکری رویوں سے نظریں بچا لیتے ہیں۔ مگر اگلی منطقی سطح پر نقاد لسانی عروضی معنویت، تشبیہات استعارے اور رمزیات کے اصل معنوں کو پالینے کی کوشش کرتا ہے۔ آخری مرحلے میں لغت سے لے کر اصطلاحی معنویت، تشبیہات اور تلمیحات وغیرہ کو تجربے میں لاتے ہوئے ممکنہ تفہیم کی کوشش کی جاتی ہے۔

جابر علی سید نے غالب کے شعر سے بحث کرتے ہوئے ''تماثیل'' کے لفظ کی گہرائیوں اور معنویت میں اترے ہیں۔ ''تماثیل، تمثیل اور تمثال دونوں کی جمع ہے۔ تمثال میں تمثیل کا پہلو لازمی ہے۔ لیکن تماثیل کہیں کہیں تمثیل کے پہلو سے خارج بھی ہے۔ تماثیل کے مختلف معانی:

۱- تمثیل.... مثال بہم پہنچانا
۲- تمثیل.... مثل یا مانند بنانا، ڈراما، نقل
۳- تماثیل سلیماں.... سلیماں کے بت جو غیر معبود تھے
۴- تماثیل عنیذ... افلاطون کے Ideal Forms
۵- تمثال بمعنی ذہنی تصویر (عکس) غالب کے شعر میں یہی مفہوم ہے

اب میں ہوں اور ماتم یک شہر آرزو
توڑا جو تو نے آئینہ تمثال دار تھا

۶- تمثال پسندی جدید شعری تحریک Imagism کا اردو بدل ہے۔شعری تماثیل کو ٹھوس کے قریب تر ہو جانا ہے۔یہی اس تحریک کے بانی ہیوم کا نظریہ ہے۔

۷- تشبیہہ تمثیل میں جو علم بیاں کا شعبہ ہے، تشبیہہ کی توسیع لازمی ہے اس توسیع میں اس کا ٹھوس پن ہے جو پیکر نما ہے۔(لسانی و معروضی مقالات-ص:۴۰)

یہاں نقاد کو بڑی ہوشیاری دکھانی پڑتی ہے۔کیونکہ اس مرحلے پر ردتعمیریت، رد اساطیر کا بھی روپ دھار لیتی ہے اور ایک ڈرامائی صورتِ حال یہ پیدا ہو جاتی ہے کہ لغوی معنویت سے باہر کی کئی فکری قوتوں کا غیر متوقع طور پر سامنا کرنا پڑتا ہے۔

ردتشکیل اصل میں منطق تو ہے لیکن اسے اپنے منطقی ثبوت کے لیے التباس کی سطح سے گزرنا پڑتا ہے۔ایم ایچ ابراہم کا کہنا ہے ''یہ تنقیدی معروض اور یقینیت ہے۔'' مگر معروض اپنے وجود کو تلاش کرنے کے لیے ایک بڑے تجریدی عمل سے گزرتا ہے۔معروض کبھی بھی ردتعمیریت کو صحیح طور پر بیاں نہیں کر پاتا۔ردتعمیریت اپنے مزاج میں وہ وظیفہ انجام دیتی ہے جو تشکیلیت اور لاتشکیلیت کا وظیفہ قرار پاتا ہے۔موثر طور پر عدم ابلاغ تخلیق پر اس طرح اثر انداز میں ہوتا ہے کہ مصنف کا بیان کیا جانے والا نکتہ قاری کی سمجھ سے باہر ہوتا ہے کیونکہ قاری اور مصنف کے حوالہ جاتی رمزیت، واقعات، جمالیاتی معیارات قاری یا مصنف کے تجربے میں نہیں ہوتے یا قاری کے ذاتی اعتقادات انھیں قبول کرنے سے انکار کر دیتے ہیں۔دلیل دیتے ہوئے عموماً حقیقت معنی کو اپنے آپ سے الجھ کر اپنے اصل معنوں کو کھو دینا پڑتا ہے یا معنی ان سے دور ہو جاتے ہیں۔یہ امر اس بات کا اشارہ کرتا ہے کہ ہمارے ذہنوں میں اصطلاحات اور رمزیت کا جو نظام ہے وہ واقعی مختصر اور کمزور نوعیت کا ہوتا ہے۔ردتشکیلیت میں یہ صورتِ حال بے جوڑ سی لگتی ہے یعنی دو مختلف اصطلاحات ممکنہ متن کے وظائف سے کلی طور پر میل نہیں کھاتیں اگر ایسا ہوتا تو تضادات پیدا ہوتے لیکن بعض دفعہ اس کے مخالفین اور اس کے درمیان پائے جانے والے متن کے متنازعہ مسائل کو اپنے وظائف سے پاٹتا ہے یوں ردتشکیل کا عمل بھی متن کے اہم مسائل کی طرف توجہ دلواتا ہے اور اس کے مترادفات کو دلیل کے ساتھ پیش کرتا ہے لیکن ازلی متن کو صرف فلسفیانہ اور خشک دلیلوں سے پرکھنا غلط سی بات ہے۔

متنیات (Textuality) کا نظریہ اور اشاروں کا عمل لفظ اور متن کی معنویت دراصل معنویت کا

کمزور اشتہار ہیں جو ان پر کئی قسم کے قدغن لگاتا ہے اور نہایت ہی محتاط طریقے سے معنوں کو تشکیل دینے کو کہتا ہے اور لفظ کے وہی خصوصی معنی تشکیل دیے جاتے ہیں یا انہی معنوں سے بحث کی جاتی ہے جو لکھنے والا موضوعی سطح پر اپنے طور پر تصور کیے بیٹھا ہے۔ اس مرحلے پر ردِ تعمیریت پر براوقت آن پڑتا ہے اور وہ بے جوڑ تصورات اور پیچیدہ خیالات میں اپنی صورتِ حال کو مخدوش ہوتا دیکھتا ہے اور منطقی طور پُر رُدْ کا تناسب بڑھ جاتا ہے اور معنویت پر دھند چھا جاتی ہے بلکہ یہ بھی ہوتا ہے کہ ضرورت شعر کے تحت کلاسیکی اور روایتی الفاظ اور کنایات کا خون بھی کیا جاتا ہے اس سے یہ ہوتا ہے کہ اس سے شعر تو ترتیب دے لیے جاتے ہیں لیکن لفظ کی گہرائی اور معنویت میں شعر کے حوالے سے لسانی اور بعض دفعہ عروضی مسائل پیدا ہو جاتے ہیں۔ جابر علی سید نے اقبال کے اس شعر کے متعلق لکھا ہے:

ساحر الاموات نے تجھ کو دیا برگ حشیش
اور تو ناداں اسے سمجھا کہ ہے شاخ نبات

ترجمہ یہ ہے کہ الاموات کے ساحر نے تجھے بھنگ کا پودا دیا لیکن تو نادان اسے مصری کی ڈلی سمجھا۔ یہاں ترجمہ صرف شاخ بنات کی تشریح کی خاطر دیا جارہا ہے۔ اصل مقصد لفظ الموت کا مطالعہ ہے۔ ایران کی تاریخوں میں سب جگہ اسے الاموط درج کیا گیا (ال موط) بمعنی آشیانہ، عقاب.... ساحر الاموط سے اشارہ حسن بن صباح کی طرف ہے جس کا مسکن الاموط تھا۔ اموط اصلاً فارسی ہے۔ تخصیص کے لیے شروع میں حرفِ تخصیص ال ایزاد کیا گیا۔ اقبال نے یہاں دو تصرف کیے ہیں، اموط کے الف کا حذف طاء کا تاء میں تبدیل۔ دوسرا تصرف زیادہ محل نظر نہیں کیونکہ عربی فارسی اور اردو میں یہ دو حرف کا مبادلہ عام ہے لیکن اموط کی الف کا حذف خواہ ضرورت شعری کے تحت ہو محل نظر ہے۔ اس طرح ایک کلاسیکی لفظ مسخ ہو جاتا ہے اور اس کی اصل سے اس قدر دوری غیر فصیح بنا دیتی ہے۔ (ایضاً ص: ۳۸)
قریب قریب اس قسم کی صورتِ حال کانت اور ہیگل کی تحریروں میں بدرجہ اتم موجود ہیں۔ علاوہ ازیں علت اور معمول کے چکر میں پڑ کر بھی متن کمزور سے کمزور تر ہوتا چلا جاتا ہے تو دوسری جانب متن کو بیان کرنے میں مشکل در آتی ہے یہ مسئلہ لکھنے والے اور قاری دونوں کے لیے ہی ''اخلاقی مبادیات'' بن جاتا ہے۔

جاتھن کولر نے Understood کا لفظ بیان کیا اور زبان کے حوالے سے بحث کرتے ہوئے یہ سوال اٹھایا کہ ''زبان ابلاغ کرتی ہے، اسے کیا ابلاغ کرنا چاہیے۔'' ساتھ ہی کولر یہ بھی کہتے ہیں کہ ''تمام تشریحات غیر تشریحات ہیں۔'' مراد یہ کہ کوئی بھی تشریح حتمی اور آخری نہیں ہوتی۔ لیکن یہ کوئی بھگدڑ نہیں۔

کولر کے اس قسم کے پیچیدہ خیالات قاری کو مزید الجھا دیتے ہیں کیونکہ ان کے تصور ردتعمیریت کو سمجھنے کے لیے تعمیریت کے شفاف پردے سے دیکھنا پڑتا ہے۔کولر تصورات کو مزید پیچیدہ بنا دیتے ہیں اور بڑی ہی فنکاری سے اصل چیلنجوں سے نظر بچا کر سخت اور سنگلاخ تصورات میں بھٹک جاتے ہیں جو ردتشکیل کے پس پشت ایک بڑی اور اہم حقیقت ہوتی ہے۔کولر کی ردتعمیریت کی عمارت کمزور بنیادوں پر کھڑی ہے۔دوسری جانب ردتعمیریت کی تعریفات اور توجیحات وسوسوں اور مغالطوں کا شکار ہیں۔یہ تصورات تنے زیادہ چیلنجوں کا شکار نہیں جتنی اس کی تشہیر کی جاتی ہے۔فطری مظاہر کی فکری پیاس کو چیلنج نہیں کہا جاسکتا لہذا ہوا یہ کہ کولر کی ردتعمیریت کی اصلاح کو امریکا میں صرف 'تبدیلی' کے معنوں میں لیا جاتا ہے۔اس سے زیادہ اس کی کوئی اہمیت نہیں۔جانتھن کولر کے تصور میں متن کی دوہری ہیئیتیں متوازن طور پر سفر کرتی ہیں۔

ردتشکیل کے غیر مرئی نتائج یہ بتاتے ہیں کہ اصطلاحات کا تجزیہ اور تبدیلی یا تغیر پذیری کی کیفیت مطالعاتی تجزیات میں پیش پیش رہتے ہیں مگر رکاوٹیں کھڑی کرتے ہوئے ہر اس تبدیلی کی مخالفت کرتے ہیں جس سے معنویت کے اصل معنی مجروح ہوتے ہیں اور خصوصی نوعیت کی دلیل ان معنوں کو شک کی نگاہ سے دیکھتی ہے۔شک کا یہی عمل تجزیہ نگاری پر مثبت اور منفی اثرات ثبت کرتا ہے۔بابر اجانسن نے اسے تجزیے کے معنی میں لیا ہے۔اردو کے تنقیدی نظریے میں 'ڈی کنسٹرکشن' کے مترادف DE جو ایک سابقہ ہے بمعنی ردتشکیل مکرر Construction بمعنی بناوٹ، ترکیب، تعمیر و تشکیل علاوہ اس کے تعبیر و توجیہ، تغیر اور تجزیے کے معنی بھی حاوی ہے۔ Deconsاس کا مخف ہے۔اردو میں اس کو ردتشکیل کے علاوہ ردتعمیر، لاتشکیلیت اور ساخت شکنی بھی کہا جاتا ہے۔ردیدا نے ردتشکیل نطشے اور ہنڈیگر کے اہم موضوعات 'آگہی' 'صداقت'، 'شناخت'، کے علاوہ سگمنڈ فرائڈ کے تحلیل نفسی کے علاوہ ہوسرل کے فلسفے مظہریات سے مدد لے کر ردتشکیل کی فلسفانہ روش کو روشناس کروایا۔جو اصل میں جینوا مکتب فکر سے علیحدگی کا اعلان بھی کرتا ہے۔جس میں زبان اصناف اور رتناظریت کے فکری رجحان کو وسعت دی۔

ردتشکیل کی اصطلاح اپنے اصل معنوں میں منطقی نوعیت کی نہیں لیکن اس کا نفسیاتی مزاج ضرور ہے کیونکہ ردتشکیل اپنے مقلدوں کو ایک قسم کا نفسیاتی تزکیہ فراہم کرتی ہے۔بو ردتعمیریت کی منطق کے لیے اولین شرط ہے۔تنقید نگار جہاں سے معنوی کو تشکیل دیتا ہے وہاں وہ اس سے انحراف کرکے نئی معنوی دنیا قائم کرتا ہے۔ردتشکیل کے سلسلے میں سب سے اہم بات یہ ہے کہ اس کو چاہنے والے اس کو فکری طور پر سب سے زیادہ اختراعی تصور کرتے ہیں جو افکار پرشیان کو ریڈیکل شکل دیتی ہے۔پال

ڈی مین نے وریدا کے تصور جدید شعریات کی لسانی اثر پذیری کے تصور سے متاثر ہو کر ۱۹۷۱ء میں اپنا معرکتہ آراہ مضمون Blindness and Insight لکھا جس کے مطالعے سے استعارے کی گہرائیوں اور بنیادوں سے آگہی ہوتی ہے جو پال ڈی مین کا 'نابینا پن' ہے۔ ڈی مین نے دریدا کے نظریہ نگارشات سے اتفاق کیا ہے صرف اپنے تصور جدلیاتی نابینا پن تک۔ کیونکہ دریدا کے خیالات بنیادی طور پر قدامت پسندانہ ہیں۔ ڈی مین اور دریدا جس فلسفے کو ہاتھوں میں لیے کھڑے ہیں اس کی بنیاد ازلی لسان کے سیاق کی بنیادیں ہیں جو کہ لسانی اور فلسفیانہ اصولوں کو بنیاد بنا کر بحث کیے جاتے ہیں۔ خاص طور پر دریدا کے تمام منطقی اور فلسفیانہ لسانی تجزیات سے ایڈمن ہسرل کے خیالات کو بو آتی ہے جب وہ نتائجیت کی بات کرتے ہیں تو وہ پیٹر کے ہم نوا دکھائی دیتے ہیں جنھوں نے اینگلوامریکن تنقید کو فروغ دیا۔ لسین دریدا بنیادی طور پر فلسفے کے طالب علم ہیں جب وہ لسانی اور ادبی مسائل سے دو چار ہوتے ہیں تو ان کا انداز تجزیہ پر ادبی رنگ غالب ہو جاتا ہے اور یوں دکھائی دیتا ہے کہ وہ اس پس منظر میں فلسفے کو زیادہ اہمیت نہیں دیتے لہٰذا یہی وجہ ہے کہ دریدا کے مباحث اور ان کے لسانی تجزیات میں ادبی فکر رچاؤ اور جمالیاتی پہلو کہیں نہ کہیں اپنا چہرہ ضرور دکھاتے ہیں۔ دریدا کے خیالات کو اس لیے بھی ذرا مشکل تصور کیا جاتا ہے کہ ان کے خیالات اور افکار پر کچھ کہنے سے پہلے دریدا کے اس اصول کو اپنانا پڑتا ہے کہ لوہا لوہے کو کاٹتا ہے لکڑی لوہے کو نہیں کاٹتی۔ یہی عام سا اصول دریدا کی کامیابی کی دلیل ہے۔ یہاں یہ بات ذہن میں رہے کہ رد تشکیل کلی طور پر بت شکن نظریہ نہیں بلکہ بت تراشی کی نئی جہتوں کو متعین کرتا ہے اور نئے بتوں کو تشکیل دیتا ہے جن کے چہرے مسخ کر دیے گئے ہیں۔ رد تشکیل میں کسی پھسپھسے تصور کو فنا کر اسے نئی زندگی دینے کی کوشش کی جاتی ہے اور لسانی فنا میں بعض دفعہ رد تشکیل بقا کی امید پیدا کر دیتی ہے۔

خود نوید زندگی لائی قضا میرے لیے
شمع کشتہ ہوں فنا میں بقا میرے لیے

(میر انیس)

(سہ ماہی ''آہندہ'' کراچی، اگست ستمبر اکتوبر ۱۹۹۹ء)

کتابیات:

Abrams, M.H: "The Deconstructive Angel", Critical Inquiry 3, 1977, pp, 425-38

Argyors , Alaxander: Prescriptive Deconstruction, Critical Texts: A

Review of Theory and Criticism, 1989, V 6(1) p, 1-16,
Berman, Arnold J.:From the The new criticism to deconstruction: The Reception of structuralism and post structuralism, Dissertation Abstracts International, 1987, June v 47 (12) P 4 386 A.
Bloom, Harold. Et al. Deconstruction and criticism, New York, 1979.
Bass, Alan. "Literature/ Literature", In Velocities of change, edited by Ricahrd Macksey, Baltimore and London, 1974.
Cain, William. "Deconstruction In America: The recent Literary criticism of J. Hill's Miller, college English 41, 1979, pp367-82.
Culler, Jonathan. On Deconstruction: The theory and criticsm after structuralism, Ithaca, Cornell University, Press, 1982.
Culler Jonathan. Frontiers of Criticism (review of Paul de man's Blindness and Insight) The Yale University review winter, 1972, 259-71.
Donoghue, Dennis. "Deconstruction Deconstruction", New York Review of Book (12) June 1980, 37-41
De Man, Paul (1971) Blindness and Insight: Essays in the rhetoric of contemporary criticism, London and new York, Oxford University Press.
Ellis, John M. Against Deconstruction, Princton University Press, Princton, New Jersey 1989, pp 137-159.
Fischer, Michael Does Deconstruction make any difference? Bloomington Indiana University Press, 1985.
Gasche Rodolphe Deconstruction as criticism, "Glyph", 6 Bultimore John Hopkins University Press 1979, 177-215.
Graff, Gerald Culler and deconstruction, London Review Book (3-16 September 1981) pp 7-8
Graff, Gerald "Deconstruction as dogma or come back to the raft again stretcher honey!" Gerogia review 34 (1980) pp 404-21
Hill Archibald A. "Deconstruction and analysis of meaning in literature 279-285 in jayery, Mohammed Ali (ed) Languages and Culture, Studies in honour of Edgar C. Polome. Berlin Mouton de gruyter, 1988, xvi 791 pp
Kinczewski, kathryn. Is Deconstruction An alternative? 13-22 in Silverman Hugh J. (ed) Ayleswor Gary E.(ed). The Textual Sublime Deconstruction and

its differenced, Albany State University of New York Press, 1990-274-80.
Lietch, Vincent. "The Book of Deconstructive Criticism", Studies IN Literary Imagination 12 (1979), PP 22-25
Lietch Vincent Constructive Criticism, New York, 1983.
Libenberg, Wilhelm Construction Literature and Ideology, Journal of Literary Study / Tydskrif vir Literaturewetenskap 1985, July vi (3) p 39-48.
Loesberg, Jonathan. Aestheticism and Deconstruction (Pater, Derriada, and de man)Princeton University Press, Princent, New Jersey, 1991.
Millier, J. Hillis. "Deconstruction the Deconstractor", Diacritics, 5 (1975) pp24-31.
Millier, J. Hillis. "How Deoncstruction work", New York Time Magzine (9, February 1986) P25.
Norris, Christopher. Deconstuction and Interest of Theory, Univeristy of Oklahoma Press 1989, p250.
Norris Christopher. Deconstruction Theory and Practice, Methuen, 1982 xiii, p 157.
Patrick, Julian. Deconstruction and Ideology in Current Literary Thought , Univeristy of Toronto Quarterly: A Canadian Journal of Humanities, 1986-1987 Winter v56 (2) p 338-364.
Riddel, Joseph N. "What is Deconstruction and why they willing all those graff-ic thing about it? SCE Report 8 (Fall 1980) pp 17-29.
Rorty, Ricahrd. "Deconstruction and Circumvention", Critical Inquiry 11 (1984) 1-25.
Royle, Nick. Nor is deconstruction, The Oxford Literary Review, 1982 v5 (1-2) p 170-177.
Sturrok, Jhon. Review of Deconstruction : Theory and Practice By Christopher Norris, Time Literary Supplement (July, 9, 1982) p 734.
Shusterman, Richard. "Organic Unity: Analysis and Deconstruction", 92-115 In Dasenbrock, Reed way (ed) Redrawing the lines: Analytic Philosoph, And Literary Theroy, Minneapolis: University of Minnesota Press, 1989. viii, 263.

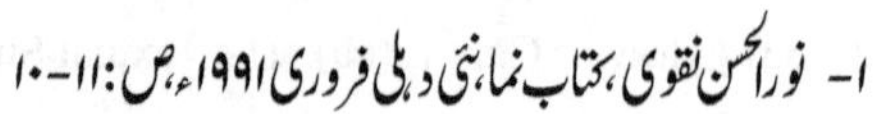
۱- نورالحسن نقوی، کتاب نما، نئی دہلی فروری ۱۹۹۱ء، ص: ۱۱-۱۰

۲- ڈاکٹر سید اکرم شاہ، ''اقبال کا تصور حیات وموت'، اقبالیات، اقبال ریویو، جنوری - مارچ ۱۹۹۸ء، لاہور ص: ۲۹۲-۲۹۳

۳- گوپی چند نارنگ ''فیض کا جمالیاتی احساس اور معنیاتی نظام' (مشمولا 'فیض، مرتبہ: شاہد ماہلی، ماورا پبلی کیشنز، لاہور، ۱۹۸۸ء، ص: ۱۹۹۰

۴- جابر علی سید، 'لسانی وعروضی مقالات، مقتدرہ قومی زبان، اسلام آباد، پاکستان ۱۹۸۹ء، ص: ۴۰

۵- عتیق اللہ، ''ادبی اصطلاحات کی وضاحتی فرہنگ'، جلد اول (A تا D) اردو مجلس دہلی، ۱۹۹۵ء (مطالعہ خصوصی 'رد تشکیل')

۶- شمس الرحمن فاروقی، 'تفہیم غالب'، شب خون، جون جولائی اگست ۱۹۸۲ء، ص: ۴۷

۷- احمد سہیل، ''ساختیات، تاریخ، نظریہ اور تنقید' تخلیق کار پبلیشرز، دہلی، ۱۹۹۱ء (مطالعہ خصوصی 'رد تشکیل'، ص: ۲۹۳)

۸- فہیم اعظمی، ''رائدین جدیدیت'' مکتبہ صریر، کراچی ۲۰۰۲ء، (مطالعہ خصوصی 'جیکس ڈیریڈا۔ ص: ۴۵۶)

●●

پس ردتشکیل، متن اور قاری

پس ردتشکیل کا نظریہ لسانی اور متنی روایت کے سکہ بند تصورات سے انحراف ہے کیونکہ ردتشکیل میں معنویت کو پالینے کے لیے افتراق، تضادات، ابہام، تناقض کو ابھارا جاتا ہے اور اس نظریے کی بین میں وجودی انکاریت کی بو آتی ہے۔ خاص طور پر دریدا معنی کو الٹی حالت میں معلق کرنے کے بعد متحرک کرتا ہے جس سے مضحکہ خیز صورتِ حال پیدا ہو جاتا ہے۔ مثلاً آپ تصور کریں کہ اگر ٹیلی ویژن کے پردے پر کسی فلم کو الٹا چلا دیا جائے تو یقیناً آپ کا ذہن کچھ دیر کے لیے تو انبساط اور طربیہ کیفیت کو محسوس کرے گا اور چہرے پر مسخرے پن کی مسکراہٹ پھیل جائے گی، ترسیل کی سطح پر فلم کے اصل معنی کی معنی شکنی کرتے ہوئے اصل معنی سے دور ہو جاتی ہے جس سے متن کے معنی پلٹ جاتے ہیں جو اس کے خیال میں نئے معنی اور آگہی کو جنم دینے کا سبب بنتے ہیں حالانکہ یہ دریدا کی خام خیالی اور واہمہ ہے، نئی معنویت کی تسخیر کی اس منطق سے کلیتاً اتفاق نہیں کیا جا سکتا کیونکہ معنویت عموماً وہ نہیں ہوتی جو ہمیں دکھائی دیتی ہے یا قاری یا نقاد جس معنویت کو متن میں اعتباطی طور پر دریافت کرتا ہے۔ ضروری نہیں کہ یہ ویسی ہی معنویت کی تعبیر ہو جو متن کے اصل نفس مضمون کی عمومی اور افقی معنویت کو قطعی اور صحیح طور پر قاری کے سامنے پیش کرے۔

زبان، معنی اور معنویت:

لسانی صداقت کا اصل میں کوئی وجود نہیں ہوتا کیونکہ زبان معاشرے کا مصنوعی وظیفہ ہے جس کو اپنے مقصد اور افادیت کے لیے جو جیسا چاہتا ہے استعمال کرتا ہے۔ زبان کی فرہنگ اور کشاف میں ہر فرد کو اپنے مقاصد کے تحت مواد مل جاتا ہے، وہ مذہبی عالم ہو، فلسفی ہو، سیاست دان ہو، یا تاجر ہو۔ یہاں زبان کا مسئلہ اہم نہیں ہوتا بلکہ کسی مقصد کے ہدف کو حاصل کرنے کے لیے زبان کا وسیلہ جبراً تلاش اور اختیار کر لیا جاتا ہے، مخصوص لفظیات کی مدد سے ویسی ہی بات کی جاتی ہے جو سننے اور پڑھنے والے کے ذہن میں اتر جائے جو تہذیبی حوالے سے ایک قسم کا لسانی تشدد ہوتا ہے جس میں قاری کو التباس میں رکھ کر اس کے شعور میں نقب لگائی جاتی ہے، اس مقام پر صداقت نقلی ہو جاتی ہے اور لفظ کی

مرکزیت ٹوٹ پھوٹ کر معنویت کو تہس نہس کرتے ہوئے وہ بات صداقت کی صورت میں پیش کرتی ہے جو اصل میں صداقت نہیں ہوتی، یہی صورتِ حال خواہش اور صداقت کے درمیان ڈولتی رہتی ہے اور بلاغتی جبر کے طور پر تحریری متن سے زیادہ اہم ہو کر چرب زبانی کی صورت اختیار کر جاتا ہے۔ زبان کا اصل معنوں میں کوئی سائنسی جواز نہیں ہوتا، قواعد یاتی میکانیت فرد کے اظہار سے جنم لیتی ہے جیسے زیرک نقاد اور آگاہ قاری تسخیر کر کے مخصوص نظامیانے (Systemization) میں تبدیل کر دیتا ہے جسے غلطی سے 'سائنس' کہہ دیا جاتا ہے، قواعدیات کا علم ہو یا نشانیات کی آگہی یا علم وعروض کی مباحث، یہ صرف ایک گورکھ دھندا ہے جو بال کی کھال نکال کر اصل معنوں پر ابہام کے پردے ڈال دیتا ہے۔ جب فرد زبان بولتا ہے تو اس کے مدِّنظر کوئی نشانیاتی یا قواعدی منطق نہی ں ہوتی بلکہ لسانی تعامل (Interaction) کے تحت فرد جب بھی بین العمل کرتا ہے تو اصل میں ذہن، ذات، معاشرہ اور لوک روایت کی سائیکی اس کی لفظیات کو جنم دے کر مخصوص معنی کو جنم دیتی ہے، فلسفہ جب بھی سچائی کو پالینے کی کوشش کرتا ہے تو لسان، نشان، بدیعیات، قواعدیات کا جبر 'خیال' کی اصل روح کو مجروح کرتا ہے کیونکہ خیال کے اظہار کے لیے زبان کے پاس متبادل الفاظ نہیں ہوتے اور استعماراتی، مشابہتوں، پیکریت کی سحر انگریزی کے سہارے 'خیال' کے ابلاغ کی کوشش کی جاتی ہے جس سے اصل 'خیال' کی روح مجروح ہوتی ہے یہی جبر نثری تحریروں پر شاعرانہ جبر کی صورت میں حاوی ہو کر گمراہی کا سبب بنتا ہے جس کو عموماً لوگ زبان اور اظہار کا جمالیاتی پہلو کہہ کر اپنے آپ کو دھوکہ دیتے ہیں۔

پردہ در پردہ زبان کا استعمال:

اصل میں التباس کی صورتِ خال تحریری اور قواعدیاتی جبر سے پیدا ہوتی ہے یوں زبان ایک سجی سجائی طوائف بن جاتی ہے جس کو جو کوئی جیسا چاہتا ہے، استعمال کرتا ہے کہ جس کے پہلے لیے ایک ڈرامائی فضا ترتیب دی جاتی ہے۔ اصل مقاصد (بعض اوقات مذموم مقاصد) قاری کی نظروں سے اوجھل کر کے انھیں التباس کی سحر کاری میں گرفتار کر لیا جاتا ہے۔ برسرِ اقتدار طبقہ زبان کو اس طور پر استعمال کرتا ہے کہ اس سے اس کے اقتدار کو تقویت ملے۔ اسے زبان سے صرف اتنی ہی دلچسپی ہوتی ہے اور صرف کام نکل جانے والی بات سے آگے نہیں بڑھتی۔ عموماً معاشرے میں مذہبی اعتقادات کو خطرے میں ظاہر کر کے فائدہ اٹھایا جاتا ہے۔ زبان کو بعض دفعہ کسی سیاسی تحریک کا حربہ بنا کر پیش کیا جاتا ہے، جیسے کہا جاتا ہے کہ اردو نے پاکستان کی تشکیل میں کلیدی کردار ادا کیا اور اسے مذہبی رجحان کے ساتھ جوڑ دیا۔ کہا جاسکتا ہے کہ سابقہ مشرقی پاکستان میں لسانی محرومی اور مغربی پاکستان اور بالخصوص

اردو کے لسانی جبر نے اسے سیاسی قوت کے طور پر استعمال کیا۔تحریر اور تقریر کو مخصوص مقاصد کے تحت ڈرامائی رنگ دے کر عام انسانی جذبوں اور ان کے اندر چھپی ہوئی محرومیوں کا استحصال کیا گیا۔اس کی تازہ ترین مثال امریکہ کی ریاست فورنیا میں ابونک (Ebonic) زبان کے رائج کرنے کا مسئلہ تھا۔ ابونک زبان کے متعلق کہا جاتا ہے کہ یہ امریکہ کے سیاہ فام باشندوں کی زبان ہے جو اصل انگریزی سے مختلف ہے۔اس کے اظہار، رموز اور اسٹائلسٹک (Styslistics) افریقی سائیی سے جڑے ہوئے ہیں۔حقیقت یہ ہے کہ یہ امریکی حبشی نژاد لوگوں کی زبان نہیں بلکہ سڑکوں، گلیوں، بازاروں کی عامیانہ زبان ہے جو تعلیمی درس گاہوں کے کمرہ جماعت کے باہر رائج ہے۔جس میں کہیں کہیں قدیم افریقی سائیکی کا عضویاتی اور نامیاتی عنصر نمایاں ہو جاتا ہے۔امریکہ میں نسلی تعلقات سب سے بڑا معاشرتی اور سیاسی مسئلہ ہے، کالی اور گوری چمڑی کے روایتی تصادم اور چپقلش کے سبب امریکی معاشرے میں کالی اور گوری ثقافت کا انتہا پسندانہ تفاوت موجود ہے۔جیسے کالے گورے ایک دوسرے کے گرجوں، کلب میں نہیں جاتے اور ایک دوسرے سے ان کے معاشرتی روابط بھی کم ہوتے ہیں۔انہی محروکات کے سبب امریکہ کے مقتدر گورساختیے میں لسانی بنیاوں پر یہ ناٹک رچایا گیا کہ امریکی کالوں کی زبان امریکن گوروں کی زبان سے مختلف ہے حالانکہ یہ مسئلہ بنیادی طور پر زبان کا نہیں تھا اس کے پس منظر میں گوری چمڑی کی تہذیبی برتری کا رویہ جھلکتا ہے جسے انھوں نے لسانی رنگ میں رنگ کر افتراق در افتراق کی صورتِ حال پیدا کر دی ہے اس طرح اپنی زبان اپنی دشمن خود بن گئی اور لسانی پردے میں یہ احساس دلوایا گیا کہ امریکہ کے سیاہ فام لوگوں کی تہذیبی روایت 'افریقی' ہے اور گورے لوگوں کی تہذیبی روایت 'یورپی' ہے جو ایک دوسرے میں مدغم نہیں ہو سکتیں۔ردتشکیل ہزار یہ دعویٰ کرے کہ ثقافت کو تہس نہس ہو جانا چاہیے لیکن لسانی متن میں ثقافتی جبر سے چھٹکارا ممکن نہیں ہے۔

پس ردتشکیل اور لسانی گمراھی

لسانی ڈرامائیت نے پس ردتشکیل کو جنم دیا کیونکہ اس سے جمالیاتی اور معنیاتی شناخت کو لسانی حوالے سے شفاف ڈسکورس مہیا ہوتا ہے، متن دوسرے متن میں نفوذ تو کرتا ہے لیکن اصل میں اسی دوران اس کی تشریح گمراہ کن انداز میں ترتیب پا کر 'صداقت' کے مفہوم کو معدوم کر دیتی ہے۔نشان اور بلاغت کی میکانیت اور اس کی حرکیاتی معروضی سطح پر دلفریب انداز میں دریافت کر لی جاتی ہیں (یا کسی طور پر کروالی جاتی ہیں) جو اصل متن کے نفس مضمون کے معنی کا نہ تو شعوری حصہ ہوتی ہے اور نہ ہی اسے لاشعور کا حصہ قرار دیا جا سکتا ہے۔ابہام اور تشکیک کے رویوں کو متن میں ابھار کر اصل ہدف سے دانستہ طو

رپر انحراف کرتے ہوئے التباس کے پردے گردایے جاتے ہیں جبکہ باہر کی قوتیں اس کو دوسرا رنگ دے کر'مثالی قرأت' کا ڈھونگ رچاتی ہیں اور قاری کو نئی معنویت کو پالینے کی ترغیب دی جاتی ہے۔قاری بے چارہ تو پہلے ہی ایک مخصوص طبقے کے ذہنی غسل (Brain Wash) کے بعد اس قابل نہیں رہا ہوتا کہ متن کی معروضی اور موضوعی آگہی کا ادراک کرے اور متن کی جمالیات سے لطف اندوز ہو۔اس نئی یلغار سے اس کا مغلوب ہو جانا ایک یقینی امر ہے۔مصنف کا متنی تناظر قاری یا نقاد کے متنی تناظر سے مختلف ہوتا ہے۔نقاد پہلے قاری ہوتا ہے پھر نقاد۔چونکہ قرأت کے پہلے مرحلے میں وہ مخصوص قیاسات پہلے سے ہی ذہن میں ترتیب دے لیتا ہے لہذا مصنف کا متن اسے مشکوک نظر آتا ہے جو اسے بے مرکز اور بے سمت بنا دیتا ہے۔قاری یا نقاد کبھی بھی متن کی تفہیم کے سلسلے میں خود مختار نہیں ہوتا کیونکہ انجانی قوتیں شعوری اور لاشعوری طور پر اسے صداقت کی رسائی تک پہنچنے سے باز رکھتی ہیں۔ جس میں ذاتی، معاشرتی، سیاسی، ثقافتی اور فکری تعصبات عوامل قرار پاتے ہیں۔طے شدہ لفظیات اور لفظ کو برتتے ہی چند تصورات جنم لیتے ہیں جن سے قاری انبساط یا برہمی کا اظہار کرتا ہے۔مثال کے طور پر جب یورپ میں روسی ہئیت پسندی کا چرچا ہوا تو برصغیر کے چند'اہلِ نظر'(جن میں جدیدیت اور قدامت پسند دونوں ہی شامل تھے) اس میں'روسی' کا لفظ اپنے فکری سانچے میں فٹ ہوتا نہ پا کر بوکھلائے، کیونکہ ان کے ذہن میں'روسی' سے مراد'کمیونسٹ' تھی۔حالانکہ روسی ہئیت پسندی کمیونسٹ شکن نظریات پر مبنی ہے۔

پس ردتشکیل غیر ضروری مناظرے کو متن کے لیے زہر تصور کرتی ہے کیونکہ مناظرہ اور مباحثہ میں آئیڈیالوجی کی جبر متن میں حاوی ہو جاتا ہے اور لایعنی کیفیت اور ثقافت شکنی کے نظریات فرد کو قنوطیت کا شکار کر کے اصل صداقت اور معنوں سے قاری کو دور کر دیتا ہے جس کی مثال آون گارڈ (Avant Garde) تحریک کا فکری منظرنامہ ہے اختصاصیت بری چیز نہیں لیکن التباس سے متن کے معنی کو غیر محسوس طور پر اس سے جدا کر کے معنویت کی توسیع کے نام پر فکری بے رواہ روی پھیلانا مغربی فکر کا حصہ تو رہا ہے جس کی تعبیر غیر یقینی ہے جو مطلق صداقت کو نہیں پا سکتی، ثقافت حرکی مظہر ہے اور حالات کے ساتھ ساتھ بدلتی ہے۔گمراہی پھیلاتی ہے، مغالطے کھڑے کرتی ہے۔

متن اور اس کی ترسیل:

متن کی بذات خود کوئی اہمیت نہیں ہوتی اور نہ ہی اس میں ایسی کوئی صلاحیت ہوتی ہے کہ وہ اپنے نام اور اپنی شناخت کو اپنے اصل کے حوالے سے متعارف کروائے۔متن لفظوں کی تنظیم سے جنم لیتا ہے،

زبان اس تنظیم کو متن بنانے میں مدد کرتی ہے اور لفظی تزئین کے بعد لسانی حوالہ متن کو دریافت کرتا ہے حالانکہ اصل میں زبان کا کردار صرف اس قدر ہے کہ وہ متن کو تشکیل دینے میں ایک واجبی سا ہی کردار ادا کرتی ہے جبکہ اصل میں مصنف کے خیالات، تخلیقی اہلیت اور واردات وغیرہ دوسرے رموز متن کو تشکیل دیتے ہیں۔ متن کے اندر خود اس کا اپنا کچھ نہیں ہوتا بلکہ اصل میں باہر کے عوامل ہی متن کے بے معنی لسانی ساختیے میں داخل ہو کر معنویت کا جواز پیشا کرتے ہیں یعنی متن سے اخذ کیا ہوا مواد ہی متن کو متعین کرتا ہے، معروض سے محض یہ مراد نہ لے لی جائے کہ ہر وہ چیز جو تجربے کی گرفت میں ہو وہی معروض ہے یا اس کی خارجی صداقت ہو بلکہ 'داخل' کا مسئلہ بھی متن میں سرایت کر کے معروض بن جاتا ہے اور یہی معروض ڈرامائی کیفیت کی ایک وسیع و بسیط کائنات اپنے اندر سمائے ہوئے ہوتا ہے۔ ڈرامائی عمل قاری اور مصنف کے مابین نیا مکالمہ شروع کر دیتا ہے جس میں طے شدہ معنویت سے انحراف کر کے نئی معنویت تو کسی طور پر پیدا کر لی جاتی ہے۔

اس کا نتیجہ یہ ہوتا ہے کہ متن کے اصل روپ کو بگاڑ کر اپنے طور پر قرأت کی نئی جمالیات دریافت کر لی جاتی ہے حالانکہ اصل میں متن کو متن سے باہر نکال کر ہی مختلف آفاقی، معاشرتی یا فکری متغیرات دریافت ہوتے ہیں اور قاری ان آفاقی عناصر سے قطع تعلق کر کے مائیکروازم کی دلدل میں پھنس کر افقی اور عمومی سطح پر متن کے جوہر کو کھو دیتا ہے۔ قاری کو رد تشکیل نے یہ دھوکہ بھی دیا کہ صداقت متن کے اندر ہوتی ہے اور یہ لامحدود ہے جبکہ اصل میں صداقت متن کے اندر نہیں ہوتی، باہر ہوتی ہے۔ بلکہ 'خارج' اور 'داخل' سے متن میں نفوذ کرتی ہے جس میں لسانی روایت اپنے اعتباطی معنوں کے ساتھ موجود ہوتی ہے۔ متن میں ایسی کوئی صلاحیت نہیں ہوتی جس سے وہ فکر کے جوہر کو تلاش کرے، یا شناخت کرنے میں مدد دے۔ متن محض تصورات اور خیالات کو اس سبب رد نہیں کرتا کہ ایسا ہونے سے اسے خود اپنے رد ہو جانے کا خوف لگا رہتا ہے کیونکہ متن زبان سے اپنے جسم کو ترتیب دیتا ہے اور متن اس جسم سے روح کے لیے فکری جوہر کا محتاج ہوتا ہے۔ زبان افتراق کو پیدا کرتی ہے جبکہ فکری جوہر افتراق برائے افتراق نہیں ہوتا بلکہ یہ اشیا اور موجودات کے ادراک کا تجزیہ ہوتا ہے۔ فرد تو پہلے سے تشکیل دیے ہوئے اشاروں کی مدد سے انھیں پا لینے کی کوشش کرتا ہے لیکن پیشگی نظریات اور قیاسات قرأت کے دوران ناروا مداخلت کرتے ہیں۔ متن جب بھی قرأت کی رونمائی سے ہویدا ہوا تو ضروری ہے کہ بیانیہ کے ارتقائی تموج پر نظر رکھی جائے کیونکہ ایسا نہ کرنے سے متن کا ارتقائی نقشہ ادراک میں نہیں آسکتا۔ قاری کے حوالے سے اگر بات ہوتی ہے تو ضروری معلوم ہوتا ہے کہ قاری کی اہلیت، اس کی

علمیت اور اس کے فکری شعور کی درجہ بندی کر لی جائے کیونکہ قاری کی قرأت فکر کے مختلف پس منظر کے حوالے سے ہوتی ہے، وہ بیانیہ کی آگہی میں ڈرامائی ماحولیات کو اپنے ارد گرد پاتا ہے جس کو اگر وہ عقل کی بجائے جذباتی انداز سے برتتا ہے تو متن کی نامیات کو صدمہ پہنچتا ہے لیکن ہر معاشرے کی مخصوص فکر روایت کے متن کو اپنے احوال کے ساتھ قرأت کرتی ہے۔ متن بعض دفعہ خود کو متعارف کرواتے ہوئے اپنی فکری درجہ بندی کا عندیہ دے دیتا ہے کہ اس کی اپنی نوعیت کس قسم کی ہے یعنی متن ہی یہ طے کر لیتا ہے کہ اس کی فکری حدود کہاں سے شروع ہو کر کہاں ختم ہو رہی ہیں اور اس کی قرأت کے دوران کس قسم کے ''اہل قاری' اس سے لطف اندوز ہوں گے۔ اس سے مراد یہ ہے کہ متن کی قرأت کے بعد یہ اندازہ ہو جاتا ہے کہ اس کی فکری اور جمالیاتی فضا کس 'فکری طبقے' کے لیے ہے یوں متن فکری طبقات کی درجہ بندی بھی کر دیتا ہے۔

ردمقدمہ (Anti Thesis):

قرأت کے دوران ردمقدمہ کا کلیہ اگر غالب آجائے تو متن کی وہ بے قدری ہوتی ہے جس کا تصور بھی ممکن نہیں کیونکہ متن کو اثبات کی فضا میں قرأت کرنا ضروری ہی نہیں بلکہ اولین شرط بھی ہے۔ اس کے بعد 'ردمقدمہ' کا مرحلہ ممکن ہو پاتا ہے۔ پہلے متن کی آگاہی اور اس کے باطن میں پوشیدہ جزئیات کے سمندر میں سے گوہر کو دریافت کرنا ضروری ہے چونکہ متن قاری نے خود خلق نہیں کیا ہوتا لہٰذا قاری کو متن کے متعلق کسی قسم کی خوش فہمی نہیں ہونی چاہیے کہ یہ اس کا فکری اور تخلیقی عمل ہے۔ جب بھی قاری اپنی حیثیت سے ناجائزہ فائدہ اٹھاتا ہے تو اس کی آزادی فکری بے راہ روی کا باعث بن جاتی ہے اور متن میں قاری کی ناروا مداخلت بذات خود قاری کے لیے خطرناک ہوتی ہے کیونکہ متن کو تو مصنف نے متحرک حالت میں تخلیق کیا ہے۔ یہ قاری کی ذمہ داری نہیں ہے کہ متن کے نفس مضمون کو اپنی فکر میں تبدیل کر دے، جو بات متن میں کہی جارہی ہوتی ہے وہی اس کا مفہوم ہوتا ہے، اگر قاری متن میں سے کچھ نکات نکال لاتا ہے تو یہ اس کی فکر کا ذاتی فعل ہے جس کو متن کی فکری فضا سے وابستہ نہیں کیا جا سکتا۔ آزادی فکر ایک مثبت عمل ہے لیکن قاری کو متن کی تفہیم وتشریح کی آزادی تو ہوتی ہے لیکن اس کے اصل متن کی فکر نہیں سمجھنا چاہیے اور متن کے نتائج مصنف کے حوالے سے مرتب ہونے چاہییں نہ کہ اس کو مختلف ذہنوں اور فکری میلانات کے حامل قاری اور نقاد کے تابع رکھا جائے۔ مثال کے طور پر سودا کے اشعار کی تفہیم اور شعر آگہی تک رسائی کے لیے یہ ضروری سمجھ لیا گیا کہ سودا کا شیخ چاند کا لکھا ہوا نقد پڑھے بغیر سودا کی شعریات کی تفہیم اور تشریح ممکن نہیں۔ متن کی ذمہ داری مصنف سے متعلق ہوتی ہے نا کہ قاری

یا نقاد سے۔ اس ذمہ داری کو تقسیم کر دیا جاتا ہے، نقاد اور مفسر متن کو نہ تسخیر کر پاتا ہے اور نہ ہی اس کی تخلیق کاری سے اس کا واسطہ ہوتا ہے۔ متنیات (Textuality) جب خانقاہی رنگ اختیار کر جاتا ہے تو بندھے بندھائے لفظیات کی وساطت سے ہر متن کی تشریح ''تشریح زائد'' (جو تشریح کا جبر ہے) ہو جاتی ہے اور روایتی بلاغت اور کچھ بنے نہ بنے ایک المیہ بن کر رہ جاتی ہے۔

نقلی تفسیریں:

۱۹۱۲ء میں شیکسپیئر کے المیات پر بریڈلے کی تفاسیر منظرِ عام پر آئیں جس میں شیکسپیئر کے ڈرامائی المیات کے متن پر لکھا گیا تھا۔ قریب چالیس برس تک بریڈلے کی اس تفسیر کا سحر شیکسپیئر کی ہر تنقید پر اس قدر حاوی رہا کہ کوئی نئی کتاب جو شیکسپیئر کے المیات سے متعلق ہوتی وہ بریڈلے کے حوالے کے بغیر ادھوری تصور کی جاتی تھیں۔ ۱۹۵۰ء کی دہائی میں یہ سحر ٹوٹا، جب نقادوں کی نئے نسل نے اس بات کا اندازہ لگایا کہ شیکسپیئر کا تخلیقی ذہن اور فطانت کو محض بریڈلے کے تفاسیری تناظر میں دیکھنا، شیکسپیئر کے متن اور اس کے قارئین کے ساتھ ناانصافی ہے لیکن متن وہی جاندار ہوتا ہے جو بریڈلے جیسی تفاسیر اور تنقیدوں کو تخلیقی رویوں اور مضبوط متن کی بنیادوں پر اپنی حدود سے باہر نکال پھینکے کیونکہ بعض دفعہ نقاد، قاری اور تخلیق کار کے درمین ہی متن کی انا، تنقید کی انا اور قاری کی انا میں منقسم ہو کر قرأت کے عمل یا تنقید کے عمل کو دھیما کر دیتی ہے اور متن تخلیق سے زیادہ تنقیدی یا قاریانہ احساس برتری اور ایک دوسرے کو رد کرنے میں اپنی قوتیں برباد کر دیتا ہے جس سے متن کی تشریح و تفسیر وغیرہ غیر حقیقی اور 'مجذوب کی بڑ' ہو کر رہ جاتی ہے۔ معاملہ متن سے ہٹ کر آگہی بھی مقابلہ بازی کا اکھاڑہ بن جاتا ہے۔ متن اپنے متن کی تشریح و تفسیر خود ہی کرتا ہے اسی متن سے معنی اخذ کیے جاسکتے ہیں۔ قاری کی متنی قرأت کو تشریح کہہ کر اپنے آپ کو دھوکہ دینے سے اجتناب برتنا چاہیے۔ کیونکہ متن کی معنویت کے مقابلے میں قاری کی آگہی بہت جلد پسپا ہو جاتی ہے اور بعض دفعہ قاری یا نقاد ایک ہی متن کو مخصوص آئیڈیالوجی کے ساتھ باندھ کر پیش کرتا ہے۔ جس سے متن، تشریح اور اظہار کے پامال کلمات (Cliche) جنم لیتے ہیں اور متن بحث سے غائب ہو کر ادھر اُدھر کی باتوں میں بھٹک جاتا ہے۔ مثال کے طور پر فیض احمد فیض یا فیض پرستی کے سیاق و سباق میں یہ امر قدرے مضحکہ خیز لگتا ہے کہ ان کی خالصتاً سیانہ (Adolascent) رومانی نظموں میں بھی سیاسی متعلقات اور ساختیاتی رموز تلاش کر لیے جائیں جن کا فیض کی شاعری میں پایا جانا بے حد مشکوک ہے۔ اس طرح متن کے راوی کی حیثیت متن کے تخلیق کار سے زیادہ اہم ہو جاتی ہے یوں اصل متن عام لوگوں کی نظر سے غائب ہو کر اپنی شناخت کھو بیٹھتا ہے اور نقلی

تفاسیر اور تنقیدیں اصل متن کی جگہ ڈال دی جاتی ہیں یوں متن کی صداقت اسطوری وا ہمے جنم لیتے ہیں۔

ثقافتی اور سیاسی عوامل کی کارفرمائی:

ثقافتی عوامل فکر کو بزدل بنا دیتے ہیں۔قرأت کے دوران یہی ثقافتی عوامل متن کی آ گہی میں دخل اندازی کرتے ہوئے پارسائی کا جامہ اوڑھ لیتے ہیں اور ہر اس امر کی نکتہ چینی کرتے ہیں جن سے ان کا اخلاقی نظام، بندھے بندھائے ظالمانہ نظام کی بیخ کنی کا خطرہ ہو۔اس عمل میں غیر انسانی صورتِ حال کو ثقافتی رکھ رکھاؤ کے پردے میں قاری کی آنکھوں سے اوجھل کر دیا جاتا ہے۔جس طرح اقبال کے متن میں 'مردِ مومن' کا تصور ملتا ہے۔ جیسے برگسان کی ارتقائیت اور نطشے کے فلسفے (سپرمین) اجزائے ترکیبی کا مرکب کہا گیا اور مفسرین اور ناقدین نے اس کا خوب ڈھنڈورا پیٹا حالانکہ اقبال کے 'مردِ مومن' کا فکر مثلث برگسان، نطشے اور گوروگوبند سنگھ (۱) کے 'مردا مگڑا' (The Avantgrade Mna) کے تصور سے مل کر تشکیل پاتا ہے۔گوروگوبند سنگھ کا ذکر اقبال کے شعری متن کی تشریح میں شاید ہی کسی نے کیا ہو، اس کی وجہ اردو کی تنقیدی فکر پر ثقافتی جبر اور معاشرتی دباؤ کی روایتی دہشت ہے جو جمہوری صورت میں دائمی برف کے تودے کی طرح ایک صدی سے ایک مقام پر منجمد ہے اور اردو کی سائیکی، محلاتی، جاگیر دارانہ اور نوابی تہذیب سے جڑی ہوئی ہے لہذا اس تہذیب کی من مانی قدروں نے فکری حرکیات اس طور پر کنٹرول کر رکھا ہے متن کی تشریح میں نہ چاہتے ہوئے بھی وہ باتیں شامل ہو جاتی ہیں جو مصنف کا مافی الضمیر نہیں ہوتا جسے وہ بڑی صفائی سے متن کی تشریح میں شامل کر دیتا ہے۔اسی طرح ذاتی عقائد کو عملی آگہی کا روپ دے کر متن کی رجعت پسندانہ تفسیر رائج کر دی جاتی ہے۔ جس سے ایک مخصوص طبقہ جذباتی تطہیر تو حاصل کر لیتا ہے۔متن کی سر عام قتل و غارت گری کے بعد اس پر منافقانہ انداز میں فاتحہ پڑھ لی جاتی ہے اور نہایت ہی صفائی سے متن کی اصل تفسیر و تشریح کو تاریخ کے اوراق سے اوجھل کر کے، ایک گمراہ کن قرأت کو نام نہاد آ گہی سے موسوم کر کے تشہیر کر دیا جاتا ہے لیکن یہ بھونڈی صورتِ حال ہمیشہ قائم نہیں رہتی ،وقت آنے پر ہر چیز نمایاں ہو جاتی ہے،دودھ کا دودھ، پانی کا پانی ہو کر رہ جاتا ہے۔جس طرح اردو کی اشرفیائی تہذیب نے نظیر اکبر آبادی کے شعری متن کو ایک زمانے تک ادب عالیہ کے مقام تک نہیں پہنچنے دیا۔ان کے شعری متن کی غلط توجیہات پیش کر کے اسے 'عامیانہ' اور لسانی اعتبار سے 'عوامی' کہہ کر رد کر دیا۔متن کی تشریح کی پراسرار میکانیت کے سبب اس میں پوشیدہ فکری حرکیات کو جنم دیا جس سے متنی تشریح کے مزاج کو ابھی تک تعین نہیں کیا جا سکتا۔مفسروں نے متنی تفہیمات پر جو گل کھلائے ہیں وہ ادب و فکر کی تاریخ کا افسوس ناک حصہ ہے۔

ھئیتی اور فکری متن کا انسلاک:

متن کی لسانی حقیقت تو ہوتی ہے کیونکہ متن کی وساطت سے تحریر و تخلیق کی جو مخصوص ساخت نمایاں ہو کر ابھرتی ہے وہ متن کا ہئیتی معروض ہوتا ہے لیکن اس کی میکانیت میں فکری مظہر مصنف کا نقطۂ نظر ہوتا ہے۔

بنیادی طور پر متن کی دو صورتیں ہیں:

(۱) ہئیتی متن: متن کا معروضی ساختیے کی صورت میں سامنے آتا ہے۔ یہ ایک ایسی مخصوص تحریر یا اظہاری میکانیت ہوتی ہے جو کہ نامیاتی وحدت کے سبب ظہور میں آتی ہے۔

(۲) فکری متن: مصنف کا مشاہدہ، تجربہ، تجزیہ، واردات ذات، آئیڈیالوجی، جمالیاتی اور فکری تجدیدات وغیرہ کا ذہنی اظہار، اس کی ترسیل کے لیے ہئیتی متن معاون عنصر کی حیثیت سے جلوہ نمائی کرتا ہے اور اس سے متن کی جمالیاتی تزئین بھی ہوتی ہے۔

دریدا کی فکری کائنات کا سفر متن سے شروع ہو کر متن پر اپنا اختتام کرتا ہے۔ وہ اس بات کا بھی تاثر دیتے ہیں کہ الفاظ اور تصورات جو متن کی حدود سے باہر ہوتے ہیں وہ متن کی عمار یا عمارنو میں باطل قسم کی معنویت کو نفوذ کر دیتے ہیں حالانکہ نظری تفاعل جو کہ فکری تحریر کا پابند ہوتا ہے وہ اس مقام پر آ کر اپنی معنویت کھو دیتا ہے یا اس کی ماہیت میں خلا پیدا ہو جاتا ہے کیونکہ تحریر ناسٹلجیائی حسیت کا فطری نمونہ ہی نہیں ہوتی بلکہ وہ اپنی حدود سے باہر نکل کر اپنی رہی سہی معنویت بھی کھو دیتی ہے۔ اسے متنی عینیت پسندی کے زمرے میں شامل کیا جا سکتا ہے۔ عام متن کا تصور ہی تحریر کے متن کو خود ہی وسعت و کشادگی بخشتا ہے، جس میں معنیاتی آگہی معنوں کی اعتباطی حسیت سے ماورا ہو کر قدرے بہتر نتائج جنم دیتی ہے۔ یہ جب ہی ممکن ہو پاتا ہے جب نقاد ہئیتی متن اور فکری متن کے انسلاک کی باریک بینی سے آگاہ ہو اور ان کی جزئیات میں اتر کر معنیاتی آگہی کو دریافت کرنے کے فن سے واقف ہو۔

متن در متن کی تلاش و تشریح:

مفسر متن کی مبالغہ آرائی بھی کرتا ہے۔ بعض دفعہ خود فریبی کا شکار ہو کر اپنے محدود ذہنی تناظر کے حوالے سے متن کے اندر ہی متن کو تلاش کرتے ہوئے متن کو کھو دیتا ہے اور پھر بھی یہی رٹ لگائے رہتا ہے کہ متن سے باہر کوئی چیز نہیں ہوتی۔ یہ جمالیاتی خود اذیتی اور فکر واہمہ ذہنی تناظر کو سکیڑ دیتی ہے جس کا نتیجہ یہ نکلتا ہے کہ جس چیز کو معنی کہا جا رہا ہوتا ہے، وہ معنی نہیں ہوتے بلکہ تشکیک کو ابھارنا ہوتا ہے۔ جس

سے متن کے پودے سے کوئی پھول نہیں کھلتا بلکہ بہار سے پہلے ہی خزاں آجاتی ہے جو معنی کے متوقع پھول کو پہنچنے سے پہلے ہی خاک برد کر دیتی ہے جبکہ آئیڈیالوجی کا جبر متن کے معنی پر من مانی فکر لاد دیتا ہے۔اگر آئیڈیالوجی سکہ بند نہ ہو تو اس میں فکری امکانات کی توقع رکھی جاسکتی ہے اور معنی اپنی اصل روح کو پالیتے ہیں۔ورنہ آئیڈیالوجی تو اب اس قدر پست سطح پر پہنچ چکی ہے کہ اقتدار کے ساتھ ہی اس کی نمائشی معنویت بھی ختم ہو جاتی ہے۔اگر آئیڈیالوجی اقتداری نہ ہو تو وہ باغیانہ انحرافی، احتجاجی، مزاحمتی رومانیت کا روپ دھار کر فکر کے لیے دیمک بن جاتی ہے۔یہ بھی ممکن ہے کہ بسا اوقات یوطوفیائی (Utopian) معنویت متن میں خیال وخواب کے پھول کھلاتی ہے جہاں معنی کی فکری خوشبو اور رنگ وروپ کا حقیقی ادراک ممکن نہیں ہوتا اور آئیڈیالوجی کا مظہر تفہیماتی قرأت میں دیرپا ثابت نہیں ہوتا اور متن میں آئیڈیالوجی اپنے پسند کی معنویت تلاش کرنے پر سارا زور لگا دیتی ہے جو بے معنی فکر ثابت ہو کر فکری مکالمے کے امکانات کو معدوم کر دیتی ہے۔متن میں متن کو تلاش کرنے کا مشغلہ جب بھی اپنایا جاتا ہے تو اس سے نہ ہی اصل متن ہاتھ آتا ہے اور نہ ہی متن کا واضح نقد ابھرتا ہے۔متن کی متوقع معنویت ادھر اُدھر کھسک کر غائب ہو جاتی ہے اور قاری التباس کے جال میں پھنس کر اپنی قرأت کو تخلیقی قرأت کہہ کر خود ہی خوش ہو لیتا ہے۔حقیقت میں 'تخلیقی قرأت' نام کی کوئی چیز نہیں ہوتی، اگر متن کے ردعمل سے قاری کوئی فکری یا تخلیقی نکتہ پاتا ہے تو اسے تخلیق یا تخلیقی قرأت نہیں کہا جاسکتا کیونکہ یہ نقال اور اکتسابی عمل ہوتا ہے۔فوق المتن کا تصور بھی سرے سے باطل ہے کیونکہ 'فوق المتن' کی معروضیت عقلی بنیادوں کو اس طور پر صدمہ پہنچتا ہے کہ اس سے فکری بدعتیں فکر کے پابند متغیرات کے سالمات کو توڑ پھوڑ کر بے لگام ہو جاتی ہیں۔

پس ردتشکیل کے نئے مباحث، نئی ادبی تھیوری میں ان فکری متعلقات سے بحث کرتی ہے جس کو ساختیات پس ساختیات اور اس سے متعلقہ فکر، تحریکات اور رویوں نے اپنی بحث میں شامل نہیں کیا اور جہاں ان رویوں نے ان تھیوریز میں پیش قدمی کی وہاں کچھ بنیادی سوالات کو دانستہ طور پر چھوڑ دیا گیا۔جس کے سبب ساختیاتی پس منظر، نظریہ، طریقۂ کار کے رویوں میں گنجلک پیدا ہوئی۔ردتشکیل قرأت اور معنی کے سلسلے میں اس قدر جارحانہ ہے کہ وہ اپنی بات کہتے ہوئے متن پر اثر انداز ہونے والے کے مخفی عناصر کو شناخت نہیں کر پاتا اور فکری نابینا پن معنویت کو لایعنیت کا مرقعہ بنا دیتی ہے، بلاشبہ بلاغت معنویت کو فنا کر دیتی ہے پھر بھی یہ کہا جاسکتا ہے کہ بلاغت معنویت کا جمالیاتی عنصر ہے، اس سے مفر ممکن نہیں لیکن بدیعات کی بے جا مداخلت یقیناً معنی کو بگاڑ دیتی ہے۔ردتشکیل کو سب

سے بڑا خطرہ بدیعیات سے ہے لیکن وہ اس بات کا اقرار کرتے ہوئے گھبراتی ہے کیونکہ اس کی روایتی تشکیل و تفہیم بدیعیاتی تاریخیت سے کٹ کر بے مزہ اور بے لطف ہوجاتی ہے لیکن اظہار کی آزادی میں ردتشکیل لسانی جبر کو ابھارتے ہوئے لسانی افتراق کے حوالے سے اس کی لامرکزیت کارونا روتی ہے کہ زبان کی ماہیت تضادات کو جم دے کر فکری عمل اور متن کو غیر قطعی بنا دیتی ہے۔ ردتشکیل کی نئی فکر کو اس گرم جوشی سے خوش آمدید نہیں کہتی جو کسی بڑے فکری نظام کی روایت کا حصہ ہوتی ہے۔ یہی اس کی خرد شکنی ہے کہ وہ اپنے باغیانہ فکری نظام کو 'مجرد' اور 'امتیازی' بنانے کے چکر میں فلسفہ، معاشرتی علوم اور دیگر نظام ہائے فکر سے غیر محسوس طور پر اپنے تئیں فاصلے کم کیے ہوئے ہے حالانکہ ردتشکیل میں ساسر کے نظریات کو تسلیم کرتے ہوئے اس سے انکار بھی کر دیا جاتا ہے اور انحرافی رنگ میں ساسر کے نظریات کی توسیع کا ڈھونگ بھی رچایا جاتا ہے۔ حالانکہ ساسر نے مخصوص عمل کیمیائی سے 'قدر' اور 'معنویت' کے تصور کو دھندلا کر خاصا الجھا دیا۔

ردتشکیل متن میں 'کیا ہے' کی بات کرتی ہے۔ وہ یہ نہیں سوچتی کہ متن کی 'یہ' میں 'یہ' کہاں سے آئی۔ 'یہ' یہ مراد متن کی معنویت ہے جو 'یہ' کا سراغ اس وقت لگا سکتی ہے جب روایت کی فکر کو تسلیم کر لیا جائے۔ اثبات اور رجائیت کے شعور کے ساتھ ہی متن کا شعور بھی دریافت کیا جاسکتا ہے کیونکہ لسانی اور معاشرتی تشکیلات کو افراد ہی بناتے اور بگاڑتے ہیں۔ لہٰذا متن بھی انہی نامیاتی مشابہتوں سے ترتیب پا کر متن میں درآنے والی وجودی وحدتوں کو جڑ سے اکھاڑ پھینکتا ہے جس سے عملیاتی، علمیاتی، تجربی اور معطیاتی طریقہ کار کا استدلال جنم لیتا ہے۔

متن کی فطری مطلق سے متعلق اندیشے:

انسانی سائیکی کی فطری میکانیت نے ہمیشہ متنی شعور کو متاثر کیا ہے، متن کی جمالیات اصل میں ادب کی جمالیات کا شعور ہے جو کہ شعور کی آگہی سے متن کی قدر کو متعین کرتا ہے۔ انسانی تخیل کی خودکاریت سے آگہی کی نئی جہتیں پھوٹتی ہیں جو بذات خود آگہی کی وحدت کو جنم دے کر اپنے بطن سے متن کا اصل سیاق اور نفس مضمون دریافت کرتی ہیں۔ یہیں سے فطری ماحولیات اور موضوع یا متن کی دو انتہا پسندانہ روشیں ابھرتی ہیں جو اپنے طور پر مطلقیت کی فکری شاخیں بھی ہیں۔ ان دونوں فکری رویوں کے سبب یہ بھی ہوا کہ بعض دفعہ دورانِ قرأت متن معدوم ہو جاتا ہے اور 'مطلق نوعیت' کے موضوعات معنویت کو متعین کرتے ہیں۔ متن، مصنف، قاری ایک دوسرے پر اثر انداز ہوتے ہیں جس سے تخلیقی طریقۂ کار ترتیب پاتا ہے یوں ادراک کی نئی حرکیات اور سکونیات سامنے آکر تناظر پر لگے ہوئے باطل قسم کے

تصوراتی دھبوں کو اپنے ادراک سے دھو دیتی ہیں اور نظر ثانی کرنے پر ابھرتی ہیں۔مصنف کا تخلیقانہ فن قاری کے ذہن میں افسانوی رنگ کی صورت میں ابھرتا ہے۔اس قسم کی مصنوعی ساخت مصنف کے طرزِ تحریر میں بہ درجہ اتم موجود ہوتی ہے۔بدیعیات کی فضا متن میں نیا حرکیاتی سیاق وضع کرتی ہے، بدیعیاتی دخل در معقولات متن کے بیوہار (Behavior) کو تبدیل کرتے ہوئے متنی نظریے میں نئے متعلقات سے پردہ کشائی کرتی ہے۔

قاری متن میں اظہار و رائے کا تجربہ تو کرسکتا ہے لیکن اس کو متن کا تخلیقی رویہ نہیں کہا جاسکتا،مشاہدہ کبھی مطلق نہیں ہوتا کیونکہ متن میں رموز کبھی کبھی حتمی اور متعین نہیں ہوتے۔مصنف یا قاری جب بھی متن کو استعمال میں لاتا ہے تو 'فکری چیلنج' کا مسئلہ سامنے آکر معنویت کو صرف دھندلا ہی نہیں کرتا بلکہ ابہام اور تشکیک کے دروازے بھی کھول دیتا ہے۔متن کے مخاطبے (ڈسکورس) میں محقق،طریقۂ کار اور قوت مشاہدہ (زمانی و مکانی سطح پر) ایک دوسرے پر انحصار کرتے ہوئے متن کی مطلق فطرت کو پالینے کی کوشش کرتے ہیں لیکن یہ مطلقیت اصل میں 'حرف آخر' نہیں ہوتی کیونکہ ایک کلامیہ سے قول محال کا سفر شروع ہوتا ہے جب کبھی نہ کبھی متنی صداقت کو پالیتا ہے۔متن کی قرأت تشکیک سے جنم لے کر مطلق صداقت پر اپنا عارضی قیام کرتی ہے،جس کو غلطی سے 'مطلق اختتامیہ' بھی تصور کرلیا جاتا ہے۔زمان و مکان کا عنصر قرأت میں مخصوص ماحولیاتی آگہی کو جنم دیتے ہوئے قرأت کے 'زمانی نظریے' (Reading Time Theory) کو ترتیب دیتا ہے جو قاری کے ذہن کی نقشہ بندی کے بعد تشکیل پانے والی تمثالوں کو ایک مخصوص فاصلاتی حوالے سے نظرانداز کردیتا ہے۔یہ عمل اس طور پر ہوتا ہے کہ یوں لگتا ہے کہ جیسے قاری کے ذہن میں متن کا جو نفس مضمون تشکیل پاتا ہے وہی اسے 'نفی' کرتا ہے۔گویا تمام کا تمام مسئلہ ہیگل کی جدلیاتی منطق کے قریب تر ہو جاتا ہے،جس کو لیوی اسٹروس نے 'مثلث مطبع خانے' کے نظریے میں بیاں کیا ہے۔

ساختیات کے زیر اثر عمل میں لائی گئی تنقیدی مبادیات میں افتراق کی صورت فکری اور عقائدی تعصبات کی عمیق دشت کو ظاہر کرتی ہے کیونکہ کوئی بھی متن تعصبات سے مبرا نہیں ہوتا۔دورانِ قرأت متن میں 'افتراق' کے نام سے جو مہذب قسم کا بھیانک کھیل کھیلا جاتا ہے وہ فرد کے مخصوص عقائد کے سبب متن کی اصل روح کو معدوم کردیتا ہے۔'معدومیت' کی یہ فضا قاری یا نقاد کو ڈرامائی کردار کی صورت میں اپنے عمل میں شامل کرلیتی ہے۔یوں متن میں طرح طرح کے سورنگ رچا کر متن کو اصل معنویت سے پرے کردیا جاتا ہے،جس کا نتیجہ یہ نکلتا ہے کہ دورانِ قرأت متن،متن نہیں رہتا بلکہ انسانی

ذہن کے تعصباتی ذہن کا ناٹک بن کر رہ جاتا ہے۔جس کو افادیت پسند اور استحصالی طبقہ اپنے مفاد میں استعمال کرتا ہے۔

تاریخ کی جمالیات متن کی تفہیم میں سب سے زیادہ مسئلے پیدا کرتی ہے۔تاریخ اس وقت تک معتبر کہی جاسکتی ہے جب تک وہ تاریخ نہیں بنتی یا مستند اصطلاح میں اسے تاریخ کے نام سے موسوم نہیں کیا جاتا۔قریب قریب ہے قاری کے ذہن میں ایک مخصوص تاریخی تناظر ہوتا ہے اس پس منظر میں وہ متن کی قرأت کرتا ہے جو کمزور ڈسکورس کا سبب بھی بنتا ہے کیونکہ تاریخی متعلقات میں عقائد کے نام نہاد 'فسانے' بعید العقل ہوتے ہیں۔جس طرح شرر کے ناولوں میں مخصوص قسم کی سحر انگیز تاریخی جمالیات ابھرتی ہے۔جس میں 'مخصوص تہذیب' کی عظمت گم گشتہ کے پس منظر میں المناک المیات سے دانستہ طور پر نظریں چراتے ہوئے قاری کو دروغ گوئی کی حد تک ایک ایسے اندھیرے کنویں میں دھکیل دیا جاتا ہے جہاں ایک ہاتھ کو دوسرا ہاتھ سجھائی نہیں دیتا اور جو آگہی اور عقل وفکر پر التباس کے دبیز پردے ڈال دیتی ہے۔دروغ گوئی کی حد تک مبالغانہ متن کی عمارت کھڑی کی جاتی ہے اور اس کے نتیجے میں خود بخود ایک ایسی میکانیت وجود میں آجاتی ہے جو مصنوعی اور غیر عقلی نقد کو ابھارتی ہے۔متن کی تشریح میں افسانوی رنگ ڈھنگ 'مفروضاتی قاری'، 'مفروضاتی مصنف' کا انکشاف کرتا ہے جس میں علت و معلول کا کوئی رشتہ نہیں ہوتا۔'قصہ گوئی' اور متن خوانی میں زمین آسمان کا فرق جب متن کی قرأت وتشریح میں مفسرانہ اور خطیبانہ رنگ چڑھ جائے تو ہر طرف دھند ہی دھند پھیل جاتی ہے۔

حاصل مطالعہ:

نئی ادبی تھیوری مائیکروازم کی تھیوری ہے مگر میکروازم کے نظریے کے بغیر نئی تھیوری کا جواز ممکن نہیں، نیا ادبی نظریہ اجزا میں بکھرا اجزا میں اتنے ذیلی اور مساوی اجزائے خورد نکال لاتا ہے کہ اس کی جدلیات بذات خود اس کی توقع نہیں کر پاتی۔ان فکری سالموں کے دیگر رویوں سے پیوندکاری کے بعد متن کی معنویت کو صحیح طور پر متعین کیا جاسکتا ہے۔متن کی معنویت میں کئی بے شناخت قوتیں اثر انداز ہوتی ہیں جن میں بعض تو نمایاں ہو جاتی ہیں جن میں سے بعض ایسی ہوتی ہیں جو تاریخی تجربات کے بعد متن کے معنی کو مزید معروضی بنادیتی ہے۔زبان معاشرتی سطح پر فرد کے گروہ اور اجتماع کی سائیکی کا سب سے جذباتی مظہر ہے، اقتدار پسندی، خطہ پرستی، تہذیبی رنگ دے کر اہداف کی تکمیل کی جاتی ہے۔ زبان افتراق سے پیدا ہوتی ہے اور افتراق پیدا کرتی ہے مگر اس کے باطن میں فرد کا شعور محرومی، انبساط اور کئی رویے اور عملیات آفاقی نوعیت کے ہوتے ہیں۔'وقت' کا عامل معنویت کو توسیع دیتے

ہوئے متن کی اس گم گشتہ کہانی کو بھی پالیتا ہے جوایک زمانے سے دریافت نہیں ہوسکی۔

پس ردتشکیل کی ادبی تھیوری ردتشکیل کی فکری بدعتوں کاادراک کرتے ہوئے متن اورقرأت کے انتشار کو ایک مرکزیت عطا کرتی ہے جوکہ ردتشکیل کے نظریے میں ٹوٹ پھوٹ کر بکھر گئے تھے۔اس نئے فکری عمل میں قاری کی ہی نہیں بلکہ متن کی بھی بازیافت ممکن ہوسکے گی جواعتباطی نظریہ سازی کے سبب اپنے مرکز سے بھٹک گئی تھی۔

نئی ردتشکیل کی تھیوری میں ذہنی قیاسات کومخصوص نظامیانے کے تحت متنی نظریے میں سمودگیا جاتا ہے جواپنے فکری برتاؤ سے اصل تصورات کو جنم دیتا ہے اورمظہر کی تشریح کرتے ہوئے 'جوہر' اور 'عدم جوہر' کے درمیاں خط امتیاز کھینچ دیتا ہے لیکن پس ردتشکیل میں اہم عناصر زبان، متن (تحریر) قاری اور معنی کے ہوتے ہیں جواپنے چہرے کوکسی حدتک مسخ کیے ہوتے ہیں جس سے متن میں وہ پوشیدہ عناصر بھی ابھر کر سامنے آتے ہیں جومتن کے ابلاغ میں رخنے ڈالتے ہیں، جن میں تہذیبی برتری، اقتداری متعلقات، بدیعیات اورآئیڈیالوجی کے متغیرات ان اندرونی اورخارجی عناصر پراثر انداز ہوتے ہیں (جنھیں جلی اورخفی عناصر بھی کہا جاسکتا ہے) نئی ادبی تھیوری اور بالخصوص پس ردتشکیل کے نقاد، مفسر اور قاری کے رشتے نئے نوعیت کے ہیں جس میں متن کے معنی پس منظر کی نئی جدلیات کے بعد تشکیل پاتے ہیں۔متن اورمعنی کی اصطلاح تجریدی نوعیت کی نہیں ہوتی۔اگرمتن کو قرأت سے پہلے تجریدی یا خلاصے کی تکنیک کے تحت متن کے بنیادی مقالے کو دریافت کرلیا جائے تو قرأت کے بعد متن کی معنویت عام فہم ہوجاتی ہے اوراس فریم ورک میں رہ کرمتن کی کل آگہی ممکن ہوپاتی ہے۔

ذیل میں دیے ہوئے جدول سے متنی حرکیات کی دریافت کانقشہ واضح کیا گیاہے جواس کو سمجھنے میں معاون ہوگا۔

پس ردتشکیل کے مرکبات / اثرانداز حاوی متغیرات

زبان	متن	قاری	معنی	عملیاتی نتائج
تہذیبی برتری	عصبیاتی	حیران وپریشان (کنفیوژ)	مغالطے	محدود
اقتداری متعلقات	پروپیگنڈا	لاعلم	غیرواضح	استحصالی طبقے کے عزائم کی کامیابی

بدیعیات	خطیبانہ	لسانی جمالیات کا شکار	معروضیت کی گمشدگی	عقلی اور منطقی جواز کا فقدان
آئیڈیالوجی	نعرہ بازی / جبر	مظہری التباس کی رومانیت کا شکار	پہلے سے مرتب شدہ	فکری رجعت پسندی / نراجیت کا امکان

متن کی میکانیت اس طور پر روبہ عمل ہوتی ہے اور متن کا ارتقا اس طریقۂ کار کے تحت تشکیل پاتا ہے۔

طریقۂ کار:

افتراق	اخذ کی ہوئی معنویت	مشولیت	متنی درجہ بندی
قاری	معاشرتی	عقائد	صداقت پسندانہ
نقاد	سیاسی	معاشرتی طبقہ	حقیقت پسندانہ
مفسر	مذہبی	عملی پس منظر	اسطوری
نظریہ دان	معاشی	نسلی پس منظر	منطقی
ادب کا استاد	نفسیاتی	لسانی گروہ	قواعدیاتی
طالب علم	تاریخی		علمیاتی
	جغرافیائی سیاسی		معروضی
	رومانی		موضوعی
			اظہاری
			جمالیاتی
			تاثراتی

(سہ ماہی 'آئندہ'، کراچی، اپریل سے جولائی ۱۹۹۸ء)

●●

ادب کا متنی نظریہ

ادب کا متنی نظریہ، متن کے قاری کے ردِ عمل کے بغیر ادھورا تصور کیا جاتا ہے۔ کیونکہ متن کے ایک قطبین پر منصف ہے تو دوسرے قطبین پر قاری کھڑا نظر آتا ہے۔ ادب کارکردگی (نقل) کا فن ہے جو گلوکاری، اداکاری اور ڈراما سے مشابہ ہے۔ ادب کا براہ راست تعلق قرات اور مطالعے سے ہے۔ متن، واقعہ یا انجام میں پوشیدہ ہوتا ہے۔ نئے تنقیدی نظریات میں جتنے جذباتی مغالطے یا جذباتی تغلیط (Affective Fallacy) کا تصور ہے۔ ادبی متن کے طریقہ کار میں کوئی حتمی اور اختتامی اقدار نہیں ہوتی اور نہ ہی کوئی منجمد قسم کی مفہومیت اور معنیات سے کم ہی سروکار ہوتا ہے لہذا متن میں پوشیدہ معنیات کی تصحیح ذرا مشکل ہی سے ہو پاتی ہے۔ کیونکہ متن کی تشریح اور آگہی کے سلسلے میں اقدار کا جو مسئلہ ہے وہ ماورائی نوعیت کا تصور کیا گیا ہے۔ یہ ایک کلامیہ کی صورت میں سامنے آکر قاری اور مصنف کی تعاملیت کو استوار کرتے ہیں۔ لوئیس روزن بلاٹ (Louise Rosenblatt) نے لکھا ہے کہ "نظم کے سلسلے میں قاری متن کے زیر اثر رہتا ہے بلکہ متن کا جادو اور اس کا جمالیاتی یا خلقی جو ہر قاری کو جذباتی طور پر تصوراتی دنیا میں ڈھکیل دیتا ہے۔ یعنی سحر انگیزی متن کا فنکارانہ رویہ کہلاتا ہے۔ جبکہ متن کا فکری رویہ متن ہی میں چھپا ہوا ہوتا ہے جسے تھوڑی سی محنت اور تفکر کے بعد فنکارانہ متن سے جدا کیا جا سکتا ہے۔

ادب کا توسیعی تجربہ ہوتا ہے:

عموماً یہ تصور کیا جاتا ہے کہ متن کی قرأت "موضوعی" نوعیت کی ہوتی ہے۔ لہذا اسے غیر پیشہ وارانہ قرأت کا بھی نام دیا گیا ہے۔ کیونکہ اس میں معروضی عملیات نہیں ہوتیں۔ اس قسم کی قرأت کو ذاتی نوعیت کی قرأت بھی کہا جاتا ہے۔ اس موضوع پر ادبی و متنی نظریہ دوانوں نے اپنے اپنے طور پر تعریفات و تشریحات پیش کی ہیں۔ مثلاً نارمن ہالینڈ (Normen Haland) نے قرأت کی نفسیاتی رسائی کے تحت لکھا ہے کہ اسلوب یا موضوع کی شناخت میں قاری کی یکساں یا ایک ہی حیثیت یا شکل ہوتی ہے۔ متن میں کردار، عمل اور اخلاقی اسلوب انسلاکی نوعیت کی آگہی ہوتی ہے۔ اس صورت میں ادب توسیعی تجربہ ہو جاتا ہے اور متن کے باطن میں ادب کی معنیات چھپی ہوتی ہے اور نفسیاتی محروکات کرداروں کو خلق کرتے ہیں۔ جیسے کہ ماہر بشریات ثقافتی نمونوں اور تحریمات اور اقدار کو دریافت

کرتے ہیں جیسے سارہ شگفتہ کی نظموں میں ثقافتی نمونوں اور تحریمات ہی کی مدد سے تمن کی معنیات تشکیل پاتی ہیں۔ یہی نہیں بلکہ اس قسم کی صورت حال تانیثی تحریروں اور نئی تاریخیت کے ادبی نظریے میں بھی اپنی جلوہ نمائی گرتی ہیں۔ ذات کی واردات عورت کو اپنے گم شدہ ہونے کا احساس ایک تحریمیک ثقافت اور مخصوص معاشرتی زندگی کی تصویر کھینچ دیتے ہیں۔ مثال کے طور پر سارہ شگفتہ کی ان سطروں میں بے چینی، مزاحمت اور ذات کا احوال قاری کو اپنی ہی حیثیت کا حصہ معلوم ہوتا ہے۔

میرے لہو سے اداس آوازیں آتی ہیں / جس کو خدا فانی کہتا ہے / دلاسے کی سبیل پر بار بار / پانی پیتے جاتی ہوں... / ....ورنہ سارا تو مٹی میں بسی ہوتی... / تو یہ میری قاتل ہے / جی چاہتا ہے اتر جاؤں خنجر میں

قاری بہر حال ایک 'گرد ہی فرد' ہوتا ہے۔ کیونکہ وہ گروہوں میں زندگی بسر کر رہا ہوتا ہے۔ کیونکہ اس کا تعلق کسی نہ کسی تشریحی طبقے (گروہ) سے ہوتا ہے۔ یہی سوال اسٹینلے فش نے بھی اٹھایا ہے کہ قری متن کو قرأت کرتے ہوئے اپنے طبقے کے حوالے سے ہی قرأت کی اسٹریجی، اقدار تشریحی قیاسات اور مخاطبے سے اپنی اشراکت کا احساس دلاتا ہے جو اسے "آگاہ قاری" کی صورت میں ابھارتا ہے جبکہ نئی تاریخیت اس امر پر زور دیتی ہے کہ قاری مشترکہ تمدن، تاریخی احوال اور حاوی آئیڈیالوجی اور مخاطبوں کے زیر سایہ رہتا ہے جبکہ قرأت کا نظریہ قبولیت اور اس کی جمالیاتی رسائی کے تحت ہر مطالعہ تبدیلی کارد عمل ہوتا ہے۔ جو کہ وقت کے ساتھ عام متنی قرأت کو بھی بدل دیتا ہے۔ متن کی قرأت کے دوران در آنے والی مشکلات Coxistrain ضبطی قرات، لسانی اسلوب اور بیاناتی مناجیات کی تشریح اور تجزیاتی معاملات اہم ہوتے ہیں۔ ولف گینگ اسر کا دعوا ہے کہ متن قاری کے ردعمل کو قابول (Control) میں رکھتا ہے لیکن اس میں خلا آجانے سے قاری کی تخلیقیت دھڑم سے گر پڑتی ہے۔ Implid قاری ہی اس کے ساختیاتی ردعمل کو تشکیل دیتا ہے جو متن کے حوالے سے بھی متعین کیا جاتا ہے اور قاری یہ خیال کر بیٹھتا ہے کہ وہ اس قسم کا متن خلق کر سکتا ہے۔ اردو شاعری میں سہل ممتنع کا ذکر ہی نہیں بلکہ اردو شاعری کے قواعد نظام میں نظریاتی بساط پر صدیوں سے بحث و مباحثہ جاری ہے۔ خاص طور پر سہل ممتنع ایسا شعر ہوتا ہے جو اپنے زبان و بیان کے علاوہ اس کی لفظیات آسان ہوتی ہیں اور اس کی تشریح بھی بآسانی ہو جانے اور جتنا شعر پر غور و فکر کیا جائے تو اس کی معنویت پرت در پرت کھلتی چلی جاتی ہے۔ جو اسلوب شخصیت کا حصہ بن جاتا ہے۔

ابن مریم ہوا کرے کوئی   میرے دکھ کی دوا کرے کوئی

عموماً اس قسم کا شعر متنی طور پر آسان لگتا ہے مگر اس کی گہرائیوں میں فکری جواہر کا خزانہ موجود ہوتا ہے۔قاری کی اساس تنقید یا ردعمل کے حوالے سے اس قسم کے متن کی معنیات کی بآسانی تشریح بھی کی جاتی ہے مگر جب غوروفکر کیا جاتا ہے تو اس کی معنیات کھلتی چلی جاتی ہیں۔متن میں سے ہی فکری کشادگی کی کئی جہات ابھرتی ہیں اور یقین نہیں آتا کہ متن اس قدر ''تہہ دار'' ہے۔اس سے کئی نسلیں استفادہ کرتی ہیں اور یہ بھی کہا جاتا ہے کہ سہل ممتنع کے معیار پر اترے بغیر شعر کی معنیات اور جمالیات کم ہوجاتی ہے۔ غالبؔ نے بھی شعر کے لیے سہل ممتنع کو بالجملہ سہل ممتنع کمال حسن کلام کہا ہے اور بلاغت کی نیابت ہے (ادبی خطوط غالبؔ، مکتوب بنام خواجہ غوث بے خبرؔ ص:۹۶)۔اس سلسلے میں غالب کا یہ شعر دیکھیں ؎

عشق مجھ کو نہیں وحشت ہی سہی

میری وحشت تیری شہرت ہی سہی

جبکہ قاری پہلے سے رائج ادراک میں آئے ہوئے تجربات اور تصورات کے تناظر میں تناسبی اور متن سے مکالمہ کرتے ہوئے لطف اندوز ہوتا ہے اور بعض دفعہ اس سے برہمی اور بیزاری کا بھی اعلان کرتا ہے۔

تدبیر کاری نیا تخلیقی معروض عطا کرتی ہے:

متن کشادہ فہمی کے تناظر میں تناسبی اور متن کو بنجر بنانے والے نکات کو مختلف رسائیوں سے پرکھتا ہے اور ادبی متن کے تصورات میں کشادگی بھی پیدا کرنا چاہتا ہے۔ چاہے نثر یا شاعری سبھی کو اسلوبیاتی اثرات سے جدا نہیں کیا جاسکتا۔اس کے نتیجے میں ہی اجنبیائے کے عمل کو ایک دوسرے سے الگ کرتے ہوئے ان دونوں تصورات کو مجرد طور پر مخاطبے اور مبحث میں شامل کرلیا جاتا ہے۔اجنبیائے کے عمل میں قاری متن کی رائج معنیات کو اپنی تدبیر کاری کی مدد سے نیا تخلیقی معروض بھی عطا کردیتا ہے۔اس عمل میں متن اور قاری کے درمیان مغائرت بھی پیدا ہوجاتی ہے، فاصلے بڑھ جانے کا بھی امکان ہوتا ہے اور غیر حسی طرح پر متن کی تفہیم میں حیرت زدگی، تحیر ہی نہیں در آتا بلکہ متن میں موجود مواد وجدانی ابہام کا بھی شکار ہوتا ہے۔ یہ ضروری نہیں کہ قاری کی متنی قرأت سے ایک سطح پر جو ''تکنیک'' اختیار کی جاتی ہے اس سے متن کی مکمل طور پر تفہیم وتشریح شروع ہوجاتی ہے۔مصنف اور قاری کے درمیان متن کے سلسلے میں تفہیمی اور تشریحی تفاوت موجود ہوتا ہے۔کیونکہ مصنف کا وہ ادراک نہیں ہوتا جو قاری کا ہوتا ہے اور دونوں کا حیاتی نظام بھی ایک دوسرے سے مختلف نوعیت کا ہوتا ہے۔ یوں تشکیک اور ابہام کی کیفیت پیدا ہوجاتی ہے اور نامانوس تصورات کے گورکھ دھندوں میں متن اپنے اصل معنیات سے دور ہوتا چلا

جاتا ہے اور ادبی متن کی غیر ادبی تفہیمات تشریحات اور تشکیلا ت ہونا شروع ہو جاتی ہیں۔جس طرح فیض احمد فیضؔ کی خالصتاً رومانی شاعری کو انقلابی اور سیاسی شاعری کے طور پر تشریح و تفہیم کی جاتی ہے... اور اجنبیائے عمل میں علت و معمول کا عمل کمزور پڑ جاتا ہے۔ یوں متن کی قرأت اور تشکیل سازی کا تمام عمل غیر یقینی ہو جاتا ہے۔

علامتی طور پر متن میں فکری مواد کو جذب کرنے کی صلاحیت ہوتی ہے۔ساختیات کے روایتی حوالے سے یہ صلاحیت بعض دفعہ متن کی کمزوری بھی بن جاتی ہے۔اور مروجہ ادبی روایت سے انحراف کر کے نئی متنی تشکیلا ت کو سر کرنے کی سعی میں لگ جاتی ہے۔ یوں متن کے تقابلات کا سلسلہ شروع ہوتی ہے اور مقامی متن اور فکری جمالیات سے باہر نکل کر دگر ادبیات و فکریات کے متنوں میں زیر مطالعہ متن کی تفہیم کی کوشش کی جانے لگتی ہے۔

اجنبیائے کا عمل، مظہریاتی ادبی تجربہ ھے:

جہاں تک قاری کے متنی ردعمل کا تعلق ہے وہ اپنی جگہ مسلمہ ہے مگر قرأت کے نظریے میں قاری اہم ہوتا ہے۔ جبکہ متنی قرأت کی اشکال اور صورتِ حال ہمیشہ مختلف السمت ہوتی ہے۔مثلاً یہ کہ قرأت، قاری اور متن کے ادبی نظریے کو اس سبب خود کفیل نہیں سمجھا جاتا کیونکہ اس کی مناجیات غیر ادبی نثریات کو تشریح کرنے کے لیے ناکافی ہی نہیں سمجھی جاسکتی بلکہ غیر ادبی تحریرات کو جب بھی خالصتاً ادبی نظریے کے حوالے سے ادراک میں لانے کی کوشش کی جاتی ہے تو متن ابہام کا شکار ہو کر اپنی اصل روح سے الگ ہو جاتا ہے۔اگر ادبی متن کے نظریے کو سلیقے اور خوش اسلوبی سے برتا جائے تو غیر ادبی نثریات کی تفہیم و تشریح کسی طور پر ہو بھی جاتی ہے یہی متن سے متعلق ادبی نظریے کی رجائیت ہے۔متن میں جو ایک مخصوص قسم کی تشکیلی ساخت ہوتی ہے وہ محیط ارض بساط پر مصوتوں اور قواعدیات کو بھی تفہیمات میں سرخرو ہوتا دیکھتی ہیں۔ یہ تمام اسلوبیاتی انحراف نفسیاتی اور عمرانیاتی نوعیت کے ہوتے ہیں کیونکہ اجنبیائے کا عمل مظہریاتی نوعیت کا ادبی تجربہ بن جاتا ہے اور یوں یہ کسی نہ کسی طور پر 'ادبیت' کا نکتہ بھی بن جاتا ہے۔جب اسی اسلوبیاتی عمل میں اجنبیائے کا عمل دخل بن جاتا ہے تو فطری طور پر سیاق میں پہلے سے تشکیل دیتے ہوئے ماڈلوں کو جوڑنا شروع کر دیتا ہے۔ یہ عمل متن کی قرأت کے لیے بہتر تصور نہیں کیا جاتا کیونکہ اس صورتِ حال میں متن کی قرأت انتشار کا شکار بھی ہو جاتی ہے اور تفہیم اور معنیات کی جو عمارت متنی حوالے سے تشکیل پا رہی ہوتی ہے، اس کی بنیادوں میں دراڑیں پڑ جاتی ہیں لہذا قاری کے لیے ضروری ہو جاتا ہے کہ وہ دوبارہ تشریح کرے اور اپنے ذہن میں پہلے سے بنے بنائے

خاکے (ماڈل) کو اپنی قرأت سے دور رکھے۔ متن کی قرأت کرتے ہوئے قاری متن کو مکانی طور پر ہلا جلا سکتا ہے تاکہ متن کی معنیات کے لیے نئے تناظر دریافت ہوں، قرأت کے دوران عمل اجنبیانہ کا طریقہ کار کلی طور پر قاری کی حسیات سے متعلق ہو کر رہ جاتا ہے۔ اس میں قاری کے محسوسات سے انکار ممکن نہیں، لیکن اس عمل میں یہ ضرور ہو جاتا ہے کہ قاری متن کو قرأت کرتے ہوئے مختلف نظریاتی ماڈلوں سے اپنی اسلوبیاتی تدابیر کو پرے رکھتا ہے۔ لیکن متن کے وظائفی متعلقات اس میں در آتے ہیں۔ قاری کی حسیت سے شعری متن کی نئی گرہیں بھی کھلتی ہیں۔ غالب احمد نے اپنے مضمون ''فیض کا مقامِ غزل'' میں مخصوص نفسیاتی تناظر میں فیض کے شعری مزاج کا تجزیہ کیا ہے۔ مضمون میں مصنف نے فیض کے شعری متن کے اصل مقولے کو دریافت کرنے کی سعی کی ہے۔ مصنف جو ایک قاری بھی ہے، اس نے شعری متن میں نفسیاتی نکات کو ابھارتے ہوئے فیضؔ کی شاعری میں پوشیدہ باطنی محسوسات کو معروضی طور پر پیش کیا ہے۔

''ان کا ہاتھ (فیضؔ) نبض شناس بھی ہے جو جدید دور کے اجتماعی وجود کی نبض پر رکھا ہوا ہے۔ فیضؔ کی غزلیہ شاعری کے پانچ مخصوص نفسیاتی رجحان اور ادبی پیکر ان کے اندر مضمر شعور و ہواس اور جذباتی آمیزش کے مخصوص رنگ ہیں۔ (۱) فیض کا احساس تنہائی اور اس کے اندر مسلسل انتظار کی ایک کیفیت کے ساتھ ساتھ ایک مخصوص احساسِ خلوت کا خمار بھی ہے۔ فیضؔ کے یہاں تنہائی Lonliness بھی ہے اور خمار خلوت بھی۔ Solitude فیضؔ کی تمام غزلوں میں یہ تاثر کسی نہ کسی طور پر جاری و ساری رہتا ہے۔ (ادبِ لطیف، فیض نمبر۔ لاہور ۱۹۸۵ء)

یہ حقیقت ہے کہ جدید تر ادبی نظریات میں متنی حوالے سے اتنی کشادگی نہیں آتی جتنی آنی چاہیے۔ ہم متن کی تشریح و تفہیم کے سلسے ل میں جب بھی انحرافی نوعیت کے تجربات کرتے ہیں تو بھٹک جاتے ہیں اور نہ ہی متن کی معنیات کو پا پاتے ہیں اور نہ ہی اس سلسلے میں کچھ خلق کر پاتے ہیں اور نہ ہی متن کے ادبی نظریے میں اضافے کی تدبیر ہو پاتی ہے۔ اس سے ایک خدشہ یہ بھی ہوتا ہے کہ متن میں غیر ضروری غازہ بندی بھی کر دی جاتی ہے۔ عموماً متن کے اپنے آفاقی اصول و ضابطے ہوتے ہیں جو اپنے امتیازات کے ساتھ اپنے 'ہونے' کا اظہار بھی کرتے ہیں۔ ہر متن کے وظائفی پہلو دوسرے متن سے قدرے مختلف ہوتے ہیں۔ جب 'متن کا تجزیہ، تجرباتی طور پر کرتے ہیں تو مناجیات کے تفاوت کے سبب ان کا تناظر بھی مختلف ہو جاتا ہے جو بعد ازاں تقابلی رسائی کے تحت بھی مطالعہ کیے جا سکتے ہیں۔ کیونکہ متن کی قرأت میں عمل اجنبیائے، محسوسات اور ذاتی تناظر کے عناصر طاقتور تکون کی صورت میں

ابھرتے ہیں جس میں تجزیاتی رسائی کم ہی استعمال کی جاتی ہے اور یہی ادبی تنقید کے امتیازات کشادہ فہمی کے چلن کو پروان چڑھاتے ہیں۔

پس متنی نظریہ ماخذات کا تحدیداتی نظام ہے:

پس متنی نظریہ بھی قاری کے ردِعمل کے تناظر میں متن کے اسلوبیانی رویوں کو تقابلی تخفیف سے مطالعہ کرتی ہے تو پس متنی نظریہ ماخذات کا محدود تحدیداتی (Limited) نظام بن جاتا ہے جس کے بطن میں ایک مخصوص ادراکی ساخت پوشیدہ ہوتی ہے۔ خاص طور پر کہانی اور قواعدیاتی نظام یا اس کے طریقۂ کار غیر تناسبی طور پر تقابلی اور تحقیقی اثرات متن کے اصل تناسبات پر اثر انداز ہوتے ہیں۔ یہ صغرہ صغرہ کبیر (MOCO) تناسبات کی تشکیل کرتے ہیں۔ اس قسم کے فکری نکات، ساخت اور مناجیاتی تجربی مطالعوں کے لیے اور اساطیر کی بازیافت میں بھی مددگار ہوتی ہیں۔

اجنیائے کے ادبی متنی نظریے میں تخفیف کے اثرات متن کے پیچھے کی طرف لے جاتے ہیں بالخصوص جب بھی متن میں تخفیف کی بات کی جاتی ہے تو اس کا سب سے زیادہ اثر کہانی اور قواعدیات پر ہوتا ہے۔ اجنیائے کا نظریہ اور روایاتی مخاطباتی نظریے کے برعکس ہوتا ہے۔ مختصر مضامین کہانیوں کے ادبی متن میں بیانیاتی تناسبات بہت گہرے ہوتے ہیں۔ جس سے متن میں ایک پیچیدہ (Coherently) تناسبات شامل ہوجاتے ہیں اور اس قسم کے کبیر /میکرو (Macoro) تناسبات اجنیائے کے نظریے پر حاوی ہوجاتے ہیں۔ اور یہی متنی متناسبات کی کئی ادبی تدابیر کو روشناس کرواتے ہیں، مرادیہ کہ متن کی معنیات میں جب بھی تناسبات کی تدابیر کی جاتی ہیں تو مکمل طور پر استعارے سے لے کر بیانیے تک اس کے اثرات محسوس کیے جاتے ہیں۔ قاری جب بھی ادبی تناسبات کے حوالے سے اپنے رِدِّعمل کا اظہار کرتا ہے تو عموماً دو رسائیاں ابھرتی ہیں۔

(۱) ادبی اور غیر ادبی متن کے مخاطبے میں تشریحی طریقۂ کار پوشیدہ ہوتا ہے۔

(۲) یہ تمام تدابیر سطحی ساخت سے متعلق ہوتی ہیں۔ جس میں تناسبات اور تشریحی متعلقات میں تبدیل ہوجاتی ہیں۔

ادبی مخاطبوں کی تشریحی صورتِ حال متنوع ہوتی ہے:

اجنیائے کے نظریے میں ادبی مخاطبات متفرق تشریحی تناسبات کو ہی روشناس نہیں کرواتا بلکہ غیر ادبی مخاطبات کو بھی ابھارتا ہے جو کہ اصل میں محسوسات کی ادبی تدبیر کاری ہوتی ہے اور اجنیائے کا عمل

اس عمل کو ترتیب دیتا ہے، ساتھ ہی ادبی مخطابوں کی تشریحی صورتِ حال بھی متنوع ہوتی ہے۔ نثر کا اپنا مخصوص اسلوب ہوتا ہے کیونکہ شاعری کا اسلوب نثر سے مختلف ہوتا ہے۔ عموماً یہ کہا جاتا ہے کہ پس متنی نظریے میں نثر کے ادبی مخاطبے کے بعد تشریح کا کام کسی صورتِ حال کو دریافت کرنا ہوتا ہے۔ وہ متن میں چھپے ہوئے ان واقعات اور افکار کو تشریح کرتا ہے جو پہلے سے انسانی تجربے میں موجود ہوتے ہیں جو متعین اور کسی طور پر واضح بھی ہوتے ہیں۔ ابہام سے پُر متن کو وہ اپنے طور پر تشریح بھی کرتے ہیں، کرداروں، واقعات اور اسلوب وغیرہ سب ہی مخاطبوں میں شامل ہوتے ہیں اور مفہوم بندی کے سلسلے میں شاعری کی تشریح مشکل تو ہوتی ہے مگر اس کو تفہیم کرنے کی کوششیں کی جاتی ہیں۔ عموماً نقاد متن کی تشریح اور فہم بندی میں لغوی، تحقیقی اور اکتشافی حوالوں سے بھی مدد لیتا ہے۔ ''اندرسبھا'' کے حوالے سے اسلم قریشی نے اپنی کتاب ''برصغیر کا ڈراما'' ص: ۳۱۶ میں لکھا ہے:

''راجا اندر کے دربار میں حاضر ہو کر پریاں صرف راگ کا مظاہرہ کرتی ہیں۔ اس کے ساتھ ناچ کو شامل نہیں کی جاتا لیکن صورتِ حال اس سے مختلف ہوتی ہے۔ سید حسن رضوی کی مرتبہ 'اندرسبھا' کے مختلف عنوانات میں بھی کہیں ناچ کا ذکر نہیں کیا گیا۔ لیکن امانت کی تحریر کردہ شرح 'اندرسبھا' کے مطالعے سے واضح ہوتا ہے کہ اکثر جگہ راگ کی پیش کش کے ساتھ ساتھ رقص کو بھی شامل کیا گیا ہے۔''

اسلم قریشی نے اسی مضمون میں راجا اندر کی زبان سے نکلا ہوا ایک شعر نقل کیا ہے ؂

پریوں کو میری جلدی جا کر لاؤ
باری باری آن کر مجراں کریں یہاں

اور حوالے کے طور پر سید مسعود حسن رضوی کا حوالہ دیا ہے جس کے مطابق 'مجرا' کی تشریح یوں کی ہے کہ ''طوائفوں کا گھر بیٹھ کر گانا بغیر ناچ کے'' (لکھنؤ کا عوامی اسٹیج، لکھنؤ ۱۹۵۷ء، ص: ۱۹۹)۔ متن کی تشریح کی 'مابعد' میں یہ بھی شامل ہوتا ہے کہ متن کی معنیاتی اور لغوی پیچیدگی کو متن کے باہر کے متعلقہ اور قریبی حوالوں سے تفہیم میں لایا جائے۔ یقیناً اس سے قاری یا نقاد کی علمیت عمیق مطالعے میں ہی قرأت شدہ متن کی مفہوم بندی کرتا ہے۔ متن کے مابعد نظریے میں مختلف نظریات اور دیگر علوم کے انسلاک سے متن کو توسیع ہی نہیں دی جاتی بلکہ متن میں چھپے ہوئے فکری پیغام کو نئی متنی اور فکری دریافتوں کے ساتھ ساتھ منظرِ عام پر لاتا ہے اور تفتیش اور تحقیق کے لیے قاری کو آمادہ بھی کرتا ہے۔

متن کی ذیلی مراکز:

اصلی اور نقلی قاری کی جو اصلاح قاری کی اساس تنقید کے حوالے سے بہت معروف ہے۔یعنی اصطلاح متن کی مرکزیت کو تہس نہس بھی کرتی ہیں تو بعض دفعہ متنی مرکزیت میں کئی ذیلی قسم کی مراکز کو بھی دریافت کرتی ہیں۔ ان ذیلی مرکزیتوں کو آگاہ قاری اور زیرک نقاد کو ایک لڑی میں پرونے کی کوشش بھی کرتا ہے۔جس کا اختتام لامتناہی ہوتا ہے۔اس حوالے سے قاری جو بھی قیاسات ترتیب دیتا ہے وہ سب اس کے ادبی اور غیر ادبی تجربات سے منسلک ہوتے ہیں کیونکہ زبان کا مخصوص مزاج اور رویے اسے ایسا کرنے پر مجبور کرتے ہیں۔ یہ تجربہ معروض کا تنقیدی رویہ تصور کرلیا جاتا ہے۔متن کو مشکل ہی سے اس کے مطلب کا قاری ملتا ہے۔بعض دفعہ برسوں یا صدیوں بعد کسی متن کو صحیح تفہیم کرنے والا پیدا ہوتا ہے۔کیونکہ متن کی افزائشی فطرت ایک قسم کا درجاتی نظام ہوتا ہے۔اصل یا سچے قاری کو متن کی پہلی قرأت کے بعد احساس ہوتا ہے کہ متن اس کے مزاج سے متعلق ہے یا متن سے اسے (قاری) کو کوئی علاقہ نہیں۔اس بات کا علم بہت کم قاری ہوتا ہے۔متن میں زبان اور لفظ سے معنی پیدا ہونا اور اس پر زور دینا ٹھیک نہیں۔لفظ کی اہلیت اس میں ہے کہ وہ متن کی معنیات اور سیاق کو ابھارے اور متنی اور اسکے انسلاکی پہلوؤں کو بھی واضح کرے۔

تشریحی درجہ بندی کی عدم ہنرمندی:

پس متنی نظریے میں متن ایک منظم تحریری عمل ہوتا ہے۔اس کا اپنا مراتبیات کا اپنا نظام بھی ہوتا ہے۔اسے ایک قسم کی متنی درجہ بندی بھی کہا جاسکتا ہے۔جوکہ ادبی متن میں ایک ساخت کی صورت میں تجربے میں آتی ہے۔یہی درجہ بندی اور اس کا تجزیاتی عمل ادبی اور غیر ادبی متن کے تفاوت کو سامنے لاتا ہے اور معروضی سطح پر درجہ بندی کا یہ سائنسی عمل متن کی اختصاصی ماہیت اور اس کی نامیات سے قاری کو آگاہ ہی نہیں کرتا بلکہ مخصوص مناجیاتی تکنیک کو ابھار کر اسے متنی درجہ بندی اور متنی تجزیات کے رموز سے بھی آشکار کرتا ہے اور یہی متن کی مخصوص شناخت بھی قرار پاتی ہے۔اس مقام پر آ کر جب بھی متن کا سراپا اپنے آپ کو قاری کے سامنے پیش کرتا ہے تو متن کی معنیات کی پرتیں تناسبات کے نیٹ ورک (Network) کی صورت میں قاری کی نظروں کے سامنے پھیل جاتی ہیں مگر متن کی اس ساختیاتی درجہ بندی سے یہ تصور نہ کرلیا جائے کہ ہمیشہ ہی متنی درجہ بندی سے قاری متن کی شناخت اور اس کی روح تک پہنچنے میں کامیاب ہوجاتا ہے۔بعض دفعہ وہ متن کے نفس مضمون کو ادراک میں لے آتا ہے مگر صاف طور پر اسے بیان نہیں کر پاتا اس قسم کی تمام تشریحات درجہ بندی کی عدم ہنرمندی کہلاتا

ہے۔جو قاری کی مہارت کے فقدان کے سبب متن کی قرأت میں در آتا ہے۔جو قاری کی مہارت کے فقدان کے سبب متن کی قرأت میں در آتا ہے۔اور عام زبان کی صوتیاتی سطح پر نمودار ہو کر قواعدی اور نحوی عمل دخل میں نمایاں ہو جاتا ہے۔جس کے بطن سے تین سطحیں متن کی تفہیم میں اہم ہیں صوتیاتی سطح... آہنگ۔تکرصوتگ، قواعدی سطح... غفلتِ الفاظ۔محاوروں کی ساختی تکرار یا اس کو دہرانے کا عمل۔نحوی سطح... استعارے، اختلافات۔

نفس مضمون کی نئی تاویلات:

قاری کے متفرق ذہنی رویوں کے سبب متن مختلف ہائے نظریات اور نت نئے تناظر کا روپ دھار لیتا ہے۔مختلف قاری کی قرأت کے بعد متن کے پہلے سے معین کی جانے والی معنیات اور تشریح بھی ٹوٹ پھوٹ جاتی ہے۔اس سے قاری کا ہی نہیں بلکہ بعض دفعہ یہ تاریخ ساز تفہیمات کی صورت میں بھی زندہ رہتی ہے کیونکہ متن خوانی کے بعد تحریری متن سے اختلاف و انحراف بھی کیا جاتا ہے اور کبھی کبھار یہ صورتِ حال بھی ہو جاتی ہے کہ اس کے مواد اور نفس مضمون کی نئی تاویلات پیش کی جاتی ہیں۔جس طرح ہر زمانے میں ولی دکنی، میرؔ، غالبؔ، سوداؔ، داغ، ہادی رسواؔ، اقبالؔ، فیضؔ، میراجیؔ، ن م راشدؔ، نظیرؔ اکبرآبادی، جوشؔ، فراق وغیرہ کے متن کو نقادوں نے نئی معنیات سے روشناس کروایا۔پس متنی نظریے میں تفہیمی ردعمل اور مختلف رسائیوں کو اپنائے ہوئے ہوتا ہے۔یہ نظریہ عام مطالعوں کی طرح ہی ہوتا ہے۔عام مطالعوں کی طرح اس کی تحدیدات بھی ہوتی ہیں۔بعض دفعہ فکری ضمیمے میں متن کے پہلاٹ، ساخت، اور سیاق پر اثر انداز ہوتے ہیں۔جس میں محسوسات کی تعاملیت سب سے زیادہ اثر پذیر ہوتی ہے۔بہرحال اس میں پیچیدگیاں بھی در آتی ہیں۔کیونکہ لسانی امتیازات، ادبی متن کے تغیرات میں بہت زیادہ دخل انداز ہوتے ہیں۔یہ لسانی عمل ایک مخصوص تمدنی فضا کی بھی تشریح کر رہا ہوتا ہے جس سے تشکیک اور ابہام بھی ابھرتا ہے کیونکہ ارتباط کی صورت نہیں بن پاتی۔انحراف کے سبب 'متن شکنی' کا غلبہ بھی بعض دفعہ اس قدر حاوی ہو جاتی ہے کہ متن چوں چوں کا مربہ لگتا ہے۔پس متنی نظریے میں ادبی ردِّعمل کی تفہیم اہم گردانی گئی ہے۔جس میں بنیادی مقولہ اسلوب کی تخفیف کا ہوتا ہے اور تقابل کے بعد متن کی درجہ بندی کی جاتی ہے اور قاری کے متنی اختلافات عموماً ایک ہی طرح کے ہوتے ہیں۔متن کی درجہ بندی بھی بنیادی نوعیت کی ہوتی ہے۔اس عمل میں موضوع پر زور دیتے ہوئے ترسیل کا تمام کا تمام عمل معروضی ہوتا ہے کیونکہ متن کے زمینی حقائق کا تجزیہ کیا جا سکے اور ایک قاری دوسرے کو ٹھوس بنیادوں پر متن کی حرکیات اور اصل روح سے روشناس کروا سکے۔کیونکہ متن کی تشریح و تفہیم یا

تشکیلات کو پالینے کے لیے نامیاتی رسائی بھی اپنا جاتی ہے اور متن کا سراپا معاشرتی احوال سے جدا نہ کرتے ہوئے پس منظر میں فرد کی اجتماعی سائیکی سے بھی آنکھیں نہیں چرائی جاسکتیں کیونکہ تشریح متن کے مابعد نظریے میں حیات اور محسوسات کی صورتِ حال معاشرے کے محیط ارض تصور سے جڑی ہوئی ہے۔

●●

ادب کی عمرانیات

عمرانیات اور ادب کی عمروں میں زمین آسمان کا فرق ہے۔ادب کی عمرانیاتی معاشرے کے اولین ادوار سے شروع ہوتی ہے جب کہ عمرانیات کا باضابطہ مطالعہ کوئی ڈیڑھ دو سو سال قبل شروع ہوا۔جس طرح ہم دو نسلوں کی 'خلیج' کو 'نسلی خلا' کہتے ہیں اسی طرح اور عمرانیات کے درمیان 'فکری خلا' موجود ہے۔عمرانیات اور ادب میں اصل جنگ تخلیق ،طریق کار ہئیت ،مواد ،اصل اور نقل کی ہے جس کو نظریہ سازوں نے مزید زک پہنچائی۔ کیونکہ فردیاتی رویوں کو جب صارفیت اور سودے بازی کی رجعت پسندانہ سولی پر چڑھایا گیا تو انسان یہ سوچنے پر مجبور ہوگیا کہ وہ فرد کی اصل صورت عمرانیات میں دیکھے یا ادب میں عمرانیات کو گھوٹ کر کسی نئے تخلیقی یا جمالیاتی ذائقہ کا انکشاف کرے۔

ادب کی عمرانیات کے متعلق عام تصور یہ ہے کہ یہ علم صرف ادب کے ذریعے یا ادب عمرانیات کے ذریعے عمرانیاتی مظاہر کی بحث سے متعلق ہے۔عموماً ہوا یہ کہ دقیق قسم کے غیر مانوس عمرانیاتی تصورات کو بغیر تشریح کے ادبی تخلیقات اور تنقیدات سے گڈ مڈ کر دیا گیا اور کچھ جذباتی نظریہ سازوں نے عمرانیاتی ادب کے تصور کو خاصا الجھا دیا۔

عمرانیات کردار سازی کا ایک ایسا علم ہے جو فرد کی گروہی سائیکی سے اٹھ کر اس کے کردار کا معاشرتی حصہ بنتا ہے جو معاشرے کی اصل آگہی ہے۔جس میں سیاسی ،اخلاقی ،ثقافتی ،معاشی ،مذہبی اور تنظیمی موضوعات کو گروہی یا اجتماعی سیاق میں دیکھا جاتا ہے۔ یہاں یہ بات بھی بتانا ضروری معلوم ہوتی ہے کہ عمرانیات دان کی ذات انسان اور شیطان کے درمین کی چیز ہے، نہ وہ انسانیت کے نعرے لگاتا ہے نہ ہی کوئی عقائدی نقطہ نظر اس کے مطالعے اور تجزیے میں گڑبڑ پیدا کرتا ہے۔ عمرانیات کے علم میں حقیقی معاشرے کو وحدت مانا جاتا ہے۔

ادب کی عمرانیات کو عموماً اردو میں 'معاشرتی ادب' کے طور پر بھی لیا جاتا ہے۔خاص کر ہمارے نقادوں نے ہر اس چیز کو عمرانیاتی قرار دیا۔جس میں انھیں تھوڑا ،بہت 'اجتماع' نظر آیا۔حالانکہ حقیقت یہ ہے کہ 'معاشرتی ادب' اور عمرانیاتی ادب میں معنوی اعتبار سے خاصا تفاوت ہے۔معاشرتی ادب وہ ہوتا ہے ،جس میں شعوری ،عقلی عناصر کم اور جذباتی اور نظریاتی خام پن نمایاں ہوتا ہے۔جس کی مثال کرشن

چندر کی ناول 'غذالہ' ہے ۔اس کے علاوہ رہبر کے ناول 'پریڈ گراؤنڈ' ذکی انور کا افسانہ 'لذت خواب سحر' اور شعر میں اس کی بہترین مثال سردار جعفری کا یہ شعر ہے۔

آج سے کوچہ بازار میں مرنا ہے روا
ظلم کی چھاؤں میں بیٹھ کر جینا ہے حرام

جبکہ عمرانیاتی ادب میں غیر جذباتی اور غیر نظریاتی عناصر کو بنیادی حیثیت حاصل ہوتی ہے کیونکہ عمرانیات میں کسی قسم کی سکہ بندی کی جگہ نہیں ہوتی یہ اس کے مطالعے کے دائرے سے باہر ہوتا ہے۔ ادب کو معاشرتی ادارہ کہہ کر تمام کا تمام گھپلا تو رینے ویلیک (Rene Wellek) نے کیا جہاں ادبی تخلیق ،لسانی اظہار کو انھوں نے معاشرتی فطرت کا رنگ دے کر روایتی ادب میں علامتیں اور بحر کو فوقیت کا رنگ دیا کیونکہ ان کے خیال میں معمولات اور کنونشن معاشرے میں ہی پروان چڑھتے ہیں۔ ادب زندگی کی عکاسی کرتا ہے کیونکہ زندگی معاشری حقائق سے بہر حال اعلا ہے۔فرد کی فطری اور موضوعی زندگی بھی ادب کے معروض کا چربہ ہوتی ہے کیونکہ ادیب معاشرے سے ہی اپنی شناخت کرواتا ہے اور اس کو اس کی تخلیقات کا صلہ جلد یا بدیر معاشرہ ہی دیتا ہے چاہے وہ تصوری یا مفروضاتی طور پر لوگوں سے مخاطب ہو۔لہذا ادب کا تصور بحیثیت معاشرتی ادارے کے ہے! رینے کے یہ خیالات جن کو ہمارے یہاں کئی حضرات نے عمرانیاتی ادب کی جڑ سمجھ لیا ہے، غلط ہے کیونکہ یہ تعریف عمرانیاتی ادب کے فریم میں جڑنے کے قابل نہیں۔ یہ بات اس تعریف میں نمایاں ہے کہ ادب معاشرے میں پروان چڑھتا ہے اور گروہی یا اجتماعی ردعمل سے ہی ادیب یا تخلیق کار کو اپنی تحریروں کے بارے میں آگہی ہوتی ہے۔لہذا رینے کے یہ خیالات معاشرے میں ادب کی نوعیت کے کچے اور کمزور تصورات ہیں۔جن میں کوئی بہت زیادہ گہرائی نہیں ملتی۔

عمرانیات ادب میں متن کو اہمیت دی جاتی ہے جہاں عمرانیات علم کی مدد سے ادب کی جانچ کرتے ہوئے اس کو عمرانیاتی اصطلاحات کی روشنی میں دیکھا جاتا ہے عمرانیات کے ادب کی اصطلاح عمرانیاتی، گروہی اور ثقافتی حقائق سے شروع ہوتی ہے جہاں فلسفیانہ اور تخلیقی جمالیات کا سب سے زیادہ خون ہوتا ہے۔لنٹین کے بقول اٹھارویں صدی میں ادب سے مراد ایک اعلا (علیحدہ) ثقافت کے تھے۔مراد یہ کہ ادب کا بھی ایک 'معاشرتی طبقہ' تھا۔جس سے صرف پڑھے لکھے لوگ متعلق تھے۔جرمن زبان میں ادب ایک عرصے تک انسانی ذہن کی 'تحریری اشیا' کے طور پر سمجھی جاتی رہی جس میں تھوڑا بہت تجزیاتی عنصر موجود تھا جس میں اظہار کو تحریری رنگ دیا جاتا تھا جو زمان و مکان کے ادبی ماحول

سے نہ ہی علیحدہ ہوتے تھے نہ ہی اجتماعی نوعیت کے مسائل سے نظریں چراتے تھے۔خاص کر آگسٹ ولیم ،فریڈیک وان سیگل اور پیپل میڈیم ڈی سٹیل کے یہاں ادب اقدار کے حقائق کا دوسرا نام ہے۔

ادب کی تخلیقت کو معاشرتی میکانیت اور طریقہ کار سے بھی تجزیہ کیا جاتا ہے کیونکہ معاشرتی ساخت کے ثقافتی مزاج میں خاصا تفاوت بھی ہوتا ہے۔معاشرتی تبدیلی کا خواب انقلاب سے بھی دوچار کرتا ہے۔

دوسری طرف یہ بھی کہا جاتا رہا کہ ادب کی عمرانیات کے دو وسیع میدان ہیں۔جس میں کسی عہد کے جزوی حصوں پر مباحث کی جاتی ہے اور اس کو اس کی اصل صورتِ حال سے آگاہ کیا جاتا ہے تو دوسری جانب اپنے عہد کی ادبی دستاویزات کو محفوظ ہی نہیں کرتی بلکہ مروجہ تنقیدی اصولوں سے ذرا ہٹ کر اپنے بنائے ہوئے تجزیاتی معیادات سے ادب کو جانچتی ہے۔یہ تجزیاتی عمل ،تاریخ سے اپنے آپ کو بلند تر تصور کرتے ہوئے ادب کو ایک ایسا آئینہ دکھاتی ہے جس میں تنقیدی تمثالیت اور اسلوب کی نئی جہتیں سامنے آتی ہیں۔فرانسیسی فلسفی لوئیس ڈی بونلڈ (Louis de Banald 1754-1840)وہ پہلے ادیب ہیں جنھوں نے نہایت ہی سنجیدگی کے ساتھ قومی ادب کا مطالعہ کیا اور اس بات کا اظہار کیا کہ'لوگ کیا ہیں'،یعنی عمرانیاتی ادب میں فوراً معاشرہ، اجتماع اور نظریے کی بات شروع نہیں کی جاتی بلکہ معاشرے کی بنیادی اکائی 'فرد' کے اطوار اور سرگرمیوں کے پس منظر میں کار فرما سائیکی کو مدِ نظر رکھا جاتا ہے۔یوں ادب کی عمرانیات اپنے سفر کا آغاز کرتی ہے۔اسٹینڈل (Stendhal) نے ناول پر بحث کرتے ہوئے Lerouget Le Noir میں لکھا ہے کہ'ناول اونچے رستوں پر سفر کرتا ہوا آئینہ ہے۔کبھی تو ناول جنت اور دوزخ کی باتیں کرتی ہے تو کبھی تلوں کے نیچے چھپی ہوئی کیفیات کو بیاں کرتی ہے۔لہٰذا ادب کو معاشرتی حقائق کا ردِّ عمل کیا جاسکتا ہے جو معاشرتی ساختے خاندانی رشتوں،تعلقات، کشمکش اور انسانی آبادی کے تغیر و تبدل کے اجزائے ترکیبی سے متعلق ہیں۔(Mc Albect Vol 159, PP 425-436) ادب کی عمرانیات عموماً تاریخی نقطۂ نظر سے فرد اور فرد سے متعلق عمرانیاتی احوال کو جمالیاتی اُسلوب بھی عطا کرتی ہے جس میں معاشرتی تناسب کو اولیت حاصل ہوتی ہے۔ادبی عمرانیات کا میں آئینہ کا بھی ذکر ہوتا ہے یہ آئینہ معاشرتی عکس کیک تصویر بناتا ہے اور انہی عمرانیاتی مظاہر سے ادب کا عمرانیاتی تجزیہ کیا جاتا ہے۔ایک بڑا لکھنے والا کبھی بھی ثقیل اور پیچیدہ عمرانیاتی اصطلاحات کو اپنی تحریروں میں بیاں نہیں کرتا بلکہ ان اصطلاحات کو وہ

تخلیقی اور جمالیاتی اسلوب میں ڈھال کر پیش کرتا ہے جو پڑھنے والے کو بآسانی سمجھ میں آجاتی ہیں۔ جبکہ بعض دفعہ یہ صورتِ حال ادیب کے لیے پریشانی سبب بھی ہوتی ہے وہ اس طرح کہ تخلیق کار کے یہاں انتخاب اور اظہار کی دوہری سطحیں سامنے آتی ہیں۔ وہ یہ سوچتا ہے کہ جو کچھ بھی وہ تخلیق کر رہا ہے وہ موضوع کے لیے ہے یا جو موضع ہے وہ تخلیق کے لیے ہے۔ خاص کر اردو شاعری میں لاتعداد ایسے نمونے مل جاتے ہیں۔ جس میں موضوع اور تخلیق عمل کے مابین تصادم ہوتا دکھائی دیتا ہے۔

سینہ سنگ میں بسنے والے خداؤں کا فرمان
مٹی کاٹے، مٹی چاٹے ہل کی اٹی کاماں
اگ میں جلتا پنجر ہالی کا ہے انسان

مجید امجد

ان اشعار میں شاعر نے ذاتی ادراک سے اپنی زندگی کی منزل کا تذکرہ نہیں کیا بلکہ ایک نہایت ہی قنوطی کیفیت اور اعصابی تناؤ کے تحت معاشرے میں فرد کی اس محرومی کا اظہار کیا جو ہمیں عمرانیاتی حقائق کے روپ میں ہماری ماحولیاتی اور معاشرتی دنیا میں آئے دن ہمارے تجربے کا حصہ بنتی ہے۔ جہاں معاشرے ادارے عمرانیاتی ساختوں کو ترتیب دیتے ہوئے ایسے معمولات اور کردار تشکیل دیتے ہیں جو فرد کو معاشرے میں محرک رکھتا ہے (میکانی اپروچ) چاہے فرد اس کو پسند نہ کرے کیونکہ یہ معاشرتی کوڈ آگے چل کر فرد کی بقا کا مسئلہ بن جاتے ہیں اور یہی جبر عمرانیاتی حقیقت کے روپ میں قبول کرلیا جاتا ہے۔ یہاں یہ بات قابل غور ہے کہ ادب میں جب موضوع، آگہی اور مشاہدے سے جنم لیتا ہے لیکن حقیقت کو حقیقت ہی سمجھنا چاہیے۔ کیونکہ حقیقت سچائی نہیں ہوتی۔ حقیقت ایک معروضی مظہر ہے جبکہ سچائی موضوعی تصور ہے۔ عمرانیات ادب میں حقیقت عموماً منظر کشی، تجربے میں آنے والے فرد کے اعمال وغیرہ کی صورت میں ہمارے ادب میں بکھرے پڑے ہیں۔ خاص کر شوکت صدیقی کا افسانہ 'خدا داد کالونی' میں ہندوستان سے پاکستان آنے والے غریب اور نچلے متوسط لوگوں کے مسائل اور رہن سہن، نئے ماحول میں مزاج کی تبدیلی کا حقیقت پسندانہ اظہار تو ملتا ہے لیکن فرد کی موضوعی سچائی کہیں دکھائی نہیں دیتی۔ بالزاک نے Lost illusions میں اور جارج گیشنگ (George Gissing) نے New Grub Street, 1891 میں انیسویں صدی کے تجارتی ذہن کی عکاسی کی ہے، اصل میں ان دونوں لکھنے والوں نے 'قدر کے میدان' میں بولے جانے والے جھوٹ کو اپنی تحریروں کا محور بنایا ہے۔ بالزاک اور گیشنگ نے ایک طرف تو ادیب اور شاعر کے خالص شعور کی تصویر

کشی کی ہے تو دوسری جانب ادب فروشوں کے اس گروہ کو بھی موضوع بنایا ہے جو صنعتی معاشرے میں ادب کی بازارکاری کے قائل ہیں۔

ادب میں عمرانیاتی باتوں کا سراغ کسی ادب کے نظام اقدار کو دیکھ کر لگایا جاتا ہے، جہاں فرد کی معاشرتی ضروریات، وہاں کے تخلیقی، فکری اور جمالیاتی معیارات سے منسلک ہوتے ہوئے بھی عمرانیاتی بین العمل اور مضبوط قدر کے مابین بعض دفعہ شدید قسم کی کشمکش کی صورتِ حال پیدا ہو جاتی ہے۔ یہاں عمرانیاتی علوم تاریخی اور عمرانیاتی ردِ عمل کی کیفیت کے درمیان ایک طرح کا توازن پیدا کرنے کی کوشش کرتا ہے تو دوسری طرف گروہی فرد کی لمحاتی کرب کو ماضی کے اس پس منظر میں تجزیہ کرتا ہے جہاں اس کی گم گشتہ سائیکی چھپی بیٹھی ہوتی ہے۔ اس قسم کا تخلیقی اظہار فطری قدروں کا انکشاف کرتا ہے رے منڈ ولیم (Raymond William) نے اسے 'احساسات کی ساخت' کہا ہے۔ ادبی عمرانیات، ادب کے ابہام کو بھی دور کرتی ہے۔ جس کا اظہار ادبی نقاد کے بس میں نہیں ہوتا۔ عمرانیاتی علوم ان ادبی معنویت کو بھی تسخیر کرتے ہیں جو ادب کے شعور اور اس کے مزاج سے میل نہیں کھاتی لیکن یہ شعور و آگہی ادب کے تجزیے کے لیے ضروری ہوتی ہیں اور مختلف زاویوں سے عمرانیاتی علوم ادب کی معاشرتی حرکیات کی تفہیم کرتے ہیں جس میں انسانی محرومیوں، جذبوں، احساسات اور اعصابی تناؤ جیسے موضوعی تصورات کے علاوہ معاشرتی طبقوں کی صورتِ حال، نوکر شاہی، اقتدار، فطرت، مذہب، اداروں، گروہ، جرم، ثقافت، محبت، بے راہ روی، آبادیات، انحراف شہری، دیہی ماحول، نسلی تعلقات، عصبیت، خاندان اور فن کے ان موضوعات کو لیا جاتا ہے جس سے ادب اپنا تخلیقی سفر شروع کرتا ہے مراد یہ کہ کسی بھی عمرانیاتی مظہر کا تصور ہی تخلیقی عمل کا سبب بنتا ہے۔ لیوتھان کا یہ خیال ہے کہ عمرانیاتی تصورات کا ڈھانچہ بعض دفعہ خاصا حساس بھی ہوتا ہے۔ انسانی رویہ خاصے بلکہ انتہائی ذاتی نوعیت کے ہوتے ہیں۔ خاص کر ذاتی فیصلے بعض دفعہ عمرانیاتی یا اس سے منسلک سیاسی اور مذہبی رجحانات کے سبب بہت بڑی تبدیلی یا انقلاب کا سبب بن جاتے ہیں۔ اس قسم کی عمرانیاتی تبدیلی نے عمرانیاتی ادب میں قدر، احساسات، رویوں، امیدوں، یاد اور اعصابی تناؤ کے مابین جو مصنوعی معاشرتی قوتیں آڑے آرہی تھیں وہ سب انسانی شعور کا بنجر پن تھا کیونکہ بڑے ابلاغی معاشرے میں فرد اور اس کے عمرانیاتی رویے میکانی ہو جاتے ہیں۔

موضوعی مزاج میں عمرانیات دان تھوڑا سا فلسفی بھی ہوتا ہے لیکن اس کا ذہن کلی طور پر ادبی نہیں ہوتا کیونکہ ادبی اور عمرانیاتی جمالیات کی فطرت ایک دوسرے سے مختلف ہے۔

روسی عمرانیاتی روایت کو بیلونکوسی نے نئی فکر سے روشناس کروایا جبکہ ۱۹۳۱ء میں جرمن ادیب شوکنگ (L.L. Schucking) نے ادب کو عمرانیاتی بنیادیں فراہم کیں۔ہنگری کے جارج لوکاس نے اپنے تصورات کے بل پر مارکسی زاویہ نگاہ کو ذہن میں رکھتے ہوئے جمالیاتی نمونوں اور فن کو تحریر کرتے معاشرے کی معاشی ساخت اور اس کی جبریت کو مدنظر رکھا اور جزوی طور پر کسی حد تک عمرانیاتی تنقید کو اشتراکی رنگ دینے کی کوشش کی۔فرانس میں لوسین گولڈ مین نے اس سلسلے میں خاصا دقیق کام بھی کیا۔انھوں نے ادب کی عمرانیاتی فطرت سے بحث کرتے ہوئے ادبی فن پارے کو کلی طور پر اپنی ذات میں ایک وحدت قرار دیا۔انھوں نے اس بات پر بھی زور دیا کہ مختلف اجزا کی شناخت کا سراغ لگا کر ہی ادب اور عمرانیات کے مزاج کو جانا جاسکتا ہے۔کیونکہ یہ تمام اجزا تاریخی نوعیت کے ہوتے ہیں لہذا ہمیں ادب میں عمرانیاتی اسباب تلاش کرنے چاہیے کیونکہ معاشرتی طبقے کے روابط کو ادب میں پرکھنا چاہیے۔کیونکہ اس سے ایک واضح اور کائناتی تصور سامنے آتی ہے۔گولڈ مین نے اس بات کا بھی خیال ظاہر کیا کہ چند سال قبل جمالیاتی نقاد اور ادبی تاریخ دانوں نے عمرانیاتی کو صرف حاشیائی درجہ دیا۔لیکن جارج لوکاش کی ابتدائی تحریریں اور ژین پی ژاں نفسیاتی اور علم الادراک کے خیالات اور جنسیاتی ساختیات کی جدلیاتی تصور کی قبولیت نے 'ادب عمرانیات' میں بہت کچھ تبدیل کر کے رکھ دیا۔

گولڈ مین نہ صرف عمرانیات کا خاصا وسیع مطالعہ ہی نہیں رکھتے تھے بلکہ وہ عمرانیات کو خاصے نئے اور اچھوتے انداز سے بھی پرکھتے تھے۔انکا کہنا تھا کہ روایتی عمرانیات پر کائناتی تعلیمات کا اثر ہے۔ادبی عمل اجتماعی شعور کے بغیر سمجھ نہیں آسکتا۔ہم کو یہ دیکھنا پڑے گا کہ انسان کیسے سوچتا ہے اور اپنی عام زندگی میں اعمال کو کیسے برتتا ہے۔اس قسم کی تنقید دنیاوی ادیبوں کے لیے زیادہ امید افزا ہوتی ہے جو وجود کے مطالعے کے متمنی ہوتے ہیں۔جو کسی حد تک کسی واہمے کے بغیر انسان کے ذاتی تجربے سے جنم لیتے ہیں۔یہاں ساختیاتی عمرانیات روایتی عمرانیات سے علیحدہ ہو کر اپنی راہ خود بناتی ہے۔گولڈ مین نے ژاں ژینے کے تھیٹر کا عمرانیاتی مطالعہ کرتے ہوئے ان نکات کا احاطہ کیا۔

۱) معاشرتی زندگی اور فن کا آپس میں گہرا رشتہ ہے جو اپنے سیاق میں جھوٹا نہیں ہوتا۔لیکن ذہنی ساخت کے زمرے میں یہ بات کہی جاسکتی ہے کہ روزمرہ زندگی میں معاشرتی گروہوں کا شعور اور فن کار کی تمثالیت منظم ہوتی جارہی ہے۔

۲) کسی ساختے کو تشکیل دینے میں فرد کا تجربہ بہت مختصر اور محدود ہوتا ہے جو کسی بھی معاشرتی

گروہ میں پروان چڑھ سکتا ہے۔ گروہ میں رہ کر ہی فرد مسائل کا جائزہ لیتا ہے اور انہیں حل کرنے کی کوشش کرتا ہے۔ بالفاظ دیگر ذہنی ساختیہ یا تجریدیت معنویت کی اقسام... یہ سب فردیاتی نہیں ہوتے بلکہ ان کا تعلق معاشرتی مظاہر سے ہوتا ہے۔

۳) ساختے کا شعور روزمرہ کی تنظیم اور فن کار کی تصوریت سے جدا ہوتا ہے اور فن کار کے عمل کا مطالعہ بآسانی کیا جاسکتا ہے جس میں یکسانیت پائی جاتی ہے جو ساختیاتی مماثلت بھی ہے جو کسی ساختے میں کسی مخصوص معاشرتی گروہ کا تجربہ ہوتا ہے جو کسی حد تک مصنوعی تجربہ بھی کیا جاسکتا ہے۔ ادبی عمل ادب مغالطے کھڑے نہیں کرتا کیونکہ تخلیقی عمل معاشرتی اور تاریخی حقائق سے مماثل ہے جو اپنی اثر انگیزی کے سبب تخلیقی تخیل پر اپنے گہرے اثرات چھوڑتا ہے۔

۴) ایک عمدہ ادبی عمل خاص طور پر مطالعہ کی جانچ کرتا ہے حقیقت میں ساختیات کی نوعیت ادیب عمرانیات کا معروض ہے۔ ادبی عمل خاص طور پر جمالیاتی کرداروں کے مابین وحدت بھی برپا کرتی ہے۔

۵) فرائڈ کے تصور کے تحت ساختیات کی نوعیات نہ ہی شعوری اور نہ ہی لاشعور ہوتی ہیں بلکہ یہ غیر شعوری ہوتی ہیں۔ بلکل اسی طرح جیسے ہماری جسمانی میکانیت اور اعصابی عملیات کام کرتی ہیں جو نہ ہی شعوری ہوتی ہیں اور نہ ہی ان کو جابرانہ کہا جاسکتا ہے۔

یہی ساختیات کی نوعیات ادب کی عمرانیات میں تعیش کے عمل کی ابتدا کرتی ہیں۔

لوکاش اور ان کے ہم نواؤں کا یہ خیال ہے کہ ہر ادبی تخلیق کے پس منظر میں معاشرہ چھپا ہوتا ہے۔ تین (1828-1893) فرانسیسی فلسفی، تاریخ دان، سیاست دان اور مقالہ نگار کو عمرانیاتی ادب کا بانی کہا جاتا ہے۔ حالانکہ ایک عرصے تک فرانس سے باہر ان کے نام سے کوئی واقف نہ تھا۔ تین کو زیادہ تر تحریریں ادب اور معاشرے سے متفق ہیں اور ان کے تمام فکری عمل کی راہیں عمرانیاتی ادب کی عمارت کی طرف جاتی ہیں۔ انھوں نے تمدن، تہذیب اور تاریخی حوالے سے اپنی تنقیدی تحریروں کی ابتدا کی اور تنقید میں تاریخی فکر کی بنیاد رکھی لیکن ان کو 'ادبی عمرانیات' کا بانی یا ادبی عمرانیات کا نقاد کہنا مناسب نہیں کیونکہ ان کا مطالعاتی انداز بشریاتی زمرے میں آسکتا ہے کیونکہ انھوں نے نسلیات اور فرد کے معاصر واقعات کو لمحاتی تناظر میں دیکھا وہ ادبی تجربے میں تخلیق کار کے ذاتی رویوں اور رجحان کو بھی برتتے تھے کیونکہ ان کی نظر میں یہ تمام باتیں تخلیقی عمل میں اہمیت کی حامل ہوتی ہیں۔ تین نے اپنے ہم وطن اگست کامنت (1798-1857) نئے تصور 'سائنٹیفک عمرانیات' سے گہرا اثر لیا۔ اس نظریہ

شنویت کے تحت علم کی ماہیت محض جیسی ہوتی ہے جس کی ابتدا خارجی مادے سے ہوتی ہے جو فرد کے حواس کو متاثر کر کے ذہن میں علم کو جنم دیتا ہے۔ معاشرتی مظاہر اتفاقاً وجود میں نہیں آتے بلکہ یہ معاشرتی قوانین کے پابند ہوتے ہیں۔ اسی تصور کو لے کر متن نے سائنٹفک تنقید لکھنا شروع کرتے ہوئے ناول نگاروں اور نقادوں کو نشانہ ہدف بنایا جو ادب میں اخلاقیات کی بات کرتے تھے۔ متن بنیادی طور پر شویت پسند تھے۔ ان کی تحریروں پر ہیگل کی فکر کا بھی ہلکا سا (اثر دکھائی دیتا ہے)۔ جو ہیگل کی تناقص فکر سے خاصا قریب ہے جو آگے چل کر کارل مارکس اور لوسین گولڈ مین کی تحریروں میں جا بجا ملتا ہے۔ متن کا یہ نظریہ کوئی نیا نظریہ نہ تھا صدیوں قبل ارسطو اور افلاطون نے اس قسم کے تصورات پیش کیے تھے۔ متن کے کچے عمرانیاتی ذہن نے عمرانیاتی علوم کو اس طور پر سب سے زیادہ نقصان یوں پہنچایا کہ متن کے تصورات نے عمرانیات پر میکانیت کا جبر حاوی کر دیا اور آج اس جبر کا یہ نتیجہ ہے کہ عمرانیات میں سائنسی طریقہ کار کی میکانیت نے نتائجیت کی ایک ایسی افادیت پسندی میں فرد کے عمرانیاتی شعور کو پھسا دیا جس میں مفروضے بنائے جاتے ہیں، متغیرات وضع کیے جاتے ہیں لیکن فرد کی گروہی محرومیوں، تناؤ اور کرب کو یہ متغیرات اور مفروضات نہ سمجھ پائے ہیں نہ ہی ان کے فطری ادراک میں فردیاتی عمرانیات کی تطہیر ممکن ہوتی ہے جہاں سطحی طور پر تجربے میں آنے والے عمرانیاتی مظاہر کو رد یا قبول یا شناخت وتو کو کر لیا جاتا ہے لیکن ضروریات کے اجتماعی شعور کی گہرائیوں میں اترنا ان کے بس کی بات نہیں چاہے وہ جز سے کل یا کل سے جز کی طرف آنے والی افادیت سے بھرپور تکنیک استعمال کریں یا شماریاتی، اعدادی نظریے یا کلیات سے اپنے فکر کی جانچ کریں۔

طین کی تحریروں میں ادب میں انسانی فکرو احساسات کے لمحاتی رویوں کے علاوہ نسلیات اور ماحول کے مختلف عناصر کی نشاندہی کی گئی ہے جو لمحاتی نوعیت کے ہیں وہ تخلیق میں غیر ضروری عناصر کی موجودگی کو ادب کا حصہ سمجھ بیٹھے ہیں۔ ہمارے یہاں احتشام حسین کی تنقیدی تحریروں میں متن کے افکار کی بازگشت سنائی دیتی ہے۔

طین کے علاوہ دی اسٹینل اور ہرڈو نے مادی معاشرے کی بنیادوں میں ادبی تجزیے کی نئی قسم کی بناڈالی انھوں نے انگریزی ادب کا تعارف پیش کیا۔ اسی زمانے میں طین نے کہا' ادبی عمل اب تماثلیت کا ذاتی کھیل نہیں رہا،، کیونکہ متن کے نظریے میں خارجی عوامل تخلیقی عمل میں گہرا اثر ڈالتے ہیں۔ جبکہ ہرڈو نے ادب کے تفریحی مزاج کو معاشرتی سماجیانہ اور فردی شخصیاتی تشکیل کے تناظر میں دیکھا۔

مادام ڈی اسٹیل نے ماحول، موسم کے معاشرتی اور جغرافیائی اثرات کو محسوس کرتے ہوئے خواتین کی آزادی متوسط طبقے کا عروج اور نئے معاشرتی نسوانی مراتب پر بحث کی۔

عمرانیات اور ادب دونوں ہی کی روایت 'انسانی' ہے۔عمرانیات فرد کا ذاتی اجتماعی شعور ہے۔ لیکن عمرانیاتی ادب کا وجود اس وقت خطرے میں پڑ جاتا ہے جب وہ معاشرتی زندگی کا آنکھوں دیکھا حال (کمنٹری) سنانا شروع کر دے۔ یہ آنکھوں دیکھا حال معاشرتی شہادتوں سے لے کر تاریخی دستاویزات، سرکاری یا صحافتی نامہ نگاری یا اخلاقی کوڈ کی صورت میں ہماری تجربی معاشرے کے شعور سے لے کر فرد کے اجتماعی شعور کو متاثر کرتے ہوئے محدود بھی کر دیتا ہے۔عمرانیات کا سب سے اہم ادبی وظیفہ فنکار یا تخلیق کار کی جمالیاتی یا تخلیقی کاوشوں پر عمرانیاتی امیجی نیشن اور اجتماعی شعور کی نئی جہتوں کا سراغ لگانا ہوتا ہے۔

●●

ادبی عمرانیات: نظریہ، مناجیات اور اردو ادب

ادب کا عمرانیاتی نظریہ تخلیقی اور لسانی ساختیے کا علم ہے۔ یہ متن کو تجریدی صورتِ حال سے نکال کر معاشرتی پہلو سے فکر کی دعوت دیتا ہے۔ ادب کا عمرانیاتی سیاق و سباق ہمیشہ انسانی ہوتا ہے۔ جب ادب لکھاہ اور پڑھا جانے لگا تو یہ احساس بھی عام ہوا کہ عمرانیات کی طرح ادب بھی انسانی تعلقات کا ماجرا ہے۔ اردو ادب میں عمرانیاتی ادبی نظریے کی کونپل نفسیاتی، مارکسی اور ساختیاتی تنقید و تحقیق کے درخت سے پھوٹی۔ لیکن اس کو وہ اہمیت نہ دی گئی جو اس کا حق تھا۔ عمرانیاتی ادبی نظریے سے آنکھ چرانے کی ایک وجہ عدم مطالعہ تھی وار دوسری وجہ شعر و داب میں روایت پرستوں کا غلبہ۔

۱۹۳۰ء میں یورپ اور امریکہ میں عمرانیاتی نظریہ ادب کو سائنسی بنیادوں پر استوار کیا گیا۔ قریب قریب اسی زمانے میں اردو میں ترقی پسند تحریک نے کہیں کہیں عمرانیاتی فکری اور اس سے متعلقہ نظریے کی بات کی۔ لیکن ترقی پسندوں کی بحث کچی تھی۔ وہ لوگ اس بات سے واقف نہ تھے کہ جس قسم کی ترقی پسند تنقید وہ لکھ رہے ہیں وہ سب مغرب میں عمرانیاتی ادب و تنقید کے حوالے سے لکھی جا چکی ہے۔ اس زمانے میں 'مارکسی عمرانیات' کا شور بہت تھا اور آج بھی یہ عمرانیاتی نظریوں میں سب سے اہم ہے۔ پریم چند کی معاشرتی فکشن میں ترقی پسندوں نے بڑے ہی خلوص اور جذبے سے ترقی پسند عنصر کی موجودگی کا انکشاف کیا۔

عمرانیاتی ادبی نظریے سے مراد وہ طریقہ کار اور وہ اصول ہیں جن کی مدد سے ادب کو عمرانیاتی اصولوں پر پرکھا جاتا ہے۔ انسان کی معاشرتی تاریخ میں جو اہم افکار اور روے کسی نہ کسی طور پر ادب پر اثر انداز ہوئے ان کا مطالعہ بھی اس کے تحت کیا جاتا ہے۔ عمرانیاتی نقاد کا دائرہ کار اور انداز مطالعہ یا روایتی ادبی نقاد سے مختلف اور تکنیکی انداز کا ہوتا ہے۔ مثال کے طور پر ادبی نقاد معاشرتی، سیاسی، تاثراتی یا متنی حوالے سے تنقید لکھتے ہیں، جبکہ عمرانیاتی ادبی مطالعوں میں شماریاتی یا تاریخی طریقۂ کار کی مدد سے تخلیق کے عمرانیاتی پہلو کو شناخت کر کے اس پر بحث کی جاتی ہے۔ عمرانیاتی نقاد سماجی عوامل کو ذہن میں رکھتا ہے۔ کلیدی فکری نظاموں سے آگاہ ہوتا ہے۔ فرد کی زندگی پر اثر انداز ہونے والے عمرانیاتی حقائق سے باخبر ہوتا ہے۔ اور وہ تاریخی حوالوں کی مدد سے زمانی اور مکانی سطح پر معاشرتی

منظر نامے کو بھی ترتیب دیتا ہے۔اس طرح جو صورتِ حال واضح ہوتی ہے اس کو مدنظر رکھتے ہوئے وہ تخلیق کار کے سوانحی پس منظر کا مطالعہ کرتا ہے۔سوانحی پس منظر ذاتی نوعیت کا ہوتا ہے، وہ تحریر میں شامل بھی نہیں ہوتا لیکن تخلیق پر اثر انداز ضرور ہوتا ہے۔لہٰذا ان عوامل کو بھی زیر مطالعہ لانا ضروری ہے مثلاً مصنف کی ذاتی زندگی میں محرومیاں ہو سکتی ہیں اس کے مزاج کے منفی پہلو ہو سکتے ہیں ان سب سے آگہی عمرانیاتی نقاد کو ہونی ضروری ہے لیکن ان ذاتی عوامل کو افسانہ بنا دینا، عمرانیاتی نقاد کا کام نہیں۔ وہ ان پہلوؤں اور زاویوں کی مدد سے تخلیقی عمل کی ان بلندیوں سے ہمیں متعارف کرنا ہے جو کسی فن کار سے مخصوص ہوتی ہیں۔

انیسویں صدی کے اواخر اور بیسویں صدی کے شروع جب نتائجیت Empiricismاور اطلاقی مادیت Applied Materialist کو فروغ حاصل ہوا تو نظریات کی جمالیاتی اور تنقیدی بنیادوں کا اس طور پر مطالعہ کیا جانے لگا جیسے ٹھیلے پر سجا کر ریوڑیاں فروخت کی جا رہی ہوں۔ یہ احساس بھی عام ہوا کہ مصوری، ناول، شاعری، افسانہ اور ڈراما وقت کے ساتھ اپنی موت مر چکے ہیں۔اس قسم کی 'اخلاقی' باتوں کی دنیا کو ضرورت نہیں۔عمرانیات کے ادبی نظریے نے ان تمام مہملیات پہ گہرے مگر دھیمے رنگ میں نکتہ چینی کی۔ پھر عمرانیاتی تنقیدی نظریے کی بنیاد پڑی۔ادبی رویوں کو دوبارہ دریافت کیا گیا۔ان مغالطوں کو دور کرنے کی کوشش کی گئی جو ادب کے حوالے سے عام لوگوں کے ذہنوں کو الجھائے ہوئے تھے۔مثال کے طور پر معاشرتی نظریہ سازی نے کئی نظاموں مثلاً نفسیات، فلسفہ ثقافت، بشریات، لسانیات، عمرانیات، معاشیات اور سیاسیات کو متاثر کیا ہے۔عمرانی نقاد نے ان علوم اور ادب کے درمیان جینیاتی Genetical ربط کا انکشاف کرتے ہوئے واضح کیا کہ ان علوم میں آپس میں نہ ہی وحدت ہے اور نہ ہی مشترکہ شناخت کا کوئی نظام لیکن ادب بنیادی طور پر بذاتِ خود ایک ثقافت ہوتا ہے۔ یوں عمرانیات کے ادبی نظریے کا نظام علیحدہ شناخت کے ظاہر ہوا۔

ادبی نظریہ سازی کی بنیاد ارسطو نے ڈالی اور اس کا نظریہ زمانے کے ساتھ ساتھ شکست و ریخت سے گزرتا ہوا بیسویں صدی میں ادب کی تاریخ عمرانیات بشریات اور نفسیات میں جلوہ گر ہوا۔مثال کے طور پر ہیرڈر کی ادبی تاریخ کانٹ، ہیگل اور شیلر کے جمالیاتی نظریات انیسویں صدی کے بڑے ادبی نظریات تھے۔ہماری صدی میں جب ثنویت کو فروغ حاصل ہوا تو عمرانیاتی ادبی نظریے نے اپنا روپ دکھایا اور متن کی حدود قائم کرتے ہوئے مصنف یا تخلیق کار کے سوانحی پس منظر تصورات، نظریات دانشورانہ صورتِ حال اور معاشرتی پس منظر کو ادبی تنقید کے لیے اہم بتایا۔ روسی ہیئت پسندی اور

جیکوسلواکیہ کے لسانی مکتب، فرانسیسی ساختیات، فرینکفرٹ اسکول ان سب نے ادب کو سائنسی اصول سے دیکھنا چاہا۔ ہاں ہیئت پسندوں اور ساختیاتی لکھنے والوں نے تخلیق سے باہر کی قوتوں کو ذرا کم اہمیت دی اور ادب کو لسانیات کے ذریعہ تسخیر کرنے کی کوشش کی ساتھ ہی اس فکری انتشار کو خاصا کم کر دیا جو یورپی فکر میں رومانی عہد کے بعد در آیا تھا۔

فرانسیسی مادیت پسند پرست فلسفی کامت کومت Comte اور برطانوی افادیت پرستوں سے متاثر فرانسیسی تاریخ داں پین (۱۸۲۸ء تا ۱۸۹۳ء) Paine نے کسی حد تک ادب کی تنقید کو جدید عمرانیات کی سائنٹفک بنیادوں سے منسلک کرنا چاہا۔ اسکے اپنے خیالات سینٹ بو سے اخذ کیے گئے تھے وارسینٹ بونے انھیں ی افلاطون اور ارسطو کے تصورات سے حاصل کیا تھا اسکا خیال تھا کہ فن ماحول سے کٹ کر زندہ نہیں رہ سکتا۔ لہٰذا معاشرتی احوال اور ذہنی رویوں کا مطالعہ اور مشاہدہ ہی تخلیق کو جاندار اور اثر انگیز بناتا ہے۔

مواد جدید ہوتے ہوئے بھی ان نقادوں کی تکنیک غیر سائنٹفک اور غیر معمولی عمرانیاتی ہے۔ جدید انگریزی تنقید میں شعریات اور نثریات کے نئے وصف اور تفاوت پر فلسفایانہ اور جمالیاتی نگاہ ڈالی گئی اور تنقیدی مباحث کو اس انداز سے پیش کیا گیا کہ یہ تنقید افلاطونی ہونے کے ساتھ ہی ارسطو کے افکار سے اگر قریب نہیں تو دور بھی نہیں۔ قریب قریب اسی زمانے میں ایف آر لیوس نے اخلاقی و معاشرتی تنقید لکھنا شروع کی جو ۱۹۳۵ء تا ۱۹۴۵ء کے عشرے میں Scrutiny نامی جریدے میں شائع ہوتی رہی۔ ٹریبلنگ اور نارتھراپ فرائی کے روحانی تنقید میں غیر متنی معروضیت بیان کرتے ہوئے یہ خیال ظاہر کیا گیا کہ نقاد کو ہر اس چیز کو رد کر دینا چاہیے جو ادب نہ ہو اور جو نہ ہی شعریات کی تشریح کرنے کے قابل ہو۔ فرائی نے تنقید کے ایسے طریقۂ کار پر زور دیا جس میں ادب کو سائنس کی طرح برتنے کا تاثر ملتا ہے۔ اس نے اپنے تنقیدی طریقۂ کار میں ادب کی متنی درجہ بندی کرتے ہوئے تخلیق کے مرکزی کردار، فرطت، بیانیہ، رویوں اور Archetype کو کئی ذیلی نظاموں میں تقسیم کر دیا۔

عمرانیات نے شروع میں ادبیت پر کم توجہ کی۔ خاص کر شعری عمرانیاتی رویوں اور طریقۂ کار پر بحث تو بلکل نہ ہوئی۔ ہاں ریاضیاتی، شماریاتی، تجزلی اور متنی حوالوں سے عمرانیات نے اپنے اصول وضع کیے لیکن عمرانیات نے ادبی آگہی کو یکسر طور پر کبھی نظر انداز نہیں کیا۔ عمرانیات کا ادبی طریقۂ کار ثنویاتی Binary ہوتا ہے۔ اس میں فطرت معاشرت کے درمیان مطابقت اور تفاوت کا جائزہ لیا جاتا ہے۔ عمرانیات کا ثنویاتی نظریہ انسانی باطن کا موضوعی نظریہ ہے۔ اور معروض میں یہ ایک مفروضے

کے روپ میں جلوہ نمائی کرتا ہے۔

ادب کے عمرانیاتی تنقیدی اور تخلیقی طریقۂ کار کی فہرست یوں بن سکتی ہے۔

غیر ہیئتی رہیئتی	Formal	Informal
بیانیہ رتوضیحی	Explanatory	Descriptive
نظریاتی رسائنسی	Scientific	Ideological
استقرائی رمعروضی	Objective	Intutitve
استقرائی راستخراجی	Deductive	Intutive
جزوی رکلی	Microcopic	Micro Scopic
نامیاتی		Organic
ساختیاتی رتفاعلی یا وظائفی	Functional	Stuctural
معاشرتی رفطریاتی	Naturalistic	Social
جینیاتی		Genetical

عمرانیاتی تنقیدی نظریے کی وجہ سے سوانحی، دانشورانہ اور معاشرتی صورتِ حال کا اثر فن پارے پر ضرور پڑتا ہے۔ جہاں تک سوانحی پس منظر کا تعلق ہے، صحافیانہ انداز کے تبصرہ نگار اور تاثراتی نقاد اسے اپنی تحریروں کو گل وگلزار کرنے کے ہی لیے استعمال کرتے ہیں۔ لیکن عمرانیاتی تنقید اس سے تجزیے میں مدد لیتی ہے۔ عمرانیاتی نقاد تخلیق کا مطالعہ کرنے سے پہلے اس کے سوانحی پس منظر سے آگہی حاصل کرتا ہے، تخلیق اور تخلیق کار میں علت ومعمول کا رشتہ تلاش کرتا ہے۔ اردو کے اکثر بڑے لکھنے والوں کی زندگی کا بڑا حصہ شہری ماحول میں بسر ہوا، مثال کے طور پر غالب نے آگرہ دہلی اور کلکتے جیسے بڑے شہروں میں زندگی گزاری اور ۱۸۵۷ء کا ہنگامہ اپنی آنکھوں سے دیکھا۔ عمرانیاتی انحراف سے لے کر بذلہ سنجی، شہری اور نئی صنعتی زندگی کے انقلابات نئے لسانی تعلقات کا ملاپ، ان سے جو فضا پیدا ہوئی اس نے غالب کی شاعری کو رنگ عطا کیا۔ اسی طرح اقبال اور فیض کی زندگی کا بھی بڑا حصہ بڑے شہروں میں بسر ہوا۔ اقبال کے بعد کے لکھنے والوں کی زندگی اور اس کی حرکیات میں فرق آگیا کیوں کہ اب نہ درباری صورتِ حال تھی اور نہ ہی نظیر وغیرہ کا قلندرانہ مزاج اب ممکن تھا۔

جدید عہد زیادہ تر ادیبوں نے اعلا تعلیم حاصل کی اور بہت سے ایسے تھے جو سرکاری زندگی اور ملازمت میں بھی سرگرم رہے۔ آج بہت سے لکھنے والے تدریس وتحقیق سے متعلق ہیں۔ ان کے علاوہ

ادیبوں کی ایک بڑی تعداد نشر واشاعت کے اداروں اور فلم سے بھی متعلق ہے۔ظاہر ہے کہ ان باتوں کا اثر ان کے ادب پر بھی ہوا ہوگا۔ازدواجی زندگی بھی تخلیقی عمل کے پس منظر کو سمجھنے میں خاصی مدد کرتی ہے۔مثال کے طور پر فیض اور راشد کی انگریز بیویوں نے ان شعرا کی زندگی میں کیا کردار ادا کیا، یہ سوال اہم ہے۔اسی طرح زندگی کے ذاتی المیے اور سانحے بھی تخلیقات کی تفہیم میں کام آسکتے ہیں۔اردو کے کئی جدید لکھنے والے تاحیات مجرد رہے ہیں۔مثال کے طور پر میراجی، قرۃ العین حیدر، محمد حسن عسکری، عزیز حامد مدنی، ساحرلدھیانوی، مجاز، اطہر نفیس، محبوب خزاں اور زاہد ڈار وغیرہ نے تاحیات شادی نہ کی۔ اسی طرح سجاد ظہیر، فیض، مخدوم محی الدین، حنیف رامے، قاضی سلیم، حبیب جالب شعر وادب کے علاوہ سیاست میں بھی گرم عمل رہے ہیں۔آج ہمیں خاصے ایسے ادیب وشاعر مل جائیں گے جو پیشے کے اعتبار سے میڈیکل ڈاکٹر، انجینئر، تاجر، منتظم، بینکر اور اداکار بھی ہیں۔

ذاتی عشق نے بھی اردو ادب کی تاریخ کو کورنگارنگ کیا ہے۔اسکے علاوہ بعض کے اطوار کی بے راہ روی (جس میں میر، غالب، قلی قطب شاہ، داغ، جوش، مجاز، میراجی، فراق بہت سے شامل ہیں) بھی عمرانیاتی نقاد کے لیے مطالعے کی بنیاد فراہم کرسکتی ہے۔تخلیق کار کا مذہبی رویہ بھی کسی نہ کسی وطر پر ان کی تحریروں پر اثر انداز ہوتا ہے۔ن.م.راشد اور عصمت چغتائی کا اپنی لاش کا دفن ہونے کے بجائے نذر آتش (سپرد برق) کیے جانے کا وصیت نامہ بھی عمرانیاتی تصور انحراف الٰہیاتی عمرانیات اور مقفل نظام معاشرت کے حوالے سے تجزیے کا موضوع بن سکتا ہے۔

تخلیق کار کی زندگی میں قنوطی واردات اسے بعض دفعہ عذاب میں گرفتار کرادیتی ہے اور یہ عذاب اس وقت اختتام پذیر ہوتا ہے جب وہ اپنے ہاتھوں سے اپنی زندگی چھین لیتا ہے۔اسکی مثال شکیب جلالی اور سارہ شگفتہ کی خودکشی کے واقعات ہیں کوئی حادثہ فنکار کی تخلیق کی آگہی ثابت ہوتا ہے۔ایمل در کہائم Emil Durkheim کے نظریہ خودکشی بظاہر انفرادی عمل ہے لیکن معاشرے میں ایسے جذباتی سانحے بھی پوشیدہ ہوتے ہیں جو معاشرتی سفاکی سے جنم لیتے ہیں اور خودکشی کی طرف لے جاتے ہیں۔درکہائم نے پروٹسٹنٹ، کیتھولک اور یہودی لوگوں کی واردات ہائے خودکشی کا تجزیہ کیا ہے۔یہ تجزیہ نہایت سائنٹفک نوعیت کا ہے۔عمرانیاتی علوم کو اس کے بعد تنقیدی اور تحقیقی طریقۂ کار کی نئی وسعتوں کا سراغ لگا۔ہمارے یہاں ن.م.راشد کی نظم 'خودکشی' اس سلسلے میں دلچسپ ہے۔سارہ شگفتہ کی شاعری پڑھنے کے بعد جب ان کی موت کے عمرانیاتی پس منظر اور سبب کا مطالعہ کیا گیا تو ایک بات یہ نظر آئی کہ درکہائم کی بیان کی ہوئی بے جڑی Anomie اس کی موت کا سبب ہوسکتی ہے۔اس قسم کی خودکشی

ایک مخصوص معاشرتی نظام کے ردِعمل کے طور پر فرد اختیار کرتا ہے اور زندگی سے جدا ہونے پر مجبور کردیا جاتا ہے۔ پہلے تو وہ اپنے آپ کو مختلف بہانوں سے 'تباہ' کرتا ہے۔ درکھائم کے بقول بے جڑی Anomie کے باعث خودکشی زیادہ تر طلاق یافتہ افراد کرتے ہیں۔

ادبی عمرانیات میں جغرافیائی اور پیشہ ورانہ نقل وحرکت Mobility کو بھی مطالعہ کیا جاتا ہے۔ نقل وحرکت کے مظہر کو بیسویں صدی میں ہر سطح پر اہمیت دی گئی ہے۔ اگر اس حوالے سے اردو ادب کی تاریخ پر نظر ڈالی جائے تو معلوم ہوتا ہے کہ دہلی کے اجڑنے سے جو معاشرتی صورتِ حال پیدا ہوئی۔ اس سے کئی شعرا متاثر ہوئے اور انھوں نے حیدرآباد، لکھنو اور رام پور کو ہجرت کی۔ اس معاشرتی صورتِ حال نے سیاسی بحران، خلفشار اور روزگار کے مسائل کے باعث ایک قسم کی پیشہ وارانہ اور جغرافیائی اور عمرانیاتی نقل وحرکت کو جنم دیا۔ قریب قریب یہی واقعہ بہت بڑے پیمانے پر ۱۹۴۷ء کی تقسیم ہند کے بعد ہوا۔ اردو کے کئی لکھنے والے ہندستان سے پاکستان اور پاکستان سے ہندوستان کی طرف نقل مکانی کر گئے۔ اس نقل مکانی کا اثر اس قدر گہرا تھا کہ آج بھی اردو میں 'ناسٹلجیاتی ادب' ایک مضبوط تخلیقی مظہر کی طرح موجود ہے۔ ۱۹۶۵ء کے بعد پاکستان اور ہندستان سے اردو کے کئی لکھنے والے یورپ، امریکہ، مشرقی وسطا، کینڈا اور آسٹریلیا کی طرف نقل مکانی کر گئے لیکن یہ نقل مکانی ان لکھنے والوں کو ان کے تخلیقی اور تنقیدی عمل سے جدا نہ کرسکی۔ مثلاً عزیز احمد اردو کے بڑے ناول نگار اور افسانہ نگا ہیں ان کی زندگی کا آخری حصہ کینڈا میں بسر ہوا۔ ایسی ہی مثال عبداللہ حسین کی ہے جو ایک عرصے سے انگلستان میں مقیم ہیں۔ ساقی فاروقی کا قیام بھی انگلستان میں ہی ہے۔ منیر الدین احمد جرمنی اور ہرچرن چاولہ ایک زمانے سے ناروے میں رہتے ہوئے بھی اردو میں لکھتے ہیں۔ انھوں نے مقامی زبانوں سے کئی اہم تخلیقات کا اردو میں ترجمہ بھی کیا ہے۔

لہٰذا یہ کہا جاسکتا ہے کہ اب زمانہ متن کی تحقیق اور تنقید سے خاصا آگے چلا گیا ہے۔ جب ادب کا عمرانیاتی نقاد کسی تحریر کا تجزیہ کرتا ہے تو اس کے سوانحی، دانشورانہ معاشرتی اور نظریاتی معاملات کو ذہن میں رکھ کر اس کے فن پر اظہار خیال کرتا ہے۔ عمرانیاتی نقادوں پر یہ الزام لگایا جاتا ہے کہ وہ متن کی تفہیم اور تجزیہ کر کے بات ختم کردیتے ہیں وہ تخلیق کار کی واردات باطن اور اس کے دل و دماغ میں نہیں اترتے۔ اس قسم کی حرکت صرف وہ عمرانیاتی نقاد کرتے ہیں۔ جن کو صرف مبادیات سے آگہی ہوتی ہے۔ جو لوگ ادب کو عمرانیاتی دستاویز کے طور پر برتنا چاہتے ہیں وہ سراسر غلطی پر ہیں۔ یقیناً ہمیں ادب اور تنقید کے من مانے اور فرسودہ ڈھانچوں اور ان کی مصنوعی معنویت سے معذرت کرلینی چاہیے۔

اردو میں 'عمرانیاتی ادب' کے حوالے سے ۱۹۵۲ء میں سب سے پہلے بشارت علی قریشی نے 'عمرانیات ادب' کے عنوان سے مقالہ لکھا (جو حلقہ اربابِ ذوق لاہور کی ایک نشست میں پڑھا بھی گیا) صدیق جاوید نے 'ادب کی عمرانیات' کے موضوع پر ایک مضمون لکھا جو 'ماہ نو' (لاہور) اگست ۱۹۸۹ء کے شمارے میں شائع بھی ہوا۔ یہ ادب کی عمرانیات پر بنیادی مضمون ہے۔ جس میں عمرانیات کا تعلق دیگر علوم سے واضح کیا گیا ہے۔ اور تاریخ عمرانیات ادب پر روشنی ڈالی گئی ہے۔ محمد حسن نے نصابی ضرورتوں کے تحت ایک کتاب 'ادبی سماجیات' لکھی جس کو ۱۹۸۳ء میں مکتبہ جامعہ نئی دہلی نے شائع کیا۔ قدوس جاوید نے 'ادب اور سماجیات' کے موضوع پر کتاب لکھی جس میں تخلیقی عمل کی عمرانیات، معاشرتی عمل اور نئے افسانے پر عمرانیات نظر ڈالی گئی ہے۔ یہ کتاب ۱۹۸۴ء میں کتاب محل الہٰ آباد سے شائع ہوئی۔ اصغر علی انجینئر نے اپنی کتاب 'مارکسی جمالیات' میں مارکسی حوالے سے ادب عمرانیات کے فکری پہلوؤں سے بحث کی ہے۔ یہ کتاب ۱۹۸۲ء میں نصرت پبلشر لکھنؤ سے شائع ہوئی۔ عقیل رضوی کی کتاب 'مرثیے کی سماجیات' عمدہ موضوع پر ہے لیکن ابھی اس میں تفصیل کی گنجائش ہے۔

یہی مسئلہ ممد ضیا الرحمن کی مختصر کتاب 'مثنوی سحر البیان' کی سماجیات کا ہے۔ یہ کتاب کسی علمی یا تنقیدی نقطۂ نظر سے نہیں لکھی گئی بلکہ اصل میں یہ مقالہ ہے جو ایم فل (اردو) کی تکمیل کے لیے لکھا گیا تھا۔ عمرانیاتی تنقید پر قمر رئیس نے اپنے ایک مضمون 'مارکسی تنقید، رجحان اور رویئے' میں تاریخی نقطۂ نظر سے مختصر بحث کی ہے۔

ادب کی عمرانیات تقابلی اور تجزیاتی علم ہے جو تاریخی ہوتے ہوئے بھی تاریخی تجزیہ نگاری سے کئی گنا وسیع اور عمیق ہوتا ہے۔ یہ وہ واحد علم ہے جو نامانوس دنیاؤں میں بھی معنویت اور علت و معلول کو تلاش کرتا ہے۔ ادب کی عمرانیات اسی وقت کامیابی سے قریب تر ہو سکتی ہے جب تخلیق کے اصل (جوہر) کا سراغ لگانے کے بعد ویسی ہی اسلوبیاتی تکنیک استعمال کی جائے جیسی اس تخلیق کے مطالعے اور تجزیے کے لیے موزوں ہو اور پھر فن پارے کا تجزیہ اس کے ذریعے کیا جائے۔ ذاتی جذباتیت سے علیحدہ ہو کر ادب میں فرد کے معاشرتی خوابوں کی تعبیر کی اصل کو تلاش کرنے کی کوشش کا نام عمرانی تنقید ہے۔

ادب کا عمرانیاتی نظریہ
تجزیاتی سطح

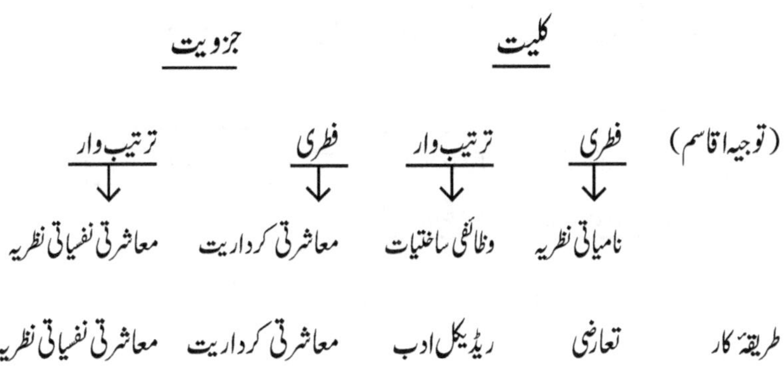

ادبی عمرانیات کا تاریخی نقطۂ نظر

Functional Structuralist

<u>نظریے کے اقسام</u> ← نامیاتی ← تعارضی ← معاشرتی کردار ← ساختیاتی وظائفی ← ریڈیکل ادب ← معاشرتی نفسیات

<u>معاشرتی صورتحال</u> ← انقلابی اضمحلال ← سرمایہ داری واستبداد ← Behaviourism کی ترقی ← صنعت کاری اور دفتر شاہی کے اثرات

↓ ↓

معاشرے کی معاشی اور سیاسی ضرورتیں ← نتائجیت Empricism اور سائنسی طریقہ کار کا ارتقا

عمرانیاتی تنقید و تحقیق کی نظریہ سازی کا نظام

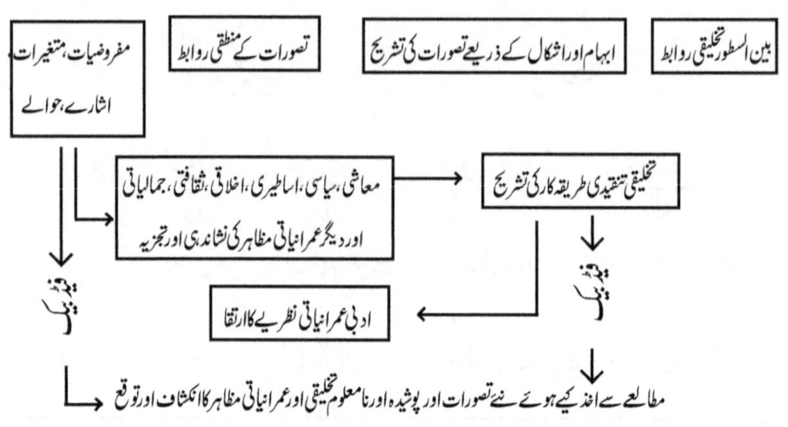

ادبی عمرانیاتی نظریے کے بنیادی سرچشمے

معاشرتی صورتِ حال	دانشورانہ صورتِ حال	سوانحی صورتِ حال	نظریے کی نوعیت
لوک ادب (قصے کہانیاں، کھیل) رومانی تخیلاتی ادب درباری ادب ادب برائے تفریح	عوامی لوک کہانیاں مذہبی قصے کہانیاں ہیروازم، اخلاقیات ضعیف اعتقادی	غیر رسمی تعلیم زبانی تعلیم و تربیت ذاتی واردات کا اظہار روشن خیالی کا فقدان	سبق آموز/تفریحی/اساطیری/ تاثراتی / رومانی (کوئی باضابطہ نظریہ نہیں)
سامراج، نوآبادیات معاشرتی تعارض، استبداد طبقاتی کشمکش، صنعت کاری کا فروغ دفتر شاہی، اشرافیہ، مذہبی جبر فوجی/شاہی آمریت	روشن خیالی فلسفہ، استدلال، نتاجیت، مظہریت رومانیت، ترقی پسندی، جدلیات، مادیت، آزادی، احتجاج، نئی مادیت مزاحمت نیا تصور، جمالیات	تخلیقی عمل کے سماجیانے کی بدولت درمیانی طبقے کو معاشرتی حقائق کا شعور، رسمی تعلیم و تربیت نئے سیاسی مسائل پر مباحث پیشہ ورانہ تنقید	تعارضی/ریڈیکل

صنعتی ضروریات کا ارتقا سائنس کی ترقی افراد کے باہم نئے میکانکی تعلقات	Empricism بیگانگی، زمانی کیفیت، تحلیل نفسی، نئی معنویت کی تلاش، پیشن گوئیاں، اعصابی تناؤ، مذہبی اخلاقیات، نفسیاتی مسائل کا برملا اظہار	نچلے اور درمیانہ طبقے کا معاشرتی، معاشرتی اور معاشی پس منظر، عمل، سماجیانہ پیشہ وارانہ تنقید	نفسیاتی کرداریت
منظم سیاسی، معاشی اور معاشرتی ضروریات اوران کی حرکیات، نئی مشینی تنظیم، حاسب (کمپیوٹر) سے متعلق انسانی روابط	روشن خیالی، غیر ذاتی منطقی، استدلالی، فطرتی، تخلیقی ارتقا، ثنویت، عمرانیاتی اور بشری علوم سے خصوصی دلچسپی	معلمانہ تنقید، تحقیق، لسانیات کا سائنسی جواز، پیشہ ورانہ تنقید، نئی باضابطہ تعلیم، جزویت کا فروغ، روشن خیالی، غیر تاثراتی تنقید، متن کی اہمیت	نئی نامیاتی وظائفی ساختیات

ادبی عمرانیاتی نظریے کے تین نظریات کا تقابل

نظریہ	نامیاتی وظائفی ساختیات	تعارضی/ریڈیکل	معاشرتی کرداریت
پہلو	Organic Functional Structuralism	Conflict Based	/معاشرتی نفسیات Social Behavioursim
مقاصد	ادب عمرانیات کا عام نظریہ ہے جس کے تحت کسی تخلیق کا ترتیب وار مطالعہ کیا جاتا ہے۔	ادب عمرانیات کے عام نظریے کو تخلیق میں ترتیب وار انداز سے برتنا	فرد کی معاشرتی آگہی عمرانیاتی سائیکی
قیاسات	(۱) ادب بھی معاشرے کی طرح اپنے وظائف سرانجام دیتا ہے جو کسی نہ کسی طور پر ایک دوسرے سے منسلک ہوتے ہیں۔	(۲) معاشرہ ایک ایسا تخلیقی نظام ہے جس میں تعارفی عناصر ایک دوسرے سے نبرد آزما ہوتے ہیں۔	(۱) ادب بھی فرد کی طرح ہے(نامیاتی)

	(۲) فطری قوانین کی اہمیت	(۲) فطری قوانین کی اہمیت	(۲) ادب فرد اور معاشرے کے مابین ربط و تعلق
	(۳) تخلیقی، تنقیدی اور متنازعہ مسائل سے آگہی	(۳) معاشرے میں صنعت کاری اور نوکرشاہی کی نوعیت	(۳) فرد معاشرے میں سانس لیتا ہے
	(۴) اختصاصیت	(۴) فرد کی بنیادی ضروریات سے آگہی	(۴) عمل سماجیانہ کے طریق کار سے آگہی
طریقۂ عمل	(۱) تخلیق میں فطری اور معاشرتی قوانین کی موجودگی	(۱) تخلیق میں بنیادی تعارفی نظریے کا اطلاق	(۱) تخلیق پر فرد کی جہلت کا اطلاق
	(۲) تقسیم کار اور شخصیت کا اطلاق	(۲) صنعتی اور دفتر شاہی رویوں سے آگہی اور اطلاق	(۲) انسانی معاشرتی فطرت کا معاشرے اور ادب پر اطلاق
	(۳) تخلیقی متنازعہ فیہہ مسائل کا اطلاق	(۳) معاشرے کی بنیادی ضرورتوں کا اطلاق	(۳) سماجی عمل کے طریقہ کار کا ادب پر اطلاق
	(۴) فطرت پسند ترتیب وار مباحث کا کل سے جز کی طرف سفر	(۴) فطرتی اور ترتیب وار مباحث کا کل سے جز کی طرف سفر	(۴) فطری اور ترتیب وار مباحث کا جز سے کل کی جانب سفر

پراگ کا دبستان

ساختیات کی بنیادیں کھڑی کرنے میں کئی دبستانوں اور فکری رویوں نے مختلف حیات کے ساتھ اس فکری مظہر کو پرکھا اور اپنے اپنے انداز سے طرزِ عمل کی نت نئی راہوں کو متعین کیا۔ ان مختلف ہائے فکر اور دبستانوں پر پراگ کے دبستان کا خاصا اثر ہے۔ جس کی اہمیت اس لیے بھی ہے کہ یہ ساختیاتی مباحث کے اولین ایام میں بہت متحرک رہا۔ آج ہم جس ساختیات کو دیکھ رہے ہیں اس کی بنیاد پراگ دبستان سے جڑی ہوئی ہے۔ ساختیات کی تنقید اور جمالیات کو پروان چڑھانے میں مشرقی یورپ کے علمی مراکز سے اہم کردار ادا کیا۔ لسانی ساختیات نے روسی ہیئت پسندی سے جنم لیا۔ لیکن پراگ کا دبستان Opojaz کی علیحدگی سے اپنی جمالیاتی دستبرداری کا اعلان بھی کرتا ہے۔ پراگ اسکول کا میدان خاصا وسیع ہے۔ کیونکہ وہ صرف لسانیات یا متن کے دائرے سے باہر نکل کر ادبی یا تخلیقی عمل کے معاشرتی سیاق کو بھی موضوع بناتا ہے۔ ہیئت پسندی ساختیات کے ارتقا کو جنم دیتی ہے اور اس بات کا احاطہ کرتی ہے کہ اس کا دائرہ بحث اشارہ فہمی کے تصورات سے تشکیل پاتا ہے جو ساختیاتی طرز فکر میں پیچیدگیاں بھی پیدا کرتی ہے کیونکہ ادب صرف لفظیات میں مقید نہیں اور نہ ہی لسانیات سے شناخت پاتا ہے۔ یوں پراگ دبستان نے چیکوسلواکیہ کی مخصوص ساختیات کو نمایاں طور پر پروان چڑھایا۔ اس وقت ماسکو سرکل سے باہر پراگ دبستان نے بھی بڑی سنجیدگی سے ہیئت پسندی کا مطالعہ ہی نہیں کیا بلکہ ماہر لسانیات ولم میتھی یو (Vilem Matesius) نے پراگ دبستان کو نئے فکری تصورات سے روشناس کروایا۔ انھوں نے نہ صرف لسانی مظہریات سے بحث کی بلکہ لسانی ساختیے پر بھی اپنے گراں قدر نظریات پیش کیے۔ اس زمانے میں وین ہمبولٹ (Von Humbold) نے باطنی ساختیے پر بحث کرتے ہوئے ثقافت اور دوز بانوں کے آپسی تعلق کو بھی بیاں کیا، یہ سوالات بیک وقت، ماسکو سرکل میں بھی زیر بحث رہے۔ لیکن ۱۹۲۴ء میں جب یہ سرکل منتشر ہوا تو اس کے کچھ اراکین اسٹیٹ اکیڈمی فار اسٹیڈی فاری آرٹ سے منسلک ہو گئے لیکن سرکل سے ٹوٹ جانے سے اس تحریک کے ساختیاتی رجحانات کو موت نہ آگئی بلکہ پراگ دبستان میں ان تمام مباحث کی بازگشت خاصی حد تک منتقل ہوگئی۔ یہ وہ زمانہ تھا جب رومن جیکب سن (ژاکسبن 1982-1869) پراگ میں قیام پذیر

تھے۔(یاد رہے جیکب سن ۱۹۲۰ء سے پراگ میں مقیم ہے)۔ ۱۹۲۵ء سے لے کر ماسکو سرکل کی بنیاد کے دس سال بعد میتھس یوز (Matesius) نے ماسکو سرکل کی شکل میں پراگ دبستان کی بنیاد رکھی۔ پراگ دبستان کا پہلا کھلا اجلاس ۱۶/اکتوبر ۱۹۲۶ء کارل یونی ورسٹی، پراگ میں ہوا۔ جہاں لسانی ساختیہ اور اس سے متعلقہ باطنی مظاہر پر نئے زاویوں سے نگاہ ڈالی گئی۔ اس اجلاس میں لسانیات کے جرمن طالب علم بیکر نے 'یورپی زبانوں کی روح' (The Europeon Spirit of Language) کے موضوع پر خطاب کیا۔ یہ پہلا اجلاس کارل یونی ورسٹی کی اجازت سے ہوا لیکن بعد کے آزادانہ اجلاس یونی ورسٹی سے باہر نجی محفلوں اور قہوہ خانوں میں منعقد ہوئے، جس میں سابقہ ماسکو سرکل سے معلق لوگوں نے بھی شرکت کی۔ ۱۹۲۹ء میں پہلی بین الاقوامی سالویک کانفرنس پراگ میں ہوئی جس میں اس دبستان کو فرانسیسی موضوع دیتے ہوئے Trauaux Du Cercle Lingusitique De Prague کا نام دیا گیا۔ لیکن جلد ہی اس کا نام تبدیل کر کے Cercle Linguistique De Prague رکھ دیا گیا اور جیکب سن نے اس فرانسیسی اصطلاح سرکل (Cercle) کو پسند بھی کیا۔ جیکب سن کے تصورات نے ساختیات میں نئے فکری اسلوب اور ہیئت کو روشناس کروایا۔ یہ حقیقت ہے کہ جدید اور قدیم ہیئت پسندی کی بنیادوں کو ساسر کے تصوراتِ لسان سے ذرا کم ہی علاقہ ہے۔ اور اس بات کو تسلیم نہیں کیا جاسکتا کہ ہیئت پسندی نے ادب کی ساختیات کو جنم دیا۔ لیکن یہ بات ضرور ہے کہ سالویک لسانی عالموں نے ساسر کے نظریات سے استفادہ ضرور حاصل کیا اور پراگ اسکول کے وجود میں آجانے کے بعد رومن جیکب سن نے ہیئت پسندانہ نظریات کا گہرائی سے مطالعہ کرتے ہوئے ساسر کے نظریات کو بھی نئے معنی پہنائے۔ ۱۹۲۶ء میں ان کی تصنیف On Czech Verse کا چیک ایڈیشن شائع ہوا۔ جب کہ یہ کتاب تین سال پہلے برلن سے شائع ہو چکی تھی۔ کہتے ہیں یہ کتاب میکسم گورکی کی سرپرستی میں شائع ہوئی۔ اس اہم تحریر نے چیک شاعری کے سرمائے، کیفیت اور ماہیت پر گہرائی سے نظر ڈالی گئی تھی اور شاعرانہ حوالے سے شاعرانہ مظاہر اور زبان کے دیگر عناصر سے بحث کرتے ہوئے شعر کی لفظی معنویت کو بھی تقابل کیا گیا اور سب سے پہلے شعر میں لسانی معنی خیزی کی اہمیت کا انکشاف کیا گیا اور یہی نکات کوئی ایک صدی بعد جیکب سن اور ٹروبڈسکی کے لسانی مطالعوں پر شدت سے اثر انداز ہوئے لیکن یہ کوئی نیا لسانی یا صوتی تناظر نہ تھا اور ہیئت پسندی کے جمالیاتی پہلوؤں نے ان مطالعوں پر گہرا اثر ڈالا۔ اسی زمانے میں جیکب سن اس بات پر زور دیتے رہے کہ ان کے لسانی اصول شعریات کے وجود کو فطری بنیادیں فراہم کرتے ہیں کیونکہ شاعری مصنوعی

عوامل کو بھی اپنے اظہار میں لاتی ہیں اور جمالیاتی اور روایتی لفظ میں ایک نئی روح پھونک دیتی ہیں اور یوں ہیئت پسندانہ روایت قیاسی فکر و نظر کے خلاف زمین ہموار کرتے ہوئے زبان کی اہمیت کی 'روح' کو اجاگر کرتی ہیں اور ساتھ ہی لسانی اور تعمیری مطالعوں کو اہمیت دیتی ہے۔ خاص کر جیکب سن اور ٹینیند جانوف (Tynjanov) نے Nuvy Lef جرنل (شمارہ ۱۲-۸ ۱۹۲۸ء) میں اس بات کا اظہار کیا کہ 'ہم ادب اور لسانیات کے مسئلوں پر تحقیقات دو وجہوں سے کرتے ہیں (۱) ہیئت پسندانہ عقائدی تصورات سے باہر نکلا جانے (۲) ٹینیند جانوف کیا ادب اور معاشرتی تشخیص کے مسئلوں کے نتائج پر توجیہ کی جائے (جو نظام کے نظام کی انکونیری ہے) اور یہ نکات ہی آگے چل کر جیک ساختیات کے نقش اول ثابت ہوئے۔ ایلرچ (Ellkh) کا خیاہ ہے کہ یہ نئی ہیئت پسندی کو نئی نظریاتی 'بنیادیں' فراہم کرتیں ہیں اس قسم کے تضادات بعد میں آئچین باوم (Eichen Baom) اور شوکلروسکی (Sklousky) کی تحریروں میں بھی نظر آتے ہیں۔ ۱۹۲۸ء میں لسانیات کی پہلی بین الاقوامی کانگریس 'دی ہیگ' میں منعقد ہوئی اس میں دو مکتبہ فکر کے لوگوں کے خیالات سامنے آئے، ایک کا تعلق جنیوا کے لسانی حلقے سے تھا جو کہ ساسر کے لسانی خیالات کا دم بھرتا تھا جبکہ دوسرا حلقہ پراگ سرکل کا تھا۔ ان دونوں مکتبہ فکر سے آپس میں مل کر ساختیات اور وظائفی ساختیات و لسانیات پر کئی عمومی لسانی زاویوں اور ان سے متعلق جہات پر نظر ڈالی۔ خاص طور پر لسانی صوتیات پر گرما گرم بحث ہوئی اور اس پہلی کانگریس کا سب سے اہم تاریخی کردار قرار پایا اور اسی کانگریس سے بہت سے نئے تصورات اور خیالات کو جیکب سن اور نیند جانوف نے سنجیدگی سے مطالعہ کرتے ہوئے پراگ سرکل کے لسانی رویوں میں کئی خیالات کا اضافہ کیا جس کا اظہار ۱۹۲۸ء میں پراگ میں منعقد ہونے والی سالویک کانفرنس میں کیا گیا اس موقعے پر پراگ کا لسانی سرکل اور لسانی سالویک فلسفیانہ کانگریس نے مشترکہ طور پر کئی لسانی راہوں کو متعارف کروایا۔ جس میں ماکاروسکی (Mukarovsky) اور ٹروب بیڈسکی نے بلکہ ایک مشترکہ دستاویز کو بھی تحریر کیا تو پراگ سرکل کے لیے اس لیے اہمیت کی حامل تھی کہ اس میں لسانی اور ادبی تجزیات کو بھی موضوع بنایا گیا اور لسانی وظائف اور متعلقہ جمالیات کے روابط کے رویوں کو بھی جانچنے کی کوشش کی گئی۔ ۱۹۳۵ء میں انہی تصورات کو سامنے رکھتے ہوئے پراگ کے لسانی سرکل Lovo, As Love nostic نام سے ایک جریدہ شائع کیا جو کہ قطعی طور پر پراگ کے لسانی سرکل کے نقطہ نظر کو واضح کرتا تھا۔ پراگ سرکل نے اسی سال سہرل اور کرونپ (Curnap) کو خطبہ دینے پر مدعو کیا۔

کرونپ کو لسانی مسائل سے شروع ہی سے دلچسپی تھی۔ منطقی ثنویت کو بھی ساتھوین فلاسیفیکل کانگریس میں موضوع بحث بنایا گیا جو ۱۹۳۰ء میں آکسفورڈ میں منعقد ہوئی۔ ۱۹۲۸ء میں کرونپ کی کتاب 'دنیا کی منطقی تعمیر' کے نام سے چھپ چکی تھی جس میں ساختیاتی توجیحات کو پیش کرتے ہوئے صوری ترجیحات کو بھی موضوع بحث بنایا گیا جو کہ ساختیاتی تصورات کی بحث بھی کرتی تھیں۔

انھی دنوں سہرل کی 'منطقی تحقیقات' (Logical Inquiries) نے ساختیاتی بحث میں نئے نکات کا اضافہ کرتے ہوئے ۱۹۲۹ء میں 'صوری اور ماورائی منطق' (Formal and Trancendental Logic) لکھی۔ اس عرصے میں گسٹاف اسپیٹ (Gustave Spet) روس میں 'مظہریات' کا اہم نام بن کر ابھرے۔ انھوں نے اصل قواعد میں مظہریاتی تصورات کا اطلاق کرتے ہوئے فکر کی نئی جہات کو متعین کیا۔ اسپینٹ، ماساریکی (Massaryky) ان دنوں سہرل کی طرح بریٹو اسکول سے متعلق تھے۔ جبکہ سہرل کارل یونی ورسٹی اور پراگ سرکل دونوں میں ہی خاصے فعال اور سرگرم تھے۔ اسپینٹ نے ۱۴؍نومبر ۱۹۳۵ء میں پہلا خطبہ دیا اور چار دن بعد پراگ سرکل میں 'مظہریات اور لسانیات' پر تفصیل سے اپنا نقطہ نظر پیش کیا۔ یہ دونوں نشستیں خاصی مفید ثابت ہوئیں۔ جبکہ سہرل مئی کے مہینے میں ویانا گئے اور وہاں لیکچرز دیے۔ ۱۲؍دسمبر ۱۹۳۵ء کو انھوں نے اپنے بچپن کے دوست گسٹاف البیرخت کو ایک خط لکھتے ہوئے اپنے ان خطبات اور پراگ سرکل کی سرگرمیوں کے متعلق بڑے ہی مثبت انداز میں تبصرہ کیا۔ پراگ سرکل کے مستقبل سے انھیں کئی فکری اور تنقیدی امیدیں وابستہ تھیں۔

فراعد میلوین ہسرل (Frau Malvin Huserl) ۲۳؍اکتوبر، ۱۹۳۵ء کو رومان ایگرڈن (Roamn Ingarden) کو لکھا کہ نومبر کے وسط میں انھوں نے جو لیکچرز دیے تھے وہ Cercle Phirlosphique کی دعوت پر دیے گئے تھے۔ ان خطبات میں فطرت اور روح، ثقافتی سائنس، نفسیات اور مظہریات کے موضوعات پر فکر انگیز بحث کی گئی تھی۔ یہ وہ زمانہ تھا جب پراگ سرکل سے متعلق افراد اس سرکل کے لیے بڑی سرگرمی کا مظاہرہ کر رہے تھے۔ جس میں صرف چیک نوجوان ہی نہیں بلکہ جرمن اہلِ فکر بھی شامل تھے۔ اس کے علاوہ ہسرل کا ساختیاتی میدان میں سب سے زیادہ مثبت اور تعمیری کام Die Krisis Der Europaiehen Wissenschaften Und Die Transzende Ntale Phanomenologie کی شکل میں سامنے آیا۔ لیکن ہسرل کے کچھ مقالات اس سے قبل 'Philosophia' نامی جریدے میں شائع ہو چکے تھے۔ اس جریدے کو ارتھر

لبرٹ نے ۱۹۳۶ء میں بلغراد سے شائع کیا۔ اس کے علاوہ ہسرل کی ایک اور تحریر' تجربہ اور فیصلہ' (Erfahrung und Urteil) کو بھی ان کی موت کے بعد چھاپا گیا۔ ۱۹۳۸ء میں Prague's Cercle Philosophique کے نام سے ایک معروف کتاب پراگ سے شائع ہوئی۔ لیکن جرمن فوجوں کی سرحدی توسیع کے بعد یہ طباعت گھر مقفل کرایا گیا۔ لیکن یہ بات اچھی ہوئی کہ اس کتاب کی دو سو کاپیاں کسی نہ کسی طرح انگلستان اور امریکہ بھجوادی گیئں۔ کوئی دس سال بعد (۱۹۴۸ء میں!) یہ کتاب دوبارہ جرمن زبان میں شائع ہو کر مقبول ہوئی۔ ہسرل کی یاد میں Cercle Philosphpique نے ۱۳ ارمئی ۱۹۲۸ء کو ایک جلسہ منعقد کیا۔ اس سرکل کا یہ کسی ادیب کو دیا جانے والا پہلا اعزاز تھا۔ ہسرل نے کانت کی موضوعات سے نکل کر ساختیاتی حقائق کا سراغ ہی نہیں لگایا بلکہ انھوں نے ساختیات کو نئے اسلوبیاتی آلات سے بھی روشناس کروایا۔ انھوں نے ذات کے روایتی اور فلسفیانہ تصور سے انحراف بھی کیا۔ اس دور میں ثقافتی سائنس اور ساختیات کا جادو علم و ادب پر سر چڑھ کر بول رہا تھا اور یہ علوم نفسیاتی اور عمرانیاتی طرز عمل

جیس ماکاروسکی (۱۸۹۱-۱۹۷۵ ء) نے لسانی اشاروں کے نئے تصور کی نئی حسیات سے پردہ اٹھاتے ہوئے ادب کو معاشرتی سیاق میں پرکھا۔ یہ تو سب کے علم میں ہے کہ شروع میں ساختیاتی تاریخ جدید لسانی حوالے سے شناخت کی جاتی تھی اور اس دور میں سب سے زیادہ ساختیاتی تخلیقی اصولوں پر ٹوب بیڈسکی نے توجیہ دیتے ہوئے کئی نئے اصول ترتیب دیے۔ جس کی جھلکیاں ہمیں پراگ کے لسانی دبستان (ساختیاتی لسانی فکر) کی شکل میں نظر آتی ہے۔ پھر ۴۰ کی دہائی میں یہ تصورات امریکہ روشناس ہوئے جنھیں فرانسیسی ماہر بشریات لیدی کلوریل اسٹروس نے معاشرتی سانتوں کے حوالے سے تجزیہ اور مطالعہ کیا۔ یہ وہ زمانہ تھا جب جدید تنقید میں لسانی اہمیت سے اس کی قدوقامت کا اندازہ لگانا آسان نہ تھا۔ دوسری جنگِ عظیم سے قبل رومن جیکب سن نے اپنے طور پر لسانی ماہر اور ادبی نظریہ دان کے شہوا ہو چکے تھے۔ اس زمانے میں یہ بھی کہا گیا کہ وہ ٹروب بیڈسکی کے بعد علم صوتیات کے ساتھ کھڑا کر دیتے ہیں۔ اصل میں روسی ہیئت پسندی کا درخت ماسکو کی لسانی حلقے اور سوسائٹی فاری دی اسٹیڈی آف پوئٹنگ لیگونج (Opoyaz) کی قلم بندی سے جنم لیتا ہے۔ جبکہ ۱۹۱۶ء می ل پیٹر گراڈ میں شکولہ وسکی کے نظریات اور ان کی علمیت کی ہر طرف گونج تھی۔ اسی زمانے میں جیکب سن کی فکری لسانی اور ادبی بنیادی کسی طور پر کم انقلابی نہ تھیں۔ دوسری جنگ عظیم سے قبل جیکب سن باوجود تنقید کی سائنٹفک

تربیت ہوتے ہوئے بھی ساختیات اور اس سے متعلقہ تصورات کو بیان کرتے ہوئے خاصی حد تک جھجکتے تھے لیکن وہ اپنے ہیئت پسندانہ اظہار کو خاصا معتبر تصور کرتے تھے یوں بھی ہیئت پسندی نے علامت پسندی اور سیاق سے ہمیشہ نظریں چرائیں جبکہ ساختیات اس تاریخی سچائی کو ہمیشہ سنجیدگی کے ساتھ اپنے مطالعوں میں جگہ دی حالانکہ ساختیات شروع ہی سے ہیئت پسندانہ تنقید کے خلاف اپنے ردعمل کا اظہار کرتی رہی حالانکہ بیسویں صدی کے شروع میں ساختیاتی جمالیات کے بانی جین ماکاروسکی نے ہیئت پسندی کی مشہور اصطلاح Superssion اپنے مطالعوں میں استعمال کی تھی۔ جو ۱۹۳۸ء میں ساختیاتی علوم میں انسانی حوالے سے داخل ہوئی جو اصل میں چیک ساختیات اور روسی ہیئت پسندی کے اختلاف کو ظاہر کرتی تھیں۔ جب جیکب سن مستقل طور پر پراگ میں رہائش پذیر ہوئے تو ان کا معروف کتابچہ The Newest Russian Poetry شائع ہوا۔ اس کتابچے کو جیکب سن کی پہلی تنقیدی کوشش قرار دیا گیا۔ جس میں مجموعی طور پر آورن گارد شعریات کا پرجوش انداز میں دفاع کیا گیا تھا۔ لیکن اس تحریر میں بالخصوص ویلیمر کھیلونوف (۱۹۲۲-۱۸۸۵ء) کی شاعری کے تجزیے پر زور دیا گیا تھا (جن کو مایاوسکی بھی کہا جاتا ہے!) یہ سالویک متقبلت کی تحریک کا اہم نام تھا۔ مستقبلیت (Futurism) یہ جہاں ادب میں انقلابی نوعیت کی فکر کو روشناس کروایا تو دوسری طرف نہ صرف اس تحریک نے سیاق اور متعلقہ امور سے بحث کی بلکہ تحریر اور لسان کے تکنیکی مسائل کو بھی سنجیدگی سے مطالعہ کیا، خاص طور پر کھیلونوف نے بہت سے لسانی اصولوں سے انحراف کیا جس کو وہ اپنے طور پر 'ماورانی زبان' کا نام دیتے ہوئے اسے 'ZAUM' کہتے ہیں، جو اصل میں مارنیٹی (Marineiti) کے مشہور نعرے 'لفظ میں آزادی' کا ریڈیکل اطلاق ہے۔

مارنیٹی (۱۹۲۱-۱۸۸۰) نے ۱۹۰۹ میں اپنے پیرس میں قیام کے دوران مستقبلیت کے تصور کو ۔۔۔انداز میں توسیع دی لیکن نطشے کے ثقافتی بغاوت کے تصور نے روسی مستقبلیت پسندی سے اپنا رشتہ اس قدر کیا لیکن مارٹینی نے 'مشینی' تصور کو نظر انداز کر دیا۔ جو ان کے ہم عصروں سے کہیں زیادہ Primitivist تھا۔ یہ تمام باتیں علامت پسندی کے لیے مبارزت کا مقام تھا کیونکہ اس زمانے میں علامتی شاعری کسی نہ کسی طور پر روس میں پروان چڑھ رہی تھی۔ خاص کر الیکزنڈر بلاک (۱۹۲۱-۱۸۸۰) نے اس فکری فضا میں علامت پسندی کا سہارا لیا۔ لیکن زبانی فنکارانہ اظہار کو غلط استدلال کے ساتھ برتا گیا اور بڑے بڑے شعری تصورات کو مرابتیات میں تبدیل کر کے شاعری کے ساتھ بڑی ہی غیر ذمہ دارانہ اور منفی سلوک کیا گیا۔ حالانکہ شاعری کی تمام وابستگیاں ماورائیت کے ساتھ منسلک تھیں اور یوں

مستقبلیت کا پسندیدہ موضوع وحشیانہ پن میں تبدیل ہوگیا۔لیکن مستقبلیت کو پسندیدگی کی نگاہ سے دیکھنے والے ادیب و شاعر ادب سے علامتی تناظر کو مٹانا نہیں چاہتے تھے (جدید یدپسند تحریک ایکمست (Acmeist) نے خاصی مقبولیت حاصل کی ،جس کو اوسپ میلڈ یم اسٹیم اور اپنا اکھا موٹو وا کی سرپرستی حاصل تھی) لیکن شکلولدوسکی نے ساختیات کے موضوع کو صورتی طریقہ کار سے متعارف کروایا۔جس کا دعویٰ ہیئت پسندی بھی کرتی تھی) اس تنقیدی عمل سے لسان و زبان کے تنقیدی نظریے میں ایک انقلابی صورت درآئی جس نے مستقبلیت کے آدن گار تصور کو مستحکم بنیادیں فراہم کیں۔ ۱۹۱۷ء میں اس نے تیزی سے پروان چڑھتے ہوئے اس بات کا احساس دلوایا کہ'فن تعبیر ہے' جو کہ علامت پسندی کا رد عمل تھا۔ان تمام مباحث نے نزاعی دروازے کھول دیے،خاص طور پر الیکزنڈر پوٹی بینا (Pote isnya) ۱۸۹۱-۱۸۳۵ء کی علامتی شعریات سے متعلق خیالات نے اس بحث میں شدید قسم کی گرمی پیدا کردی کیونکہ پوٹی بینا کا خیال تھا کہ فن' تمثال کے تصورات' میں جو نامعلوم کو اپنی گرفت میں لیتے ہیں۔ان تصورات کے خلاف شکلولروسکی نے سخت قسم کا ردعمل کا اظہار کیا کہ فن نامعلوم کی تلاش نہیں۔وہ 'معلوم' سے تصورات اخذ کرتا ہے جو زندگی کی حیات کو بعیر کسی سیاق کے ساتھ بیاں کرتی ہے۔اور حسیات کا یہی تصور فن میں غیر ہئیت پسندی کے تصور کو جگا دیتا ہے جو کسی نہ کسی طور پر لسان اور اسلوب کی 'تعبیرات' کو تشکیل دیتا ہے۔بنیادی طور پر یہ تصور ساسؔر کے یہاں لسانی ساختیات کو جنم دیتا ہے جبکہ شکلولروسکی کے یہاں 'تعبیر اور لسان' کا کوئی تو نہیں ملتا لیکن اس کو ہم ناشنا سا بھی نہیں کر سکتے مگر جرمن ڈراما نگار پریشت کے یہاں یہی تصور'طریقہ مغائرت' ہے۔یوں بھی پریشت کبھی بھی ادب برائے ادب کے نظریے کے قائل نہیں رہے۔لیکن جیکب سن نے Newes Russian Poetry میں شکلولروسکی کے تصورات پر Khileknikov کے تصورات کا ردعمل ظاہر کیا ہے۔لیکن ساتھ ہی جیکب سن نے نئی شاعری کا جواز پیش کرتے ہوئے مستقبلیت کی 'تخریبی' شاعری کے سوال کو اٹھایا تھا جو کھیلینوف کی شاعری میں بہ درجہ اتم موجود ہے۔جو'تعبیر' کی مثبت ناشناسائی ہے۔لیکن انھوں نے مارٹینی پر کھلی تنقید کی، حالانکہ مارٹینی اس وقت مستقبلیت کے اہم شاعر گنے جاتے تھے۔غالباً اس کی ایک وجہ اطالوی پروٹو فاشزم سے اکتاہٹ بھی تھی (مارٹینی نے روس اور برازیل کا دورہ بھی کیا اور وہ پروٹو فاشزم سے متاثر بھی ہوئے) مستقبلیت نے ادبی نظریے کی فکری جہات کو تبدیل کر کے رکھ دیا جو کہ نئی شعری ہئیت کے عروج کا سبب بھی بنا۔اور اس رویے نے نئے معاشرتی نمونوں کے تجربات بھی کیے۔ جیکب سن نے لسانی اور ادبی حرکیات پر بھی ضرب کاری لگائی ان کے متعلق تو یہ بات بھی جانتے ہیں کہ

وہ ہئیت پسندی کے ساتھ خاصے مخلص بھی تھے ۔لیکن ۱۹۲۰ میں ہئیت پسندی کی صورت خاصی حد تک تبدیل ہوگی جب صوتیات مکمل طور پر لسانی ساختیات سے وابستہ ہوگی جوڑوب ٹیوسکی، وپانااور پراگ دبستان کاایک مستحکم اور رنگارنگ فکری امتزاج بھی بن گیا۔لیکن یہ کوئی حتمی دلیل نہیں کیونکہ جیکب سن نے لسانی تناظر کو ادبی مطالعوں میں استعمال کیا۔ خاص کر پراگ دبستان کے دنوں میں (۱۹۲۹-۱۹۲۰) انھوں نے غیر لسانی تحریریں پیش کیں اور چیک شعریات کو گہرائی سے مطالعہ کیا۔ لیکن جوانی میں وہ ہیئت پسندی کے دبستان سے مکمل طور پر متاثر تھے ۔ہئیت پسندی فنکارانہ اسلوب سے بھی منسلک رہی جو لسانی خطوط سے ظہور پذیر ہوئی تھی ۔جس میں 'کیوبو' مستقبلیت اور میٹونومی (Metonoymy) کے اصول بھی پیش پیش رہے ۔پراگ دبستان نے ادب، متحرک فلموں اور اس کے دیگر رواجوں میں دلچسپی لینے کے علاوہ رومانیت اور علامت پسندی کے استعاراتی اسلوب پر بھی بحث، کرتے ہوئے حقیقت پسندی کی نئی فکری تاویلیں پیش کی ۔صنعت بدل کے تضادات پر نظر ڈالتے ہوئے جیکب سن نے ٹالسٹائی کے اینا کرینا کے خودکشی کے منظر پر روشنی ڈالی ہے ۔سویلزم کو بھی صنعت بدل خیال کیا گیااور کیوبک ازم کو اسی تصور کے ساتھ مطالعہ کیا گیا۔یہی نہیں پراگ دبستان کی تشکیل میں مقبول ومشہوراور عمومی فن کے تاریخی تصورات سے مدد لی گئی ۔

ہینرچ ولف فیلن (Henrich Wolf Flin 1864-1945) نے Formgechichate کے تصور کو اس بحث میں شامل کیا۔ولف فیلن سوئیزرلینڈ کی جدید فن تاریخ کے بانی ہیں ۔انھیں نے مغرب کے بصری فن کی اصطلاح کو کلاسیکل 'بروکیو' (Buoque) ایک قسم کا فنکارانہ اسلوب ہے جس میں تعمیرات کے نمونوں کو سترہویں صدی اوراٹھارہویں صدی کے اولین نصف حصے کو Grotseque کو ہئیت سے Ornamention کی صورت میں علیحدہ کیا گیا تھا)

بیسویں صدی کے شروع میں جرمن عالموں اور نقادوں نے ولف فیلن کے فن تاریخ کو اپناتے ہوئے اسے مزید توسیع دینے کی کوشش کی اور اس کو تحلیقی اور تنقیدی اسلوب کے طور پر اپنانے کی کوشش بھی کی گئی ۔اس زمانے میں روسی ہئیت پسند خاص طور پر وکٹر ژاہر مونووسکی (Victor Zhirmunsky) نے یہ خیال ظاہر کیا کہ کلاسیکیت میٹونومی اور رومانوی استعارے کا اسلوب ہے ۔ جبکہ جیکب سن کے یہاں اس قسم کی تفہیم پسند کلاسیکل دور میں ہوئی ۔ یہاں حقیقت نے کلاسیک کی جگہ لے لی تھی جوکہ Metorymic تضادات سے نئی رومانویت کی ہئیت تبدیل میں بدل گئے ۔پراگ دبستان نے اپنے ساختیاتی مزاج کو اپنے میلان کے مطابق ڈھالا کیونکہ اس دبستان کو خود اپنی راہ

بنائی تھی لہٰذا ان کے علم میں وہ تمام ظاہر و حقائق تھے جو انھیں عقائدی ہئیت پسندی کے رجحانات سے ہمیز اور ممتاز کر سکے اور یوں اس مکتب میں وسیع النظری کا رویہ نمایاں طور پر جھکتا ہے۔

ساختیات کی اسلوبیاتی اور فکری تسخیر میں پراگ کا دبستان اس لیے بھی معتبر مانا گیا کہ اس نے صوتیات کی نئی اکائیوں کا سراغ لگایا۔ خاص کر امریکا کے 'ییل مکتب' کے سب سے اہم لکھنے والے برنارڈ بلواوچ (جو بلوم فیلڈ کے ہم نوا تھے اور انھیں بلوم فیلڈ کا جانشین بھی کہا جاتا ہے) نے صوتیات میں بڑا نام پیدا کیا۔ اس کے علاوہ فرانسیسی نقاد اندرے میرنٹ نے زبان کی صوتیاتی ساخت کی نبضوں کو ٹٹولتے ہوئے بہت سے نئے نکات کا اضافہ کیا۔ یہ پراگ اسکول کا بھی اعجاز ہے کہ بلوم فیلڈ اور اسپائر کی صوتیاتی ساخت کی روایت کو سی. ایف. ہیوکیٹ (Hockett) اور حرف نحو (Morphosyntax) کے تصور کو جے ایچ گرین برگ نے نئے معنی پہنائے۔ قواعدیات کے میدان میں باوجود کم ماخذات اور حوالوں کے بھی اس دبستان سے متعلق بعد کے آنے والوں نے قواعدی معنویت کی تشکیل کی راہیں نکالتے ہوئے۔ نئے فکری مباحث کی روایت کو دوبارہ زندہ کیا۔ خاص طور پر زیلنگ ہیرس (Zelling Harris) نے لسانی ساختیات کے میدان میں اپنی موجودگی کا احساس دلوایا۔

خاص کر اسپائر کے شاگرد کینگ پک (Kennett Pike) نے سینکڑوں عیسائی مشنیریز کی مدد سے انجیل مقدس کو ترجمہ کرتے ہوئے کئی لسانی ساختی نمونوں کے تجزیے کیے یہ تمام مطالعے انجیل مقدس سے قبل ادبی دنیا کی لسانیات کا بھی ایک بہترین مطالعہ تھا لیکن لگتا تو یوں ہے جیسے یہ تمام مطالعے 'علم التفہیم' کے تصور کے تحت کیے گئے۔

اس مضمون کو لکھنے میں وے چک (Vachek) کی کتاب The Lingustic School of Parague اور ایف ایل گاردین کی کتاب 'دی پراگ اسکول ایڈ ان استھیٹک، لٹریری اسٹریکچر اینڈ اسٹائل' (مرتب مضامین کا مجموعہ) ہیں ایم بروس مینکی کتاب اسٹریکچرازم (ماسکو پراگ، پیرس) جے جے مرکیو کی کتاب 'فرام پراگ ٹو پیرس'۔ ان کتابوں کے علاوہ سب سے اہم کتاب جین ماکاروسکی کی ہے (ترجمہ ایس جینک) اس کتاب کو کیمبرج یونی ورسٹی نے ۱۹۸۶ء میں یوٹک ریفرنس، ان سومیٹک آف آرٹ، پراگ سکول کنٹری بیوشن' کے نام سے شائع کیا گیا۔* سے خصوصی مدد لی گئی ہے۔ یہ کتابیں متنازعہ پراگ دبستان کا خاصی حد تک احاطہ کرتی ہیں۔ اس کے علاوہ پیرس جرنل (پاپیروسین جرنل) میں وقتاً فوقتاً اس دبستان پر فکر انگیز مقالات شائع ہوتے رہے ہیں۔

* پیٹر اسٹینر (Steiner) نے ۱۹۲۹ء سے ۱۹۴۹ء تک شائع ہونے والے مضامین کو 'دی پراگ اسکول' کے نام سے کتابی صورت میں مرتب کیا۔ ۱۹۸۹ء سے ۱۹۹۲ء تک یورپ اور امریکا میں پراگ اسکول کی مختلف جہات پر ایک سو پچاس سے زائد مقالات شائع ہو چکے ہیں۔ جن میں۔۔۔۔۔ پیٹر اسٹینر، ایف ڈبلیو گلین، ڈینس فریسک، ٹوبیس یاشل، میپیکا لیونزیف، ایوا کوکٹاوا، مارسیلو پرجینکا اور تھامس ونر کے مقالات بھی پر فکر اور انوکھی نوعیت کے ہیں۔

●●

باختن کا دبستان

بیسویں صدی میں ادبی اور لسانی تنقید پر کئی مکتبہ ہائے فکر نے اثرات مرتب کیے ان کا ذکر اردو یں خاصی دیر سے آیا۔ اردو کے بعض جدید نقادوں نے ان تحریکوں اور رجحانات کا مطالعہ ضرور کیا اور اس حوالے سے اردو ادب و زبان میں نئی وسعتوں کو داخل کرنے کی پر خلوص کوشش بھی کیں۔ کچھ لوگوں کو ان تحریکوں اور رویوں سے قدرے شناسائی تو تھی لیکن یہ لوگ ان نئے رجحانات کو مکمل طور رپ نہ سمجھ سکے۔ بالآخر اردو میں ساختیات اور روسی ہیئت پسندی کی بحث چلیت و باختن دبستان کا بھی ذکر آیا۔ خاص طور پر اردو فکشن میں لسانی مسائل اور نظریاتی معاملات پر باختن کے نظریات کا اطلاق کرنے کی کوشش کی گئی۔

روسی ہیئت پسندی پر جب برے دن آئے تو اس دبستان نے ادبی تنقید اور تجزیہ نگاری میں ایسی راہ نکالی جس سے سانپ بھی مرجائے اور لاٹھی بھی نہ ٹوٹے۔ باختن کھلے ذہن کا وسیع القلب اور سمجھ دار ادیب تھا۔ ہر معاشرتی اور فکری مظہر پر بہت گہرائی سے سوچتا اور ان کا تجزیہ کرتا تھا۔ وہ روس میں پروان چڑھنے والی اس فکری روش سے فکرمند تھا جہاں فکر ایک مخصوص گروہ کی جاگیر بن کر رہ گیا تھا۔ باختن دبستان نے ہیئت پسندی اور مارکسزم کو ایک کڑی میں پرونے کی کوشش کی اس نئی ازلی اور لسانی تحریک میں پاول میڈوڈیو Pavel Medvedev اور ویلنٹائن والاشاف Valentin Voloshinov بھی شامل تھے۔ اس دبستان کے فکری محرکات وہی تھے جو ہیئت پسندی کے تھے۔ بحث کا موضوع ادب پارہ بحیثیت لسانی ساختہ تھا لیکن یہ لوگ زبان کے مارکسی تھے عقائد کا بھی دم بھرتے تھے اور زبان کو نظریے Ideology سے علیحدہ نہ کرسکے۔ باختن دبستان اس بات کا بھی اقرار کرتا ہے کہ نظریہ Ideology کسی طور پر لسانی اظہار سے علیحدہ نہیں کیا جاسکتا۔ والاشاف نے اس خیال کا اظہار کیا کہ شعور بذات خود ایک ایسی پائدار حقیقت بن جاتا ہے۔ جہاں مدی تجسیم Emobodiment کے طور پر زبان معاشرتی سطح پر ایک رمزیہ نظام تشکیل دیتی ہے جو بذات خود

مادی حقیقت ہوتا ہے۔

باختن دبستان میں نے تجریدی لسانیات کے کسی بھی شعبے سے دلچسپی کا اظہار نہیں کیا۔ والاشاف کے بقول 'لفظ' کا مرکزی خیال عملی اور حرکی ہوتا ہے اور معاشرتی اشارے اس قابل ہوتے ہیں کہ وہ مختلف معنی و مفاہیم کو ابھارتیں جو مختلف تاریخی احوال میں دیگر معاشرتی طبقات کی ماہیئت کا بھی سراغ لگاتے ہیں۔ اس نے سوسیور اور ان ماہرین لسانیات پر شدید نکتہ چینی کی جو یہ کہتے تھے کہ زبان مرگئی ہے یا وہ غیر جانبدار ہے اور جامد معروض کی تفتیش کرتی ہے۔ وہ مانولاک (خود کلامی) اظہار علیحدگی، زبانی بیان، اصل سیاق اور عامل کے ردعمل اور مجہول کی آگہی (علم) کے تصور کو کلی طور پر مسترد کرتا ہے۔ روسی زبان کے لفظ Slovo کا ترجمہ 'لفظ' کیا جاسکتا ہے۔ لیکن باختن دبستان میں اس کا معاشرتی تصور کچھ مختلف ہے یہاں 'خطبے' کو کلیدی اہمیت حاصل ہے۔ اور لسانیات کا حرکی تصور یہ ہے کہ کوئی بھی 'لفظ' بذات خود سمجھ میں آ ہی نہیں سکتا جب تک اسے لسانی حصار میں نہ دیکھا جائے۔ بلکہ تاریخی اور ثقافتی حوالے سے اگر پرکھا جائے تو ہی لفظ کی مکمل معنویت سے آگہی ممکن ہوتی ہے لیکن باختن نے لسانی چابی سے جس تاریخی دروازے کا قفل کھولنا چاہا ہے اسے ساختیاتی مطالعوں نے ذرا کم ہی اہمیت دی۔ ان نظریات کا اس وقت سنجیدگی سے مطالعہ کیا گیا جب 'ٹارٹو' Tartu اور پیرس میں انتہا پسند ہیئت پسندی اور کسی حد تک 'جنگ جو' ساختیات' سے متعلق لوگوں نے باختن کی اہمیت کو تسلیم کیا۔

الفاظ معاشرتی کشمکش کے سبب جنم لیتے ہیں اور صاحب اقتدار طبقہ ہمیشہ اس بات کی کوشش کرتا ہے کہ الفاظ کی معنویت کو محدود کر دیا جائے لیکن جب معاشرے میں گڑبڑ ہوتی ہے یا انتشار یا ہنگامہ آرائی کی کیفیت در آتی ہے تو مختلف الجہت مفاہیم پر زور دیا جاتا ہے اور یوں لسانی اشارے مختلف لسانی طبقات سے متصادم ہوتے ہوئے زبان کی بنیادوں میں دلچسپی لینے کا آغاز کرتے ہیں۔

باختن نے ادبی متن کو لسانی حرکی تناظر میں دیکھنے کے نتائج سے بھی آگاہ کیا اگرچہ وہ پہلا شخص نہیں ہے جس نے اس بات کا احساس دلوایا کہ ادب براہ راست معاشرتی قوتوں کے بارے میں غور و فکر کا انعکاس ہے۔ لیکن اس سے ہئیت پسندانہ حوالے سے ادبی ساختیے کی اہمیت سے انکار نہیں کیا اور اس بات کو سمجھنے کی کوشش کی کہ زبان میں حرکی اور متحرک نوعیت ماہئیت کی ہوتی ہے جو کہ تخلیقی ادب کی روایت میں اظہار کی نئی جہات کا انکشاف کرتی ہے۔ اس نے اس بات پر زیادہ زور نہیں دیا کہ متن

معاشرے یا طبقات کی دلچسپی کی عکاسی کرتا ہے مگر یہ ضرور کہا کہ زبان بعض دفعہ اقتدار کو انتشار سے بھی دو چار کر دیتی ہے اور زبان (آواز) کے متبادل اور آزادانہ اور خود مختار سفر کے لیے راہیں کھولتی ہیں۔ لیکن صاحب اقتدار طبقے نے اس پر کڑی پابندی عائد نہ کی لیکن اسے بالآخر خاموش ہی ہونا پڑا۔ وہ اسٹالین کا سخت مخالف تھا۔ اس کی معرکۃ آرا تصنیف ''دستہ ئفسکی کی شعریات کے مسائل' (۱۹۲۹ء) ہے۔ یہاں اس نے ٹالسٹائی اور دستہ ئفسکی کا تجزیہ بڑی جرأت سے کیا اور ان تضادات کو واضح کیا جو ان ناول نگاروں کی تحریروں میں موجود تھے۔ اس نے بتایا کہ تحریر میں جو بھی فکر و نظریات ہوتے تھے وہ ادیب کے سامنے کسی غلام کی طرح سر جھکائے کھڑے ہوتے ہیں۔ ادیب اپنے رویوں سے ان کو اپنے مزاج کے تحت تشکیل دیتا ہے۔ سچ تو یہ ہے کہ ادیب کے یہ فکری تضادات فکشن کے فردیاتی منظر کو ناول کا روپ دیتے ہیں۔ دستہ ئفسکی نے ایک نئی مکالماتی ہئیت Polyphonic Form قائم کیا۔ جو کسی وحدت کا پتہ اس طور دیتی ہے کہ بہت سے نکات اظہار ناول کے مختلف کرداروں کی زبان و حرکات سے ادا ہوتے ہیں۔ شعوری طور پر یہ کردار نہ ہی ناول نگار کے ذہن میں مدغم ہوتے ہیں اور نہ ہی یل کا کوئی نکتہ انھیں درپیش ہوتا ہے اس کو ناول نگار کی دیانت داری وار آزادی ہی کہا جاسکتا ہے کہ وہ مختلف آوازوں کو بیک وقت قبول اور بیان کر سکتا ہے۔

باختن کی یہ تحریر قرون وسطیٰ اور نشاۃ ثانیہ کی ثقافتی آزادی اور تخریبی مکالماتی ہئیت کی بھی نشاندہی کرتی ہے۔ اس کا تنقیدی جوہر ناول کی شعریات کی تفہیم و تشریح ہے اس کے خیال میں فکشن اپنی فنکارانہ ہئیت میں شعریات ہی ہے۔ بقول شمس الرحمن فاروقی ''باختن نے اپنا سارا کام ناول کی پوئٹکس کے اوپر کیا ہے۔ خاص طور پر دستہ ئفسکی کی پوئٹکس کے اوپر اور اس نے صاف کہا ہے کہ نہ صرف الگ ہوتی ہے پوئٹکس فکشن کی بلکہ آرٹ فارم کے طور پر فکشن بہتر ہے شعریات سے، کیونکہ فکشن بطور آرٹ فارم کے کچھ ایسی چیزوں کو اپنے گرفت میں لیتا ہے جو شاعری کی گرفت سے باہر ہیں۔'''' (ادب لطیف، لاہور۔ ستمبر ۱۹۹۰ء صفحہ ۹)

باختن کے خیالات سے بعد میں آنے والوں نے استفادہ کیا، لیکن بہت دیر میں رومانیت پسند اور ہئیت پسند دونوں ہی مکتب متن کو نامیاتی وحدت (اکائی) کہتے ہیں۔ جو متن کے ساختیے میں در آنے والے کمزور حصوں کو آخر کار کسی نہ کسی طرح قاری کے ہی ذہن سے ایک قسم کی جمالیاتی وحدت کی حیثیت

سے قائم کر دیتے ہیں۔ان کے یہاں ادبی عمل کی کئی سطحیں ہو سکتی ہیں جو یکجا ہونے کے لیے تیار ہوتی ہیں لیکن ان میں مزاحمت کا عنصر بھی غالب ہوتا ہے۔ یہاں پر لکھنے والا بے بس نظر آتا ہے اور اسے محسوس ہوتا ہے کہ اس کی تحریر میں اس کا جو غالب اور مقتدر کردار تھا وہ آہستہ آہستہ اپنی گرفت کھوتا جارہا ہے۔یعنی ادیب کو اپنے تخلیق کردہ نظام پر قدرت قابو نہیں رہ جاتا۔اور یوں انفرادی شناخت کا مسئلہ پیدا ہوتا ہے لیکن باختن ادیب کی اس حس پر بھی نگاہ ڈالتا ہے جس نے لکھنے والے کا 'فنکارپن' کنٹرول ہوتا ہے۔ باختن کے یہاں بارت اور دیگر ساختیاتی مفکروں کی طرح ادیب کے متعلق ریڈیکل سوالات نہیں اٹھائے گئے۔جب ہم باختن اور بارت کے تصورات کا تقابل کرتے ہیں تو یہ بات سامنے آتی ہے کہ اگرچہ دونوں مکالماتی ناول کے سلسلے میں ایک دوسرے کی سے مشابہت رکھتے ہیں۔ دونوں نقاد تحریر میں فکر کی آزادی اور انبساط ولذت کو اعلیٰ گردانتے ہیں۔لیکن باختن کو مصنف کے 'منفی' وجود سے کوئی سروکار نہیں۔جب کہ بارت نے بار بار مصنف کو منہا کر کے 'قادیانہ' Writerly متن کو قائم کرنے کی بات کی ہے۔ باختن کا کہنا ہے کہ کثیر المکالمہ Dialogic کے مطالعے پر زیادہ وقت صرف کیا۔اور ساتھ ہی نفسیات فلسفہ،لسانیات اور Vitalism کا بھی مطالعہ کیا۔ ۱۹۷۵ء میں اس کے جو مضامین ناول کی تھیوری پر شائع ہوئے وہ اسی زمانے میں لکھے گئے تھے۔اسی دور کی یادگار کتاب Eabelais بھی ہے۔

(۴) یہ اس کی زندگی کا آخری دور ہے۔دستہ نفسکی پر اس کی کتاب نظر ثانی کے بعد ۱۹۷۵ء میں دوبارہ شائع ہوئی۔کئی غیر مطبوعہ مسودات اور Rabelais کو بھی شائع کیا گیا۔زمانہ قیام ماسکو میں اس نے کئی مضامین لکھے اور اپنی کئی پرانی تحریروں پر نظر ثانی کی،زبان کی ہئیت،علوم انسانی اور دیگر سائنسوں پر کچھ تحریریں اس کی موت کے بعد شائع ہوئیں۔

زندگی کے اس آخری حصے میں باختن کے ان فکری اور تنقیدی تصورات پر کام شروع ہوا جنھیں ایک طویل عرصے سے نظرانداز کیا جارہا تھا۔گورکی انسٹی ٹیوٹ کے چند نوجوانوں نے اس کے نظریات و افکار پر ازسرنو نظر ڈالی۔ان نوجوانوں میں وی کوژی نوف V..Kozhinov اور ایس بخاروف S.Bocharov پیش پیش تھے۔بعد میں وی وی آیوانوف V.V.Ivanov نے باختن کا نئے سرے سے مطالعہ شروع ہی نہیں کیا بلکہ اس کے بیش بہا علمی ولسانی تصورات کو توسیع دینے کے لیے

علمی اقدامات بھی کیے۔ جب تک (۱۹۶۳ء) دستہ ئفسکی پر باختن کی کتاب دوبارہ چھپ کر نہ آئی تھی، اس وقت تک یورپ اور امریکا میں اس کے نام سے بہت کم لوگ واقف تھے۔ فرانس کے مشہور رسالے Tel Quel میں باختن پر مباحث کا آغاز ہوا ژولیا کرسنا وانے اس کی تحریروں میں نئی معنویت تلاش کی ہے اور ٹارٹو Tartu کے دبستان اشاریات میں اس کے فکری اور تنقیدی تصورات کی بازگشت سنی گئی۔ خاص کر یوری لاٹمین Lotman نے اس کے لسانی اور رمزی تصورات کو نئے سرے سے پڑھا۔ زوتیان ٹاڈاراف نے باختن کا ترجمہ فرانسیسی میں کیا اور یورپ میں باختن کو معروف ومقبول کیا۔ باختن کو لسانیات کا فلسفی بھی کہا جاتا ہے۔ لیکن دراصل اس کے لسانی فلسفے کے پس منظر میں تاریخی شعریات ہے اور ناول کے سلسلے میں اس کے مخصوص نظریات تھے جن کی رو سے کہ ادب ایک نظام کا نام ہے، جو متن سے اپنی علیحدگی کا احساس دلانے کے ساتھ ساتھ خود اپنی عمیق سطحوں کا بھی انکشاف کرتا ہے۔

●●

چکانو ادب

اردو میں چکانو ادب (Chicano Literature) اور ثقافت پر شاید ہی کبھی لکھا گیا ہو۔ حالانکہ یہ ثقافتی مظہر اور مختصر تاریخ کے ساتھ اپنے شعر و ادب میں یکتا اور منفرد ہی نہیں بلکہ جب بھی دنیا کے مزاحمتی اور احتجاجی ادبی وفکری رویوں کی بات ہوتی ہے تو 'چکانو ادب وثقافت' سے واقف لوگ اسے نظر انداز نہیں کر پاتے۔ یہ نمایاں طور پر جنوب مغربی امریکہ کی ریاستوں میں ایک سیاسی قوت بھی ہے کیونکہ ان علاقوں میں چکانو آبادی میں روز بروز اضافہ ہوتا جا رہا ہے اور ''ووٹ'' کی ایک بڑی قوت بن کر وہ ابھری ہے۔

میرا اکثر 'چکانو' کی ادبی نشستوں اور ثقافتی تقریبات میں جانے اور شرکت کرنے کا اتفاق ہوتا رہتا ہے۔ میں نے یہ محسوس کیا کہ ان میں 'رسمی تعلیم' کی کمی ہوتی ہے۔ یہ لوگ ثقافتی سطح پر حساس اور پُر جوش ہوتے ہیں اور معاشی محرومیوں کے علاوہ مقامی تعصبات نے ان کو خاصا انتہا پسند بنا دیا ہے، لہٰذا یہ ایک شماریاتی حقیقت ہے کہ جنوب مغربی ریاستوں کی جیلوں میں 'چکانو' آبادی بڑھ رہی ہے اسی لیے ان کی ثقافت اور ادب کی شناخت امریکہ سے باہر نہیں بن سکی اور امریکہ کے ذرائع ابلاغ میں ان کو کم اہمیت دی جاتی ہے۔ اسکی وجہ یہ ہے کہ 'چکانو' افراد محنت کش ہوتے ہیں اور زیادہ تر معاشی زندگی میں مصروف رہتے ہیں۔ لہٰذا اپنی ثقافت کو اخباری اور برقی میڈیا تک نہیں پہنچا پاتے۔

'چکانو' کا لفظ یا اصطلاح کے بارے میں محققین و دیگر ادبی تنقیدی عالموں نے اپنے اپنے طور پر اس کی تشریح کی ہے، جس نے کئی اختلافات کو جنم دیا۔ کہا جاتا ہے کہ لفظ 'چکانو' کا استعمال سب سے پہلے ۱۹۱۱ء میں ہوا۔ یہ تعریف آفاقی نہیں ہے لیکن یہ ضرور ہے کہ یہ ایک پرانی اصطلاح ہے جس کی سادہ سی تعریف یہ ہوسکتی ہے کہ 'وہ تارکین وطن جو امریکہ میں بستے ہیں''۔ مجھے ذاتی طور پر اس سے اختلاف ہے۔ میرے خیال میں 'چکانو' وہ ہوتے ہیں جن کا حوالہ جنوبی یا لاطینی امریکہ کے ہسپانوی زبان بولنے والوں کی وہ اولادیں ہیں جو ریاست ہائے متحدہ امریکہ کی سرزمین پر پیدا ہوئے اور انھوں نے امریکہ میں

منفرد نوعیت کی امتزاجی ثقافت کو جنم دیا جو اپنے طور پر مثبت اور منفی نوعیتوں کے مفاہیم لیے ہوئے ہیں لیکن معاشرتی سطح پر 'چکانو' کی دنیا کے لیے منفی محسوسات ہوتے ہیں جب ان کی شناخت کا مسئلہ پیدا ہوتا ہے۔ان کو امریکہ میں امریکن تسلیم نہیں کیا جاتا اور ان کی میکسی کس شناخت بھی مشکوک قرار دی جاتی ہے۔ ۱۹۵۰ء اور ۱۹۶۰ء کی دہائی میں 'چکانو' حوالے سے امریکی اور میکسی کس ثقافت کو تقابل کے بعد ان دونوں ثقافتوں کو ایک دوسرے میں مدغم کرنے کی کوشش کی گئی ہے مگر امریکی اور میکسی کس ثقافت کی تاریخ میں اس کو توہین آمیز اصطلاح کے طور پر لیا جاتا ہے۔لیکن ہر کوئی اس کو 'منفی' تصور نہیں کرتا کیونکہ یہ اپنے ثقافتی ورثے میں ایک ثقافتی مظہر اور حقیقت ہے۔اِس کی وجہ یہ ہے کہ یہ امریکن اور لاطینی امریکہ کے باشندوں اور ثقافت کو ایک دوسرے سے قریب بھی لاتے ہیں کیونکہ وہ محسوس کرتے ہیں کہ اس سبب ان کی زبان مشترکہ مذہب، ثقافت، لباس و پوشاک اور پکوان ایک نکتے پر مرکوز ہو جائیں گے۔'چکانو' ایک حساس اصطلاح ہے اس کو برتنے میں احتیاط کرنی لازمی ہوتی ہے۔ ورنہ امریکا میں بسنے والے لاطینی امریکا کے تارکین وطن انتہا درجے کی حساسیت کا شکار ہو جاتے ہیں۔ 'چکانو' ادب اپنے سکہ بند مزاج کے سبب زیادہ کشادہ نہیں ہوسکا اور اسے ہمیشہ ثقافتوں اور تہذیبوں سے خطرہ ہی لگا رہا اور امریکا کے جغرافیائی خطے میں نشوونما پانے والا ادب امریکی یا انگریزی روایت اور مزاج سے کچھ حاصل نہیں کرسکا۔بلکل اسی طرح جس طرح آپ اگر ٹیکساس میں میکسی کن کھانا (جو مقامی طور پر ٹیکس مکسڈ کہا جاتا ہے) کھایا جائے تو وہ میکسیکو میں پکنے والے کھانوں سے اعلا اور زیادہ ذائقہ دار ہوتا ہے اور اس کو پیش کرنے کا انداز بھی دلفریب اور خوب صورت ہوتا ہے، کیونکہ میکسی کن کھانا امریکا میں آنے کے بعد نئے رنگ و ذائقے سے متعارف ہوا اور مقبولیت کی انتہا تک پہنچا، اسی مشابہت کو مثال بنا کر دیکھا جائے تو 'چکانو' ادب نے بھی مقامی مزاج اور ماحول کو سمجھنا بہتر نہیں سمجھا یا دانستہ طور پر اس سے نظریں چرائیں اور اس سے کچھ حاصل نہیں کیا اور وہی غصّہ، اعصابی تناؤ، احتجاج، مزاحمت، معاشرتی ناہمواری، معیشت کی غیر منصفانہ تقسیم کا رونا رویا گیا لہٰذا وہ ادبی سطح پر تخلیقی جمالیات اور اس کے اظہار میں کامیابی حاصل نہیں کرسکا اور جو کچھ ادب لکھا گیا وہ ایک وقتی کرب و اضطراب کا اظہار بن کے سامنے آیا مگر ۱۹۶۰ء کے بعد کچھ چکانو ناول نگاروں نے بہت اچھی تخلیقات پیش کیں۔ کچھ دنوں پہلے راقم الحروف نے کئی 'چکانو' ناولز پڑھے ہیں جن میں 'رچرڈ واسکیوس' کی ناول 'چکانو'، 'ریڈی لوپس گو ہوم' کے نام سے ریڈولو فوانا یا نے بہترین ناولیں لکھی۔ان کی ایک اور ناول 'اولڈ مین لو اسٹوری' معرکے کی ناول ہے۔اس کے علاوہ دگوبوٹو کنزالز کی 'گراسنگ وین'، ڈاینائل چاکان کی 'چکانو

چکیری، ڈمیٹر امارٹینس کی دی بلیک کیپٹن ڈائز

مار گریٹا کواٹا کاڈنس کی پپیٹ (Puppet)' اور امریکو پریڈس کی ناول جارج واشنگٹن گومیز چند اہم عصری چکانو ناولز ہیں جس میں اس ثقافت اور معاشرے کا خوبصورت عکس دکھائی دیتا ہے۔

حال ہی میں میرے ہاتھوں ''چکانو تاریخ کے ۵۰۰ سال'' پر لکھی ہوئی ایک کتاب پڑھنے کو ملی جس سے مجھ پر ''چکانو ادب وثقافت'' کے لیے اساطیری اور معاشرتی رموز لارموز ہوئے اور ایک تہذیبی سیاق سامنے آیا جس سے چکانو تہذیب وثقافت کو سمجھنے میں آسانی ہوئی۔

''چکانو ادب'' کا سراغ اور اس کے ماخذات سولہویں صدی میں نمایاں طور پر سامنے آئے۔ جب ایک ہسپانوی مہم جو ایلونو نیز کابوز (Alvar nunez cobaz) نے جنوبی امریکا میں قیام کیا اور ۱۵۴۲ء میں امریکا کے جنوبی علاقوں کا سفر کیا اور یہاں کے رسم و رواج اور زبان سیکھی۔ ادبی نقادوں ہیر الڈ اگان بروم، مارگیٹ فرینڈ ڈس نے لکھا ہے کہ ایلونو نیز کابوس نظریہ یورپی یا ہندستان کی طرز کا قلب ماہیت نہیں ہے۔

''چکانو'' کی اصطلاح ہمیشہ غیر واضح اور ہمیشہ زیر بحث رہی جو اصل میں 'نوہٹل' Red Indians کی زباں کے تلفظ 'میکسی کن (Mexican) سے لیا گیا ہے جو سولہویں صدی میں 'میکسیکانو' (Mexicano) ہوگیا۔ جس کا تلفظ Me-chi-co ہوگیا۔ جس کو مغرب کے آباد کاروں نے میکسیکن امریکن کا نام دیا۔ جس کے نتیجے میں ۱۹۶۰ء میں متشدد نوجوانوں نے سر اٹھایا اور چکانو نے اس کو آئیڈیولوجیکل اور نئی معنویت سے ہم کنار کیا۔ جس میں چکانو حق خود داری جس میں مقامی ہسپانوی، ہندی اور میکسیکن اور لاطینی امریکا کی ثقافتی وراثت کے حاصل تھے جو ریاست ہائے متحدہ امریکا میں آباد ہیں۔

۱۹۶۰ء میں چکانو تحریک میں انسانی حقوق کے حوالے سے چکانو تحریک نے فعال کردار ادا کیا۔

اگر آپ چکانو ادب کا مطالعہ کریں تو آپ پر واضح ہوجائے گا کہ لاطینی امریکا کے ہسپانوی ادب و زبان کی حسیّت پر میکس مطابقت کم اور تفاوت زیادہ ہے۔

ایک دلچسپ صورتحال راقم الحروف نے ٹیکساس میں محسوس کی ہے کہ امریکا کے گورے باشندے یہ کہتے ہیں کہ جنوب مغربی امریکی ریاستوں میں چکانو کی وجہ سے ہماری زبان اور ثقافت 'داغدار ہوگئی ہے اور انگریزی اب وہ انگریزی نہیں رہی جو کچھ سو سال پہلے تھی مگر یہ حقیقت ہے کہ چکانو ثقافت پر امریکا کی گوری ثقافت کا اچھا خاصا اثر پایا جاتا ہے۔

امریکا کی ٹیکساس، کلوروڈو، نیو میکسیکو، نوواڈا، یوٹا اور کیلی فورنیا کی ریاستوں میں 'چکانو' ثقافت کے

تہذیبی خطے ہیں۔ ۲ فروری ۱۸۴۸ء میں جب امریکا نے میکسیکو کے علاقوں پر قبضہ کیا تو 'چکانو' کی اصطلاح وضع ہوئی اور امریکا نے میکسیکو کے ۱۳۶۰۰۰ کلومیٹر علاقے کو زیرنگیں کیا۔ یہ امریکا کی لاطینی ثقافت کا اہم جز ہے جو امریکا میں انگریزی اور گوری ثقافت سے بھی پرانا ہے مگر اس کو اہمیت کم دی گئی جو امریکا کی ادبی اور ثقافتی تاریخ کی ایسی حقیقت ہے جو اپنے جمالیاتی اور تخلیقی اظہار میں بہت زرخیز ہی نہیں بلکہ اس میں جنگ و جدل، انسان کے ہاتھوں انسان کا استحصال، نسلی امتیازی سلوک، شناخت کے تنازعات اور شناخت کا بحران کلیدی موضوعات ہیں۔

'چکانو' کی اصطلاح خاصی پیچیدہ ضرور ہے مگر چکانو ادب کے مطالعے کے بعد اس کا مزاج اور بوقلمونی کا احساس ہوتا ہے۔ اس کے موضوعات اور ہیئت متنوع ہیں۔ اصل میں چکانو ادب میں معاشرتی، سیاسی نوعیت کی تاریخ پوشیدہ ہے۔ لیکن گذشتہ پچاس ساٹھ برسوں سے چکانو عالموں اور نقادوں نے زیادہ زور امریکا میں بسنے والے لاطینی نژاد باشندوں کی شناخت کو دریافت کرنے میں لگا دیا اور امریکا کی گوری اسٹبلشمنٹ پر یہ الزام لگایا جاتا ہے کہ امریکا کا سیاسی اقتدار ہمیشہ ''احتجاجی کلیسا'' (پروٹسٹنٹ چرچ) سے متعلق ہے اور امریکا میں 'چکانو' ادب کا ــــ عقائدی اور مذہبی حوالہ کیتھولک مذہبی شناخت ہے۔ لہذا کچھ لوگوں نے کیتھولک ثقافت پر پروٹسٹنٹ مذہب کا استبداد کہا ہے۔ اب چکانو تحریک کا ایک اہم کام 'ثقافت بچاؤ' تحریک کا روپ بھی لے چکا ہے۔ یہ ایک تاریخی دلچسپ حقیقت بھی ہے کہ سوائے صدر جے ایف کینیڈی جو کیتھولک صدر تھے، کہ علاوہ تمام امریکی صدور کا تعلق پروٹسنٹ چرچ سے ہے اور اس پر اینگلوسیکس صدور بھی حاوی رہے۔ امریکا کی سیاسی تاریخ میں دو ایسے صدور گزرے ہیں جن کا تعلق اینگلوسکسین نسل سے نہیں ملتا۔ ان صدور کو آپ آئزن ہاور (جرمن نسل سے تعلق) اور بارک اوبامہ (سیاہ فام نسل سے تعلق) کے نام سے جانتے ہیں۔

بعض دفعہ یہ بھی محسوس ہوتا ہے کہ 'چکانو' کی کشمکش اور گوری انگریزی بولنے والی نسل سے ثقافتی اور فکری یگانگت کم ہے بلکہ یہ مذہبی جنگ کی صورت اختیار کر گئی ہے۔ خاص کر امریکہ میں پیدا ہونے والے ہسپانوی زبان بولنے والے افراد کو کیتھولک مذہب کی سخت گیری کا احساس دلوا کر اور امریکا کے ''کھلے اور آزاد'' معاشرے کا ہیبت ناک خواب دکھا کر کیتھولک مذہب سے دور کیا جا رہا ہے۔ لہذا اس صورتِ حال کا اندازہ اس بات سے ہوتا ہے کہ پروٹسٹنٹ مذہب اور پھیلتی ہوئی تعلیمات کے خوف سے ہر دو چار سال میں امریکا کا اور لاطینی امریکا کا دورہ کرنا پڑتا ہے۔ کیونکہ نئی چکانو نسل کیتھولک مذہب کو خیرباد کہہ کر پروٹسنٹ چرچ میں شمولیت اختیار کر رہا ہے۔ چکانو ثقافت کا مسئلہ گوری ثقافت میں مدغم

ہونے کا بھی ہے، وہ اس شناخت یا پہچان کو ’’چیکانسمو‘‘ (Chicanismo) کہتے ہیں۔

چکانو ثقافت کا مسئلہ میکسی کس امریکن جنگ اور ’’گوٹے لوپے ہیڈ نگو‘‘ معاہدے کے بعد شدت سے ابھرا اور مقامی چکانو کا کہنا تھا کہ یورپی نژاد امریکیوں نے ان کی زمین پر قبضہ کرکے اسے براہِ راست ’فتح‘ قرار دے کر انھیں نسلی اقلیت میں تبدیلی کر دیا ہے۔ ۱۹۰۰ء میں چکانو ادب نے امریکا میں نئی کروٹ لی اور اسے امریکا کی مخصوص ثقافت کے طور پر مطالعہ کیا جانے لگا۔ اس سلسلے میں ۱۹۴۵ء میں ’جوز قین نا گلی‘ کا لکھا ہوا ناول ’میکسیکو کا گاؤں‘ ہے۔ جسے جدید چکانو ادب کا نیا موڑ قرار دیا جاتا ہے۔ جس میں مقامی اور لاطینی ثقافت کے ملغوبے سے مخصوص قسم کی چکانو ثقافت خلق ہوئی ہے۔ اب چکانو ادب ثقافت کے تشخص سے گزر کر مقامی ادب سے بھی اس کا تقابل کیا جارہا ہے۔ جو انسانی صورتِ حال، سماجی اور سیاسی مسائل کا تقابل کر کے ایک مشترکہ مسائل کی نشاندہی کرتا ہے اور اس میں دونوں قطبین کے قوم پرستانہ رجحانات کا منفی رویہ زائل ہونے لگا ہے لہٰذا امریکی فنکاروں اور ادیبوں نے نسلی اور ثقافتی اختلاط سے سنجیدہ مسائل پر تبادلۂ خیال اور مکالمے کا آغاز کر دیا ہے جس سے چکانو ادب کو ریاست ہائے متحدہ امریکا میں نئی ادبی شناخت اور فکری اصطلاح کاری اور طہارت ہوتی ہے۔

چکانو ادب میں کئی ادبا و شعرا اپنے مضبوط تخلیقی کمالات کے سبب دنیائے ادب کا ایک موثر حصّہ ہے جس پر کم توجہ دی گئی۔ اردو میں چکانو ادب پر کبھی نہیں لکھا گیا۔ میں جب بھی چکانو ادبی نشستوں اور سیمی ناروں میں شرکت کرتا ہوں تو مجھے شدت سے احساس ہوتا ہے کہ امریکا کا ’چکانو‘ ادب بہت توانا اور دنیا کے معروضی حقائق اور جمالیاتی اظہار سے لبریز ہے۔ یہ ضروری نہیں کہ چکانو ادب ہسپانوی زبان میں لکھا جائے۔ یہ ہسپانوی زبان کے علاوہ انگریزی میں بھی لکھا جاتا ہے۔ یہ ان دونوں زبانوں کے ملغوبے سے بھی تخلیق کیا جاتا ہے۔ اس کو ’’اسپینگش‘‘ (Spanigsh) کہا جاتا ہے۔

چکانو شاعری بنیادی طور پر اسطوری اور حاشیہ شکن شاعری ہے۔ ایک چکانو شاعر کی تازہ نظم ملاحظہ کریں۔ جس کا نام ’’آرسی‘‘ ہے۔ ان کا قیام پاپالوٹے از ٹالین میں ہے۔ یہ کس قدر خوبصورت نظم ہے۔ یہ نظم انھوں نے ۱۹ رمئی ۲۰۱۴ء میں لکھی ہے۔ آپ کو یہ نظم ذرا مختلف لگے گی کیونکہ چکانو شاعری کی ہئیت اور اظہار مختلف اور فطری شعور کی رو ہے۔

’’چنگاڈس کا نظرانداز کیا ہوا زماں و مکان از ہاکنگ‘‘

ایل بابی وہاں نہیں تھا
بلوم برگ کو پارک میں مارا گیا
مچاؤ کی کرانہ کی دوکان سے دور
جہاں چیکوڈی لونس کو
"پیرز" کے ہاتھوں میں گولی ماردی گئی
"گوٹے لوپے گروہ" (گینگ)
باہر گوٹے نوپے پر اسے پھانسی دے دی گئی
پٹاخے سے مردے کو ختم کردیا گیا
"جوکاتو کے قریب
میکسی کن امریکی پولیس کا سپاہی
ایک مجرم کو گولی مارتا ہے
میرے دوست مجھے بتاؤ
کیا "سیون گون" وہاں ہے
کیا وہ بھی غائب ہوگیا ہے؟
ہم بقیہ ماندہ قدیم کائنات میں رہتے ہیں۔

(نوٹ: چکانو جدید شاعری میں معاشرتی مزاحمت، احتجاج، مجرمانہ گینگ سرگرمیاں، قتل و غارت گری، پولیس ایکشن زنداں، منشیات اور ریاستی استبداد کا بہت ذکر ہوتا ہے۔)

چکانو شاعری کے موضوعات دیکھ کر اندازہ ہوجاتا ہے کہ وہ کس کرب کا شکار ہیں۔ساچنے روڈلفو کورکی گنز الز نے سوال کیا ہے کہ وہ بھورا کیوں ہے؟"

یہ ایک رزمیہ نظم ہے جو نوآبادیات دور میں میسزٹوز (Mestizos) کے استحصال پر لکھی گئی۔
کچھ نظموں کے موضوعات دیکھیں۔

- میں چیکیون ہوں
- مغالطوں میں دنیا کھو رہے ہیں

- گرینگو (المعروف امریکی) ہیرا پھیری کرتے ہوئے پکڑا گیا۔
- معاشرے کے الجھے ہوئے قوانین
- لپے ہوئے لوگ
- جدید معاشرہ تباہ کرتا ہے
- میرا باپ اقتصادی جنگ ہار گیا اور ثقافتی بقا کی جدو جہد جیت گیا ہے۔

اسی طرح سیاسی اور نو آبادیات شکن اور گریگو شکن (امریکا شکن) رجحانات ملتے ہیں جو ان نظموں کے موضوعات ہیں۔ مثلاً.... 'ہائے صدر صاحب'، 'کوکا کولا صاحب'، 'چکانو پاپ کورن' (مکئی کے بھٹے).... جس میں امریکی اسٹیب لشمنٹ سے بیزاری نمایاں ہے۔

چکانو ادب کو چار ادوار میں تقسیم کیا گیا ہے:

(۱) ۱۸۴۸ء سے پہلے کا چکانو

(۲) چکانو ادب ۱۹۵۹-۱۸۴۸ء

(۳) جدید چکانو ادب ۱۹۸۹-۱۹۶۰ء

(۴) عصری چکانو ادب ۱۹۹۰ء تا حال

نصابی سطح پر امریکا میں کئی جامعات میں چکانو ادب و ثقافت کی تعلیم و تحقیق کے لیے شعبہ جات کھلے ہوئے ہیں۔ چند کے نام یہ ہیں۔

کیلی فورنیا کی جامعات، لاس اینجلس، برکلے، نیورچ، ارونگ، بیکر فیلڈ، اسٹین فورڈ، ڈیوس

ایروزونا اسٹیٹ یونی ورسٹی

یونی ورسٹی آف مینیسوسوٹا

یونی ورسٹی آف واشنگٹن

یونی ورسٹی آف وایومنگ

یونی ورسٹی آف نیو میکسیکو

ٹیکساس کی یونی ورسٹی آف سینٹ آنٹونیو، ال پازو اور کئی تحقیقی اور ثقافتی ادارے چکانو مطالعوں میں مصروف ہیں۔

●●

طلسمات سے حقیقت تک

(گیبریل گارشیا مارکیز)

پورانام : گیبریل گارشیا مارکیز Gabriel Garcia Marquez

معروف عوامی شناخت : گابو

آمد : ۶ رمارچ، ۱۹۲۸ء اراایکٹبا، کولمبیا

قومیت : کولمبیس

تعلیم : نیشنل یونی ورسٹی آف کولمبیا، ۱۹۴۰ء۔قانون کی تعلیم (۲سال)

جامعہ کارٹیما (Cartagenq)

اصناف : ناول - مختصر کہانیاں

دیگر قلمی مشاغل : مکالمہ نگاری۔صحافت رحاشیہ نویسی

ادبی تحریکات ورجحانات: طلسماتی حقیقت پسندی- لاطینی امریکا کی آوازیں

سیاسی اور آئیڈیولوجیکل نظریات: یسیاریت پسندی-سامراج شکنی

پہلی کہانی : کالج کے زمانے میں لکھی ''تیری مایوسی''

پہلا ناول : پتوں کا طوفان

معروف ادبی تخلیقات :

(۱) سوسال کی تنہائی (۱۹۶۷ء) (۲) نیرجاکی خزاں (۱۹۷۵ء)

(۳) وبا کے دنوں میں محبت (۱۹۸۵ء) (۴) شیطانی گھنٹے (۱۹۶۲ء)

(۵) اداس طوائف کی میری یادیں / اداس طوائف (۲۰۰۴ء)

(۶) پتوں کا طوفان (۱۹۷۲ء) (۷) کرنل کو کوئی خط نہیں لکھتا (۱۹۶۸ء)

(۸) منحوس وقت (۱۹۷۹ء) (۹) سردار کا زوال (۱۹۷۶ء)

(۱۰) معصوم اریندار (۱۹۷۸ء) (۱۱) ایک غرقاب شدہ جہاز کے ملاح کی داستان (۱۹۸۸ء) (۱۲) جنرل اپنی بھول بھلیوں میں (۱۹۸۹ء)

مختصر کہانیوں کے مجموعے:

(۱) ایک نیلی آنکھوں والا کتا (۱۹۴۷ء)

(۲) بڑی ماما کا جنازہ (۱۹۶۲ء)

(۳) ناقابل یقین اور افسوس ناک - اداس کہانیاں ایز ڈا اور سنگدل داری (۱۹۷۸ء)

(۴) مختصر کہانیاں (۱۹۸۴ء)

(۵) اجنبی زائرین (۱۹۹۳ء)

مضامین وتقریر: لاطینی امریکہ کی تنہائی، کولمبیا کا مستقبل،
گیبریل گارشیا مارکیوز - از : مائیکل ووڈ، 'تنہائی کے سوسال - از مائیکل ووڈ
سات (۷) غیر فکشن تصانیف ہیں۔

شریک حیات : مرچیڈیز ہراچا پارڈو
اولادیں : دوصاحب زادے ۔راڈریکو برچا۔ گنزالو گارشیا براچا
رخصت : ۱۷را پریل روز جمعرات ۲۰۱۴ء
عمر : (۸۷ سال)، میکسیکو سٹی، میکسیکو

ان کی لکھی ہوئی فلموں میں:

(۱) The Blue Lobster (1954)

(۲) Chronicle of a Death Foretold (1987)

(۳) Love in the time of cholera (2007)

اردو میں گیبریل مارکیز گارشیا کی ناول 'سوسال کی تنہائی' کا ترجمہ ڈاکٹر نعیم کلاسرا نے کیا ہے۔
گارشیا کے ناول ''محبتوں کے آسیب'' (of love and other demons) کو ۲۰۱۲ء میں

ضیاالحق نے اردو میں ترجمہ کیا۔

گابرئیکل گارسیا مارکیزخود اپنے بارے میں لکھتے ہیں میری سب سے زیادہ دیرپااور واضح یادلوگوں کی نہیں اراکاتاکا کے اس مکان کی ہے جہاں میں اپنے نانانانی کے ساتھ رہا کرتا تھا۔ یہ بار بارلوٹ کر آنے والاایک خواب ہے جواَب بھی خودکو دہراتا رہتا ہے۔یہی نہیں بلکہ اپنی زندگی کے ہر روز میں حقیقی یافرضی احساس لے کر بیدار ہوتا ہوں کہ میں نے اس وسیع وعریض قدیم مکان میں ہونے کاخواب دیکھا ہے۔یہ نہیں کہ میں اس مکان میں لوٹ کے گیا ہوں بلکہ یہ کہ میں وہیں ہوں۔خواب میں میری عمر کوئی مخصوص نہیں ہوتی نہ وہاں موجودگی کا کوئی خاص سبب ہوتا ہے۔گویا میں اس مکان سے کبھی رخصت ہی نہیں ہوا۔اب بھی میرے خوابوں میں رات کی پیش آگاہی کاوہ احساس برقرار ہے جومیرے پورے بچپن کے زمانے پرطاری رہا۔یہ سرکش اور بے قابو احساس ہرشام کے آغاز پرشروع ہوجاتا ہے اورمیری نیند کے دوران اس وقت تک مجھے اذیت پہنچا تارہتا ہے جب میں اس دروازے کی درزوں میں سے صبح کونمودار ہوتے نہ دیکھ لیتا۔میں اسے واضح طور پر بیان کرسکتا لیکن رات کے وقت میری نانی کے تمام تصوراتی کردار آئندہ پیش آنے والے واقعات اور پرانی یادیں مجسم ہوجایا کرتی تھیں۔تنہائی کے سوسال میں کرنل اورریلیانو بوئندیا کا کردارمیرے ذہن میں نانا کےتصور کے قطعی برعکس ہے۔نانا بھاری بھرکم تھے۔ان کی رنگت سرخی مائل تھی اوران جیسا کھانے کاشائق میں نے پوری زندگی کوئی اورنہیں دیکھا۔ان کی جنسی اشتہا بھی اسی درجے کی تھی۔جیسا کہ مجھے بعدمیں معلوم ہوا۔ کرنل اوریلیانوبوئندیااس کے برخلاف اپنے چھریرے جسم کے باعث جنرل رافیل آریبے سے زیادہ مشابہت رکھتا ہے اوراسی کی طرح جزرسی پر مائل ہے۔بے شک میں نے اریبے اریبے کوکبھی نہیں دیکھالیکن نانی نے مجھے بتایا کہ میری پیدائش سے پہلے وہ 'اراکاتاکا' سے گزرا تھااوراس نے نانا کے دفتر میں ان کے اورخانہ جنگی کے دیگر پرانے سورماؤں کے ساتھ بئیر کے چندگلاس نوش کیے تھے۔نانی کے بیان سے بننے والی اس کی تصویرپتوں کاطوفان کی زبانی بیان کی ہوئی فرانسیسی ڈاکٹر کی تفصیل سے مطابقت رکھتی ہے۔وہ کہتی ہے کہ پہلی بار دیکھنے پر وہ اسے ایک فوجی معلوم ہوا۔بہت اندرکہیں مجھے علم ہے کہ وہ اسے جنرل اریبے اریبے سمجھتی تھی۔اپنی ماں کے ساتھ میرے تعلق کاسب سے واضح پہلوکم عمری کے زمانے ہی سے اس تعلق کی سنجیدگی رہی ہے۔یہ شاید میری زندگی کاسب سے سنجیدہ رشتہ ہے۔ میں سمجھتا ہوں کہ کوئی بات ایسی نہیں جو ہم ایک دوسرے کو نہ بتاسکیں اورکوئی موضوع ایسا نہیں جس پر

ہم دونوں گفتگو نہ کرسکیں لیکن ہم نے ایک دوسرے کے ساتھ ہمیشہ قربت سے زیادہ ایک خاص تقریباً پیشہ وارانہ رسمی انداز کا برتاؤ کیا ہے۔اس کی وضاحت کرنا مشکل ہے۔لیکن یہ ہے ایسا ہی۔شاید اس کی وجہ یہ ہو کہ میں نے جب نانا کے انتقال کے بعد اپنے والدین کے ساتھ رہنا شروع کیا تو میں اتنا بڑا ہو چکا تھا کہ اپنے طور پر سوچ سکوں۔میری ماں کے نزدیک اس کا مطلب صرف اتنا تھا کہ ان کے متعدد بچوں میں جو سب کے سب مجھ سے چھوٹے تھے ایک بچے کا اضافہ ہوگیا تھا۔جس سے وہ واقعتاً بات چیت کرسکتی تھی اور جو گھر کے کام کاج میں ان کی مدد کرسکتا تھا۔ان کی زندگی دشوار اور بے ثمر تھی۔جس میں کبھی کبھی شدید مفلسی کے دور آتے تھے۔لکھنا ایک لذت بھی ہے اور اذیت بھی۔ابتدا میں جب میں اپنا ہنر سیکھ رہا تھا۔میں سرشاری کے عالم میں تقریباً غیر ذمے داری سے لکھا کرتا تھا۔ایک بار میں نے ایک پوری کہانی ایک ہی نشست میں لکھ لی تھی۔اب دن بھر میں ایک پیراگراف بھی لکھ پاؤں تو خود کو خوش نصیب سمجھتا ہوں۔وقت گزرنے کے ساتھ ساتھ لکھنے کا عمل بہت تکلیف دہ ہوگیا ہے۔ہیمنگوے کہا کرتا تھا کہ کسی موضوع پر لکھنے میں بہت عجلت یا بہت تاخیر سے کام نہیں لینا چاہیے۔لکھنے کے ہنر کی طویل تربیت کے دوران جو ہستی سب سے بڑھ کر اور میری اولین مددگار ہوئی وہ میری نانی تھی۔

گیبریل مارکیز گارشیا کی اہم ناول 'سو سال کی تنہائی' کو عالمی ادب عالیہ میں شہرت اور مقبولیت حاصل ہوئی۔اس ناول کا پس منظر بہت دلچسپ ہے۔یہ ناول رزمیہ مزاج کا ناول ہے جو بندیا خاندان کی نسل در نسل بکھری ہوئی کہانیوں کا مجموعہ ہے۔انیس کی عمر میں جب وہ اپنے دادا کے پاس رہتے تھے اور اپنی دادی سے سنی ہوئی کہانیاں ان کی اس ناول کا بنیادی ماخذ ہیں انھوں نے اس وقت کے حالات اور یادوں کی بنیاد پر یہ ناول لکھی مگر ان کو احساس رہا کہ وہ اس علاقے کے لہجے میں یہ ناول نہیں لکھ سکتے۔کیونکہ ان کے ذہن میں کئی الجھے ہوئے سوالات تھے جن کے جوابات ان کو نہیں مل سکے۔لہذا وہ اپنے اہلِ خانہ کے ساتھ 'الکا پکو' چلے گئے اور وہ کچھ دنوں بعد واپس آئے اور اس ناول کو تحریری متن میں منتقل کرنا شروع کیا۔گارشیا نے یہ ناول اٹھارہ مہینے میں مکمل کیا۔اس وقت ان کے گھر میں مفلسی پھیلی ہوئی تھی۔ناول کو چھپوانے کے لیے اور گھر کا خرچہ پورا کرنے کے لیے انھیں اپنی کار فروخت کرنا پڑی اور ان کی اہلیہ محلے کے قصائی اور نانبائی سے ادھار پر اشیائے خورد ونوش لیتی رہیں اور انھوں نے اٹھارہ ماہ تک اپنے گھر کا کرایہ بھی ادا نہیں کیا۔۱۹۶۷ء میں جب یہ ناول چھپ کر آئی تو وہ مقبولیت اور کاروباری طور پر بہت کامیاب رہی۔اس ناول کا ترجمہ پیرو کے نوبل انعام یافتہ ناول نگار گیبگری روسا (للوسا) نے ہسپانوی زبان سے انگریزی میں کیا۔جس میں تاریخی حوالوں سے

''بونڈیا'' خاندان کی کئی مشکلات ، آزمائشوں، مسائل ،فتنوں، پیدائش اور موت اور دیگر مسئلے مسائل کی نشاندہی کی ہے۔''بونڈیا' خاندان نے جنوبی امریکا میں 'مچاڈو' نام کا ایک تصوراتی گاؤں خلق کیا تھا۔ ناقدین کا خیال ہے کہ گارشیا نے اس تصوراتی گاؤں کے حوالے سے اپنے دیہی اور آبائی گاؤں ''آراسٹپیا'(Aracatpea) کو بیان کیا ہے۔گارشیا نے اپنے اس ناول کا نام پہلے''مکان'' رکھا تھا۔مگر دوستوں اور اپنی بیوی سے اختلاف کے بعد آخر کار انھوں نے 'مکان' کا نام 'سوسال کی تنہائی''، تسلیم کر لیا۔ یہ ناول اصل میں سیاست کا جبریہ ہے۔جس میں ان کے اپنے ذاتی تجربات ،خیالات اور مشاہدات نے اظہار کی جمالیات کو نئے اور فن کارانہ انداز میں لکھا۔یورپی اقوام پیسے کمانے اور نئے خطوں پر اپنے تسلط کے لیے جنوبی امریکا میں وارد ہوئی اور 'ازانک'(Azecs) اور 'انساس'(Incas) میں سرمایہ کاری کی اور سائنسی ترقی کا ایک کھوکھلا خواب وہاں کی مقامی آبادی کو دکھایا۔یورپ کے لیے آبادکاروں نے کمال ہوشیاری سے 'مچاڈو' کو اپنی چھوٹی سی نو آبادیات بنالیا اور پھر وہاں کے مقامی باشندوں سے باہر سے آئی ہوئی دولت اور ٹیکنالوجی کے غلام ہوتے رہے۔ یہ تجربہ یورپی سامراجیوں نے جنوبی امریکا میں خاصا کامیابی سے کیا جس سے آج بھی وسطی اور جنوبی امریکا کے ممالک اپنے آپ کو آزاد نہیں کرواسکے اور کٹھ پتلی حکومت کبھی بھی مستحکم اور منظم سیاسی اور معاشی نظام نہیں تشکیل دے پائی ۔اس ناول میں آمروں کا بھی ذکر ہے۔

Of love and other domons گیبریل گارشیا کے قلم سے نکلی ہوئی ایک مختصر کہانی ہے۔ یہ ایک بارہ سالہ لڑکی سائیوا ماریہ کی زندگی کی کہانی ہے جو اس وقت شروع ہوتی ہے جب ایک آوارہ اور پاگل کتا اس لڑکی کو کاٹ جاتا ہے۔یہ لڑکی اپنی ماں اور باپ دونوں کی عدم توجہی کا شکار تھی، اس کا بچپن افریقی غلاموں کی سنگت میں گزرا۔یہی وجہ تھی کہ وہ کئی افریقی زبانوں سے واقفیت رکھتی تھی، اس کے انداز،طور طریقے سب افریقی غلاموں کی سنگت کے سبب انہی کے جیسے تھے۔سائیوا ماریہ کی خاص بات اس کے بے انتہا لمبے اور سنہری بال تھے جو اس کے قدموں تک آتے تھے۔کتے کے کاٹنے کے واقعے کے بعد سائیوا ماریہ کو پاگل پن کے خطرے سے نپٹنے کے لیے علاج کے تکلیف دہ عمل سے گزرنا پڑا۔تاہم معالج کسی قسم کے نتیجے پہ نہ پہنچ سکے بالآخر یہ خیال کیا گیا کہ وہ آسیب زدہ ہے۔ افریقی زبان سے واقفیت،غیر معمولی طاقت اور غلاموں جیسے انداز واطوار نے اسے آسیب زدہ سمجھنے میں مزید کردار ادا کیا اور اسے کلیسا کے حوالے کر دیا گیا۔ایک عیسائی پادری ڈیلدارا اس کے علاج پر معمور ہوا

تا کہ جھاڑ پھونک کے عمل سے اس کے جسم میں چھپے شیطان پر قابو پایا جا سکے۔لیکن پادری، سائیو امار یہ کے عشق میں گرفتار ہو گیا۔اس عشق کا نتیجہ بھی بہت دلچسپ نکلا۔

ناول تقریباً دو سو سال پرانے زمانے کے سیاق میں لکھا گیا ہے۔ پہلا صفحہ کھولتے ہی قاری خود کو پرانے زمانے کے ایسے ماحول میں پاتا ہے جس میں افریقی غلام، پاگل آوارہ کتے، توہم اور جاہلانہ رسومات وغیرہ پائی جاتی ہیں۔ناول کا آغاز گرچہ آہستگی سے ہوتا ہے اور ابتدا میں کرداروں کا تعارف طویل محسوس ہوتا ہے تاہم ہر پلٹتے صفحے کے ساتھ قاری کتاب میں کھوتا چلا جاتا ہے اور اسے احساس ہی نہیں ہوتا کہ وہ کب کتاب کی گرفت میں آیا۔ پادری اور ایک راہبہ کے عشق ممنوعہ کی کہانی پڑھتے ہوئے بلکل بھی ممنوعہ محسوس نہیں ہوتی۔اور یہ مصنف کا کمال ہے کہ کہانی پڑھتے ہوئے کئی غیر حقیقی باتوں پر بھی قاری کو اعتراض نہیں ہوتا جیسے سائیوا کے غیر معمولی لمبے بال...

یہ ایک غیر معمولی ناول ہے جس کی کہانی عام روٹین کی کہانیوں سے الگ ہے۔دو سو سال پہلے کی زندگی کس طرح کی تھی، غلاموں کے ساتھ رہنا انسانی زندگی پہ کس طرح اثر ڈالتا تھا۔کلیسا کس حد تک توہم پرستی کا حامل تھا، یہ سب جاننے کے لیے یہ ناول ضرور پڑھنا چاہیے۔وہ قاری جو سنجیدہ اور گہرائی میں لکھے گئے ادب کا مطالعہ کرنا چاہتے ہیں، ان کو یہ کہانی مایوس نہیں کرے گی۔

تنہائی کے سو سال، بوئندا خاندان کی سات نسلوں کی کہانی ہے جو ماکوندو نامی ایک گاؤں میں رہتے تھے۔اس گاؤں کی بنیاد جوازے ارکیدو بوئندا اور اس کی بیوی ارسلا نے رکھی تھی۔ ارسلا اور جوازے ارکیدو بوئندا آپس میں رشتے دار تھے۔ان کی شادی کی پیشن گوئی پہلے سے ہو چکی تھی تاہم ان کے خاندان میں آپس کی شادی کے نتیجے میں "اگوانے" پیدا ہونے کی تاریخ موجود تھے۔اگوانے ایسے بچے تھے جن کے پیچھے دم تھی۔تاہم اگوانوں کی پیدائش کا خوف ارسلا اور جوازے ارکیدو بوئندا کو روک نہیں سکا اور ان کی آپس میں شادی ہو گئی۔وہ دونوں ایک بہتر مستقبل کی تلاش میں ایک نئی منزل کی طرف روانہ ہو گئے۔ایک رات جوازے ارکیدو نے ایک ایسی بستی کا خواب دیکھا جو شیشوں کی بنی ہوئی تھی اور اس میں سے دنیا کا عکس جھلکتا تھا۔اس نے اس بستی کو بسانے کا ارادہ کیا، تاہم کئی دن تک بھٹکتے رہنے کے بعد اس کو سمجھ آئی کہ ایسی بستی صرف خوابوں میں ہی ہو سکتی ہے۔جوازے ارکیدو بوئندا نے ایک نئی بستی کی بنیاد رکھی، جہاں اس کی اگلی نسل کی پرورش شروع ہوئی۔ یہ خاندان شروع سے ہی عجیب و غریب حالات کا شکار رہا، وہ خاندانی بد نصیبی جو ان کے ساتھ شروع سے تھی، وہ یہاں بھی موجود

رہی۔

تنہائی کے سو سال، حقیقت اور تخیل کا اچھا ملاپ ہے، حقیقت اور تخیل آپس میں اس طرح یکجا ہیں کہ کہانی پڑھتے ہوئے تخیلاتی باتیں بھی حقیقت جیسی محسوس ہوتی ہیں۔ جیسے ایک موقعے پر کرنل ارلیانو بوئندا کے سترہ بیٹوں کا ذکر ہے جو تمام کے تمام ایک ہی دن پیدا ہوئے، اسی طرح اگوا نے بچے بھی غیر فطری ہیں لیکن گیبریل کا قلم انھیں اس طرح بیان کرتا ہے کہ وہ حقیقت کا حصہ معلوم ہوتے ہیں۔ سو سال کے عرصے میں ''ماکوندو'' بستی، قصبہ اور قصبے سے بڑھ کے شہر کے مندراج طے کرتی ہے۔ شہر میں ریل کی آمد تک تبدیلی کی بے شمار حیرتوں سے گزرتی ہے اور بالآخر تنہائی میں مبتلا ہو کے مرجاتی ہے۔ تین چار نسلوں میں ہی اس وراثت کو جو اگوانوں سے شروع ہوئی تھی، ایک بڑی دیمک اپنے بل کی طرف گھسیٹ کے لے جاتی ہے۔ کہانی کے اختتام پہ خاندان کے آخری سپوت پہ یہ حقیقت منکشف ہوتی ہے کہ تنہائی کا یہ عذاب کسی ایک فرد کا نہیں، کسی ایک خاندان یا نسل کا بھی نہیں بلکہ نئے اور پرانے وقت کی دہلیز پہ پوری انسانی تہذیب کا ہے جسے دوبارہ بسنے کا موقع نہیں ملتا۔ ناول پڑھنے کے دوران اور خصوصاً انجام کی جانب بڑھتے ہوئے تنہائی کا بڑی شدت سے احساس ہوتا ہے۔

تنہائی کے سو سال گرچہ ایک شاہکار ناول ہے تاہم ایک عام قاری کے لیے گیبریل گارشیا کے لکھنے کا انداز الجھن پیدا کرسکتا ہے۔ ناول میں بوئندا خاندان کی سات نسلوں کا بیان پیش کیا گیا ہے۔ ان کرداروں کے نام بھی آپس میں ملتے جلتے ہیں۔ کہانی ایک تسلسل کے ساتھ چلتی ہے تاہم کرداروں کے ناموں کی مماثلت قاری کو بھٹکا سکتے ہیں۔ یہ ناول مکمل تسلی اور حاضر دماغی کے ساتھ پڑھنے والا ناول ہے۔ تاہم ایک دفعہ قاری گارشیا کے انداز سے واقفیت حاصل کر لیتا ہے تو کہانی اس کے ذہن کے کینوس پہ پھسلتی جاتی ہے اور وہ ارد گرد کی دنیا سے بے خبر ماکوندو کی دنیا میں مگن ہو جاتا ہے جہاں گارشیا اسے لے گیا ہے۔

جبکہ نکاراگوا، کیوبا، پاناما اور وینزویلا نے ان سامراجی رویوں کی کھل کر مخالفت ہی نہیں کی بلکہ عملی اور حربی جدوجہد بھی کی۔ گیبریل مارکیز گارشیا ناول میں جنوبی امریکا میں برپا مغربی سازشوں کی آگہی اور ادراک کرتے ہوئے کسی حد تک ریڈیکل ہو گئے تھے۔ لہٰذا ان کا سیاسی جھکاؤ یسیاریت پسندوں کی طرف رہا۔ وہ فیڈل کاسترو کے دوست بھی رہے۔ ظالمانہ اور استبدادی آمریت سے کمیونسٹ ہمدردی بڑھتی ہے اور یسیاریت پسند نظریات اور آئیڈیالوجی معاشرے پر حاوی ہو جاتی ہے اور عوام انھیں اپنا

غم گسار اور دوست سمجھنے لگتے ہیں۔گارشیا اپنی ناول میں کافکا ہی ''قلب ماہیت'' سے اپنے شہر ''مچانڈر'' کو باہر نکال سکے۔ان کے لیے 'قلب ماہیت' ان کی ناول میں مشترکہ زمان ومکان ہے۔جوانی میں گارشیا کافکا کی تحریروں سے متاثر تھے۔جس طرح گوگول اپنے آپ کو سینٹ پیٹر (روس) کی گلیوں سے باہر نہیں نکال سکے اور تمام عمر وہ اسے اپنا گھر تصور کرتے رہے۔انھوں نے فرانسیسی پاتال پسندوں (سرویلسٹ) اور امریکی حکایت نگاروں نے بھی گہرے اثرات قبول کیے اور انھوں نے اپنے افسانوی آفاق کی مدد سے افسانہ کاری کی جو انھیں فطرت نگاری سے بھی قریب کر دیتی ہے۔جس سے دوہری سچائی ابھرتی ہیں۔جو ان کی تحریروں کو مزید دلچسپ اور حلیم بناتی ہے۔مشہور نقاد ولیم کینیڈی نے لکھا ہے کہ ''میکسیکو میں سرویلزم گلیوں کے حوالے سے سمجھی جاتی ہے اور سمجھی جاسکتی ہے اور لاطینی امریکا کی حقیقت کلی طور پر باغیانہ ہے۔''

یہ ناول بنیادی طور پر نو آبادیات شکن ناول ہے۔

''سو سال کی تنہائی''، میں گیبریل مارکیز گارشیا کے سیاسی لہجے اور نظریات کی گہری جھلک ہے۔ اس ناول کو لکھنے سے قبل وہ کمیونسٹ نظریات اور انقلابی سرگرمیوں میں عملی حصہ لیتے رہے۔وہ کمیونسٹ نظریات اور عملیات پر صدقِ دل سے لاطینی امریکا کے لیے بہتر تصور کرتے تھے۔اس کی وجہ ان کی امریکا کی معاشی سامراجیت اور غریب ممالک میں فوجی آمریت کے غاصبانہ رویے تھے لیکن گارشیا کمیونزیم کے سکہ بند 'عقائدی'' نظریات اور رجحانات کی ہمیشہ مخالفت کی کیونکہ وہ کمیونسٹ پارٹی میں انتہا پسندی کو انتشار کا سبب سمجھتے تھے۔وہ انقلابی تحریکوں کے ساتھ اس لیے رہتے تھے کہ وہ اس کو سیاسی اور معاشرتی ذمہ داری تصور کرتے تھے۔یہی وجہ ہے کہ 'بنانا اسٹریک قتل عام'' (Banana Strike Massacre) کے اندوہناک واقعے نے اس ناول کو لکھنے کی تحریک دی۔

گیبریل گارشیا اپنے ارد گرد کی کتھا کہانی مقامی تصوراتی قوس وقزاح میں طلسماتی حقیقت پسندی کی اسلوبیاتی اور نئی جمالیات میں سمو کر اپنے وجود کی حیاتی واردات کو بیاں کرتے ہوئے سچائی کو دریافت کر لیتے ہیں۔نقادانِ ادب ان کو 'جادوئی حقیقت پسندی' کا بنیاد گزار کہتے ہیں۔مگر گارشیا نے کبھی خود اس کا دعوا نہیں کیا، ان کا کہنا ہے کہ طریقہ نگارش کے آثار ہسپانوی تحریروں میں ملتے ہیں۔انھوں نے عہد عصر میں زیادہ موثر طریقے سے اسے اپنے ناول میں سمو دیا ہے۔گارشیا کا خیال ہے کہ حقیقت عام آدمی کا تخیل بھی ہوسکتا ہے۔میرے خیال میں سچائی پولیس کے مظالم ہی نہیں بلکہ عام لوگوں کے رہن سہن، سوچ اور خواب سچائی اور حقیقت کا حصہ ہے۔

''سوسال کی تنہائی'' خوابیت اور بھوتوں اور چڑیلوں کے واہمات اور قصوں سے بھری پڑی ہے۔ مارکیز کا خیال تھا کہ ناول میں ناقابل یقین اور کچھ تغیر پذیری ہے۔ یہ سب قابل اعتماد صحافت کے سبب ہوا۔ جس میں نامہ نگاروں اور دیہاتی جذبات بہت گہرے ہیں۔ یہ ناول تاریخی سطح پر معتبر اور انجیلی اساطیری تصورات سے متاثر تھے۔ جس سے لاطینی امریکا کا معاشرہ صدیوں متاثر رہا لیکن مغرب کا استدلال، منطق کا التباس ان معاشروں پر حاوی ہوتا جاتا ہے۔ یہاں پر بعض دفعہ گارشیا حقیقت اور فکشن کے سلسلے میں ابہام اور تشکیک میں بھی مبتلا ہیں۔ جس میں سچائی ہے اور جس کو گارشیا حقیقت تصور کیے بیٹھے ہیں۔ وہ اپنے آبائیہ قصبے ''مچانڈو'' میں محنت کشوں کے قتل عام کو بھول نہیں پاتے۔ جو اُن کی یادوں میں ہولناکیوں اور ستم کاریوں کی صورت میں محفوظ ہیں۔ جو عام اور حقیقی زندگی کی خوف زدگی ہے لہذا وہ غیر حقیقی اور رواہماتی طلسمات کی زبان اور تاثریت کو اپنی ناول کے متن کا حصہ بناتے ہیں۔ اصل میں یہ ناول زندگی کی نئی تشکیل نو کی نوید دیتی ہے اور حقیقی زندگی کے مثبت احساسات اور رویوں کا نامکمل خواب ہے۔ ناول جدید ایجادات، کیمیا گری اور جنگی جنون کے علاوہ مردوں کے مزاج میں پوشیدہ رویوں... اور ہوش مند، ہوشیار خواتین کی اس فطرت پر بھی قلم اٹھایا ہے۔ وہ معاشرے میں عورت کی معاشرتی حیثیت کو معاشرے کی کلی تہذیب میں اہم تصور کرتے ہیں اور ان کے نزدیک امن پسند، تشدد، تخریب کاری، موت، بربادیوں اور رفنا سے روکنے کے لیے عورت اہم محرک ہوتی ہے جن کو مرد بناتے ہی نہیں بلکہ تاریخ کو متحرک بھی رکھتے ہیں۔ گارشیا کہتے ہیں کہ میں یہ سمجھ نہیں پاتا کہ کون 'پاگل' ہے۔ وہ ناول میں زنانہ کرداروں کو محتاط انداز اور غیر متوقع رویوں کے ساتھ متعارف کرواتے ہیں۔ لہذا ان کے ناولز میں تمام کردار عدم شناخت کا شکار ہو جاتے ہیں جو ان کا لاشعوری عمل ہے۔ گارشیا نے ''سوسال کی تنہائی'' لکھ کر شہرت اور مقبولیت حاصل کی مگر ان کی زندگی خطروں سے گھر گئی۔ کیونکہ اس سے تلخیاں بھی بڑھیں اور انکی ذات میں دہشتیں بس گئی۔ جس کا اظہار انھوں نے بہت کم لوگوں سے کیا۔ ان کے اس ناول کا بیانیہ ان کی بچپن کی یادوں سے منسلک ہے اور یہی اس کا ماخذ ہے۔ انھوں نے اپنے بچپن کے ماحول کو اپنی داستانِ حیات کے طور پر لکھا۔ جس میں مغائرت بھی ہے اور معاشرتی موضوعی نوعیت کی جلاوطنی بھی ہے۔ جو کہ معاشرتی عدم توازن کے سلسلے میں انھیں پریشان اور فکرمند کیے رہتی تھی۔ ان کا بیانیہ سطحی لگتا ہے مگر معاشرے کی عمودی اور افقی سچائی کی بابت دو رائے نہیں ہو سکتی مگر انھوں نے تجربات کو تاریخی حوالے سے حکایتی یا تمثیلی انداز سے اسے ڈرامائی رنگ دیا اور وہ تمثال نگاری سے ناول کو خوب صورت جمالیاتی متن عطا کیا۔ جس میں انبساط، غم، کرب، دکھ سب

متوازن طور پر چلتے ہیں اور وہ انہی چیزوں کا کھوج لگانا چاہتے ہیں جو ان کے تجربات کا حصہ تھے اور ماضی حال میں، ماضی کے تجربات کو تقابل کر کے کسی نتیجے کی آگاہی تک پہنچنا چاہتے ہیں۔ ناول میں طلسماتی حقیقت پسندی کی فنکارانہ اور تخلیقی مظہر اساطیری طلسمات کی ایک دنیا بسی ہوئی ہے۔

گیبریل گارشیا نے مرد کو نامرد بھی قرار دیا تھا کیونکہ سماجی صورتِ حال، سیاسی جبر اور استحصال کے خلاف وہ ہیجڑوں (خسروں) کا کردار ادا کرتا ہے کیونکہ ہم اپنی کوتاہیوں، تعصبات، منفعت، ابن الوقتی اور خود غرضی کے ہاتھوں اپنے ہی غلام بنے ہوئے ہیں اور اپنے آپ کو بھی غلام بنائے ہوئے ہیں اور اپنے آپ کو یرغمال بنائے ہوئے ہیں اور وہ جنسی طور پر آزادی کو محظوظ کرنے کے قائل نہیں ہیں مگر وہ اپنے کیتھولک عقائد کی سخت گیری کے سبب یہ کر نہیں پاتے اور وہ حریت اور متوازن معیادات کی تلاش میں سرگرداں ہو جاتے ہیں۔ ان کی نظر میں جنسی تجربہ دہشت ناکی سے عبارت ہے۔ ان کی نظر میں جنسی دہشت تمونی نوعیت کی ہوتی ہے۔ اس دہشت کے سبب بہتر اور اچھی کارکردگی کر نہیں پاتا جس کی اس سے توقع رکھی جاتی ہے لہذا مرد 'نامرد' دکھائی دیتا ہے اس کا سبب مرد سے عورت کی دوری ہے۔ جس سے پراسراریت پیدا ہوتی ہے اور مرد اپنے گھٹتے ہوئے جذبوں کی تطہیر و تسکین کے لیے مصنوعی حربوں کو استعمال کرتا ہے۔

گارشیا کی اس ناول کے پس منظر میں ان کے والد کی زندگی کا وسیع تجربہ اور مشاہدہ بھی پوشیدہ ہے۔ اس کے علاوہ ان کے نانا نکولیس ''ایکارڈو مارکیز مجا'' فوج میں کرنل تھے۔

ان کو گھر میں ''پاپا سیولو'' (Papaclo) کہا جاتا تھا۔ جو 'بنانا قتل عام' کے گواہ تھے اور اس دل خراش واقعے پر کبھی خاموش نہیں رہے اور کھل کر اس کا کچا چٹھا لوگوں کو بتاتے رہے۔ اور جن کے انتہا پسندانہ سیاسی نظریات تھے وہ ایک دلچسپ اور الجھی ہوئی شخصیت کے مالک تھے وہ اچھے کہانی گو بھی تھے تو دوسری جانب گارشیا کے والد اپنی زندگی میں ناکام انسان رہے۔ وہ میڈیکل کی تعلیم حاصل کرنے میں کامیاب نہیں ہو سکے۔ شاید اس کا سبب یہ تھا کہ ان کا ذہن قدامت پرستی کی طرف مائل تھا۔ ان کے والدین کی شادی ہمیشہ کمزور اور مسائل میں گھری رہی مگر یہ ضرور تھا کہ ان کے والد اپنی مفلسی اور کرب ناک زندگی سے اپنی اولادوں کو باہر نکلنا چاہتے تھے۔ گارشیا اسی سبب دس برس اپنے رشتے دار بچوں کے ساتھ پلے بڑھے۔ جن میں آدھے سے زیادہ بچے ان کے باپ کی ناجائز اولادیں تھیں۔

گیبریل مارکیز گارشیا کا خیال ہے کہ فرد کی زندگی تین حصوں میں بٹی ہوئی تھیں جسے وہ عوامی، نجی اور خفیہ زندگی کا نام دیتے ہیں۔ لہذا فلورینٹو ارنیرا کو اس بات کا احساس شدت سے ہوتا ہے اور یہ خیال

کر بیٹھا کہ وہ ایک وقت میں کئی لوگوں سے محبت کر سکتا ہے اور ہر فرد کے دکھ سکھ میں شریک نہیں ہو سکتا۔ لہذا وہ اپنے آپ کو معاشرے میں 'تنہا ہجوم' تصور کرتا ہے لہذا ناول میں فلورنیٹو اریزا میں یہ مکالمے بڑے حیرت انگیز اور حقیقی نوعیت کے ہیں۔ لہذا ناول میں قحبہ خانوں سے بھی زیادہ کمرے ہیں۔ وہ بدصورتی بھی ہے۔ جس میں اداسی بھری ہوئی ہے۔ لیکن یہ پراسرار قسم کی محبت ہے۔

ان کی نانی بہت ضعیف العقیدہ خاتون تھیں جن کے تصورات میں بھوت اور چڑیلوں کا اتنا اثر تھا کہ وہ اسے اپنے مذہب (کیتھولک) کا حصہ سمجھ بیٹھی تھیں۔ گارشیا کی نانی نے انھیں یہ کہانیاں، لوک روایت اور ثقافت کو حکایتوں کی صورت میں سنا کر اپنے بزرگوں کی عظمت کی داستانوں کے علاوہ ان سانحات کی بھی نشاندہی کی جو بعد میں مارکیز گارشیا کی کہانی کاری میں کام آیا۔ گارشیا ان کو تاریخ اور حقیقت کے درمیان ایک 'تار' کہتے ہیں۔ خاص کر ان کے نانا کی بہادری کے واقعات جو انھیں سنائے گئے کیونکہ انھوں نے کولمبیا کی دوخانہ جنگی میں حصہ لیا اور ان کے ذہن میں شہری جنگ کا خاصا اثر بھی رہا لہذا ان کے فکشن کے آفاق میں اسی جنگی تصادم کی تمثالیت اور ماجرے کا بیانیہ ملتا ہے۔ یہ وہی جنگ تھی جس نے ان کے افسانے کے بیانیہ کو پیکری حقیقت کے اظہار میں تبدیل کر دیا جس میں ''لاولینسا'' (Laviolenca) کا شہری تصادم نظر آتا ہے۔ اصل میں یہ تصادم اور جنگ اصل میں لبرل ازم اور قدامت پرستی کے مابین جنگ تھی جو ۱۹۶۰ء تک کولمبیا میں جاری رہی مگر گارشیا نے ان تصادموں کو اپنے آفاق میں سیاسی تفسیر و شرح (پولیٹیکل کمنٹری) نہیں بننے دیا۔ یوں ''سو سال کی تنہائی' ایک قسم کی چرخ (Cyclical) تاریخ کی روداد نگاری (کیس اسٹڈی) لگتی ہے لیکن آخری دنوں میں لومبیا کے چھاپہ مار انقلابیوں کے درمیان افہام وتفہیم کی راہ نکالتے دکھائی دیتے ہیں۔

جب میں نے اس ناول کے سلسلے میں 'جادوئی حقیقت پسندی' کی بات سنی تو مجھے بھی اس اصطلاح نے سن کر فکر و مسکراہٹ کے ساتھ یہ سوچنے پر مجبور کر دیا کہ جادو کا حقیقت سے کیا تعلق ہو سکتا ہے۔ یہ اصطلاح میرے لیے مضحکہ خیز تھی جس کا پس منظر گارشیا کی جمالیاتی اور شاعرانہ اظہار کی اذیت تھی۔ جس سے وہ اپنے افسانوی استعاروں کی تشریح کرنے کی کوشش کرتے ہیں۔ ان کے ناول، کردار، واقعات اور یادوں کی طلسماتی تمثال نگاری کی جمالیات سے جغرافیائی اور ماحولیاتی حقیقت پسندی زمان ومکان کی تخلیقی تشکیلیت نظر آتی ہے جو دنیائے ادب میں دلچسپ اور منفرد نوعیت کا متنی وسیاقی تجربہ تھا۔ کیونکہ ان کے نزدیک وقت، اور وہ لوگوں سے قریب رہتے ہوئے بھی جدائی پر موت کو ترجیح دیتے ہیں کیونکہ نئی نسل خوابوں، سطحیت اور ہوس ناکی کی دنیا میں زندگی بسر کرتی ہے مگر بڑھاپے میں آ کر ان کا ماضی کا تجربہ

بہت اذیت ناک ہو جاتا ہے۔وہ ایک ڈراؤنا خواب اور محض ناسٹلجیا ہو کر رہ جاتا ہے۔جو''مچانڈو'' کے کربیں قصبے کی تمثالوں کا مجموعہ ہے۔اس قصبے کی گرمی، بارش، پسماندی التباس، بھوت اور چڑیلوں کے ماجرے، ضعیف الاعتقادی کے بیوپاری رویوں کے سبب ان کی تمثالیں، استعارے، علامتیں، معنیات اور مفاہیم اس طور پر خلق ہوتے ہیں جیسے ایک باغ میں رنگا رنگ پھول کھلے ہوتے ہیں۔جس میں ہر پھول کی خوشبو اور رنگ ایک دوسرے سے مختلف ہوتے ہیں۔مگر ساتھ ہی کریہہ خوش بو مکرو شبیہ کاری کے سبب قاری کو ناول کی فضا اپنے معاشرتی ماحول سے مطابقت میں تبدیل ہوتی نظر آتی ہے۔یہی احساس اور رویہ اس ناول کا 'خلقی خلیقہ' ہے۔زندگی کا وجودی فلسفہ بھی ناول میں اپنی جلوہ نمائی کرتا ہے کیونکہ''لوگ یہ سوچتے ہوئے ساری عمر گزار دیتے ہیں کہ زندگی کس طور پر بسر کی جائے، موت کے وقت مجھے یہ پچھتاوا نہیں ہو گا کہ میں محبت کی خاطر نہیں مر رہا۔''

یہ ناول افسانوی رزم نامہ بھی دکھائی دیتا ہے۔جس میں فرد کا اضطراب، تاریخی جبر و تناؤ اور سیاسی بے چینی کا طبل بجتا رہتا ہے۔جو انسانی قلب کے پراسرار آفاق کی چھوٹی موٹی کہانیوں کا مجموعہ ہے۔جو چیز ہمیں دنیا میں خوبصورت دکھائی دیتی ہے وہ سفّاک ہے یہ محسوسات اور حسیّات میں تبدیل ہو کر معروض کا موضوع بن جاتی ہے۔اس کے افسانوی بیانیے میں ''جز سے کل'' اور کبھی کبھی 'کل سے جز' کی طرف سفر کرتا ہے۔جس میں فرد کی ناامیدی کے بین السطور میں معروضی حقیقتیں خوابیت کی فضا باندھ دیتی ہیں اور وہ کسی طور پر اسے اپنے ہی تصور کی دنیا میں خود ہی تخلیق کر لیتے ہیں اور اس کی واہماتی جمالیات سے محفوظ ہوتے ہیں۔گارشیا کے اس ناول میں تکلیف اور درد کی خوبصورتی میں گھوم پھر کر ان کا تمام افسانوی مقولہ کولمبس ناسٹلجیا پر آ کر ٹھہر جاتا ہے۔جس سے متنازعہ مفاہیم بھی جنم لیتے ہیں جو قاری کے لیے ناقابل یقین ہیں کیوں کہ ناول نگار کے تجربات عمیق اور منفرد نوعیت کے ہیں جس سے ناول نگار گذرا ہے۔''سو سال کی تنہائی'' نے ہسپانوی زبان کے 'نان فکشن' اور 'نئی صحافت' پر بھی گہرا اثر ڈالا بلکہ امریکا شکن 'گرینگو تحری' کو بھی نئے ریڈیکل معنوں سے ہم کنار کیا۔یہی جہت و نہج اس ناول کا حسن ہے۔جس میں المیاتی، اداسی اور دکھ کا احساس جاری و ساری رہتا ہے۔

مارکیز ایک ایسا ادیب تھا جس کے فن نے صرف لاطینی امریکا کے باشندوں کو ہی متاثر نہیں کیا بلکہ اس کے کہانی بیان کرنے کے فن نے پوری دنیا میں ادب کے قاری کو اپنے سحر میں مبتلا کر دیا۔میں نے گیبریل کو سب سے پہلے پنجابی میں پڑھا، افضل حسن رندھاوا نے ان کی ایک کہانی کا ترجمہ ''پہلاں تو

دس دتی گنی موت دا روز نامچہ‘‘ کے عنوان سے کیا تھا اور پھر محبت اور دوسرے آسیب کے عنوان سے کہانیاں پڑھیں پھر کہیں جا کر ان کا شہرہ آفاق ناول ’سوسال کی تنہائی‘‘ پڑھا تھا جس پر ان کو ۱۹۸۲ء میں نوبل انعام ملا تھا۔

گیبریل گارشیا مارکیز کا دوسرا ناول میں نے ’لوانکلرا‘ پڑھا جس کا ترجمہ ’وبا کے دنوں میں محبت‘ کے نام سے ہوا۔ جادوئی حقیقت نگاری کے فن کو ناول اور کہانی میں برتنا کوئی آسان کام نہیں ہوتا اور خاص طور پر اس فن کو کہانی میں ایسے سمونا کہ ابلاغ بھی ہو جائے اور ناممکن ممکن نظر آنے لگے ویسے ایک دلچسپ بات یہ ہے کہ سریلزم کو اپنے ہاں مکمل انجذاب کے ساتھ برتنے کی ایک سنجیدہ اور بہت مربوط کوشش سرائیکی شاعر رفعت عباس نے ’’پروبھرے شہراچوں‘‘ ’’سنگت وید‘‘ اور اپنی نظموں کی پہلی کتاب میں کی اور سرائیکی لینڈسکیپ کے ساتھ ان کی یہ کوشش خاصی کامیاب رہی اور اشولال فقیر کے ہاں بھی ہمیں اس کا سراغ ملتا ہے۔

میں نے کئی بار ’سوسال کی تنہائی‘‘ پڑھی۔ یہی نہیں لفظی اور اصطلاحی درستگی کے لیے ہسپانوی ثقافت و تمدن، قواعد اور زبان جاننے والی میری بھتیجی کی مدد سے کئی طور پر سمجھنے کی کوشش کی۔ مجھ کو تو ایسا لگا جیسے ان کے ناول میں کرنلوں اور جنرلوں کا جو کردار ہے وہ پاکستان اور ہندستان اور تیسری دنیا کے ریاکار اور غاصبانہ فوجیوں سے ملتا جلتا ہے۔ ناول کا ’بشپ‘ پاکستان کی ملائیت سے مشابہ ہے۔ یہ گلیاں، رجعت پسند اور عوام دشمن لوگوں اور سیاسی بہروپیوں سے بھری ہوئی ہے۔ جہاں لوگ ایک دوسرے سے ہمدردی رکھتے ہیں۔ ان کو اپنے استحصال کا احساس بھی ہے کہ ان کو ٹھگا اور لوٹا جا رہا ہے لیکن اشرافیہ اور اقتداری طبقہ اپنے جھوٹ کو سچ کی صورت میں پیش کر کے ان کی زندگیوں کو الجھائے ہوئے ہے اور اذیت ناکیوں میں اضافہ بھی کرتا جا رہا ہے اور یہی حقیقت اس ناول کا حسن ہے۔ جہاں فرد اپنی دنیا میں نہیں رہتا بلکہ وہ اپنے اوپر ’شہری‘ زندگی کا جبر طاری کیے ہوئے ہے۔ گارشیا کے ناول میں ’انتہائی حسیّت‘ کی خوشبو زیادہ ہے کیونکہ ٹیکنالوجی نے دیہات میں سب کچھ تباہ و برباد کر کے اجاڑ کر رکھ دیا۔

اس ناول میں کیوبن انقلاب کے عمیق اثرات ملتے ہیں۔ جب گیبریل مارکیز گارشیا نے ’سوسال کی تنہائی‘ مکمل کی تو اس کے اولین مسودے کو اپنے دوست فیڈل کاسترو کو ارسال کیا تو کاسترو نے لکھا کہ ایک ایسا آدمی جس کی مزاحیہ قابلیت اور اہلیت بچوں جیسی ہے، جو کل کا انسان ہے۔ ان کے ادب کا اصل ثبوت ان کی حسیّت اور حقائق پر ہوتا ہے اور وہ اس سے دست بردار نہیں ہوتے۔ ان کا لاطینی امریکا سے

متاثر ہونا جوان کی ایمان داری اور سچائی کا غماز ہے۔امریکی سابق صدر بل کلنٹن بھی گارشیا کے بہت پرستار تھے۔ان کا کہنا تھا کہ چالیس سال قبل میں نے 'ایک سو سال کی تنہائی' پڑھی تھی۔ناول کی حیرت انگیز تمثالیت ایک منفرد تحفہ ہے اور مسرت جس میں فکری اور جذباتی سچائی دکھائی دیتی ہے۔وہ تکالیف کو تسخیر کرتے ہیں اور ہماری مشترکہ انسان دوستی سے محظوظ ہوتے ہیں جو اصلیت اور طلسمات کو ایک دوسرے سے جوڑتے ہیں۔بل کلنٹن نے کہا کہ "میں ہمیشہ ان کے تخیل کی حیرت انگیز نعمت، خیالات کی وضاحت اور جذباتی ایمان داری سے حیران ہوتا ہوں۔"

گارشیا کا آبائی شہر مچانڈو کریبین ساحل جنوبی سانٹا مارٹا سے ۸۰ کلو میٹر دور ہے جو بگوٹا سے ۲۰۷ کلو میٹر دور ہے۔یہ شہر ۱۵۷۲ میں بسایا گیا۔سفید ریت کے ساحل پر اونچے اونچے ناریل کے درخت ہیں۔کیلوں کی خوب کاشت ہوتی ہے۔جن کی زبان 'بنٹو' (Bantu) ہے۔گارشیا نے اس قصبے کا ذکر سب سے پہلے اپنی مختصر کہانی 'پتوں کا طوفان' (Leaf Storm) میں کیا ہے۔جو 'سو سال کی تنہائی' کا طاقت ور موضوع بنا۔اس شہر میں آسٹریا، چلی، ہنگری۔ ۱۹۵۶ء میں چیک اور ستر کی دہائی میں ویت نامی مہاجرین بھی آتے رہے۔حد تو یہ ہے کہ اب شہر میں صومالیہ، افغانستان سے نقل مکانی کرنے والے بھی دیکھے جاسکتے ہیں۔یہاں پرٹومشن کا میلہ لگتا ہے۔جس میں ہسپانوی طرز کے کھانے "سوبیچ" مرچیلا مصالحہ، لوانیا کے ذائقے بکھرے ہوئے ہیں۔

لاطینی امریکا کے دیگر ادیبوں کی طرح گارشیا کا جھکاؤ بھی بائیں بازو کی طرف تھا۔وہ سرمایہ داری کو معاشرے کے لیے بہتر تصور نہیں کرتے تھے اور انھوں نے ایک سرگرم سیاسی زندگی بھی بسر کی۔کیوبا کے کمیونسٹ انقلاب کے بعد وہ کچھ عرصے کیوبا میں رہائش پذیر رہے۔اس زمانے میں ان کی فیڈل کاسترو سے دوستی ہوگئی۔سابق امریکی صدر رونالڈ ریگن نے ان کو دس سال تک امریکی ویزا دینے سے انکار کر دیا۔گارشیا پر الزام لگایا گیا تھا کہ وہ جنوبی اور وسطی امریکی کی کمیونسٹ انقلابی تحریکوں کے لیے چندہ جمع کرتے ہیں۔گارشیا نے ایک زمانے میں کولمبیا حکومت اور بائیں بازو کے باغیوں کے مابین صلح و امن کی بھی کوششیں کیں۔یوں وہ ثالث کے طور پر بھی مشہور ہوئے۔کولمبیا کی حکومت نے انھیں سفارتی ذمہ داریاں سونپنے کی بھی کوشش کی مگر گارشیا نے کولمبس حکومت کی یہ پیش کش ٹھکرا دی تھی۔

وہ تاحیات بائیں بازو کی تحریکوں کے لیے سرگرم رہے اور مالی امداد کی راہیں بھی نکالتے رہے۔انھوں نے وینزولا کی یسیاریت پسند سیاسی جماعت کے لیے رقوم فراہم کی اور نکاراگوا کی سانڈنستہ کی انقلابی تحریکوں اور حکومت کے لیے معاشی امداد میں اہم کردار ادا کیا۔یہی نہیں پچاس کی دہائی میں کولمبیا کی

کمیونسٹ پارٹی کو چندہ فراہم کروایا۔کاسترسے ان کی دوستی انسانی حقوق،انقلابی نظریات اور دانشورانہ سطح پر تھی مگر ان دونوں کے درمیان ایک دوسرے سے کئی امور پر اختلاف بھی تھا۔کیونکہ کیوبا کی جیل میں بہت سے سیاسی کارکنان اور دانش ور پابند سلاسل تھے۔وہ اس سلسلے میں فکرمند بھی رہتے تھے۔وہ ہنگری اور چیکوسلواکیہ میں فوج کشی اور دخل اندوزی سے بھی ناخوش تھے۔انھوں نے حکومت کی دھاندلیوں اور کرپشن کے خلاف بھی کھل کر لکھا خاص کر ان کی ایک کہانی "Story of a Shipwecked Sailor" جس میں ایک آمر کی عوامی اقتدار پر غاصبانہ پابندی پر سخت تنقید کی تھی۔لہٰذا گارشیا کو جبراً یورپ منتقل ہونا پڑا۔پھر انھوں نے روس کے زیر اثر مشرقی یورپ کے کئی ممالک کی سیاحت کی۔ ۱۹۵۵ء میں روم چلے گئے اور فلموں کا مطالعہ کیا۔پھر پیرس منتقل ہو گئے جس کے عشق میں وہ تاحیات مبتلا رہے۔ اس وقت پیرس میں لاطینی امریکا کے آمروں کے ستائے ہوئے کئی ادبا اور دانشور خود ساختہ جلاوطنی کی زندگی گزار رہے تھے۔

گیبریل مارکیز کی زندگی کے چند دلچسپ حقائق:

۱) گارشیا کو سات سال کی عمر تک یہ معلوم نہیں تھا کہ ان کے والد کون ہیں۔

۲) ان کی والدہ کی گیارہ اولادیں تھیں اور باپ کے پندرہ بچے تھے۔جن میں چار اولادیں غیر نکاحی تھیں۔

۳) جب ان کے دادا کا انتقال ہوا تو ان کا کہنا تھا کہ میرے لیے ان سے زیادہ اہم دنیا میں کوئی چیز نہیں تھی۔

۴) وہ 'ارکیٹیکا' (Aracataca) میں پیدا ہوئے۔ ان کے دادا کو بندوقی مقابلے (پولیس مقابلے) میں مار دیا گیا تو وہ دوسرے شہر میں منتقل ہو گئے۔ان کے ساتھ ان کی بہنیں اور والدہ تھیں۔

۵) ان میں دنیا کی روح ان کی نانی نے بھری۔مگر گارشیا کے عقیلت پسند ذہن اور ان کی نانی کے خیالات کے درمیان ایک تفاوت،خلیج اور تصادم کی کیفیت تھی۔

۶) گارشیا شروع میں مصّور یا گلوکار بننا چاہتے تھے۔

۷) ان کو اسکول میں 'دانش ورلڑ کا' کہا جاتا تھا جو آئے دن اسکول سے راہِ فرار اختیار کرتا تھا اور صرف ادیب بننا چاہتا تھا۔

۸) وہ اسکول سے دارالحکومت بگوٹا کے دریائے ''سگ ڈینا'' پر اکثر سفر کرتے تھے۔اس میں ان

کی فطرت پسندی کو زیادہ دخل تھا۔

۹) ۱۹۴۸ء میں جب بگوٹا میں سیاسی بے چینی پھیلی تو انھوں نے اس المناک واقعے کو اپنے دوست فیڈل کاسترو کے ساتھ مشاہدہ کیا اور بحث کی۔

۱۰) وہ رنگارنگ قمیص اور زرد (پیلے) رنگ کے موزے پہننے کے شوقین تھے۔

۱۱) گارشیا ''بروکیلا'' میں صحافت کرتے تھے۔ جہاں انھوں نے کچھ پیسے جمع کر کے ''اسکائی کریپر'' (Skycraper) نام کا قحبہ خانہ بنایا۔

۱۲) جب ان کو ادب کا نوبل انعام ملا تو ان کی والدہ نے اس کو بڑا اعزاز تصور کیا جیسے ان کی بیٹی ''راہبہ'' (Nun) بن گئی ہو۔ نوبل انعام ملنے کے بعد ان کی والدہ نے گارشیا سے کہا ''اب تم میرے ٹیلی فون کی مرمت کروا سکتے ہو۔

۱۳) شروع کے دنوں میں وہ کافکا، فاکنر، ورجینا وولف، دوستفسکی، وکٹر ہیوگو، ہیمنگوے کی تحریروں سے متاثر رہے۔

۱۴) انھوں نے آمر پیریز کے تختہ الٹنے پیرس میں الجزائر کے بحران، ہوانا میں انقلاب کا پہلا دن اور نیویارک سے 'بے آف پگ' میں امریکا کی جارحیت کا گہرائی سے مشاہدہ کیا۔

۱۵) دانتے کی طرح انھوں نے اپنی بیوی سے اس وقت شادی کی جب وہ نو سال کی تھیں کیونکہ ان کے بقول ''چھوٹی لڑکی (بیوی) اپنے لباس میں بطخ لگتی تھی'۔ گارشیا نے اپنی شریکِ حیات کو چودہ سال کی عمر میں شادی کا پیغام بھجوایا۔ بالآخر انھوں نے اکتیس سال کی عمر اس خاتون سے شادی کی۔ اس وقت ان کی بیوی کی عمر چھبیس سال کی تھی۔ یہ شادی تاحیات رہی۔

۱۶) ۱۹۸۲ء میں شاہ سویڈن کے ہاتھوں نوبل انعام حاصل کیا۔ اس وقت انھوں نے لاطینی امریکا کا دہقانی لباس Liquligui زیب تن کر رکھا تھا۔ اس دن اسٹاک ہوم (سویڈن) کے قلب شہر میں ساٹھ لومبین رقاص اور رقاصاؤں نے رنگارنگ رقص پیش کیا۔

۱۷) ان کے قریبی دوستوں میں شاہ اسپین، بل کلنٹن اور فیڈل کاسترو تھے۔

۱۸) گیبریل مارکیز گارشیا کے چار مما لک میں سات مکانات ہیں۔

۱۹) گارشیا نے ہوانا (کیوبا) میں فلم انسٹی ٹیوٹ کی بنیاد رکھی اور صحافت کا ٹیچیا کولمبیا میں کی۔

۲۰) ان کی لکھنے کی میز پر ہر روز زرد گلاب اور ٹولپ کے تازہ پھول تبدیل کیے جاتے تھے۔

۲۱) وہ بہت سی باتوں میں خاصے ضعیف العقیدہ تھے۔ لہٰذا انھوں نے کبھی سونا نہیں پہنا۔

۲۲) وہ پچاس سال کی عمر تک ہر روز ساٹھ سگریٹ پیتے تھے۔سرطان کی تشخیص کے بعد انھوں نے تمبا کو نوشی کو خیر باد کہا۔

۲۳) ان کے ایک صاحب زادے گرافک آرٹسٹ ہیں۔دوسرے بیٹے لاس انجلیس، امریکا میں فلم کاری کے پیشے سے منسلک ہیں۔انھوں نے Six Feet Under اور دیگر ٹیلی وژن سیریل بنائی۔

۲۴) ان کے کئی ناولز پر فلمیں بنی۔مگر انھوں نے اپنے ناول 'سو سال کی تنہائی' پر کبھی فلم بنانے کی اجازت نہیں دی۔

۲۵) ان کا کہنا تھا عورت کو مرد پر فوقیت حاصل ہے، کیونکہ 'عورت' تکلیف سہتی ہے۔

۲۶) گارشیا نے کمیونزیم کا مطالعہ اپنے لبرلز اساتذہ سے متاثر ہو کر کیا جب وہ ''زیا کوریا'' (بگوٹا) کے بورڈنگ اسکول میں طالب علم تھے۔

۲۷) ۱۹۵۹ء میں گارشیا نے کراکس کے ایک اخبار کے لیے کیوبا کے انقلاب کو کور (Cover) کیا۔

۲۸) مارکیز گارشیا صبح بیدار ہونے کے بعد لغت کے دو چار صحافت پڑھتے تھے۔

۲۹) گارشیا مابعد جدیدی ادیبوں سے بھی متاثر رہے۔

۳۰) وہ امریکی ناول نگار نومن میلر کے نان فکشن سے متاثر تھے۔جس کو 'نئی صحافت' کہا جاتا ہے۔

۳۱) ان کے ناول 'سو سال کی تنہائی' کی پچاس ملین سے زائد کاپیاں فروخت ہوئیں اور اس کا ترجمہ پچیس سے زائد زبانوں میں ہوا۔اور اس پر لاتعداد مضامین لکھے گئے۔

شروع کے دنوں میں گیبریل گارشیا نے ہسپانوی زبان میں شاعری کی جو لاطینی امریکا کی زمانی مکانی اعتبار سے اپنی شعری روایت کا تسلسل اور مزاج ہے۔بائیں بازو کا لاطینی امریکا کا ادب پر گہرا اثر ہے۔لیکن جب بھی یہاں جس کسی ترقی پسند لکھنے والے نے شاعری شروع کی ہے تو وہ خوابیت کی جمالیات کے سیاق میں شاعری رقم کرتا ہے۔اس کی سب سے بڑی مثال پابلو نرودا (چلی) کی شاعری ہے ان کے شاعری کی ابتدائی نظمیں کلی طور پر سوریلیت حسیت سے متاثر ہیں اور مخصوص خواب آلود رومانیت اس میں نمایاں ہے۔بلکل اسی طرح گیبریل گارشیا کی شاعری بھی رومانیت سے قریب ہے مگر وہ قدرے حقیقت پسند شعری مخاطبہ ہے اور انسانی تعلقات اور محبوب سے سوال بھی کرتے ہیں اور محبوب سے ہلکی سی تلخ کلامی بھی کرتے ہیں۔

کیا کوئی بھی آنسو کا مستحق ہے

لیکن جو بھی مستحق ہے، وہ نہ روئے
زندگی میں کیا فرق پڑتا ہے
آپ کو کیا ہے
کیا آپ کو یاد ہے
آپ کو کس طرح یاد رکھنا ہے۔ (گیبریل مارکیز گارشیا)

اسی طرح کارل مارکس (1818-1883) نے شروع کے دنوں میں شاعری کی تھی وہ رومانی اور شہوانی مزاج سے بھری ہوئی تھی۔

گیبریل مارکیز گارشیا کی آواز میں لاطینی امریکا کے یسیاریت پسندوں، نو آبادیات شکن ادبا اور دانشوروں کی آواز شامل ہے جس سے بالخصوص ساٹھ سے ستر کی دہائی کے ادیبوں کے یہاں مزاحمت اور احتجاج کے نئے دھارے اور فکریات جنم لیتی ہیں۔ جن میں ارجنٹائن کے بولیو کرٹائر۔ ہیرو کے ریومرگیسن بوسا اور میکسیکو کے کارلوس فونٹین کے نام اور کام سامنے آئے۔ گارشیا کو قلب ماہیت (میٹا مارفواسیس) پڑھنے کے بعد مزید یورپ کے فکشن نگاروں کو پڑھنے کا شوق ہوا۔ پھر انھوں نے ہیمنگوے، گراہم گرین، دوستفسکی اور ٹالسٹائی کی "جنگ اور امن" کو کئی بار پڑھا اور ان کی کوشش رہی کہ یہ وہ غلطیاں نہ دوہرائیں جو ان ناولز میں دکھائی دیتی ہیں۔ جب بھی مارکیز گارشیا کے سامنے ان پر ولیم فاکنر کے اثرات کا ذکر کیا جاتا تھا تو وہ اسے پسند نہیں کرتے تھے مگر اسے انھوں نے انا کا مسئلہ نہیں بنایا اور اکثر مسکرا کر خاموش ہو جاتے تھے۔ جہاں تک میرا خیال ہے کہ گارشیا پر ورجینا وولف کی شعور کی رو اور دوستفسکی کا مخصوص وجودی لایعنیت کا ہلکا سا شائبہ ہوتا ہے لیکن یہ داخلیت کے دلدل میں دھنسا ہوا نہیں ہے جس میں ایک افقی تناظر ملتا ہے۔ ایک وقت وہ بھی آیا جب لاطینی امریکا کی ناول پر زوال آیا اور اسے لوگوں نے پڑھنا کم کر دیا۔ جب گارشیا کا 'سو سال کی تنہائی' شائع ہوئی تو انھیں اس بات کی امید نہیں تھی کہ اس کی پانچ ہزار کاپیاں فروخت ہو جائیں گی اور ایک مہینے میں اس کا پہلا اڈیشن بازار میں ختم ہو گیا اس کے بعد اس کی تین کروڑ کاپیاں بک گئیں اور اس وقت کی تین مشہور ناولز 'گرین ہاؤس'، 'تھری ٹائیگرز ٹریپڈ' اور 'رباپ اسکاچ' کی مقبولیت اور تجارتی اعتبار سے پیچھے چھوڑ دیا۔ اس ناول کے متعلق چیک وسلواکیہ کے ادیب، ناول نگار اور مترجم میلان کانترا نے کہا تھا "تنہائی کے سو سال' کہ ہوتے ہوئے ناول کے زوال کی بات کرنا لغویت کے سوا کچھ نہیں۔" اس ناول کے حوالے سے ان مسائل اور کرب کو لکھا گیا ہے

جو عام آدمی کے تجربے میں آتا ہے اور گارشیا بھی اس کے افقی اور عمودی جہات سے آگاہ تھے جس نے اس کہانی کو طلسمات سے اور حقیقت سے اور آگے بڑھا کر دنیائے ادب میں ایک 'اساطیری' مقام دیا۔ بیسویں صدی کی ساٹھ کی دہائی میں جب یورپ اور امریکا میں اینٹی ناول، تاریخ کی موت، ادیب کی موت، ادب کی موت کا ڈراما ہو رہا تھا۔ اس زمانے میں گارشیا نے ناول کے فن کو وقار و منزلت بخشی اور ناول کو دوبارہ زندہ کیا۔ انھوں نے تیرہ ناولز لکھے۔ بقول گارشیا ''مجھے تو ایسا لگتا ہے جیسے میں تو ایک ہی کہانی لکھتا ہوں۔'' کیونکہ اس میں کردار تبدیل ہو جاتے ہیں۔ طلسمات، تخیل، تمثالیت، حقائق، تناؤ، اضطراب اور بیانیہ یکساں ہے۔ انھوں نے اپنی افسانوی تمثالوں کو اپنے تجربے اور مشاہدے سے خلق کیا اور ان کے ساتھ انھیں یہ منفرد ملکہ حاصل ہے۔ ان ناولز میں تمثالوں سے تمثالیں جنم لیتی ہیں۔ گارشیا نے اپنے ہر افسانوی بیانیے میں واہمے، تخیل اور بصیرت کو ممیز کیا۔ جب وہ علامتوں کو برتتے ہیں تو واہموں سے دور چلے جاتے ہیں یوں انھوں نے واہموں سے انحراف کر کے تخیل کو اس سے جدا کر دیا اور علامت کو تمثیل تسلیم کر کے تجریدوں کی تجرد پیدا کرتے ہیں جو ماحولیاتی آگاہی کے بغیر تفہیم و تشریح نہیں ہو پاتیں۔ انھوں نے اپنی ناول میں احساس دلوایا کہ واہمات کا تخیل سے کوئی علاقہ نہیں ہے بلکہ وہ اس سے ایک جدا چیز ہے۔ ان کی ناول کی جادوئی فضا میں علت و معمول کے درمیان انسلاک تتر بتر ہو جاتا ہے اور یہی انسان طلسمات کے آفاق کو جنم دیتا ہے جس کو منطق اور سائنس کا جواز مل جاتا ہے۔ شاید اسی سبب یورپ اور امریکا کی ناول کی حسیّت بیانیہ ہے جبکہ گارشیا کے یہاں طلسمات کی اساطیر ہی ایک معاشرتی حقیقت اور اس کا جمال ہے۔ ان ہی تخیلات میں اس دور کے کئی لاطینی امریکا کے ناول نگاروں نے اپنے افسانوی آفاق میں خلقی اور اظہاری افسانوی جمالیات کی تزئین کرتے ہوئے مغرب سے علیحدہ نظر آتی ہے۔

اس کی وجہ یہ ہے کہ گارشیا کہانی کے مسائل کو 'مواد' کی وساطت سے نہیں دیکھتے بلکہ وہ افسانوی جوہر سے کہانی کو اٹھاتے ہیں اور قاری تک اپنا پیغام پہنچانے میں کامیاب ہو جاتے ہیں کیونکہ وہ وقت کے زنداں سے نکل کر آزادانہ طور پر اپنے مرکزی خیال کو تاریخ اور ثقافت سے منسلک کر دیتے ہیں۔ ان کا جادوئی حقیقت پسندی کا تصور اور اصطلاح تاریخ اور سیاست سے جڑی ہوتی ہے۔ ان کی ناولز اور افسانوں میں وہ افسانوی فطرت پر تاریخی سچائی کے مرہم لگاتے ہیں اور وہ ثقافت کو فن کا باپ سمجھتے ہیں جس میں انسانی کرب، غم، خوشی اور انبساط بھرے ہوتے ہیں۔

●●

متعدد نظام کا تنقیدی نظریہ

امریکا میں زمانہ طالب علمی کے دوران ایک سیمی نار میں آتا ماایوان زوہرک (Itmar Evezohak) کو سنا۔ ان کے تحقیقی اور علمی مقالے میں ثقافتی، ادبی، لسانی اور عبرانی تمدن کی منفرد باتوں اور فکری اظہار میں فطانت چھپی ہوئی تھی۔ زوہرک بہت رموزی باتیں کرتے ہیں۔ ان روز کو جتنا کھولا جائے ان کی پرتوں سے فکری پھول کھلتے ہیں۔ آتا ماایون زوہرک نے اس سیمی نار میں ادب کے حوالے سے عمرانیاتی متن پر بات کرتے ہوئے قرأت، ثقافت اور معنیات پر تفصیل سے بات کی تھی۔ سیمی نار سمیٹنے کے بعد اپنے پروفیسر کے ساتھ ان سے خاصی گفتگو بھی رہی۔ انھوں نے گفتگو سے پہلے اپنی تحقیقی تنقیدی فکر کا خلاصہ رتجزیہ کا ایک صفحہ ہم لوگوں کے ہاتھوں میں تھما دیا۔ جو میں نے محفوظ کر لیا تھا اور اس کو تعلیمی مصروفیات کے سبب مزید مطالعہ نہیں کر سکا۔ کوئی چالیس سال بعد میں نے اس تجرید اور خلاصے کو دوبارہ پڑھا اور زوہرک کے جتنے نظریات، مطالعات اور تحقیقات ملیں ان کو پڑھ ڈالا۔ بڑے کمال کے انسان محقق اور انسان ہیں۔ ان کے تمام مطالعوں میں عبرانی تمدن کا رنگ چھایا ہوا ہے اور وہ تہذیب، تراجم، ثقافت، ساختیات اور بشریات وغیرہ کو متنوع انداز اور مختلف تناظر میں مطالعہ کرتے ہیں۔

اتامارایون زوہرک ۱۹۳۹ء میں تل ابیب (اسرائیل) میں پیدا ہوئے۔ انھوں تل ابیب یونی ورسٹی سے بی اے اور پی ایچ ڈی تک تعلیم حاصل کی۔ انھوں نے ایم اے کی سند جامعہ یوروشیلم سے حاصل کی۔ اس کے علاوہ زوہرک نے اوسلو، کوپن ہیگن اور اسٹاک ہوم سے بھی اعلا تعلیم حاصل کی۔ ان کے ڈاکٹریٹ کا موضوع ''ترجمے کے ادبی نظریے کا تعارف'' تھا۔ اس سے ان کا ''پولی تھنک'' (Ploy Systed Theory) نظریہ تشکیل پاتا ہے۔ انھوں نے دنیا کی جامعات اور تحقیقی مراکز مثلاً ایمسٹرڈیم، پیرس، فلوڈیلفیا، راجویک، کیوبک سٹی، لیوان سینٹ یاگو، کمپورٹیلیا، سینسرز، سینٹ جان (نیفاک لینڈ) بارسلونا، سینا کروز کیلی فورنیا میں ادبی تنقیدی اور تخلیقی خطبات دیے۔ عبرانی تو ان کی مادری زبان ہے مگر ان کو انگریزی، عربی، فرانسیسی، سویڈش، ہسپانوی، ناورجین، ڈینش، اطالوی، روسی،

جرمن، آئس لینڈک کی زبانوں میں تحریر وتقریر پر ملکہ حاصل ہے۔

اتا مارا یوان زو ہرک تل ابیب یونی ورسٹی کے ثقافتی محقق ہیں ان کا زیادہ تر عملی اور تنقیدی کام متعدد نظام کا نظریہ Ploy System Theory اور ثقافتی Repertories پر ہے۔ انھوں نے ۱۹۶۹ء سے ۱۹۹۷ء تک بیس اور ڈاکٹریٹ کے اڑتالیس طلبا کے تحقیقی مقالوں کی رہنمائی کی۔

۱۹۷۰ء کی دہائی میں اتا مارا یون زو ہرک نے تحقیقی مناجیاتی پیمانوں کی معاونت سے معاشرتی ثقافتی نظام میں موجود پیچیدہ ناموافق تصورات کی شناخت کرتے ہیں اور یوں متحرک ماڈل کو ترتیب دیا گیا۔ اور اس کی ارتقائی صورتِ حال کی نشاندھی کی گئی یہ ایک حرکی قسم کا جال (نیٹ ورک) ہے۔ جس میں ساختیاتی نظریے کے تحت متن کی کثیر الجہت پرتوں کی نشاندہی کی جو بعد میں سکونی ساختیات کے نقادوں کا نظریہ ثابت ہوا۔ اس سلسلے میں زو ہرکَ نے ساسرَ کے تصور لسان پر 'بنجر' (Sterile) کی تشریحات اور اس کے ساختیاتی نظریے اور ایجنڈے پر ہونے والی بانجھ تشریحات کو مسترد کیا۔

وہ چاہتے ہیں کہ اس پیچیدہ ثقافتی نظام کے ثمرات سے فکر و نظریہ سیراب ہو اور یہ بیانیہ میں 'تاریخی' (Diachronic) اور 'معاصری' (Synchronic) تشریح و بیانیہ ہے جو اپنے طور پر ساختیاتی ثقافتی نظام بھی ہے۔ زو ہرکَ نے ساتھ ہی ایک کھلے ہوئے نظام کے تصور کو متعارف کروایا۔ وہ تغیر پذیری (Variability) اور 'بے قاعدگی' (Heterocienety) کے زمان و مکان میں پوشیدہ ہیں جو غیر متجانس بھی ہوتے ہیں۔ انھوں نے ۱۹۸۰ء اور ۱۹۹۰ء کے عشرے میں نظریاتی فریم ورک کو تشکیل و ترتیب دیتے ہوئے ساختیاتی حوالے سے فکری اور مناجیاتی افق پر دھوم مچادی اور ترجمے کی ساختیاتی اور ادب کے فکری نظاموں کی تشکیل کا نیا قرینہ اور سلیقہ وضع کرتے ہوئے تل ابیب کا 'لیوں مکتب' تشکیل دیا اور محققین اور نقادوں کو روایتی مطالعوں سے انحراف کرتے ہوئے ادب و ثقافت کے 'متحرک تصور' کو پارہ پارہ کر دیا جو ادبی اور ثقافتی سوچوں پر پہرے لگاتا ہے اور پہلے کے نظریات پر اثر انداز ہوتا ہے۔ مرکزیت کے حصار کو مسمار کرنے کے بعد تعظیم و تکریم کی دنیا (Canonized) اور غیر تعظیم و تکریم (Non-cononized) کو شناخت کرنے کے بعد ان لسانی (Idielossia) اور بین العمل کو ادبی نظام کو دریافت کیا۔

زو ہرک نے 'نظام' کا جو تصور دیا۔ اس میں بنیادی خیال یہ تھا کہ متون کا مطالعہ جو ثقافتی اور مصنوعات کی طرح کیا جاتا ہے حالانکہ یہ متحرک یا حرکی تصور تھا اور اس کی اسم نویسی اور نام لکھنے کی تجویز کرنے کے بعد نظریے کو آگے بڑھایا، علم ادراک اور بشریات نے اپنے ان وضع کردہ نظریات و فکریات کو برقرار

اور زندہ رکھنے کے لیے ہیں۔ ذاتی اور اخلاقی حوالے سے مخصوص حرکیات کے ساتھ مخصوص ثقافت کی وضاحت اور تفہیم کرتا ہے جو اصل میں روسی ہئیت پسندی اور سویٹ مغنیاتی نظریے سے قریب ہے۔

متعدد نظام کا نظریہ(Poly System Theroy):

اتامار ایوان زوہرک نے ثقافت کے اندر ایک طبقے میں دیگر طبقوں کی نشاندہی کی جو غیر رسمی پر متعدد Polyralent عناصر ہوتے ہیں جو اپنے پیمانوں کی مدد سے ان کی تشریح کرتے ہیں اور ادب اور زبان کے انسلاکات کے تانے بانوں (SET) کا تجربہ بھی کرتے ہیں جو بعد میں معاشرتی اور ثقافتی نظاموں کے تجزیات کی طرف منتقل ہو جاتا ہے اور اسے جدید ادبی اور معاشرتی نظریے کے طور پر نئے نظریاتی تجزیات کا سبب بنا۔ یہ نظریات کسی طور پر زماں و مکان اور ادراک کے فکری اور نظری افق پر کسی حد تک صحیح پائے گئے جو"متعدد نظام کا نظریہ" (پولی تھینک تھیوری) کا ادبی ماخذ ہے۔ اور ثقافتی مناجیات کی پیچیدہ ثقافت سے بحث کرتی ہے۔ اس پولی تھینک تھیوری کے عوامل کچھ زیادہ ہی ادبی نوعیت کے ہیں۔ اس نظریے کو ایک مخصوص نظام کے تحت 'ادبی' کہا جاتا ہے اور کچھ مخصوص معروضات (قیاسات) کی مدد سے شاہداتی تانے بانوں کو سلجھاتے ہوئے نئے انسلاکات کو خلق کیا جو اصل میں رومان جیکب سن کی ابلاغی تقسیم کو ایک ترمیم کے ساتھ پیش کرتا ہے۔ جس کا تعلق سیاق وسباق، رموز، مکتوب الیہ اور پیغامات ایک بازاری چینل (واسطہ) بن کر اپنی مصنوعات کی بازارکاری کرتا ہے اور تشہیر کا کام بھی لیتا ہے۔

یہ تمام ادبی سرگرمیاں اور حرکیات کے پیغامات پوشیدہ ہوتے ہیں۔ جو ادبی حرکیات کا وسیع تر تناظر ہوتا ہے۔ جس سے 'سچے نظام' کا تجزیہ و مطالعہ کیا جاتا ہے۔ وہ ان تقسیماتی رجحان کے تحت سرحدوں پر خودکارانہ طور پر کئی معاشرتی ساختیے کے طور پر سرگرم ہوتے ہیں۔ زوہرک نے یہ بھی اصرار کیا ہے کہ 'متعدد نظام کا نظریہ' ادبی نظام کا تجزیہ مختلف پہلوؤں سے کیا جاسکتا ہے جو کسی طور پر متن کی درجہ مندی نہیں ہوتی اور نہ ہی اس کو اہم ترین ایک 'مصنوعہ' کے طور پر دیکھا جاسکتا ہے جہاں وہ اپنے دور میں سب سے نمایاں ہو۔ اگر اس نظریے کی نامیاتی گہرائیوں اور مناجیات کا نظریہ تسلیم کیا جائے جو حرکیات اور سکونیات کا مقابلہ اور تقابل ہے جیسے معاشرتی مغنیات کا مظہر بھی کہا جاتا ہے کیونکہ علامت ہی کسی ثقافت ادب اور زبان میں ابلاغی نمونوں کو تشکیل دیتے ہیں۔

یہ وہی تصورات ہیں جو عموماً معاشرتی اور بشری علما اور سائنس داں استعمال کرتے ہیں۔ جس میں ثبوتی معطیات (DATA) کو اپنی تحقیقی اور تنقیدی مطالعوں میں استعمال کرتے ہیں جو ان کی

تحقیقات کا لب لباب اور جوہر ہے۔ جو وظائیفیت کے بطن میں پوشیدہ انسلاکات کو تسخیر کرتے ہیں۔ جو مظہر سے زیادہ اقسامیت کی درجہ بندی ہوتی ہے اس مقام پر جامد یا سکوتی نظام حرکی یا فعال نظام کا ساختیاتی نقطۂ نظر ابھرتا ہے۔ جس کو ساسیرؔ کے تصورات میں بھی دیکھا جاسکتا ہے۔ جو ان کے لسانی اور ساختیاتی مطالعوں میں جاری رہا جو ایک سکونی اجامت (معاصری) تانے بانوں کے روابط میں ایک وظائفی قدر ضرور ہے۔

سکونی یا جامد کا تصور جینوا مکتبہ فکر سے جڑا ہوا ہے جس کے تانے بانے روسی ہیئت پسندی اور چیکوسلوکیہ کے ساختیاتی دبستان سے منسلک ہے۔ جس میں مکر آمیز اور جھوٹی معاصری تشریحات اور حکمت عملیاں پیشہ ورانہ اور ساختیاتی ہیں جو ساختیات کی عصری یکسانیت کے باوجود سکونیاتی اور معاصری اور تاریخی نقطۂ نظر کو ابھارتی ہیں۔ اس نظریے کو حرکی ساختیات کے تحت روسی ہیئت پسندی کی چھلنی سے گزرتے ہوئے زوہرکؔ نے اپنی اصلاح ''متعدد نظام کے نظریئے'' کی اصلاح میں پیش کیا۔ جس میں یہ موضوعات کا احاطہ کیا گیا ہے:

(۱) یہ جدید وظائفی سکونیات اور حرکیات کا تقابل ہے۔
(۲) یہ طریقہ عمل اور طریقہ کار (مناہجات) کا نظریہ ہے۔
(۳) سکونیات کی ترتیب واریت اور نظامیاتی اشیا (مصنوعہ) کا مطالعہ۔
(۴) Canolized کا بمقابلہ No- Canonized
(۵) نظام بمقابلہ Reperto تحریریں
(۶) حرکیات اور سکونیات کا تساہل
(۷) داخلی اور اندرونی انسلاک
(۸) اعداد شماری کا عدم استحکام نو نظام کا نظریہ
(۹) اس نظریے میں تشریحات کی سیاسیات۔ پولی نظام کا نظریہ۔
(۱۰) باطنی، تراجم کے باطنی سیاست کے مطالبات، ثقافتی تبدیلی اور نظریہ حیات کی مباحث سے بحث کی جاتی ہے۔

ترجمے کا نظریہ:

اتامار ایوان زوہرکؔ نے ترجمے کے اقداری مسئلے پر بھی سوالات قائم کیے۔ کیونکہ ترجمے میں وسیلہ اخذ اور اختلافات اور اختراقات پائے جاتے ہیں۔ کیونکہ حذف متن کا عمل معیارات اور اقدار لیے ہوتے

ہیں کیونکہ یہی اس کے نتائج اور ترجمے کے عمل کی وضاحت کرسکتے ہیں۔ انھوں نے خاص رسائی (اپروچ) کے تحت ترجمے کی مبادلیاتی مطالعوں کو ثقافتی سیاق میں پرکھتے ہوئے اسے حاشیائی لسان سے تبدیل کرے اسے بین الثقافتی تحقیق ومطالعے میں تبدیل کردیا۔ جو انھوں نے اپنے ایک مضمون The position of translated literature میں بیان کیا ہے۔ انھوں نے ادبی حدود میں کیے جانے والے تراجم کو بلند اور پست تراجم میں تقسیم کرتے ہوئے معاشرتی تعلقات، غالب اور مغلوب معاشرتی طبقات کے مابین منقسم کیا ہے۔ ان کا کہنا ہے کہ 'بنیادی متن' (Prototets) بھی تحریروں کا انتساب کرتا ہے جو ثقافت اس کا پہلے سے ہی فیصلہ کرچکا ہوتا ہے اور ترجمے کے متن میں ثقافت کو متعارف کرواتا ہے اور متن کا فیصلہ بھی کرتا ہے کیونکہ متن فیصلہ کرتا ہے۔ 'بنیادی متن' کا مخصوص رویے کو اختیار کرتا ہے اور زندگی کے ثقافتی نظام میں کلی طور پر 'خود مختار' ہوتا ہے اور اس کے عرق متن پر اپنے طور پر اثر انداز بھی ہوتا ہے جو مکمل طور پر کوئی نظام تشکیل نہیں پاتا۔ جس کی تحریک غیر ملکی ترجمہ سے اخذ شدہ ہوتا ہے۔ جو حاوی آفاق کو متعلقہ قوی ادب کے متنی خدوخال واقتباسات کو واضح کرتا ہے اگر اصل ادب تبدیلی بحران اور ادبی شعور وعقل کو ترجمہ کررہا ہوتا ہے۔

قومی ثقافت پر بات کرنا محققین، ناقدین، دانشوروں کے لیے خاصا کٹھن ہوتا ہے کیونکہ اس میں اتنی جسامت ہوتی ہے قومی جذبے، ثقافتی عوامل پر حاوی ہوجاتے ہیں اور یہ کشمکش کسی حد تک سنگین ہوجاتے ہیں۔ جو اسٹیب لشمنٹ پسند نہیں کرتی قومی ثقافتوں کی بازیافت تقریباً ہر قوم کے لیے حساس اور اہم رہا ہے۔ یوں ثقافتی تناظر ہی قوم کو تشکیل دیتا ہے۔ زوہرکَ نے قومی تقاضوں کے کردار کی تشکیل میں ادب کے حوالے سے منفرد نوعیت کا مطالعہ کیا۔ اس سلسلے میں انھوں نے نارویجین، عبرانی، اطالوی، گلیش اور آئرلینڈ کی ثقافتوں کا تقابلی مطالعہ کیا۔ ان کا کہنا ہے کہ ثقافت کو ایک معروض کے مطالعہ کرنا چاہیے اور انھی کے پیمانوں سے انھیں پابندی سے تجزیہ اور مطالعہ کرنا چاہیے اور اس سلسلے میں ثقافتی کاموں اور وظائف کا نمونہ (ماڈل) ترتیب دینا چاہیے۔ زوہرکَ نے فلسطینی اور عبرانی ثقافت کا شفاف اور وسیع النظیر مطالعہ کرتے ہوئے ایک عملیاتی تجزیہ کرتے ہوئے ایک نمونے کے طور پر استعمال کیا۔

۱۹۹۰ء میں اتامار ایوان زوہرکَ نے یہ نتیجہ اخذ کیا کہ تحقیق شعور ثقافت میں نئے معاشرتی وسیاسی اداروں کی منصوبہ بندی پر اپنی توجہ مرکوز کی اور اکثریت اور اقلیت مرکزیت پر ایک محیط رسائی کے تحت وسائل کے تناظر میں جانچ پرتال کی۔ ان کا خیال ہے کہ اٹھارویں صدی سے ثقافت جداگانہ طور پر

اپنے آپ کو کاروباری اداروں کے ساتھ مل کر مخصوص انصرام کا آفاق بنایا۔ زوہرکَ کا کہنا ہے ۱۸۸۲ء سے ۱۹۴۸ء تک فلسطین میں عبرانی ثاقفت دوسرے معاشروں کی طرف میٹرک اور یحنتہ اخذ کیا گیا کہ ۱۹۹۳ء کے بعد ان کی تحقیق تجزیے ہسپانوی، گلیسیا، آئس لینڈ، کیوبک اور نیوفاک لینڈ کی طرف مڑ گیا۔

ادبی نظام کی تجویز و تدبیر:

اتامار ایوان زوہرک کا یہ خاکہ جیکب سن کے 'ابلاغ ولسان' کے خاکے سے ملتا جلتا ہے۔

طریقہ کار:

Titution (سیاق وسباق)

تحریر کا نیا ذخیرہ (Repertoire) (رموز)

پیدا کار (Producer) متکب الیہ

اریب رقاری

بازار (رابطہ رچینل)

مصنوعی (پیغام)

اس میں شک نہیں کہ عبرانی زبان 'اگاٹک (Aggadic) اسلوب کی ان کی تحقیقات میں مشابہت محسوس ہوتی ہے۔ جس کو 'تکلم تجوبہ' (Diverges) کی فکری معنویت اور اصطلاح میں استعمال کیا جاتا ہے اور اسے قرون وسطیٰ کے عبرانی زبان کے تناظر اور پس منظر میں دیکھا جاتا ہے۔ زوہرکَ کا تمام لسانی ادبی اور ثقافتی فکری مباحث قرون وسطیٰ کے ادب کے گرد گھومتا ہے لیکن ان کی لسانیات کا خاکہ 'ارمیٹک' (Armatic) لسانیات کے متوازی طور پر سفر نہیں کرتا جو انھوں نے مصنوعی تشکیلات اور فکر کو تشکیلی طور پر استعمال کیا جاتا ہے۔

اتامار ایوان زوہرکَ نے ادبی ہئیت کی حدود میں رہتے ہوئے تراجم کو ادب کا ذیلی نظام بتاتے ہوئے اسے دو حصّوں میں تقسیم کیا ہے۔

(ا) ''حوالہ جاتی متن'' (Prototext) کا انتخاب ادب سے کشید ہوتا ہے۔ جس کے سبب متن کی صورت میں شائع ہونے والے ترجمے کو صورت میں متعارف کروایا جاتا ہے۔

(۲) حوالہ جاتی متن کے مخصوص طرز عمل کو اپناتے ہوئے ترجمہ مکمل ہو پاتا ہے۔ثقافت کو اختیار کرنے کے بعد ٗحوالہ جاتی متن، کے بعد وہ مکمل طور پر آزاد ہو جاتی ہے۔ جو بذات خود متن پر اثر انداز ہوئی ہے اور اپنا اثر و رسوخ بھی بڑھا دیتی ہے۔

یہ حقیقت ہے کہ ترجمہ کے ثقافتی نظام میں بہت اہمیت ہوتی ہے یہ رویے قدامت پسندانہ بھی ہو سکتے ہیں جو جدید نوعیت کے متغیرہ کے عوامل پر بھی منحصر ہوتے ہیں۔یعنی اصل ادب میں تبدیلی کا سبب ہوتے ہیں اور بعض دفعہ باطل اور ادبی بحران کا تراجم میں داخل بھی ہو جاتا ہے۔

ہروزکَ کے تنقیدی اور لسانی تحقیقات سے ملتا جلتا ایک ماڈل ایک سالو یک محقق انتون پاپووک (Anton Popvic) نے اپنی کتاب ”ادبی تراجم کے مسائل“ میں یوں ترتیب دیا۔

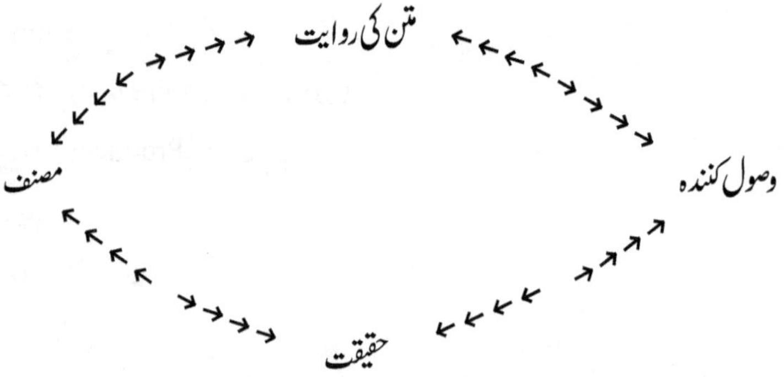

متن کی روایت

مصنف ↔ متن کی روایت ↔ وصول کنندہ

مصنف ↔ حقیقت ↔ وصول کنندہ

وصول کنندہ

مصنف

حقیقت

●●